Sabine Gilcher

Dänische Ostseeinseln

Fyn · Sjælland · Møn · Falster · Lolland · Langeland

50 ausgewählte Touren

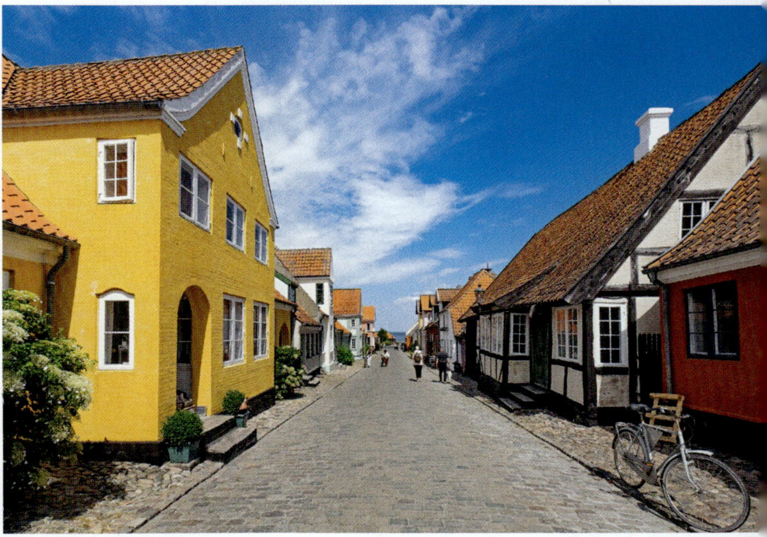

ROTHER BERGVERLAG

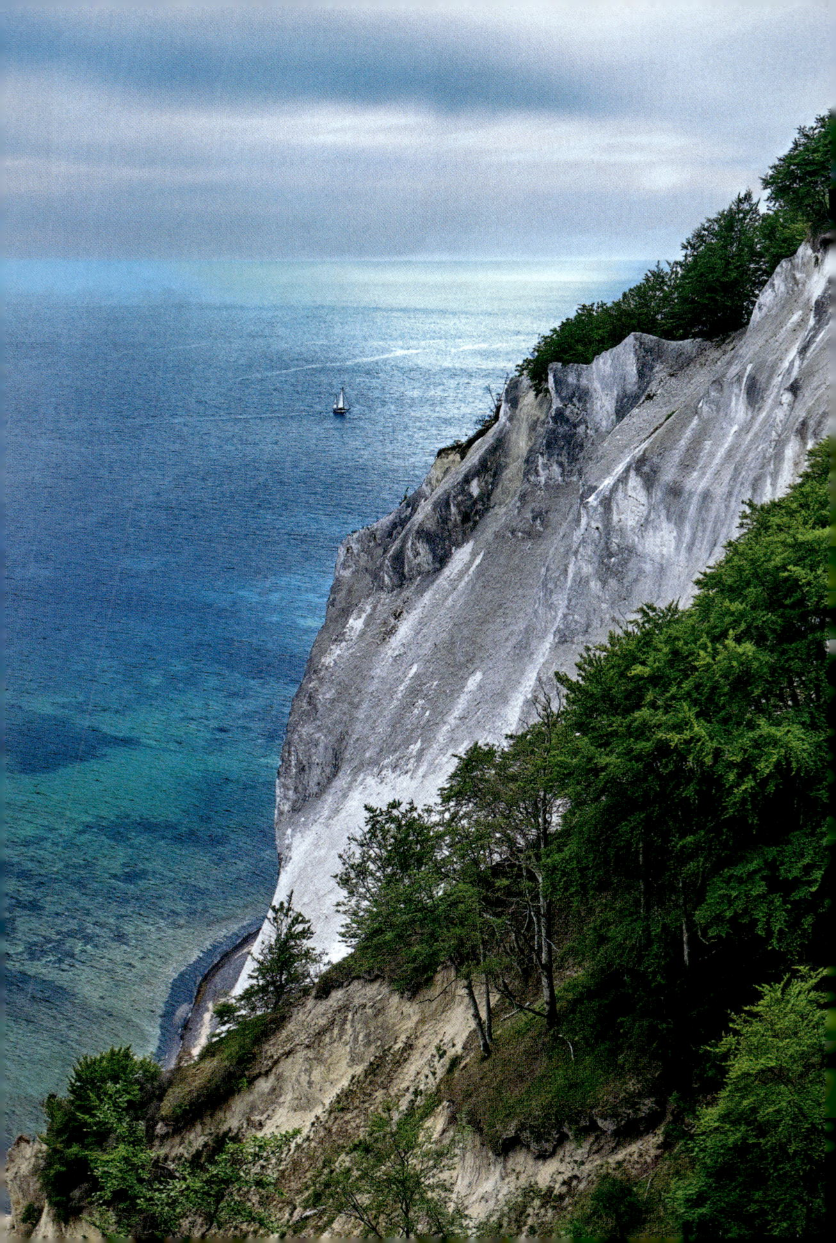

VORWORT

Was an den dänischen Ostseeinseln Fyn (Fünen), Langeland, Lolland, Falster, Møn und Sjælland (Seeland) sofort ins Auge fällt, ist die lange Küstenlinie, von der viele Hundert Kilometer für die Öffentlichkeit zugänglich sind. Die Inseln wurden bisher nicht als Wanderrevier wahrgenommen, dies aber zu Unrecht, denn die abwechslungsreiche Küste und die sanft hügelige Landschaft bieten eine hervorragende Grundlage für viele lohnende Wandererlebnisse.
Die Vielfalt an Küstenformen, nämlich Sandstrände und Dünen, Kieselstrände, Marschen und veritable Steilküsten, sorgen dafür, dass es nicht an Abwechslung fehlt. Das Landesinnere kommt aber auch nicht zu kurz. Die Eiszeiten haben dort eine sanft wellige bis hügelige Landschaft hinterlassen, die zwar keine Gelegenheit für Höhenrekorde bietet, dafür aber umso mehr zum Genusswandern einlädt. Die Kulturlandschaft wird anmutig durch kleine Gehölze und schmucke Gutshöfe interpunktiert, und auch die Wälder mit ihren schönen Buchen- und Eichenbeständen können sich sehen lassen. Nie ist man dabei weit vom nächsten See, Fließgewässer oder Moor entfernt, die reichlich Gelegenheiten für weitere Entdeckungen bieten.
Zusätzlich tragen prähistorische Steinsetzungen, Dolmen- und Hügelgräber sowie schnuckelige Dörfer und kleine Häfen entscheidend zum hohen Erlebniswert bei. Auch die drei UNESCO-Welterbestätten und/oder Nationalparks Stevns Klint, Skjoldungernes Land und Parforcejagd-Landschaft im Nordosten Sjællands kommen nicht zu kurz.
Dies alles sind ideale Voraussetzungen für abwechslungsreiche Wanderungen, die überwiegend in einfachem Gelände erfolgen. Die Anforderungen reichen vom kurzen Spaziergang für die ganze Familie bis zur Tagestour. Viele der 50 Wanderungen in diesem Buch lassen sich zudem – den individuellen Vorlieben entsprechend – anpassen, also entweder verlängern oder verkürzen.

Viel Freude beim Wandern, viel Spaß beim Entdecken!

Freiburg, im Frühjahr 2024 Sabine Gilcher

Spektakuläre Kreideküste Møns Klint (Tour 22).

INHALTSVERZEICHNIS

Sjælland

Der Nellesø liegt inmitten einer eiszeitlich geformten Landschaft (Tour 48).

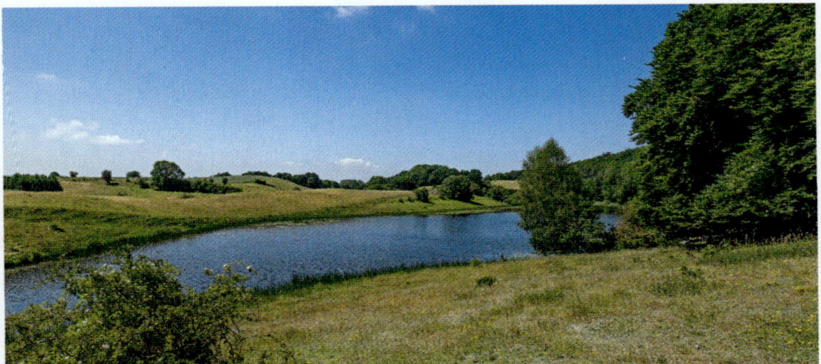

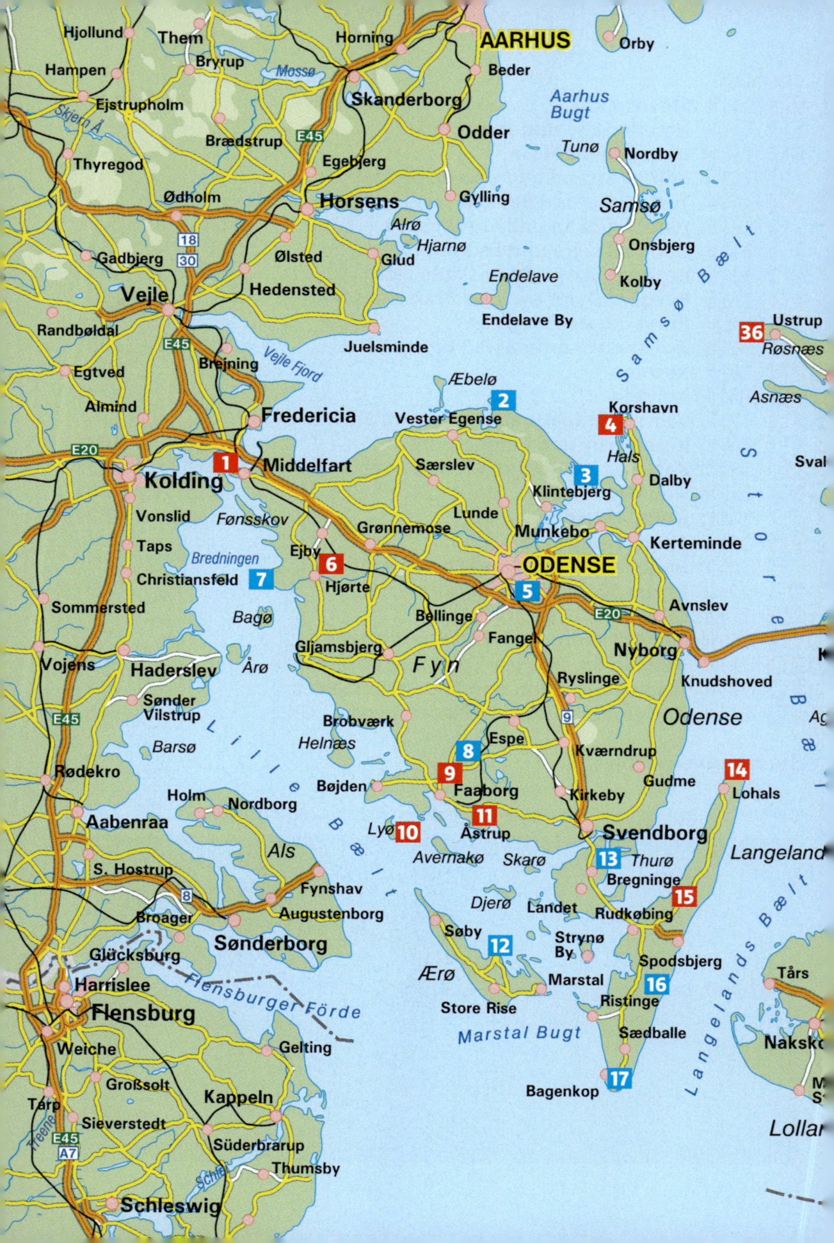

Hjollund
Them
Horning
AARHUS
Orby
Hampen
Bryrup
Mossø
Beder
Ejstrupholm
Skjern Å
Skanderborg
Aarhus Bugt
Brædstrup
E45
Odder
Tunø
Nordby
Thyregod
Egebjerg
Ødholm
Horsens
Gylling
Samsø
Alrø
18
Hjarnø
Onsbjerg
Gadbjerg
30
Ølsted
Glud
Vejle
Hedensted
Endelave
Kolby
Randbøldal
Endelave By
Samsø Bælt
E45
Juelsminde
36
Ustrup
Røsnæs
Brejning
Vejle Fjord
Egtved
Æbelø
Asnæs
Almind
2
Korshavn
Fredericia
Vester Egense
4
E20
Hals
Sval
1
Middelfart
Særslev
3
Kolding
Dalby
Klintebjerg
Vonslid
Fønsskov
Lunde
Munkebo
Grønnemose
Kerteminde
Taps
Ejby
Bredningen
6
ODENSE
Christiansfeld
7
Hjørte
5
Store Bælt
Sommersted
Avnslev
Bagø
Bellinge
E20
Fangel
Gljamsbjerg
Nyborg
Vojens
Haderslev
Årø
Fyn
Ryslinge
Knudshoved
Sønder Vilstrup
9
E45
Brobværk
Odense
Lille Bælt
Espe
Barsø
Helnæs
8
Kværndrup
Rødekro
9
Bøjden
Gudme
14
Holm
Nordborg
Faaborg
Lohals
Kirkeby
Aabenraa
11
Lyø
10
Åstrup
Svendborg
Als
Langeland
Avernakø
Skarø
13
Thurø
S. Hostrup
Fynshav
Bregninge
8
Djerø
Landet
15
Augustenborg
Rudkøbing
Broager
Søby
Strynø By
Sønderborg
12
Langelands Bælt
Glücksburg
Spodsbjerg
Ærø
Marstal
Tårs
Harrislee
16
Flensburger Förde
Store Rise
Ristinge
Flensburg
Nakskov
Marstal Bugt
Sædballe
Weiche
Gelting
17
Großsolt
Bagenkop
Tarp
Kappeln
Sieverstedt
Lolland
E45
Süderbrarup
A7
Thumsby
Schlei
Schleswig

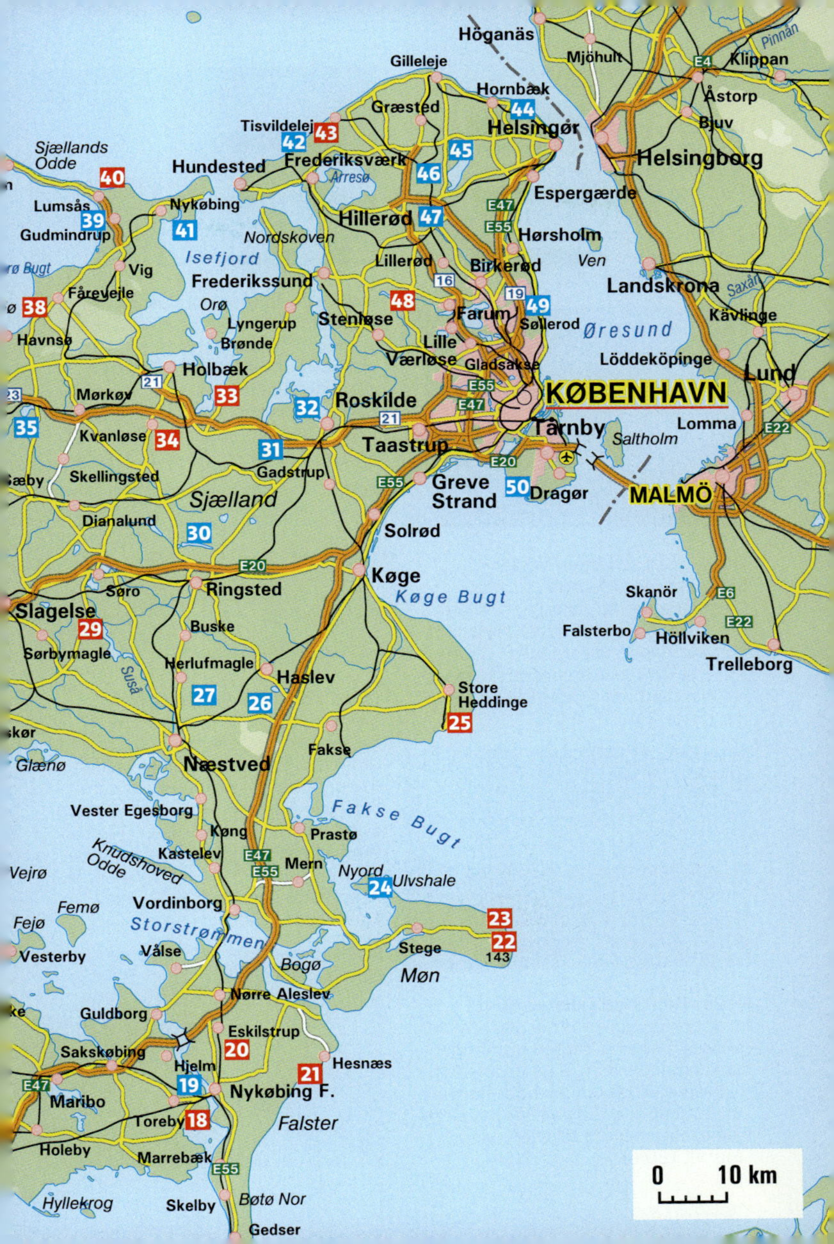

Höganäs
Mjöhult
Klippan
Gilleleje
Hornbæk
Åstorp
Bjuv
Græsted
Helsingør
Helsingborg
Tisvildeleje
Sjællands Odde
Hundested
Frederiksværk
Arresø
Espergærde
Lumsås
Nykøbing
Gudmindrup
Hillerød
Hørsholm
Nordskoven
Isefjord
Vig
Lillerød
Birkerød
Ven
Landskrona
Frederikssund
Fårevejle
Orø
Lyngerup
Farum
Søllerod
Kävlinge
Havnsø
Brønde
Stenløse
Øresund
Lille Værløse
Gladsakse
Löddeköpinge
Holbæk
Lund
Mørkøv
KØBENHAVN
Roskilde
Tårnby
Lomma
Kvanløse
Taastrup
Saltholm
Skellingsted
Gadstrup
Greve Strand
Dragør
MALMÖ
Sjælland
Dianalund
Solrød
Ringsted
Køge
Sorø
Køge Bugt
Skanör
Slagelse
Buske
Falsterbo
Höllviken
Sørbymagle
Trelleborg
Herlufmagle
Suså
Haslev
Store Heddinge
Glænø
Næstved
Fakse
Vester Egesborg
Fakse Bugt
Kong
Prastø
Knudshoved Odde
Kastelev
Mern
Nyord
Ulvshale
Vejrø
Vordinborg
Femø
Fejø
Storstrømmen
Vesterby
Vålse
Stege
Bogø
Møn
Nørre Aleslev
Guldborg
Eskilstrup
Sakskøbing
Hesnæs
Hjelm
Nykøbing F.
Maribo
Toreby
Falster
Holeby
Marrebæk
Hyllekrog
Skelby
Bøtø Nor
Gedser
0 10 km

TOP-TOUREN

Lillebælt, Hindsgavl und Middelfart
Schmale Pfade führen um die Halbinsel Hindsgavl am westlichsten Zipfel Fyns, wo zahlreiche interessante Entdeckungen am Wegesrand warten. Zudem kann man von erhöhtem Posten nach Schweinswalen im Lillebælt Ausschau halten (Tour 1, 2.45 h).

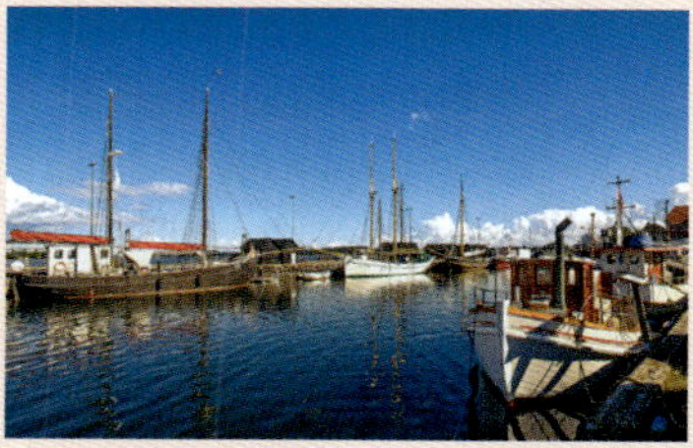

Øhavsstien zwischen Vester Skerninge und Åstrup
Nach einem – für dänische Verhältnisse – recht abenteuerlichen Abschnitt im naturnahen Bachtal des Syltemade Å bietet der Meeresuferweg entspanntes Wandern mit Ausblicken entlang der Küste (Tour 11, 4.15 h).

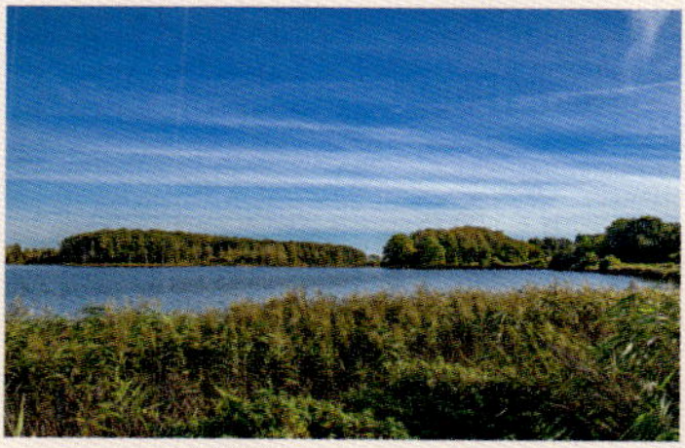

Dovns Klint und Gulstav Klint
Im Süden Langelands mit seinem Mosaik aus mageren Wiesen, sumpfigen Senken und kleinen Wäldern weiden mehrere Herden von Exmoor-Ponys. Dovns Klint und Gulstav Klint steuern kleine, aber feine Steilküsten bei (Tour 17, 1.30 h).

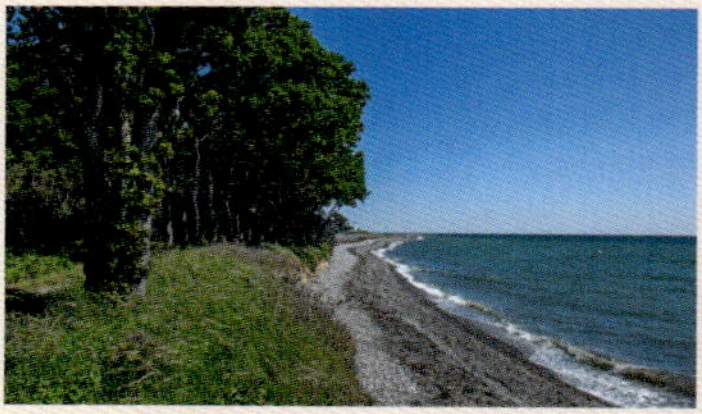

Hesnæs und Halskov Vænge
Die Wanderung führt nach Halskov Vænge, die bedeutendste bronzezeitliche Stätte Falsters. Zurück geht es auf schmalen Pfaden entlang der waldbedeckten Steilküste, an der sich Buchen und Eichen mit unterschiedlichem Erfolg festklammern (Tour 21, 3.45 h).

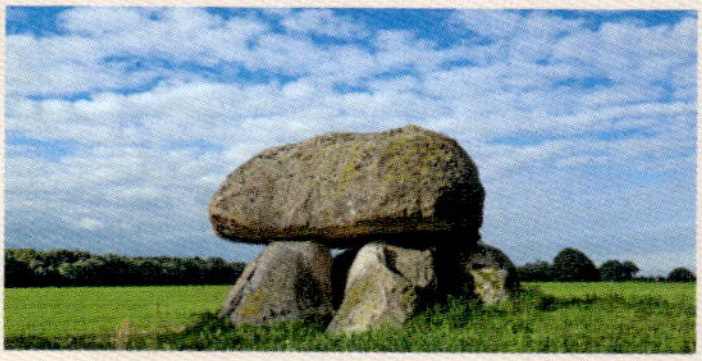

Møns Klint und Jydelejet mit Liselund und Store Taler Fald
Nirgendwo ist Dänemarks Natur so dramatisch wie hier, wo die weißen Kreidefelsen bis zu 120 m aus dem Meer aufragen. Im Hinterland warten ausgedehnte Buchenwälder und blütenreiche Wiesen. Park und Schlösschen Liselund setzen ein zusätzliches Ausrufezeichen (Touren 22 und 23 kombiniert, 5.00 h).

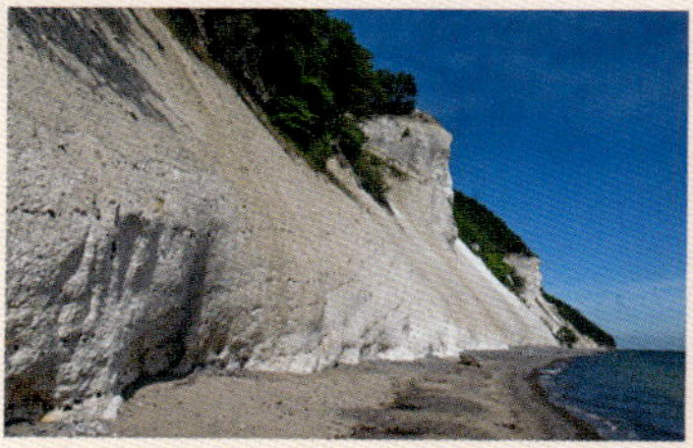

Tystrup Sø und Bavnen
Der älteste Naturpark Dänemarks umfasst das bewaldete Nordufer des Tystrup Sø sowie das angrenzende Hügelland, das extensiv beweidet wird. Waldpfade und Feldwege führen durch das anmutige Gelände und zum Schluss auf die höchste Erhebung der Umgebung (Tour 29, 1.45 h).

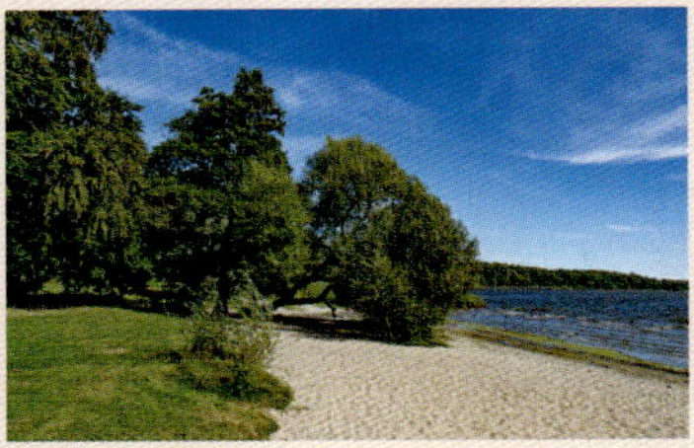

Røsnæs
Die Halbinsel Røsnæs ist ein Wanderparadies im Kleinformat mit hügeliger Landschaft, unterschiedlichen Küstenformen und hohem Strukturreichtum. Hinter jeder Kurve des Pfads warten neue Ausblicke und Entdeckungen sowie ganz im Westen der Leuchtturm Røsnæs Fyr (Tour 36, 2.00 h).

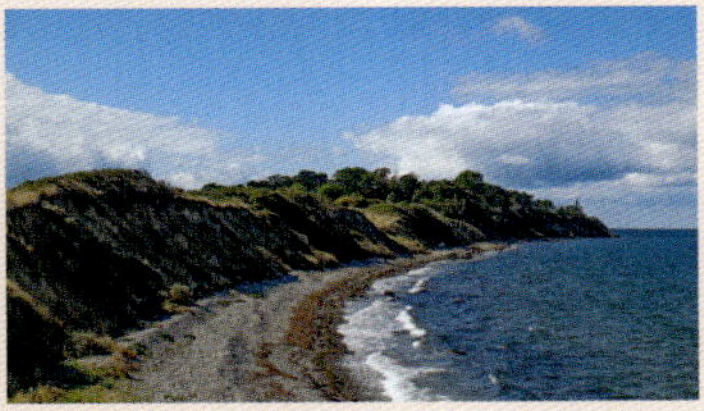

Vejrhøj, Vraget und Dragsholm Slot
Wald, Offenland und Strand bilden eine hochgradig attraktive Mischung für eine der abwechslungsreichsten Touren Sjællands, verbindet sie doch weite Ausblicke, bronzezeitliche Grabhügel, ungewöhnliche Küstenformen und ein veritables Schloss miteinander (Tour 38, 3.00 h).

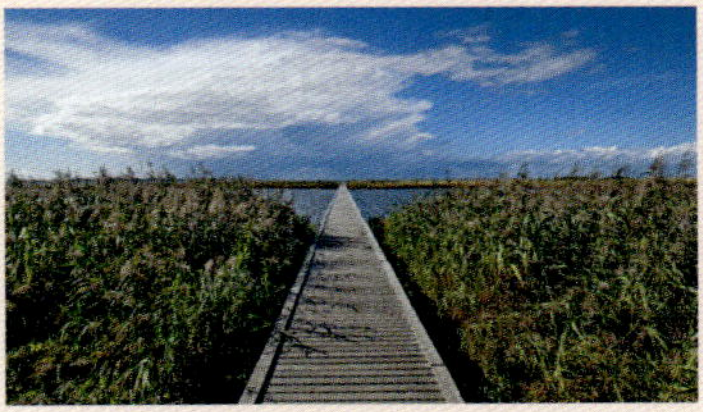

Frederiksborg Park und Barokhaven
Der Park umfasst nicht nur Seen und gepflegte Rasenflächen, sondern auch naturnahe Bereiche und sogar einen Sumpfwald. Das Besondere ist jedoch der Garten, der als eines der schönsten Beispiele barocker Gartenkunst in Skandinavien gilt (Tour 47, 1.15 h).

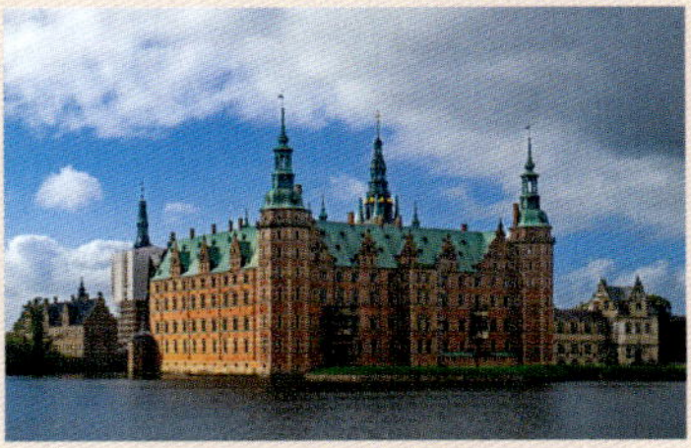

Bastrup Sø, Ganløse Eged und Buresø
Mitten in der Hauptstadtregion liegt dieses Wanderkleinod: eine eiszeitlich geprägte, sanft hügelige Landschaft mit Seen unterschiedlicher Größe und kleinen Wäldern sowie archäologischen Fundstätten am Wegesrand (Tour 48, 2.45 h).

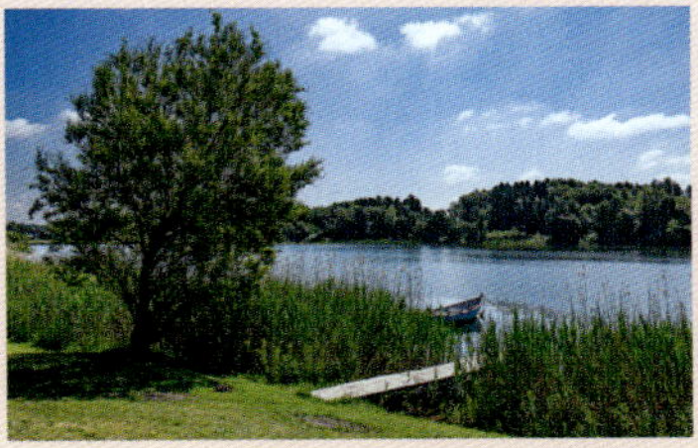

WICHTIGE HINWEISE FÜR UNTERWEGS

Tourenauswahl und -planung

Die vorgestellten Wanderungen reichen vom Spaziergang für die ganze Familie bis zur längeren Unternehmung mit zahlreichen Highlights. Jede dieser 50 Touren hat ihren Reiz, aber nicht für jeden in gleichem Maß und nicht zu jedem Zeitpunkt. Als Entscheidungshilfen dienen eine Tabelle mit besonderen Tourmerkmalen und Sehenswürdigkeiten (siehe S. 20–21) sowie Tourensteckbriefe und Höhenprofile bei den einzelnen Touren. Aus ihnen lassen sich sowohl die wesentlichen Elemente und Besonderheiten der jeweiligen Wanderung als auch die Anforderungen entnehmen.

- **Gehzeit:** Da Kondition, Wetter und Wegezustand erheblich auf die Gehgeschwindigkeit Einfluss nehmen können, sind die Gehzeiten nur als grober Anhaltspunkt zu verstehen. Um die Gesamttourdauer abschätzen zu können, müssen zur angegebenen reinen Gehzeit individuelle Pausen und Fotostopps (erfahrungsgemäß ca. 10–25 % zusätzlich zur reinen Gehzeit) sowie idealerweise eine Reserve addiert werden.
- **Höhenunterschied:** Bei den Höhenmetern im Auf- und Abstieg ist die Brutto-Differenz – also die tatsächlich zu bewältigenden Höhenmeter inklusive Gegensteigungen – aufgeführt.
- **Schwierigkeit:** Steilheit, Exponiertheit und Wegbeschaffenheit bestimmen die Schwierigkeit einer Wanderung. Steiles und steiniges Gelände stellt höhere Anforderungen an die Trittsicherheit, Pfade oberhalb von Steilküsten an die Schwindelfreiheit.
- **Orientierung:** Die Erkennbarkeit und Verfolgbarkeit von Wegen im Gelände sowie die Dichte und Qualität von Wegweisern und Markierungen sind Faktoren, die sich darauf auswirken, welche Anforderungen an das Orientierungsvermögen gestellt werden bzw. welcher Aufwand bezüglich der Orientierung betrieben werden muss.

Nordwestküste von Langeland mit Wegabschnitt über Sandstrand (Tour 14).

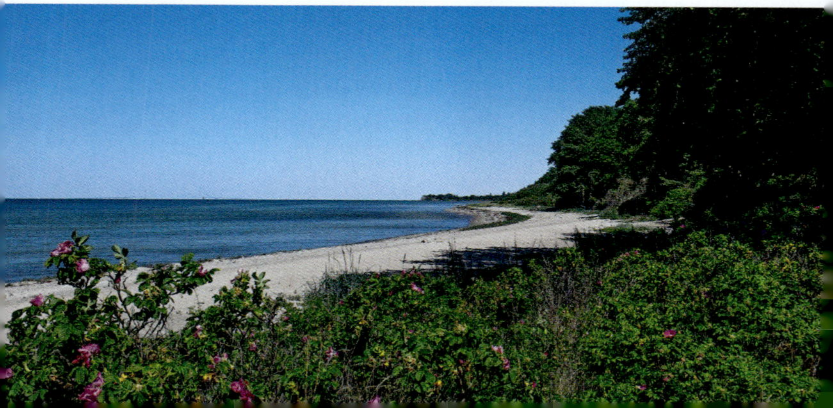

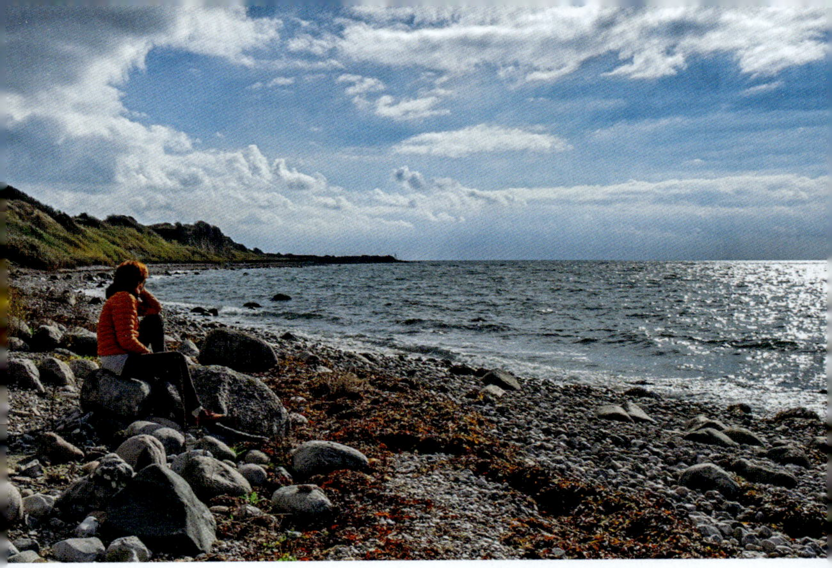

An der Südwestküste von Lyø geht es am Kieselstrand entlang (Tour 10).

Die genannten Aspekte führen zu einer »Gesamtcharakteristik«, die sich in den zwei Wegkategorien »leicht« und »mittel« niederschlägt, »schwierige« (schwarze) Touren kommen im Wandergebiet nicht vor. Bitte bedenken Sie, dass dieser Einstufung nur diejenigen Merkmale zugrunde liegen, die den Weg in einer »durchschnittlichen« Situation charakterisieren. Ungünstige Bedingungen können dazu führen, dass sich der Schwierigkeitsgrad erhöht. Viele Touren können durch eine alternative Wegwahl verlängert oder verkürzt werden, sodass ein individueller Zuschnitt der Wanderungen möglich ist. Für individuell verkürzte oder verlängerte Touren kann die jeweilige Gesamtcharakteristik abweichen.

SCHWIERIGKEITSKATEGORIEN

■ = Leicht

Wanderungen mit geringen Höhenunterschieden auf Teersträßchen, Feldwegen oder Trampelpfaden mit einfach zu folgendem Wegverlauf.

■ = Mittel

Wanderungen auf mitunter schmalen Wegen und Pfaden, die unebene, steinige und feuchte Bereiche aufweisen oder entlang ungesicherter Steilabstürze verlaufen können. Gelegentlich kann der Wegverlauf schwierig zu verfolgen sein. Die Touren setzen etwas Trittsicherheit voraus.

Wege

Wegbeschaffenheit: Bei den Wegbeschreibungen werden folgende Wegtypen anhand ihrer Breite und ihres Ausbauzustands unterschieden:

- Unter den Oberbegriff Fahrwege fallen nichtasphaltierte Straßen, Feldwege (im Offenland) und Forstwege (im Wald), die allgemein fahrzeugtauglich sind und einen befestigten Unterbau sowie eine Deckschicht aus Kies oder Schotter aufweisen.
- Fahr- oder Traktorspuren besitzen keinen befestigten Unterbau. Sie haben oft einen ausgeprägten grünen »Mittelstreifen« oder sind durchgängig bewachsen. Sie können meist nur von geländegängigen Fahrzeugen benutzt werden. Der Übergang zu Fahrwegen (s.o.) ist fließend.
- Fußweg ist der Überbegriff für schmale Wege. Mehrheitlich verlaufen sie über unbefestigten Untergrund. Sie können je nach Breite und Intensität der Nutzung als (Trampel-)Pfade oder Wegspuren angesprochen werden. Wenig benutzte Fußwege werden als Gras- oder Wiesenwege bezeichnet
- Ein Steig ist ein schmaler Pfad, der eine Höhendifferenz überwindet.

Bei allen unbefestigten Wegen und Pfaden durch Wälder und über Weiden ist davon auszugehen, dass sie nach Regen durchnässt sind, Pfützen aufweisen, matschig und schmierig sein können. Eingang in die Kurzinfo oder Wegbeschreibung finden diese Eigenschaften aber nur dann, wenn sie das erwartbare Maß deutlich übersteigen. Mitunter können die Pfade überwachsen sein, worauf in den Toursteckbriefen hingewiesen wird. Dabei handelt es sich überwiegend um hochwüchsigen Grasbewuchs, doch können auch Brennnesseln und Disteln beteiligt sein. Von offenem Schuhwerk und kurzen Hosen ist in solchen Fällen abzuraten.

SYMBOLE

Symbole im Tourenkopf

- mit ÖPNV erreichbar
- mit Fähre erreichbar
- Einkehrmöglichkeit unterwegs
- für Kinder geeignet

Symbole im Höhenprofil

- Ort mit Einkehrmöglichkeit
- Einkehrmöglichkeit
- Parkplatz
- Bushaltestelle
- Bahnhof
- Hafen, Fischermole
- Aussichtsplatz
- Rastplatz
- Schutzhütte, Unterstand
- Gipfel
- Kirche, Kapelle, Kloster
- historisches Bauwerk, Ruine
- (Aussichts-)Turm
- Leuchtturm
- Wassermühle
- historische, archäologische Stätte
- Brücke, Steg
- Abzweigung
- geradeaus
- Badestrand, Bademöglichkeit

Wegweiser und Markierungen: Auf den dänischen Ostseeinseln gibt es viele beschilderte und markierte Wanderwege:

- Weitwanderwege wie der Øhavsstien (siehe S. 34) besitzen Markierungen an strategisch wichtigen Abzweigungen.
- Viele Kommunen haben kleine Rundtouren oder Streckenwanderungen ausgewiesen und beschildert. Sie sind üblicherweise auf der Homepage der jeweiligen Kommune abrufbar.
- Ein Großteil der Naturschutzgebiete ist durch Pfade erschlossen. Man findet entsprechende Informationen entweder auf Infotafeln an den Hauptzugängen oder auf der Homepage der Naturschutzbehörde Naturstyrelsen (naturstyrelsen.dk).

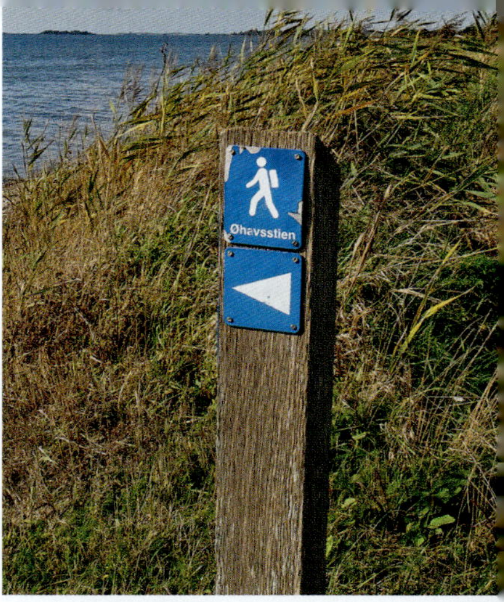

Wegweiser Øhavsstien.

Gatter und Tore: Gatter und Tore hinterlässt man so, wie man sie vorfindet. Die meisten Törchen sind einfach zu nutzen, denn sie besitzen keine Schließvorrichtung, sondern sind so konstruiert, dass sie aufgedrückt werden können und von selbst zufallen.

Begegnung mit Weidevieh: Die beschriebenen Wege führen mitunter quer über Weideland. Es ist daher die Regel, nicht die Ausnahme, dass man dem darauf grasenden Vieh begegnet. Im Spektrum möglicher Begegnungen können neben schreckhaften Schafen, freundlichen Pferden, neugierigen Jungrindern u. U. auch Rinderherden einschließlich Stier auftauchen. Es werden zwar keine aggressiven Rinderrassen gehalten, dennoch empfiehlt sich ein gewisses Maß an Vorsicht. Achten Sie unbedingt darauf, nicht zwischen Kühe und ihre Kälber zu geraten und versuchen Sie nicht, die Tiere zu streicheln oder aus allzu großer Nähe zu fotografieren.

Törchen sind einfach zu nutzen.

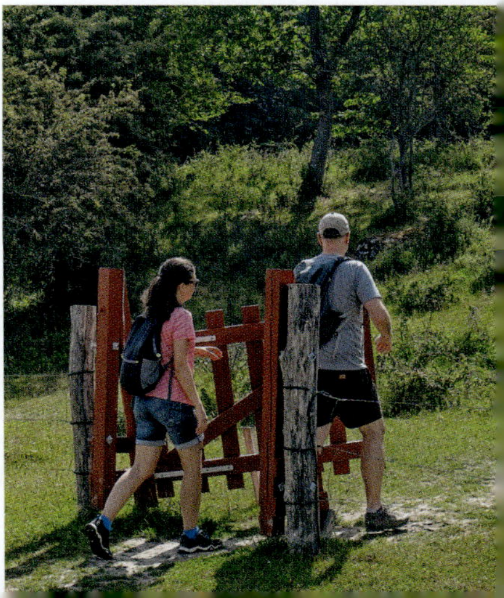

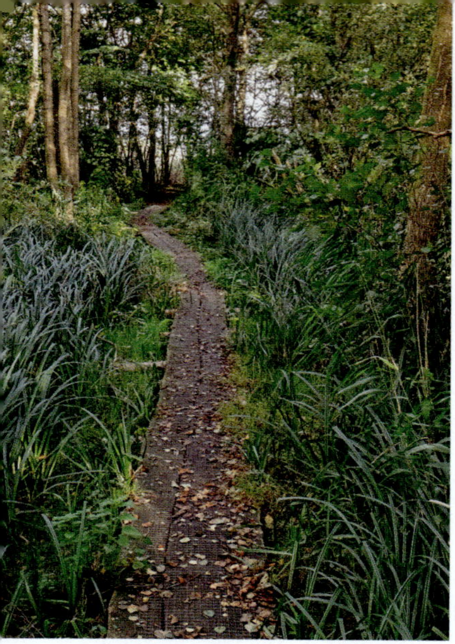
Bohlenweg über sumpfiges Gelände.

Bohlenwege: Führen ausgewiesene Wanderwege über sumpfige Stellen, sind meistens Bohlenwege vorhanden. Da der Erhaltungszustand nicht immer optimal ist, sollten sie nur mit Vorsicht betreten werden. Es muss außerdem damit gerechnet werden, dass sie bei hohem Wasserstand, z.B. im Frühjahr infolge der noch vorhandenen Winternässe oder nach längeren Regenperioden, überstaut und schlüpfrig sein können oder dass der Weg unter diesen Bedingungen nicht passierbar ist.
MTB-Tracks und Radwanderwege: In vielen Wäldern existieren angelegte Mountainbike-Tracks. Zwar versucht man, Wanderer und Mountainbiker so gut wie möglich zu trennen, damit es nicht zu Konflikten kommt, doch lässt es sich nicht völlig vermeiden, dass MTB-Tracks Wanderwege kreuzen oder Wanderwege über kurze Strecken von MTB-Fahrern mitgenutzt werden. Bevor man einen MTB-Track quert, sollte man zur eigenen Sicherheit Ausschau halten, ob gerade ein Mountainbiker heranrauscht. Wichtig: Montainbike-Tracks werden in diesem Wanderführer nicht als gangbare Wege beschrieben, vereinzelt werden jedoch nationale Radwanderwege genutzt. In diesem Fall teilen sich Radler und Wanderer den Weg und üben gegenseitige Rücksichtnahme. Wo dies der Fall ist, wird in der Beschreibung darauf hingewiesen.
Wandern am Strand / entlang der Küste: Der Tidenhub beträgt auf den dänischen Ostseeinseln zwischen 20 und 40 cm. Üblicherweise kann dies bei den Touren am Strand bzw. entlang der Küste vernachlässigt werden, es sei denn, es herrscht starker auflandiger Wind oder gar Sturm.

Betretungsrechte und sonstige Regelungen

Betretungsrechte: In Dänemark gibt es – im Gegensatz zu den anderen skandinavischen Ländern – kein Jedermannsrecht. Das dänische Recht unterscheidet vielmehr hinsichtlich Aktivitäten, die auf öffentlichem oder auf privatem Land oder zu bestimmten Tages- oder Nachtzeiten (!) durchgeführt werden können. Unter Wander-Gesichtspunkten relevant sind folgende Aspekte (vereinfachte Darstellung, zusammengestellt aus der Publikation »Naturen må gjerne betrædes«):

- Der Aufenthalt in Wäldern ist nur zwischen 6.00 Uhr früh und Sonnenuntergang zulässig. Öffentliche Wälder sind zwar von dieser zeitlichen Einschränkung ausgenommen, aber da für Wanderer die Eigentumsverhältnisse i. d. R. nicht ersichtlich sind, sollte man sich generell an diese Rahmenbedingungen halten.
- In Wäldern gilt zumeist ein Wegegebot. Nur in öffentlichen Wäldern darf von den Wegen abgewichen werden (da für Wanderer die Eigentumsverhältnisse i. d. R. nicht ersichtlich sind, sollte man sich für die sichere Seite entscheiden und in Wäldern generell auf den Wegen bleiben).
- Das Pflücken von Pflanzen und Früchten in geringen Mengen für den Eigenbedarf ist nur in öffentlichen Arealen zulässig, sofern diese nicht unter Naturschutz stehen.
- Bewegt man sich abseits von Wegen durch das Gelände, muss zur nächsten Wohnbebauung i. d. R. ein Abstand von mindestens 150 m eingehalten werden.

Betretungsverbote und sonstige Einschränkungen in den Naturschutzgebieten: In vielen Naturschutzgebieten herrschen Betretungsverbote oder strikte Wegegebote. In Vogelschutzgebieten gelten diese meist temporär während der Brutzeit. Über weitere Einschränkungen informieren Informationstafeln – meist auch auf Englisch oder Deutsch – an den wichtigsten Zugangspunkten.

Wandern mit Hund: Gesetzliche Regelungen schreiben vor, dass Hunde in Wäldern ganzjährig und am Strand zwischen 01.04.–30.09. an der Leine geführt werden müssen. Darüber hinaus ist »Hund i snor« (Hund an die Leine) oder ein entsprechendes Piktogramm eine häufige (und verbindliche) Aufforderung sowohl auf Weideland und in Naturschutzgebieten als auch im Siedlungsbereich. Zudem wird in diesem Wanderführer in folgenden Fällen die Empfehlung ausgesprochen, auf die Mitnahme von Hunden zu verzichten:

- Wenn Wanderungen dicht an Brutplätzen von Wiesenbrütern oder Watvögeln vorbeiführen (gültig für die Brutperiode, d. h. 01.04.–31.08.).
- Wenn Wanderungen über Weiden führen, auf denen – soweit bei der Erstellung des Wanderführers bekannt – Mutterkuhhaltung betrieben wird, d. h. Kühe mit ihren Kälbern anzutreffen sind.

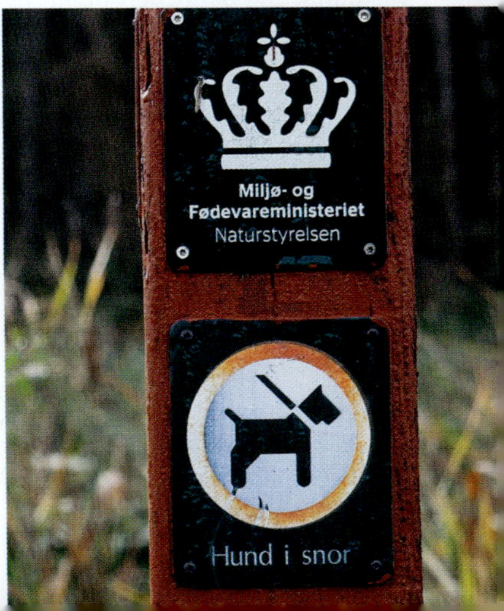

Hunde müssen (meistens) an die Leine.

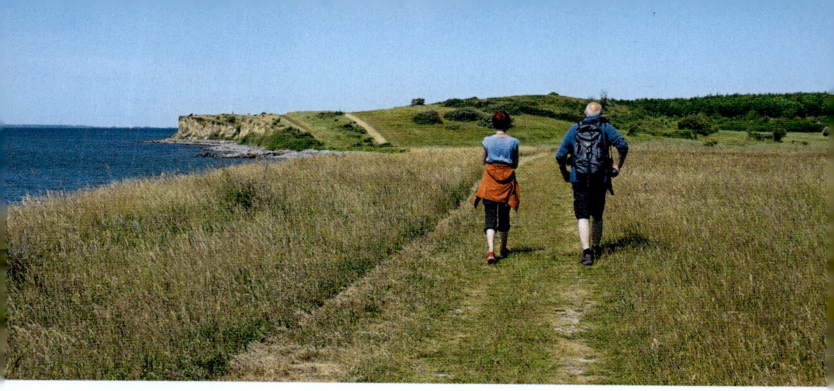

Einfach zu begehende Wege sind die Regel (Tour 17).

Wichtig beim Besuch von Ausflugslokalen ist zudem, dass Innenräume von Gaststätten und Restaurants für Hunde (abgesehen von Assistenzhunden) tabu sind. Frei laufen dürfen Hunde dagegen in extra dafür ausgewiesenen und eingezäunten Bereichen, die z.B. als »Hundeskov« (Hundewald) ausgeschildert sind.

Ausrüstung

Schuhe: Für die meisten Wanderungen sind robuste (Multifunktions-)Schuhe mit gut profilierter Sohle zu empfehlen. Von offenen Schuhen sollte man Abstand nehmen, da spitzer Schotter, dornige Ranken oder scharfkantige Gräser den Wandergenuss sonst erheblich beeinträchtigen können.
Kleidung: Die dänischen Inseln haben im Sommer ein ähnliches Wetter und ähnliche Niederschläge wie Mitteleuropa, aber etwas niedrigere maximale Tagestemperaturen und – in Küstennähe – mehr Wind. Eine wärmende oder isolierende äußere Schicht – mindestens im Rucksack – ist daher sinnvoll. Bei hoher Sonneneinstrahlung tut eine Kopfbedeckung gute Dienste. Darüber hinaus können die in Mitteleuropa zum Wandern eingesetzte Bekleidung und Ausrüstung – und insbesondere das »Zwiebelprinzip« –zum Einsatz kommen.
Sonstiges: Folgende Ergänzung der Ausrüstung ist sinnvoll:

- Mückenmittel (vor allem bei Wanderungen im Wald erforderlich)
- Sonnencreme mit hohem Lichtschutzfaktor
- Erste-Hilfe-Set (u.a. mit Blasenpflaster)
- Fernglas

Wandersaison

Was als »beste Wanderzeit« empfunden wird, ist abhängig von den persönlichen Vorlieben und Interessen. Die nachfolgenden Ausführungen bieten dafür eine Entscheidungshilfe:

- Die Wandersaison beginnt Mitte April und geht bis etwa Mitte Oktober.
- Zur Vogelbeobachtung ist vor allem die Zeit der Vogelzüge, d. h. April und Mai bzw. September und Oktober, interessant.
- Die geringsten Niederschlagsmengen fallen durchschnittlich zwischen März und Mai. In den Sommermonaten sind die Niederschlagsmittelwerte zwar höher, liegen aber nicht wesentlich über denjenigen in Mitteleuropa.
- Die höchste Zahl von Sonnenstunden summiert sich von Mai bis August.
- Museen und sonstige Attraktionen haben in der Vor- und Nachsaison verkürzte Öffnungszeiten oder sind ganz geschlossen.

Gefahren

Die folgenden Risiken sind unspezifisch und können auf den dänischen Inseln ebenso vorkommen wie in jedem beliebigen anderen Wandergebiet:

- **Absturz und Abrutschen:** Steilküsten sind i. d. R. ungesichert. Sie bergen die Gefahr, abzustürzen oder abzurutschen. Es ist nicht auszuschließen, dass Bereiche, die von oben noch betretbar aussehen, bereits unterhöhlt oder unterspült sind. Wählen Sie daher Ihre Schritte überlegt und vermeiden Sie Risiken.
- **Erschöpfung:** Viele Unfälle und Verletzungen haben ihre Ursache in Erschöpfung. Beugen Sie deshalb vor: Schätzen Sie Ihre Kondition realistisch ein und überfordern Sie sich nicht. Planen Sie bei allen Touren immer Reservezeiten ein. Unterwegs gilt: trinken, bevor man durstig ist; essen, bevor man hungrig ist; rasten, bevor man müde ist!

Neben den o.g. Risiken finden sich einige spezifische Gefahrensituationen:

- **Erdrutsche und Felsstürze:** Bei den Steilküsten ist die Erosion – je nach Gesteinsart – mäßig bis sehr stark ausgeprägt. Insbesondere bei den Touren 22 und 23 besteht ein erhöhtes Felssturzsrisiko. Steilküsten sollten daher (sowohl unter- als auch oberhalb) nur mit Vorsicht und unter Abwägung der Risiken betreten werden.
- **Sturm:** Auflandiger Wind – und erst recht Sturm – können dazu führen, dass Wege am Strand nicht begehbar sind. In diesem Fall ist von Touren am Strand oder entlang der Küste abzuraten. Wo dies der Fall sein kann, wird im Toursteckbrief darauf hingewiesen.
- **Tiere mit Gefahren- und Belästigungspotenzial**:
  - Die Kreuzotter kommt in Heide- und Moorgebieten vor. Sie ist sehr selten und flüchtet i. d. R., wenn man sich ihr nähert. Wer vorsorgen möchte, ist mit knöchelhohem, festem Schuhwerk und langen Hosen gut beraten. (Achtung: Nicht jede Schlange ist eine Kreuzotter! Die ebenfalls vorkommenden Schling- und Ringelnattern sind ungiftig).
  - Die Tiere, auf die man zum allgemeinen Leidwesen am häufigsten stoßen wird, sind Stechmücken (dän. myg). Generell sind feuchte und windgeschützte Bereiche im Binnenland – z. B. Wälder und Sümpfe – davon stärker betroffen als windausgesetzte Küsten oder offene Landschaften. Ein wirksames (!) Mückenschutzmittel gehört daher unbedingt zur Ausrüstung.

Notfall

Die in ganz Dänemark gültige, gebührenfreie Telefonnummer aus dem Mobilfunk- und Festnetz für Hilfe in Notfällen lautet **112** (Euronotruf für Rettungsdienst, Polizei und Feuerwehr).

Karte, Kompass, GPS

Als Straßenkarten eignen sich die folgenden zwei Karten des Verlags Kümmerly + Frey im Maßstab 1:200.000:

- »Dänemark Süd«: für den Teilbereich Sjælland, Lolland, Falster, Møn
- »Süd-Jütland & Fünen«: für den Teilbereich Fyn, Langeland, Ærø

Für die Wanderungen auf den dänischen Ostseeinseln steht kein hinreichend aktuelles analoges Kartenwerk im Maßstab 1:25.000 oder 1:50.000 zur Verfügung, das die Gesamtfläche abdeckt. Die letzte Aktualisierung der analogen Karten erfolgte 2002, sodass von einer Nutzung abgeraten werden muss, selbst wenn die Karten vereinzelt noch im Handel zu erwerben sind. Nur für einzelne touristische Regionen bzw. Weitwanderwege liegt vom Calazo-Verlag aktuelles analoges Kartenmaterial im Maßstab 1:25.000 oder 1:30.000 vor.
Wer darüber hinaus analoges Kartenmaterial verwenden möchte, ist darauf angewiesen, es vom dänischen Vermessungsamt (Geodatastyrelsen) in gedruckter Form als Topografisk Atlas Danmark (im Maßstab 1:75.000) oder über den Service »Ditkort« der Firma Nordisk Korthandel (im Maßstab 1:25.000, 1:50.000) zu bestellen. Dazu werden jeweils individuelle Karten angefertigt, was seinen (gesalzenen) Preis hat.
Auf dem digitalen Kartenmarkt ist die Auswahl groß und unübersichtlich. Im Gelände bewährt haben sich folgende (z.T. kostenpflichtige) Apps, wobei darauf hinzuweisen ist, dass jede der Apps individuelle Stärken, aber auch Schwächen hat.

GPS-TRACKS UND KOORDINATEN DER AUSGANGSPUNKTE

Auf **gps.rother.de** stehen zu diesem Wanderführer GPS-Tracks und die Koordinaten der Ausgangspunkte zum kostenlosen Download bereit. Dieser QR-Code führt direkt zum Download.
1. Auflage, Passwort: **475101cgs**
Die GPS-Tracks können in die **Rother App** importiert werden. In der App kann man unterwegs stets sehen, wo man gerade ist und wo es langgeht. **Anleitungen dazu: rother.de/gps**
Trotz sorgfältiger Prüfung können wir Fehler und zwischenzeitliche Veränderungen nicht ausschließen. Verlassen Sie sich für die Orientierung niemals einzig und allein auf die GPS-Daten, sondern beurteilen Sie die Verhältnisse vor Ort.

- OSMAnd (osmand.net): ohne Höhenlinien, jedoch gute Darstellung auch kleiner Wege, großmaßstäblich zoomfähig, zahlreiche zusätzliche Informationen abrufbar.
- Denmark Topo Maps (topo-gps.com/topographic-map-of-denmark): Grafik dicht an der analogen topografischen Karte, gute Höhenliniendarstellung, kaum zoomfähig, bei der Darstellung kleinerer Wege stark defizitär.
- Karte von Dänemark offline: ohne Höhenlinien, Landnutzungsgrafik defizitär, gute Darstellung auch kleiner Wege.

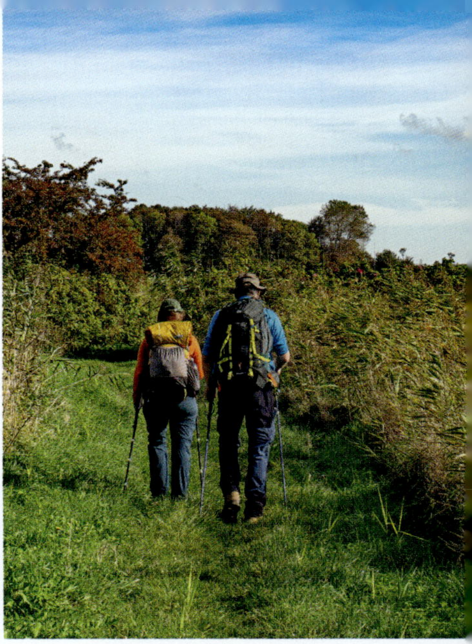
Wanderer am Øhavsstien.

Die dänischen Ostseeinseln sind Kulturlandschaften; nie ist man weit von der nächsten Siedlung oder der nächsten Straße entfernt und es sind i.d.R. viele Orientierungspunkte und Landmarken vorhanden, sodass man sich relativ gut orientieren kann. Bei unmarkierten Wegabschnitten, beim Fehlen der Wegspur oder in unübersichtlichen Situationen können ein Kompass oder ein GPS-Gerät jedoch hilfreich sein.

Ortsnamen und Schreibweise

Ortsnamen richten sich nach der dänischen Bezeichnung (also z.B. Fyn statt Fünen, Sjælland statt Seeland, Storebælt statt Großer Belt). Dänische Ortsnamen, bei denen der bestimmte Artikel im Wort integriert ist (z.B Korevlerne, Præstskoven) werden im Wanderführer des besseren Leseflusses wegen bei Bedarf mit einem deutschen Artikel versehen, auch wenn sich dadurch für die mit dem Dänischen Vertrauten die bestimmten Artikel »ins Gehege« kommen. Ähnliches gilt für die Groß- und Kleinschreibung: Geografische Bezeichnungen werden durchgängig groß geschrieben, auch wenn im Dänischen einige Begriffe manchmal klein geschrieben werden.
Die Schreibweisen von Ortsbezeichnungen sind mitunter variabel (z.B. Faaborg / Fåborg), was darauf zurückzuführen ist, dass die dänische Rechtschreibreform zwar das »aa« durch »å« ersetzt hat, sich dies bei Ortsnamen aber nicht vollständig durchgesetzt hat. An der Aussprache ändert sich dadurch nichts.

BESONDERE TOURENMERKMALE UND ATTRAKTIONEN

Nr.	Tour			
1	Lillebælt, Hindsgavl und Middelfart	x	x	x
2	Flyvesandet			x
3	Enebærodde			
4	Jøvet und Fyns Hoved	x		x
5	Odense Å	x	x	x
6	Lunge Bjerge, Brænde Å, Klakkebjerg	(x)		(x)
7	Husby Holm und Wedellsborg	x		x
8	Arreskov Sø und Sollerup Skov			x
9	Svanninge Bakker	x	x	
10	Lyø	x	x	x
11	Øhavsstien zwischen Vester Skerninge u. Åstrup	x	x	
12	Rund um Ærøskøbing	x	x	x
13	Troense und Valdemars Slot	x	x	x
14	Lohals, Nordstrand und Hou Fyr	(x)		x
15	Rund um Tranekær	x	x	
16	Skovsgård und Paø Enge		x	x
17	Dovns Klint und Gulstav Klint	x		x
18	Skejten	x	x	x
19	Hamborgskoven	x	x	x
20	Borremosen und Præstskoven			x
21	Hesnæs und Halskov Vænge	x	x	(x)
22	Møns Klint und Jydelejet		x	(x)
23	Liselund und Store Taler Fald			
24	Ulvshale			x
25	Stevns Klint	x	x	x
26	Hesede Skov und Øvre Suså	x	x	(x)
27	Holmegaard Mose		(x)	x
28	Kobæk Strand und Egerup Strand	x	x	x
29	Tystrup Sø und Bavnen	x		x
30	Haraldsted Sø und Vrangeskov	x		(x)
31	Gammel Lejre und Ledreborg	x		x
32	Boserup Skov und Roskilde Fjord	x	x	(x)
33	Ryegård Dyrehave und Bramsnæs Bugt	(x)		x
34	Rund um den Maglesø			x
35	Zwischen Skarresø und Bromølle	(x)	x	
36	Røsnæs		x	x
37	Nekselø	x		x
38	Vejrhøj, Vraget und Dragsholm Slot	x	x	x
39	Korevlerne und Ellinge Lyng	x	(x)	(x)
40	Kattegat, Klintebjerget, Sonnerup Skov			(x)
41	Hov Vig	x	x	x
42	Melby Overdrev	(x)		x
43	Tisvilde Hegn			(x)
44	Hellebæk Kohave und Hammermølle	x	x	x
45	Esrum Sø und Kloster Esrum	x	x	x
46	Gribskov	x		(x)
47	Frederiksborg Park und Barokhaven	x	x	x
48	Bastrup Sø, Ganløse Eged und Buresø		x	x
49	Jægersborg Hegn und Eremitageslottet	(x)	x	(x)
50	Kalvebod Fælled und Pinseskoven	(x)		x

1	2	3	4	5	6	7	8
x				x	x	x	x
x		x	x	x			
x			x	x		x	
x		x		x			
x						x	
	x	x	x				
x						x	
	x			x			
	x	x	x	x			
x				x	x		x
x	x		x	x	x		
x							x
x						x	x
x						x	
x					x	x	
x	x			x		x	
x	x		x	x	x		
x			x	x		x	
x					x	x	
	x		x	x			
x			x		x		x
x		x	x	x	x		
x		x	x	x		x	
x				x	x		
x		x	x		x	x	
	x	x					x
	x		x	x			
x			x	x			
	x	x		x			
	x		x	x			
		x			x	x	x
x				x		x	
x		x		x			
	x	x	x	x			
	x					x	
x		x		x		x	
x		x		x			
x		x	x		x	x	
x			x	x			
x		x	x	x			
x	x	x		x			x
x			x	x			
x		x			x		
	x		x	x		x	
	x			x		x	
	x			x	x		
	x					x	x
	x		x	x	x		
x	x	x			x	x	
x	x			x			

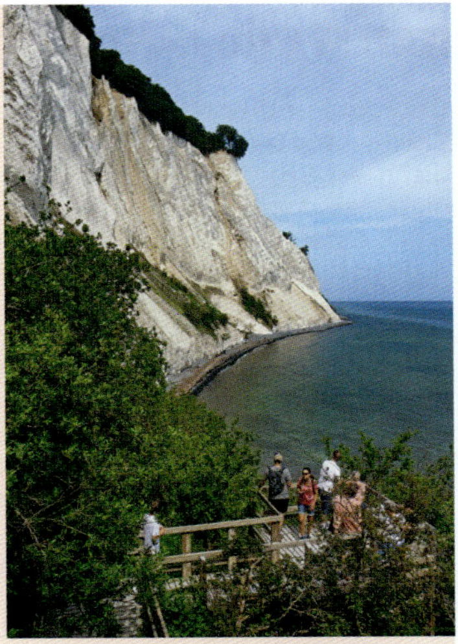

Die Klippen von Møns Klint (Tour 22).

Erreichbarkeit mit ÖPNV/Fähre
x direkt (teilweise anderer Ausgangspunkt an der Tour)
(x) mit zusätzlichem Fußweg

Einkehrmöglichkeit
x direkt am Weg
(x) abseits des Wegs (bis 500 m)

Eignung für Kinder
x Tour für Kinder geeignet
(x) für Kinder geeignete Tourvariante vorhanden

Merkmale
1 Küste (Strand, Dünen, Meer)
2 Binnengewässer (Flüsse, Seen)
3 Aussicht, Aussichtsturm
4 besondere Geologie oder Geomorphologie
5 besondere Pflanzen- oder Tierwelt
6 archäologische oder Industriedenkmäler, historische Stätten
7 bemerkenswerte Gebäude(-ruinen) oder Bauwerke
8 sehenswerte Städte, Dörfer und Siedlungen

NATUR UND LANDSCHAFT – EIN ÜBERBLICK

Geologie und Entstehung

Entstehung: Die dänischen Ostseeinseln bestehen aus Sedimentgesteinen, die in der Oberen Kreidezeit und im Tertiär abgelagert wurden. Während dieses gesamten Zeitraums stellte sich der Bereich, der heute die dänischen Ostseeinseln bildet, als Flachmeer dar. Durch tektonische Prozesse wurden die vorhandenen Schichten leicht nach Nordwesten gekippt und im Verlauf vieler Millionen Jahre erodiert, sodass die jüngsten Gesteine im Nordwesten, die ältesten Gesteine im Südosten anzutreffen sind.
Vor ca. 1,8 Mio. Jahren begann das Eiszeitalter, und die dänischen Ostseeinseln wurden mehrfach von Gletschern »überfahren« und wieder freigegeben. Die letzte Vereisung begann vor etwa 80.000 Jahren und erreichte vor ca. 22.000 Jahren ihre größte Ausdehnung. Etwa 15.000 Jahre vor unserer Zeit war der Rückzug der Gletscher so weit fortgeschritten, dass Dänemark eisfrei war. Die Gletscher hinterließen eine Landschaft, in der eiszeitliche Formen wie Grund- und Endmoränen, Toteismulden, Oser und Schmelzwasserrinnen allgegenwärtig sind.
Gesteine: Was die Festgesteine im Untergrund angeht, treten von Südosten nach Nordwesten jüngere Gesteinsschichten auf. Die Kreideformationen (obere Kreide) sind die ältesten Formationen und entstanden etwa vor 145 bis 66 Mio. Jahren (Møn, Falster, Lolland, südlichster Teil Sjællands). Nach Norden, Westen und Nordwesten stehen Formationen im Untergrund an, die im Tertiär entstanden sind. Bei den ältesten tertiären Formationen (66–56 Mio. Jahre) handelt es sich um Kreideablagerungen, die einen breiten Gürtel zwischen Nordost-Sjælland, Süd-Sjælland und Nord-Langeland

Niedrige Steilküsten wie am Gulstav Klint bestehen aus Moränenschotter (Tour 17).

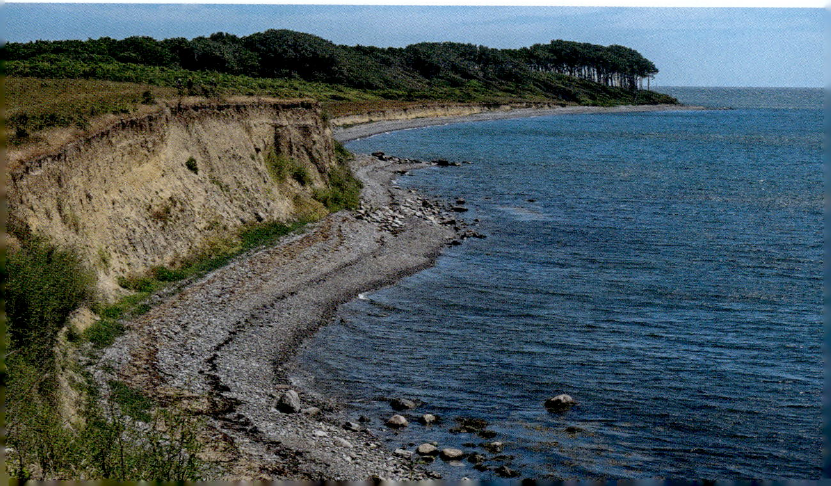

bilden. Weiter im Nordwesten (zentrales und nordwestliches Sjælland, südliches Langeland, Fyn) schließen sich jüngere Ablagerungen an, die aus Mergeln, Molassen, Lehmen, Tonen und Sanden bestehen (56–34 Mio. Jahre). Alle genannten Formationen werden von einer unterschiedlich mächtigen Auflage quartärer Schotter (Eiszeit) bedeckt, sodass sie nur dort sichtbar sind, wo Steilküsten existieren.

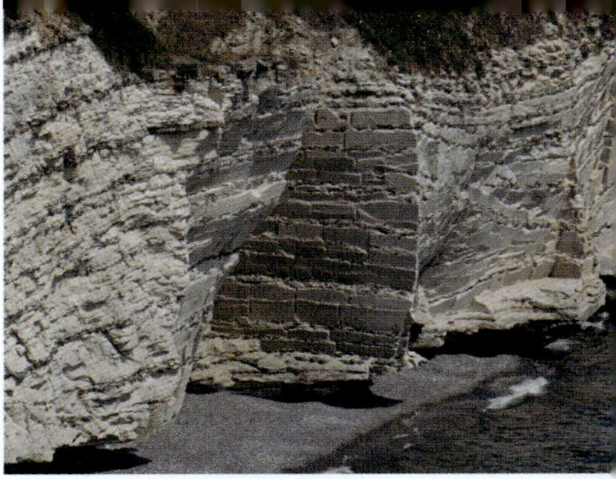

Steilküste Stevns Klint (Tour 25).

Klima

Die dänischen Ostseeinseln haben ein gemäßigtes Klima. Sie liegen im Anströmbereich der im Sommer häufig aus Südwesten heranziehenden Wetterlagen. Das Wetter ist daher eher unbeständig, wobei sich die Gesamt-Niederschlagssummen (Odense 685 mm, Kopenhagen 728 mm) nur wenig von denen Mitteleuropas (außerhalb der Alpen und Mittelgebirge) unterscheiden. Ein schwach ausgeprägtes Niederschlagsmaximum und die höchste Zahl an Regentagen finden sich in den Monaten Juni bis August, ein Niederschlagsminimum in den Monaten Februar bis Mai.

Die umgebende Ostsee wirkt als ausgleichendes Element hinsichtlich der Temperaturen. Dies bedeutet u.a., dass das Frühjahr spät einsetzt. Die größte Sommerwärme wird im Juli und August erreicht, wobei auch der September – sowohl, was die Luft-, als auch die Wassertemperaturen angeht – noch angenehm warm sein kann. Die durchschnittliche tägliche Sonnenscheindauer ist zwischen Mai und August am höchsten.

Flachküste an der Bramsnæs Bugt (Tour 33).

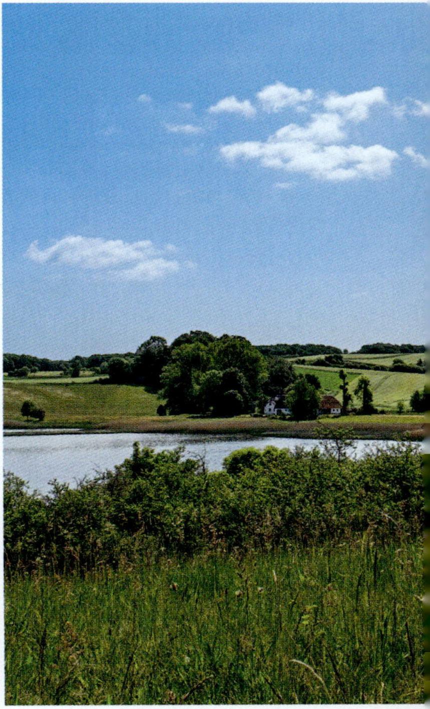

KLIMATABELLE

KOPENHAGEN	Jan	Feb	März	Apr	Mai	Juni	Juli	Aug	Sep	Okt	Nov	Dez	Ø
Ø Temperatur (°C)	0,8	0,8	2,9	7,4	12,2	15,5	17,9	17,3	14,1	9,5	5,6	2,5	8,9
Ø Tage mit Regen	9	7	8	7	8	8	9	10	8	9	9	9	8
Ø Sonnenstunden/Tag	2	4	5	9	10	11	11	10	7	5	3	2	7

ODENSE	Jan	Feb	März	Apr	Mai	Juni	Juli	Aug	Sep	Okt	Nov	Dez	Ø
Ø Temperatur (°C)	1,6	1,7	3,7	7,8	12,2	15,3	17,9	17,4	14,4	10,2	6,2	3,2	9,3
Ø Tage mit Regen	8	7	8	8	8	9	9	9	8	8	8	8	8
Ø Sonnenstunden/Tag	2	3	5	8	10	10	10	9	7	5	3	2	6

Landschaft und Naturräume

Die dänischen Osteseeinseln bestehen aus einem Mosaik unterschiedlicher eiszeitlich geprägter Landschaftsformen:

- Weit verbreitet sind schwach wellige Grundmoränenlandschaften z. B. im Norden und Nordosten Fyns, im Norden Langelands (Tour 15: Rund um Tranekær), auf Ærø, Lolland, Falster (Tour 20: Borremose und Præstskoven), im zentralen Teil Møns, im südlichen und östlichen Teil Sjælands (Tour 30: Haraldstedt Sø und Vrangeskov, Tour 31: Gammel Lejre und Ledreborg). In ihnen finden sich z. B. Oser, Drumlins und Tunneltäler, die jedes Quartärgeologen-Herz höherschlagen lassen, für das Laienauge jedoch nur schwer zu unterscheiden sind. Grundmoränenlandschaften werden meist ackerbaulich genutzt, wobei Baumreihen, Alleen und Feldgehölze die Landschaft gliedern.

Frühnebel in den Niederungen ist im Herbst weit verbreitet.

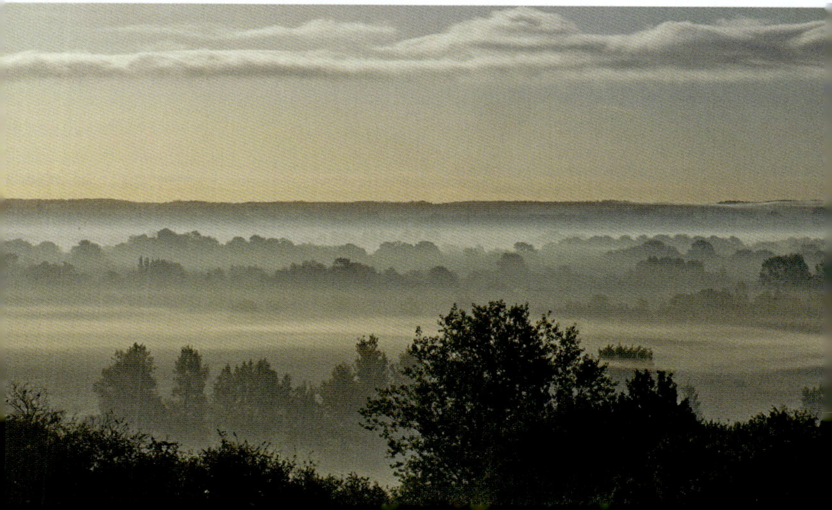

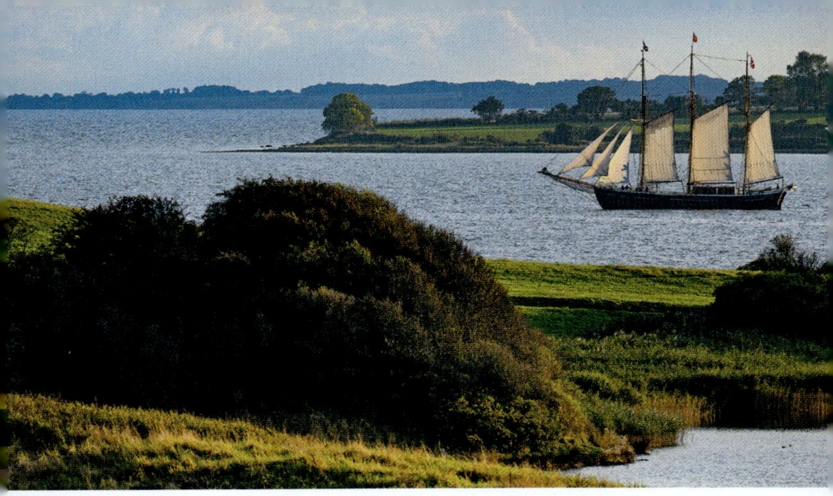

Die Grundmoränenlandschaft bei Fåborg bildet eine stark gegliederte Küste.

- Fast ebenso weit verbreitet sind stärker bewegte Toteislandschaften mit kleinen Seen und moorigen Senken, z. B. im Süden und in der Mitte Fyns, im westlichen Teil Møns, im nordwestlichen und nördlichen Teil Sjælands (Tour 29: Tystrup Sø und Bavnen, Tour 34: Rund um den Maglesø, Tour 48: Bastrup Sø, Ganløse Eged und Buresø). Stärker bewegtes Gelände dient meist als Grünland oder als Weidefläche, doch auch kleine Wäldchen sind weit verbreitet.
- Dazu kommen Endmoränen der unterschiedlichen Vereisungsstadien, die als markantere Hügelketten in Erscheinung treten, z. B. im südwestlichen Teil von Fyn (Tour 6: Lunge Bjerge, Brænde Å und Klakkebjerg, Tour 9: Svanninge Bakker), im südlichen Teil von Falster, im Osten von Møn (Tour 22: Møns Klint und Jydelejet), im Nordwesten und im Norden von Sjælland (Tour 38: Vejrhøj, Vraget und Dragsholm Slot, Tour 46: Gribskov). Auf den Endmoränen finden sich häufig Wald sowie in geringerem Umfang Weidewirtschaft und Ackerbau.
- Im Küstenbereich existieren darüber hinaus Strandwälle (Tour 5: Enebærodde, Tour 24: Ulvshale), Marschen (Tour 18: Skejten, Tour 28: Kobæk Strand und Egerup Strand), Dünen und Flugsandflächen (Tour 2: Flyvesandet, Tour 39: Korevlerne und Ellinge Lyng, Tour 42: Melby Overdrev) und durch Eindeichung trockengelegte Meeresbuchten (Tour 50: Kalvebod Fælled und Pinseskoven).

Nur an wenigen Stellen sind ältere Gesteinsschichten angeschnitten und erlebbar. Dabei handelt es sich um mächtige Kreideablagerungen, die beachtliche Steilküsten bilden (Tour 22: Møns Klint und Jydelejet, Tour 23: Liselund und Store Taler Fald, Tour 25: Stevns Klint).

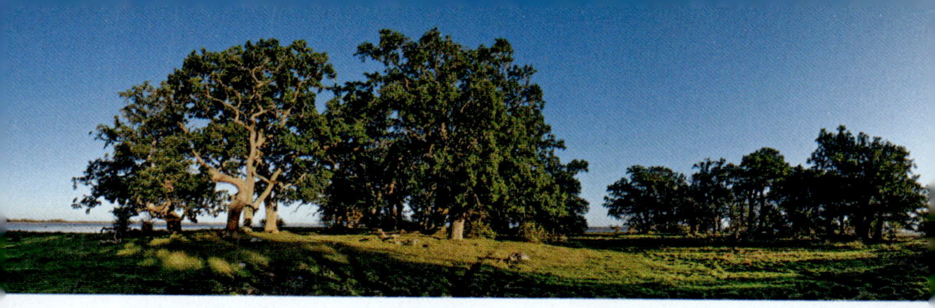

In Skejten wechseln sich Marschen und flache Erhebungen mit Eichen ab (Tour 18).

Pflanzenwelt

Wälder: Der Waldanteil Dänemarks ist zwar insgesamt gering (13 %), doch gibt es auf den dänischen Ostseeinseln große zusammenhängende Waldflächen, z. B. Gribskov, Hesede Skov und Bidstrup Skovene (alle Sjælland).

- Buchenwälder sind – in verschiedenen Ausformungen – die am weitesten verbreiteten Waldtypen.
- Edellaubholzbestände finden sich meist auf frischen, basenreichen Böden.
- Auf eher nährstoffarmen Böden können sich lichte Eichen-Birken-Wälder behaupten.
- Auf dauerhaft nassem, zeitweise überstautem Untergrund und im Uferbereich der Seen und Flüsse bilden Schwarzerlen zusammen mit Eschen Bruch- und Auwälder, in denen sich eine üppige und hochwüchsige Krautschicht findet.
- Auf sandigen Böden, wie z. B. im Norden von Sjælland, finden sich großflächige Aufforstungen von trockenheitstoleranten Kiefern.
- Regelmäßig existieren auch Aufforstungen mit Fichte, Douglasie oder anderen Nadelhölzern.

Hecken: In der Strauchschicht dominiert häufig der Weißdorn, mitunter begleitet von Schlehe, Hasel und weiteren Straucharten. In der Baumschicht sind – neben der Eiche – v. a. Edellaubhölzer wie Ahorn und Esche vertreten.

Blühender Meerkohl.

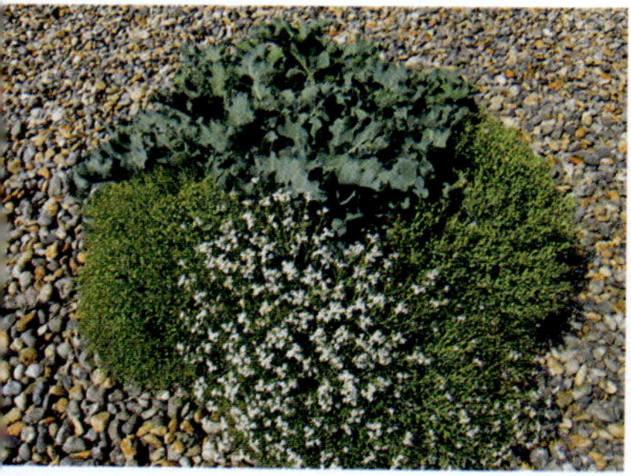

Heiden und Dünen: Heiden mit Besenheide, Borstgras und Preiselbeere finden sich v. a. auf Sandflächen, die von sauren Bodenverhältnissen und Nährstoffarmut geprägt sind, z. B. an der Nordküste von Sjælland, das bis in historische Zeit auch Wanderdünen beherbergte.

Grünland mittlerer Standorte und Magerrasen: Grünland mittlerer Standorte wird meist intensiv genutzt und beweidet und ist mehr oder weniger artenarm. Artenreicheres Grünland, das extensiv genutzt und nicht gedüngt wird sowie Magerrasen basenreicher Standorte finden sich kleinflächig vor allem in Gebieten mit flachgründigem Untergrund. Beispiele dafür sind Jydelejet (Møns Klint), die Kuppen und Hänge von Endmoränen (Klakkebjerg, Egebjerg Bakker, Vejrhøj) oder Toteislandschaften (Nekselø, Røsnæs, Landschaft rund um den Maglesø).

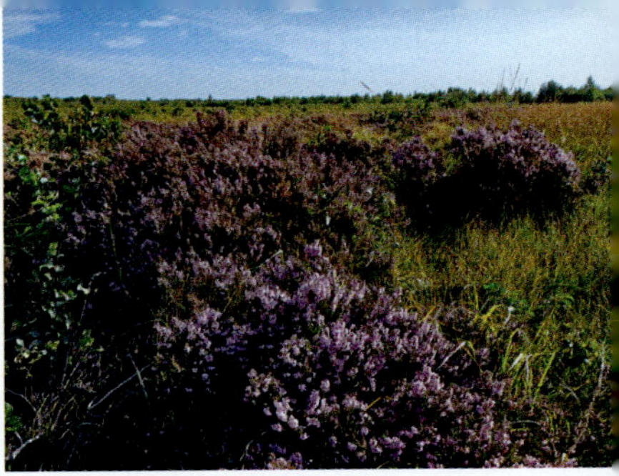

Heidekraut in Moorlandschaft.

Moore und Nassvegetation: Die dänischen Ostseeinseln verfügen über ein breites Spektrum an Feucht- und Nassvegetation, seien es Moore, Sümpfe, Salzwiesen, Marschland, Verlandungszonen oder Röhrichte.

- Im Landesinneren von Sjælland existieren einige Hochmoore, die neben den häufigen Arten wie Torfmoos, Besenheide, Krähen- und Heidelbeere auch seltene Pflanzen wie den Sonnentau beherbergen.
- In den Auen der Flüsse wie dem Odense Å (Fyn) oder dem Suså (Sjælland) dominiert feuchtes Grünland, das bei höheren Wasserständen regelmäßig überflutet wird. Dort ist ein Mosaik aus Nasswiesen, Flutrasen und Binsenbeständen anzutreffen, das meist als Viehweide genutzt wird.
- An den Flachküsten existieren Salzwiesen und Marschland; sie werden ebenfalls beweidet.
- Schilfröhricht ist im Uferbereich von Flüssen und Gräben und im Verlandungsbereich von Stillgewässern allgegenwärtig.

Hochmoor in der Mitte Falsters, abgetorft und renaturiert (Tour 20).

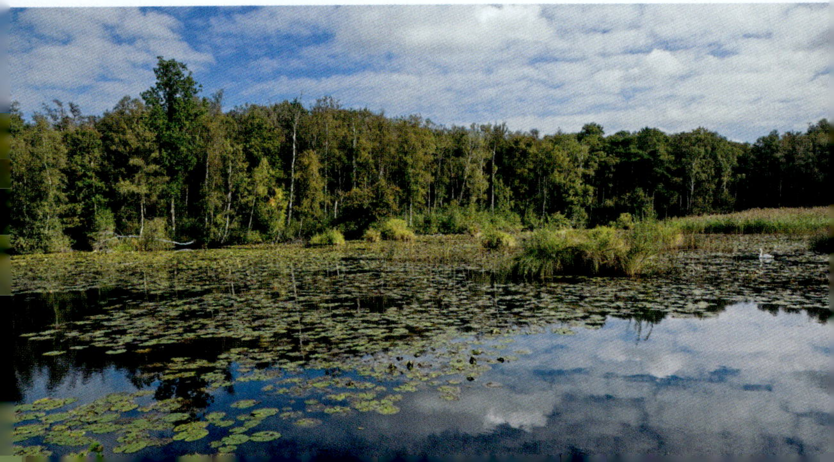

Tierwelt

Säugetiere: Bei den größeren Säugetieren ist in erster Linie der Rothirsch zu nennen. Auch eingeführtes Damwild und Sikahirsche sind zu beobachten. Schwerpunkte für die Vorkommen der genannten Arten sind die ausgedehnten Wildparks v.a. auf Sjælland. Daneben trifft man regelmäßig auf Rehe, Hasen und Kaninchen. Füchse und Dachse sind ebenfalls vertreten. im Süden Langelands grasen Wildpferde: Exmoor-Ponys, die ganzjährig im Freien leben und ohne Zufütterung auskommen. An der Küste finden sich Kegelrobben und Seehunde, im Bereich zwischen Lillebælt und Fyns Nordküste lassen sich Schweinswale beobachten.

Vögel: Die Vogelwelt ist ausgesprochen artenreich, was auf die große Vielfalt unterschiedlicher Binnen- und Küstenlebensräume zurückzuführen ist.

- An der Küste tummelt sich ein Heer von Wat- und Wasservögeln. Austernfischer, Rotschenkel und verschiedene Seeschwalbenarten sind häufig zu beobachten. Kormorane und verschiedene Wildgänse sind nicht selten. Schnatterente, Löffelente, Krickente und Knäkente sind v.a. in den flachen Buchten anzutreffen. Seltener bekommt man Säbelschnäbler und Kampfläufer zu sehen. Ein besonderer, aber keinesfalls seltener Anblick sind Seeadler, die sowohl an den Küsten patrouillieren als auch im Umfeld größerer Seen im Binnenland horsten.
- Binnenseen sind u.a. Lebensraum für verschiedene Rohrsängerarten, Rohrschwirl und Bartmeise. Haubentaucher, Tafel-, Reiher- und Löffelente gehören zu den regelmäßig, Zwergtaucher zu den gelegentlich an-

Im Süden Langelands grasen Exmoor-Ponys (Tour 17).

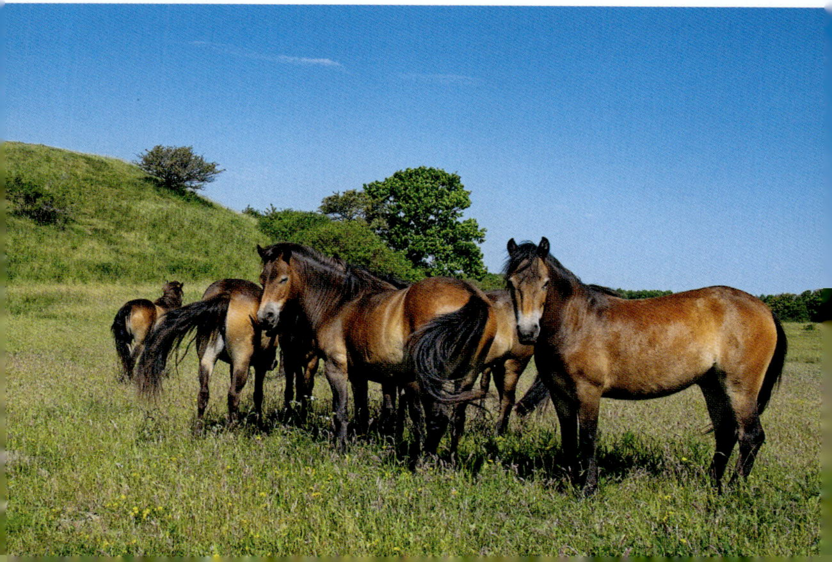

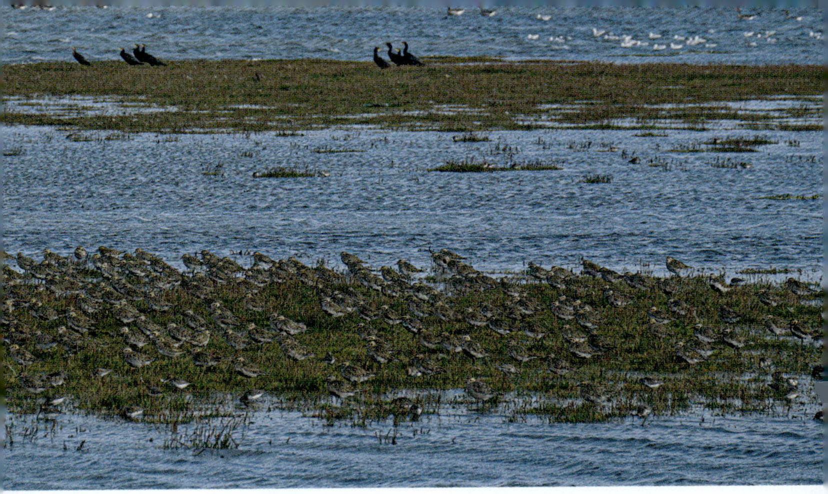

Hunderte von Goldregenpfeifern legen im Herbst eine Rast ein (Tour 39).

zutreffenden Arten. Auch Kraniche brüten mitunter an den Binnenseen und sind – mit ihrem trompetenden Ruf – nicht zu überhören. Kleinere Seen sind die Heimat des Rothalstauchers. Ein wesentlich heimlicheres Leben führen Rohrdommel und Wachtelkönig. Am Himmel kann man mitunter die Rohrweihe erspähen, ein äußerst seltener Brutvogel ist hingegen der Fischadler.

- Kiebitz, Austernfischer, Rotschenkel, Flussregenpfeifer und Alpen-Strandläufer sind v. a. auf (feuchteren) Wiesen und Weiden, häufig in Küstennähe, zu beobachten. An einigen Stellen zeigt sich auch die Uferschnepfe. Auf Wiesen, Weiden auf trockenerem Untergrund ist die Feldlerche ein noch regelmäßig anzutreffender Vogel. Auf Heiden und Brachflächen finden Heidelerche und Wiesenpieper einen Lebensraum.
- An Hecken und Gebüschen kann man Neuntöter und Goldammer beobachten und gelegentlich den Gesang des Sprossers, einem engen Verwandten der Nachtigall, vernehmen. Aus Feldgehölzen und an Waldrändern ertönt im Frühjahr der Ruf des Kuckucks.
- In Wäldern mit älterem Baumbestand kann man Schwarzspecht und Kleinspecht entdecken, während man die Hohltaube meist nicht zu Gesicht bekommt, sondern sie nur an ihrem Ruf identifizieren kann. Darüber hinaus sind neben verbreiteteren Arten auch Waldkauz, Wendehals, Waldlaubsänger und Trauerschnäpper sowie gelegentlich Waldschnepfe anzutreffen. In feuchten Wäldern ist der Waldwasserläufer eine charakteristische, aber seltene Art, auf trockenem, sandigem Untergrund ist der Ziegenmelker beheimatet. Mit etwas Glück kann man einen vorbeiflitzenden Sperber zu Gesicht bekommen.

INFORMATIONEN UND ADRESSEN

Anreise zu den dänischen Ostseeinseln

Für die Anreise per **Bahn** gibt es folgende Möglichkeiten:

- Über Flensburg und Kolding nach Fyn und ggf. weiter über den Storebælt nach Sjælland.
- Mit der Fährverbindung Puttgarden–Rødby (Lolland) und ggf. weiter nach Sjælland (wird voraussichtlich ab 2030 ersetzt durch den dann fertiggestellten Fehmarnbelt-Tunnel).

Für die Anreise per **Pkw** gibt es gegenwärtig folgende Möglichkeiten:

- Brücke über den Lillebælt bei Middelfart (Fyn).
- Fährverbindung Fynshav–Bøjden (Fyn).
- Fährverbindung Puttgarden–Rødby (Lolland) (wird voraussichtlich ab 2030 ersetzt durch den dann fertiggestellten Fehmarnbelt-Tunnel).
- Fährverbindung Rostock–Gedser (Falster).

Unterwegs auf den dänischen Ostseeinseln

Straßenverhältnisse, Brücken- und Fährverbindungen: Überregionale und regionale Straßen sind sehr gut ausgebaut, auf lokaler Ebene existieren aber auch schmale Nebensträßchen, die ein gegenseitiges Ausweichen erfordern. Die Inseln Fyn und Sjælland sind über die Storebælt-Brücke (mautpflichtig) miteinander verbunden. Ebenso existiert eine Straßenverbindung von Fyn nach Langeland. Die Inseln Lolland, Falster und Møn sind via Brücken von Sjælland aus zu erreichen. Eine Autofähre verkehrt zwischen Langeland und Lolland. Auf die kleineren Inseln – darunter Ærø – gelangt man nur mit der Fähre.

Erreichbarkeit der Touren und Parkmöglichkeiten: Die Anfahrt zur jeweiligen Tour wird entweder von der nächstgelegenen klassifizierten Straße oder einer eindeutig identifizierbaren Siedlung aus beschrieben. In den weit überwiegenden Fällen ist es möglich, gebührenfrei zu parken. Mit Ausnahme von zwei Touren (Nekselø, Lyø) sind alle Ausgangspunkte mit dem privaten Kraftfahrzeug zu erreichen. Die Tour auf Ærø startet am Fähranleger, sodass auf das Auto verzichtet werden kann.

Die Fähre verkehrt zwischen Langeland und Lolland in regelmäßiger Taktung.

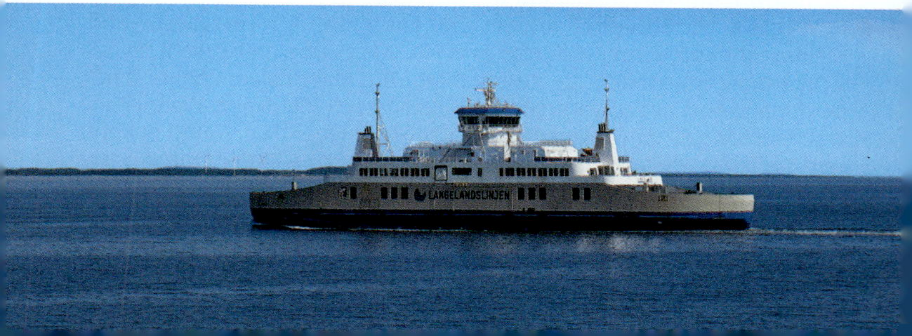

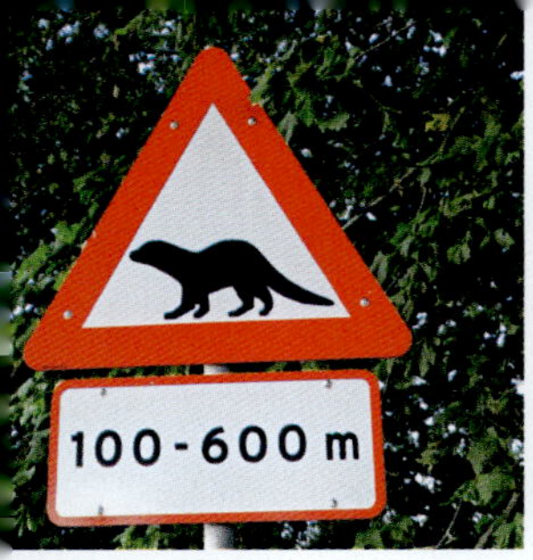

Achtung Fischotter!

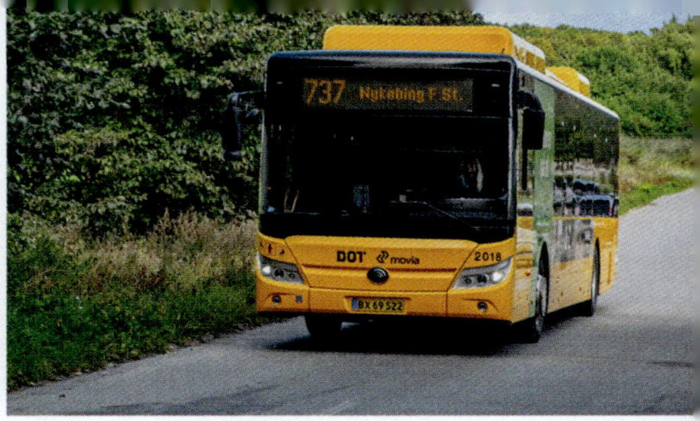

Der ÖPNV ist gut ausgebaut.

Öffentlicher Personennahverkehr (ÖPNV): Die dänischen Ostseeinseln besitzen einen gut ausgebauten Nahverkehr, der im (meist stündlichen) Takt organisiert ist. In ländlichen Gebieten mit geringem Fahrgastaufkommen sind häufig Rufbusse im Einsatz. Bei diesem als »Flextur« oder »Flextrafik« bezeichneten Service muss mindestens zwei Stunden vor Abfahrt eine Vorbestellung per Internet erfolgen. Da sich Linien und Haltestellen ändern können, empfiehlt es sich, zeitnah vor einer Wanderung zu recherchieren, ob die bei den einzelnen Touren angegebenen Verbindungen noch aktuell sind. Wer vorhat, viel mit dem ÖNPV unterwegs zu sein, sollte die Anschaffung einer »rejsekort« erwägen, die bargeldloses Bezahlen ermöglicht und außerdem günstigere Tarife bietet. Ansonsten ist das Bezahlen im Bus fast die einzige Situation, bei der man Bargeld benötigt. Obwohl man zu vielen Touren mit öffentlichen Verkehrsmitteln anreisen kann, sollte man sich darauf einstellen, dass zusätzliche Anmarschstrecken erforderlich sind oder die Touren von einem anderen als dem angegebenen Ausgangspunkt gestartet werden müssen.

Reisen mit Kindern

Dänemark ist kinderfreundlich und ein ideales Familien-Urlaubsziel. Dafür sind zunächst einmal die äußeren Bedingungen verantwortlich, d.h. die vielen flachen Strände, der einfache Zugang zum Wasser sowie die meist überschaubaren Höhenunterschiede des Geländes, die Kinder weder beim Wandern noch beim Radfahren überfordern. Auch der Straßenverkehr ist aufgrund der überwiegend rücksichtsvollen Fahrweise der Dänen ein nur geringer Risikofaktor.

Das große Angebot an Ferienwohnungen und -häusern, Wanderheimen und Campingplätzen macht – insbesondere in der Nebensaison – den Urlaub für Familien erschwinglich (siehe »Unterkunft«).

Bei den meisten Museen und sonstigen Attraktionen zahlen Kinder keinen oder deutlich weniger Eintritt. Häufig werden auch günstige Familientarife angeboten. Bei öffentlichen Verkehrsmitteln stehen Familienkarten, Kinder- oder Jugendtarife zur Verfügung.

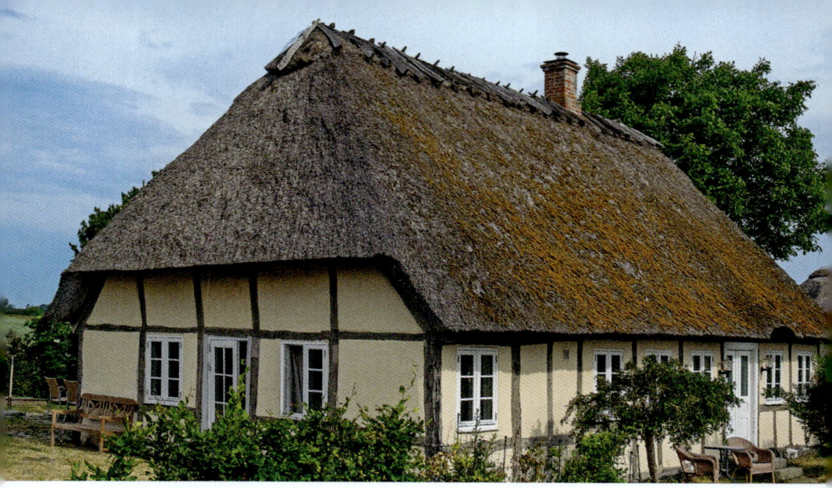

Ferienhäuser gibt es in allen Erscheinungsformen: hier ein ehemaliges Bauernhaus.

Unterkunft

Hotels, Pensionen, Bed & Breakfast: Hotels und Pensionen finden sich überall auf den Inseln, jedoch in unterschiedlicher Dichte. Ihr Preisniveau liegt deutlich über dem vergleichbarer mitteleuropäischer Beherbergungsbetriebe. Bed & Breakfast-Anbieter (B & B) sind ebenfalls reichlich vorhanden, wobei die Preise stark variieren können.

Jugendherbergen und Wanderheime: Auf den dänischen Ostseeinseln gibt es 22 Jugendherbergen des dänischen Dachverbands Danhostels. Diese Häuser stehen nicht nur Jugendlichen, sondern auch budgetbewussten Wandernden offen. Standard sind Mehrbettzimmer mit Stockbetten sowie Selbstversorgerküchen, doch werden meistens auch Doppel- und Familienzimmer angeboten. Neben den Häusern des offiziellen Jugendherbergsverbands gibt es auch mehrere private Wanderheime. Für die Haupt-Urlaubszeit ist eine rechtzeitige Reservierung sinnvoll.

Ferienhäuser und -wohnungen: Das Angebot an Ferienhäusern und -wohnungen ist außerordentlich umfangreich und es gibt sie in allen Variationen: von historisch bis modern, von urig bis mondän. Ferienhäuser werden über zahlreiche regional oder international aufgestellte Agenturen oder Portale angeboten. Neben den großen Agenturen existieren auch viele kleinere Anbieter oder Vermieterportale, die oft eine von den großen Anbietern abweichende Auswahl an Ferienhäusern im Programm haben. Es lohnt sich daher, auch dort zu browsen. Da alle Portale die deutschsprachigen Zielgruppen fest im Blick haben, werden alle Angebote i. d. R. auch auf Deutsch präsentiert. Bei der Miete von dänischen Ferienhäusern oder -wohnungen muss man ein paar Besonderheiten beachten:

- Dänische Ferienhäuser sind i. d. R. nicht mit Bettwäsche, Hand- und Küchentüchern sowie Spülutensilien ausgestattet; diese müssen von den Gästen mitgebracht oder gegen Aufpreis gemietet werden.
- Den Schlüssel entnimmt man häufig einem außen am Haus angebrachten Schlüsselkästchen, das über einen Zahlencode verfügt, der von der Vermietungsagentur wenige Tage vor Mietbeginn digital übersandt wird.
- Üblicherweise wird erwartet, dass die Gäste die Endreinigung selbst durchführen. Wenn man nicht putzen möchte, kann man die Endreinigung oft auch als (teure) Extraleistung buchen.
- Der Wasser- und Energieverbrauch wird meistens separat abgerechnet. Dazu müssen die Stromzähler und Wasseruhren vom Mieter abgelesen und in ein (oftmals digitales) Formular eingetragen werden.

Wer eine Reise in der Hochsaison (zwischen 4. Juniwoche und 3. Augustwoche) plant und ein bestimmtes Areal im Sinn hat, sollte mehrere Monate im Voraus buchen; wer sich für die Nebensaison (Mai bis 3. Juniwoche, 4. Augustwoche bis Oktober) entscheidet und räumlich flexibel ist, kann oft noch wenige Wochen vorher ein geeignetes Objekt finden. Die Preise sind in der Nebensaison erwartungsgemäß sehr viel günstiger als in der Hauptsaison.

Campingplätze: Für campende/zeltende Gäste stehen zahlreiche Campingplätze zur Verfügung, die häufig meernah und landschaftlich besonders reizvoll liegen. Auch Wohnmobile sind dort willkommen. Häufig gibt es dort auch kleine, einfache Campinghütten zu mieten (nicht zu verwechseln mit »echten« Ferienhäusern). In der Nebensaison ist eine Reservierung sinnvoll, in der Hauptsaison unerlässlich.

Primitive Campingplätze und Shelter: In den letzten Jahren wurde das Netz der »primitiven« Campingplätze und Shelterplätze deutlich ausgebaut. Bei den Sheltern handelt es sich meist um einfache Holzkonstruktionen, die aus einem Dach, drei Wänden und einer Liegefläche bestehen. Primitiv heißt in diesem Zusammenhang: Es sind keine relevanten Infrastruktureinrichtungen vorhanden. Sie finden sich abseits von Straßen meist auf öffentlichem (seltener auf privatem) Grund und dürfen nur von Wanderern, Radlern oder Kanufahrern für jeweils eine Nacht genutzt werden. Einige Shelter können vorab gebucht werden, doch bei den weitaus meisten gilt das Prinzip »Wer zuerst kommt, mahlt zuerst« (auf Dänisch heißt das »først til mølle« – erster an der Mühle). Die Nutzung ist meistens kostenfrei. Die Lage der Shelter ist z. B. auf der Homepage udinaturen.dk und in der App shelterapp.dk abrufbar.

Einer der vielen einfachen Shelter.

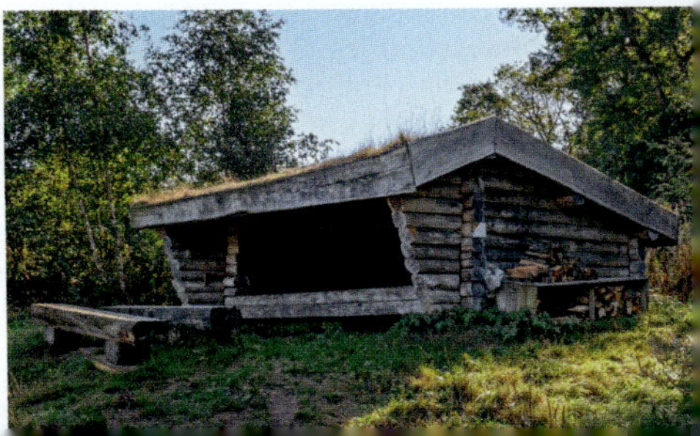

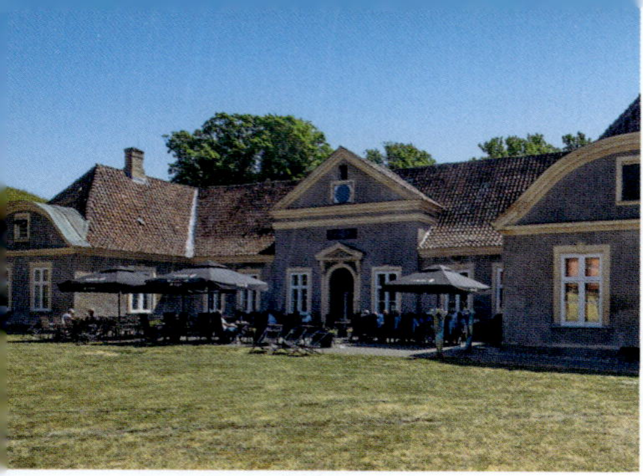

Stilvolle Einkehr im ehemaligen Marstall von Tranekær (Tour 15).

Wohnmobilstellplätze: In Dänemark ist es nicht zulässig, das Wohnmobil an beliebigen Plätzen frei aufzustellen. Gelegentlich gibt es aber ausgewiesene Park- oder Stellplätze, an denen eine Übernachtung möglich ist.

Einkehr

Ausflugsgaststätten (dän. kro), Cafés und Kioske sind in der Zeit von Mittsommer (Mittsommertag: 24.06.) bis Ende August i. d. R. täglich geöffnet. Auch in der Nebensaison besteht ein (meist zeitlich etwas eingeschränkter) Betrieb. In der Vor- und Nachsaison darf man jedoch nicht damit rechnen, dass sie geöffnet sind. Es empfiehlt sich daher, vor einer Wanderung zu recherchieren, ob die bei den einzelnen Touren angegebenen Einkehrmöglichkeiten zum jeweiligen Zeitpunkt tatsächlich zur Verfügung stehen. Es ist kein Fehler, für alle Fälle immer einen kleinen Vorrat an Essen und Trinken im Rucksack zu haben.

Bezahlung

Die bargeldlose Bezahlung ist in Dänemark sehr viel verbreiteter als in Mitteleuropa. Selbst die Bezahlung kleiner Beträge ist i. d. R. bargeldlos möglich, darunter auch in Cafés. Nur in Bussen ist noch Bargeld erforderlich.

Weitwandermöglichkeiten

Auf den dänischen Ostseeinseln verlaufen mehrere Weitwanderwege:

- **Europäischer Fernwanderweg E6:** Der E6 führt an der Südostküste Fyns entlang (dort weitgehend identisch mit dem Øhavsstien) und anschließend quer durch Sjælland nach Helsingborg.
- **Sjællandsleden** (ca. 550 km): Wanderweg von Sjællands Odde im Nordwesten Sjællands entlang der West- und Südküste Sjællands, nach Falster, Lolland (Ostteil) und Møn und an Sjællands Südostküste bis Rødvig.
- **Øhavsstien** (ca. 220 km): Der »Wanderweg des Inselmeers« führt zwischen den Endpunkten Faldsled und Lohals entlang der Südküste Fyns und über die Inseln Ærø und Langeland.
- **Camønoen** (ca. 175 km): Rundwanderweg auf den Inseln Møn und Bogø, dort häufig identisch mit dem Sjællandsleden.
- **Langeland Rundt** (ca. 140 km): Wanderweg rund um die Insel Langeland (abschnittsweise identisch mit dem Øhavsstien), dabei fast immer in engem Kontakt zur oder direkt entlang der Küste.

Lohnende Ziele

Die dänischen Ostseeinseln beherbergen eine schier unüberschaubare Menge an Sehenswürdigkeiten, deren Auflistung die Möglichkeiten eines Wanderführers sprengen würde. Dies gilt erst recht für die Hauptstadt Kopenhagen. Die folgende Auswahl ist daher notwendigerweise stark selektiv und zwangsläufig subjektiv und berücksichtigt Kopenhagen (für das zahlreiche Stadtführer verfügbar sind) nicht. Für die Qualität und das Preis-Leistungs-Verhältnis wird keine Verantwortung übernommen. Eine individuelle Recherche sei jedem empfohlen, denn es gibt zahlreiche inspirierende Örtlichkeiten und originelle Veranstaltungen zu entdecken.
Die in Klammern gesetzte Tournummer gibt an, mit welcher der im Wanderführer beschriebenen Tour die Attraktion eingebunden werden kann. Die Öffnungszeiten geben den Stand 2023 wieder. Da sie sich ändern können, empfiehlt es sich, zeitnah vor einem Besuch oder vor Ort zu recherchieren, ob sie noch aktuell sind.

■ Fyn, Langeland, Ærø

Museen und Ausstellungen

- Clay Keramikmuseum (Middelfart): Museum für keramische Kunst, Kunsthandwerk und Design. Das Museum verfügt über eine der schönsten Sammlungen von Porzellan, Keramik und Fayencen in Europa und schließt die königliche Porzellansammlung ein. Ganzjährig Di–So 10–17 Uhr, Mi bis 20 Uhr. (Tour 1).
- Humlemagasinet (Harndrup): Museum im historischen Hopfenmagazin mit Ausstellung von Hopfenernte- und -verarbeitungsgeräten. Zudem Sammlung von Puppen und insbesondere großem Freigelände mit Gartenanlagen, originellen Themengärten und »Grünen Räumen« unterschiedlichen Typs. Sehenswert auch die Räumlichkeiten des angeschlossenen Cafés. Anfang Juni–Mitte Sep. Di–So 10–17 Uhr, ab Mitte Sep. 11–16 Uhr.

Das Humlemagasinet bezaubert mit Ausstellungen und originellen Themengärten.

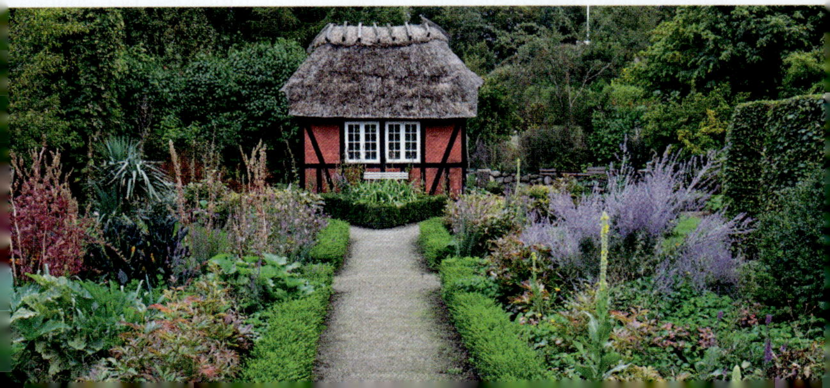

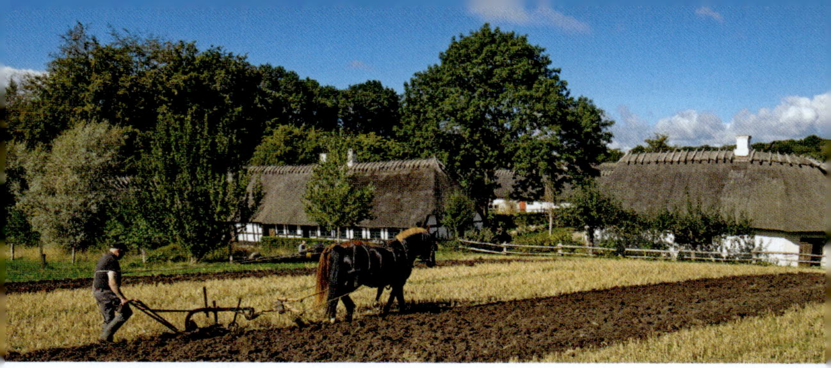

Den Fynske Landsby ist ein großes Freilichtmuseum.

- Hørvævsmuseet (Krengerup): Kleines, aber feines Museum über das Weben von Leinen; vom Leinanbau über einfache Webstühle bis zur industriellen Fertigung. Juni–Aug. Di–So 13–17 Uhr, Mai u. Sep. Sa/So 13–17 Uhr.
- H. C. Andersen Hus (Odense): Erlebniszentrum mit Schwerpunkt auf den Erzählungen von Hans Christian Andersen, inszeniert mit Licht, Raum und Klang. Apr.–Juni u. Sep.–Okt. tgl. 10–17 Uhr, Juli–Aug. 9–18 Uhr. Im Winterhalbjahr eingeschränkte Öffnungszeiten. Achtung: Tickets müssen vorab gebucht werden.
- Kunstmusum Brandts (Odense): Wechselnde Ausstellungen von klassischer und moderner Kunst, Fotografie und Film in einer ehemaligen Textilfabrik. Ganzjährig Di–So 10–17 Uhr.
- Møntergården (Odense): Kulturhistorisches Museum von Odense und Fyn mit zusätzlichen, wechselnden Ausstellungen. Juli–Aug. tgl. 10–17 Uhr, übrige Monate Di–So 10–16 Uhr.
- Den Fynske Landsby (Odense): Großes Freilichtmuseum mit zahlreichen originalen Bauernhöfen und sonstigen Bauwerken fünischen Ursprungs; jeweils mit Gärten und traditionellen Nutzpflanzen sowie alten Landtierrassen. Erläuterungen auch auf Englisch. Juli–Aug. tgl. 10–17 Uhr, übrige Monate Di–So 10–16 Uhr. (Tour 5).
- Odins Odense: Kleines Freilichtmuseum mit rekonstruiertem Wikingerdorf, im Sommer mit zahlreichen Aktivitäten. Juli–Aug. tgl. 10–16 Uhr, Mai–Juni und Sep.–Mitte Okt. Mo–Do 10–16 Uhr.
- Danmarks Jernbanemuseum (Odense): Dänisches Eisenbahnmuseum mit zahlreichen originalen Loks und Waggons im historischen Lokschuppen und Ausstellung zur dänischen Eisenbahngeschichte. Ganzjährig Di–So 10–16 Uhr.
- Johannes Larsen Museet (Kerteminde): Kunstmuseum in historischem Ambiente mit Schwerpunkt auf den im Umfeld von Kerteminde ansässigen »Fynenmalern«. Juni–Aug. tgl 10–17 Uhr, übrige Monate Di–So 10–16 Uhr.

- Farvergården (Kerteminde): Kertemindes Stadtmuseum befindet sich in einem Fachwerkhaus von 1630 und zeigt Leben und Wohnen im 19. Jh. Apr.–Okt. Di–So 10–16 Uhr, in der Hochsaison auch Mo geöffnet.
- Fjord & Bælt (Kerteminde): Forschungs- und Vermittlungszentrum mit Schwerpunkt Wale sowie Tierwelt der Ostsee einschließlich Außenbereich mit mehreren Schweinswalen und Robben. Mitte Feb.–Mitte Dez. Di–So 10–16 Uhr, in der Hochsaison auch Montag geöffnet.
- Vikingemuseet Ladby (Ladby): Die Ausstellung nimmt das Schiffsgrab von Ladby als Ausgangspunkt für einen Exkurs zu Kultur und Wirken der Wikinger. Ganzjährig Di–So 10–16 Uhr, in der Hochsaison auch Mo geöffnet.
- Nyborg Museum / Mads Lerches Gård (Nyborg): Dänemarks älteste Königsburg, mittelalterliche Festung mit Ringmauer und Ecktürmen, später umgebaut zum Renaissanceschloss, zerstört und wiederaufgebaut (wird gerade umfassend renoviert und ist vorauss. ab 2025 wieder zugänglich).
- Museen und Sammlungen im Egeskov Slot: Mehrere Sammlungen und Ausstellungen, u. a. Oldtimer- & Feuerwehr-Museum, Outdoor- & Camping-Museum. Mai–Juni und Mitte Aug.–Okt. tgl. 10–18 Uhr, Juli–Mitte Aug. 10–20 Uhr. Im Winterhalbjahr eingeschränkte Öffnungszeiten.
- Fåborg Museum (Fåborg): Kunstmuseum mit umfangreicher Sammlung, Schwerpunkt auf den Werken fünischer Künstlerinnen und Künstler; daneben wechselnde Ausstellungen. Apr.–Aug. Di–So 10–17 Uhr, in den Wintermonaten eingeschränkte Öffnungszeiten.
- Fåborg Arrest (Fåborg): Gefängnismuseum im historischen Stadtgefängnis von Fåborg. Mitte Feb.–Mitte Okt. tgl. Kernöffnungszeiten 11–15 Uhr, in der Hochsaison längere Öffnungszeiten.
- Øhavsmuseet (Fåborg): Erlebniszentrum Mensch und Natur mit Schwerpunkt Ostsee im interaktiven, digitalen Rahmen. Mitte Feb.–Mitte Okt. Di–So, Kernöffnungszeiten 11–15 Uhr, in der Hochsaison auch Mo und längere Öffnungszeiten.

Das Schloss von Egeskov beherbergt viele Dauerausstellungen und Sammlungen.

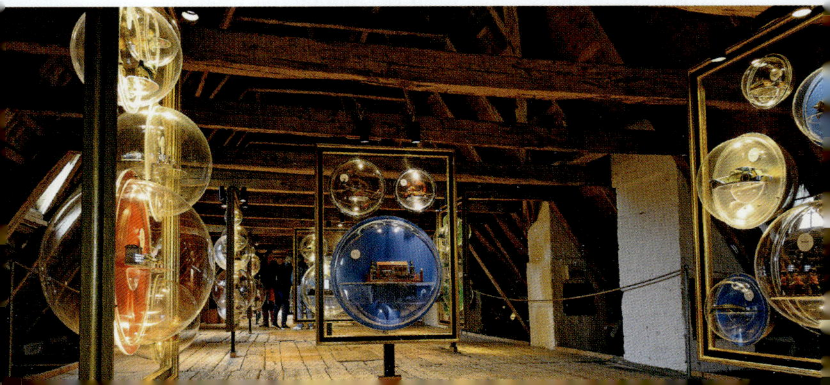

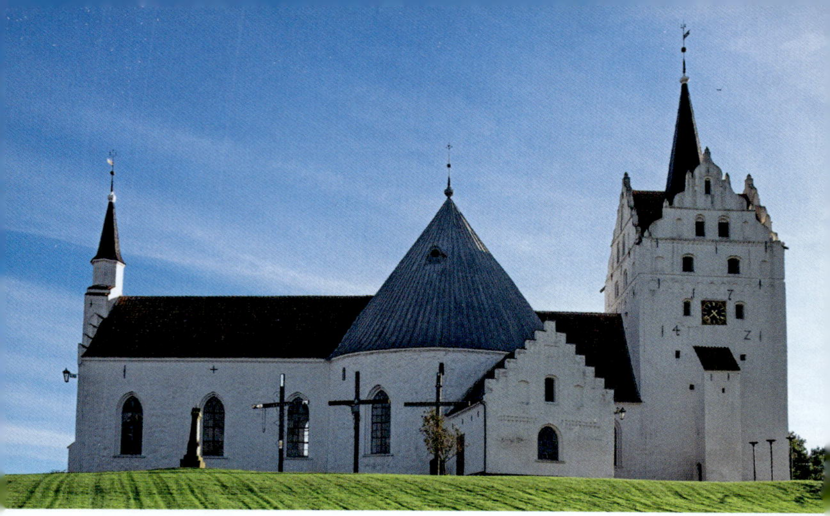

Horne Kirke ist die einzige erhaltene Rundkirche auf Fyn.

- Danmarks Museum for Lystsejlads (Svendborg): Dänisches Museum für Segelsport mit Sammlung von Segelbooten und Segelutensilien. Mai–Aug. Di–So 11–17 Uhr, Sep.–Okt. Sa/So 11–17 Uhr.
- Naturama (Svendborg): Naturkundemuseum mit Sonderausstellungen und Mitmachangeboten. Mitte Feb.–Mitte Dez. Di–So Kernöffnungszeit 9–16 Uhr, in der Hochsaison auch Montag geöffnet.
- Danmarks Forsorgsmuseum (Svendborg): Museum der staatlichen Fürsorge im am besten erhaltenen Armenhaus Skandinaviens. Mitte Feb.–Mitte Dez. Di–So 10–16 Uhr. In der Hochsaison auch Mo geöffnet.
- Langelandsfort (Bagenkop, Langeland): Verteidigungsanlagen aus der Zeit des Kalten Kriegs mit zusätzlicher Ausstellung zu dänischen Spionen. Vom 1. Mai bis 30. Sep. tgl. 10–17 Uhr, übrige Zeit 11–16 Uhr.
- Fiskeriets Hus (Bagenkop, Langeland): Langelands Seefahrt und Fischerei im Spiegel der Jahrhunderte. Mitte Apr.–Mitte Okt. Do–Mo 10–17 Uhr, in der Hochsaison auch Di und Mi geöffnet.

Schlösser und Parks, Kirchen

- Horne Kirke (Horne, Fyn): Einzige erhaltene Rundkirche auf Fyn, im frühen 12. Jh. als Wehrkirche erbaut.
- Egeskov Slot und Park (2 km westl. von Kværndrup, Fyn): Renaissance-Wasserburg aus dem 16. Jh. Zahlreiche Räume sind zugänglich und spiegeln in ihrer Einrichtung unterschiedliche Epochen wider. Großer Park mit sowohl historischen als auch zeitgenössischen Elementen. Großer Kinderspielplatz. Auf dem Gelände finden sich zudem Museen und

Ausstellungen (siehe S. 37). Mai–Juni und Mitte Aug.–Okt. tgl. 10–18 Uhr, Juli–Mitte Aug. 10–20 Uhr. Im Winterhalbjahr eingeschränkte Öffnungszeiten.

- Bregninge Kirke (Bregninge, Ærø): Kirche aus dem 13. Jh. mit Kalkmalereien und einem prächtigen Retabel von ca. 1530.
- Tranekær Slotspark (Tranekær, Langeland): Das Schloss, das als das am längsten ununterbrochen bewohnte Gebäude Dänemarks gilt, ist nicht zu besichtigen, doch der im englischen Stil gestaltete Schlosspark mit seiner Land-Art-Ausstellung namhafter Künstler ist zugänglich. Im Sommer tgl. 8–19 Uhr. (Tour 15).
- Skovsgård Slot (Langeland): Im Hauptgebäude des Schlosses von 1889 und in diversen Nebengebäuden befinden sich mehrere Ausstellungen, darunter ein Gutsherren- und Dienstbotenmuseum sowie eine Traktorensammlung. Apr.–Sep. Di–So 10–17 Uhr. In der Hauptsaison auch Mo geöffnet. (Tour 16).

Prähistorische Stätten

- Ladby Skipsgraven (Schiffsgrab von Ladby): Begräbnisstätte eines ca. 925 in einem Schiff beigesetzten Wikingerfürsten unter einem Grabhügel. Nur zugänglich über Vikingemuseet Ladby (siehe Museen S. 37).
- Mårhøj (Martofte): größter Einkammer-Grabhügel Dänemarks (Jungsteinzeit). Öffentlich zugänglich.
- Glavendrupsten (Glavendrup): Runenstein mit Dänemarks längster Runeninschrift sowie benachbarter Schiffssetzung aus dem 10. Jh. Öffentlich zugänglich.
- Møllejøj (1 km südöstl. Årslev): Gut erhaltenes, großes Rundhügelgrab aus der Bronzezeit. Öffentlich zugänglich.
- Skeringehøj (400 m nördl. Svanninge Kirke): Ganggrab aus der Jungsteinzeit. Öffentlich zugänglich.
- Knoldsborg Højene (1 km nördl. Dyreborg): Mehrere Dolmengräber aus der frühen Jungsteinzeit (aber Achtung: Eines ist eine Nachbildung). Öffentlich zugänglich.
- Klokkestenen (Lyø): Das Dolmengrab stammt aus der Steinzeit. Der Name »Glockenstein« rührt daher, dass der Deckstein klingt, wenn man (vorsichtig!) mit einem anderen Stein dagegenklopft. Öffentlich zugänglich. (Tour 10).
- Hulbjerg Jættestuen (1,5 km südl. von von Bagenkop, Langeland). Großes Ganggrab. Öffentlich zugänglich. (Tour 17).

Glavendrup-Runenstein.

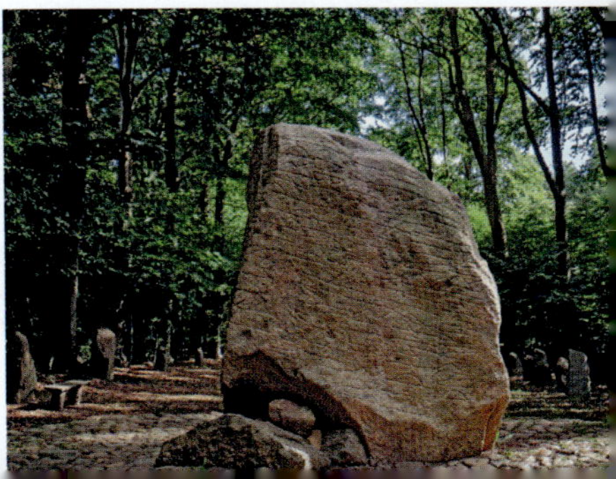

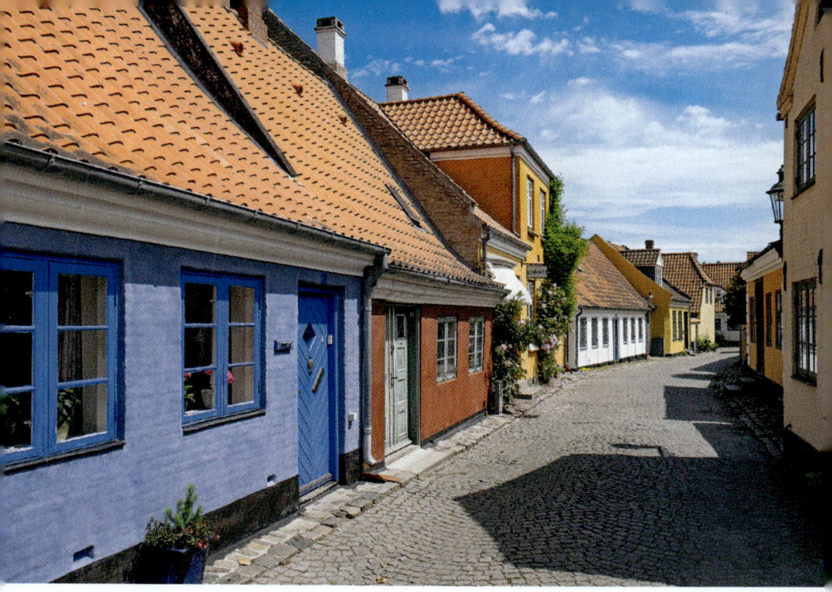

Ærøskøbing entzückt mit seinem malerischen Ortsbild.

Sonstige Ziele

- Odense Zoo: Tierpark, malerisch in der Aue des Odense Å gelegen. Ganzjährig tgl. 9–17 Uhr, in der Hochsaison bis 18 Uhr. (Tour 5).
- Danmarks Fugle Zoo (Frydenlund): Vogelzoo mit über 800 Vögeln aus aller Welt. März–Mai u. Sept. tgl. 10–16 Uhr, Juni–Aug. tgl. 10–18 Uhr.
- Sykdfynske Veteranjernbane (Südfünische Museumseisenbahn): An einigen Tagen im Sommer fährt eine Museumseisenbahn auf der 8 km langen Strecke zwischen Fåborg und Korinth (Infos: veteranbanen-faaborg.dk).
- Gorilla Park Svendborg (Stenstrup): Hochseilgarten und Kletterpark mit insgesamt 8 Routen und unterschiedlichen Schwierigkeitsgraden. Anfang Apr.–Ende Okt. mit variierenden Öffnungszeiten.
- Ærøskøbing: Der Hauptort der Insel Ærø hat einen unglaublich hohen Schnuckeligkeitsfaktor und gilt zu Recht als eines der hübschesten Dörfer Dänemarks. (Tour 12).
- Oldtimerschiff M/S Helge (Svendborg): Schifffahrt auf dem hübschen Svendborgsund mit dem historischen Dampfer M/S Helge, Mitte Mai–Mitte Sep. 3–4 Abfahrten tgl. (Tour 13).
- Medicinhaverne (Tranekær, Langeland): In den »medizinische Gärten« werden historische und aktuelle Arznei- und Duftpflanzen vorgestellt und ihre Verwendung beschrieben. Ganzjährig von Sonnenauf- bis -untergang geöffnet. (Tour 15).

Lolland, Falster, Møn

(Auflistung jeweils von West nach Ost)

Museen, Ausstellungen, Infozentren

- Frilandsmuseet De Gamle Huse (Maribo): Themenschwerpunkt des aus zahlreichen Gebäudekomplexen bestehenden Freilandmuseums ist der bäuerliche Alltag des 19. Jh. Mai–Sep. Di–So 10–16 Uhr, in der Hauptsaison Juli–Mitte Aug. auch Mo.
- Fuglsang Kunstmusem (5 km südwestl. von Sundby, Lolland): Der Museumsbau in moderner Formensprache beherbergt eine Sammlung von (hauptsächlich) dänischen Künstlern vom 18. bis zum 20. Jh. Juli–Aug. tgl. 10–17 Uhr, Apr.–Juni u. Sep.–Okt. 11–16 Uhr, in den Wintermonaten nur an Wochenenden 11–16 Uhr. (Tour 18).
- Middelaldercentret (Sundby, Lolland): Mittelalter-Freilichtmuseum, in dem sich die Häuser und Anlagen fotogen um ein kleines Hafenbecken gruppieren. In der Hauptsaison Handwerksdemonstrationen und Events rund um mittelalterliche Techniken. Juni–Aug. tgl. 10–16 Uhr, Mai u. Sep. Di–So 10–16 Uhr. (Tour 19).
- Møns Museum Empiregården (Stege, Møn): Heimatmuseum in einem ehemaligen Kaufmannshof aus dem 18. Jh. mit historischem und archäologischem Schwerpunkt. Juli–Aug. tgl. 10–16 Uhr; März–Juni, Sep.–Nov. Di–Sa 10–14 Uhr.
- GeoCenter Møns Klint (Møn): Naturkundemuseum mit geologischen und biologischen Themenschwerpunkten sowie Besucherzentrum, das auch Führungen anbietet. Apr.–Mitte Okt. Kernöffnungszeiten tgl. 11–16 Uhr, während dänischer Ferienzeiten 10–17 Uhr. (Tour 22).

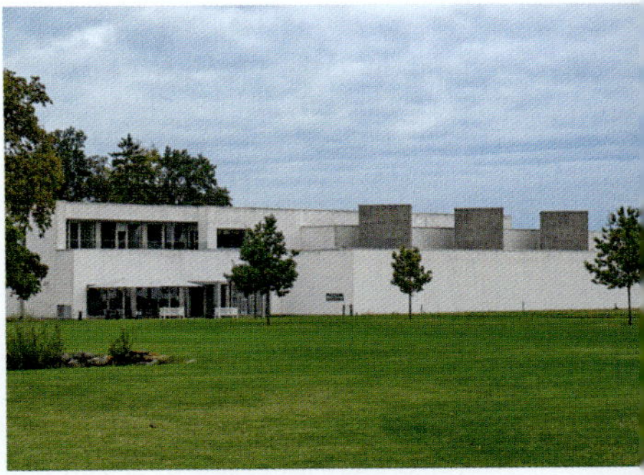

Das moderne Fuglsang Kunstmuseum.

Schlösser und Parks, Kirchen

- Tågerup Kirke (Lolland): Romanische Kirche aus dem frühen 13. Jh. mit ausdrucksstarken Kalkmalereien (zahlreiche Motive) aus verschiedenen Perioden zwischen dem 15. und 16. Jh., romanischer Taufstein.
- Brarup Kirke (Falster): Kirche im spätromanischen Stil aus dem 12. Jh. mit großflächigen und farbenprächtigen Kalkmalereien aus unterschiedlichen Perioden zwischen 13. und 16. Jh. Retabel aus dem 15. Jh.
- Tingsted Kirke (Falster): Romanische Kirche (mit einzelnen gotischen Bauteilen) aus dem 12. Jh. mit Kalkmalereien in der Vierung. Altarbilder und Retabel aus dem 17. Jh.

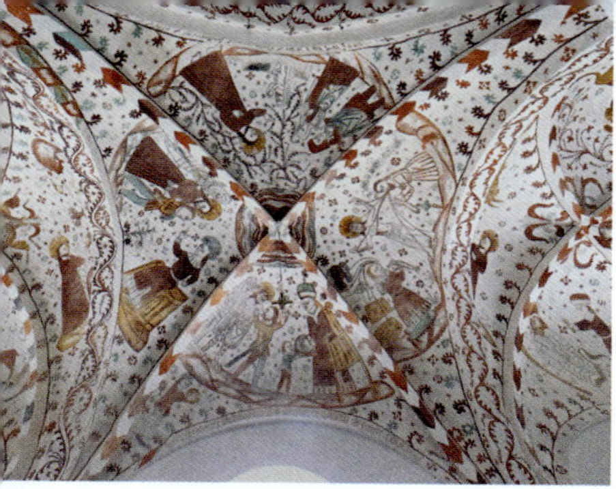

Deckenmalereien in der Fanefjord Kirke.

- Fanefjord Kirke (Møn): In der Mitte des 13. Jh. begonnener Kirchenbau in überwiegend romanischm Stil mit Wandmalereien aus dem 14.–16. Jh. mit atemberaubendem Bildprogramm aus der Werkstatt des sog. »Elmelunde-Meisters«.
- Keldby Kirke (Møn): Im 12. Jh. erbaute Kirche im romanischen Stil mit Wandmalereien aus dem frühen 14. und dem Ende des 15. Jh. mit umfangreichem Bildprogramm, Letzteres aus der Werkstatt des sogenannten »Elmelunde-Meisters«.
- Elmelunde Kirke (Møn): Im 11. Jh. erbaute Kirche im romanischen Stil mit Wandmalereien aus dem 15. Jh., mit umfangreichem Bildprogramm aus der Werkstatt des sog. »Elmelunde-Meisters«.
- Liselund Slot (Møn): Kleines Schlösschen aus dem späten 18. Jh. mit englischem Landschaftspark und typischen Ausstattungselementen. Besichtigung des Gebäudes nur mit Führung, der umgebende Landschaftspark kann hingegen auf eigene Faust oder interaktiv erkundet werden. Führungen Mai–Sep. Mi–So 10.30, 11 Uhr, 13.30 Uhr und 14 Uhr. (Tour 23).

Prähistorische Stätten

- Glentehøj (1 km südl. von Kragenæs, Lolland): Megalithgrab aus der Jungsteinzeit mit ca. 30 m Durchmesser und 5 m Höhe. Der 1,5 m hohe Gang ist zugänglich (Taschenlampe!). Öffentlich zugänglich.
- Kong Svends Høj (1 km südöstl. Svinsbjerg, Lolland): Ganggrab mit einer der längsten Grabkammern Dänemarks (Jungsteinzeit). Der 1,2 m hohe Gang ist zugänglich (Taschenlampe!). Öffentlich zugänglich.
- Kong Grøns Høj (3 km östl. von Frejlev, Lolland) und zahlreiche andere Steinsetzungen im Frejlev Skov. Öffentlich zugänglich.
- Halskov Vænge (1,5 km südöstl. Bregninge, Falster): Das Gräberfeld mit Dolmen- und Hügelgräbern sowie Steinsetzungen ist die bedeutendste bronzezeitliche Begräbnisstätte auf Falster und pittoresk in einem Hain alter Bäume gelegen. Infografik nur am Parkplatz. Öffentlich zugänglich. (Tour 21).
- Grønsalen / Grønjægers Høj (0,5 km südl. von Fanefjord Kirke, Møn): Langhügelgrab / Langdysse. Öffentlich zugänglich.
- Sømarkedyssen (700 m östl. Sømarke, Møn): Ganggrab / Hünengrab mit zwei (zugänglichen) Grabkammern. Öffentlich zugänglich.
- Kong Asgers Høj (1,5 km nordwestl. von Sprove, Møn): Rundhügelgrab mit (zugänglicher) Grabkammer. Öffentlich zugänglich.

- Jordehøj (3 km südwestl. von Stege, Møn): Rundhügelgrab mit (zugänglicher) Grabkammer. Öffentlich zugänglich.
- Klekkendehøj (1 km nördl. Tostenæs): Rundhügelgrab mit (zugänglicher) doppelter Grabkammer. Öffentlich zugänglich.

Sonstige Ziele

- Postboot Vesta (Nakskov, Lolland): Das Postboot bedient die Halbinsel Nakskov und befördert im Sommer auch Touristen. Ca. Mitte Mai–Mitte Sep. Mo–Sa Abfahrt jeweils 9 Uhr (Infos: postbaaden.dk).
- Peter Hansens Have (südwestl. von Nakskov, Lolland): Landschaftsgarten mit Arboretum, Rhododendrensammlung und Staudenpflanzungen; (ausgeschildert als »Botanisk Have«). Apr.–Okt. Di–So 10–18 Uhr.
- Lalandia Rødby (Lolland): Freizeitpark mit großer Indoorbadewelt, Eislaufhalle, Bowlingcenter, Gastronomie etc. Ganzjährig tgl. 9–19 Uhr.
- Museumsbanen Maribo–Bandholm (Lolland): Im Sommer (i. d. R. zwischen Ende Juni und letzter Augustwoche) werden Fahrten auf der 8 km langen Museumsstrecke angeboten. Besonders bemerkenswert: der originalgetreu restaurierte Bahnhof in Bandholm. Abfahrten mit der Dampflok Juli–Mitte Aug. jeweils Do und So.
- Knutenborg Safaripark (Bandholm, Lolland): Großer Safaripark mit Schwerpunkt auf savannenbewohnenden Tieren Afrikas, jedoch auch Abteilung mit nordischen Arten. Mai–Okt. tgl. 10–17 Uhr.
- Bootstour auf dem Sondersø (Maribo, Lolland): In den Sommermonaten sind Ausflugsfahrten mit dem Motorboot Anemonen möglich.

Kong Svends Høj stammt aus der Jungsteinzeit und ist öffentlich zugänglich.

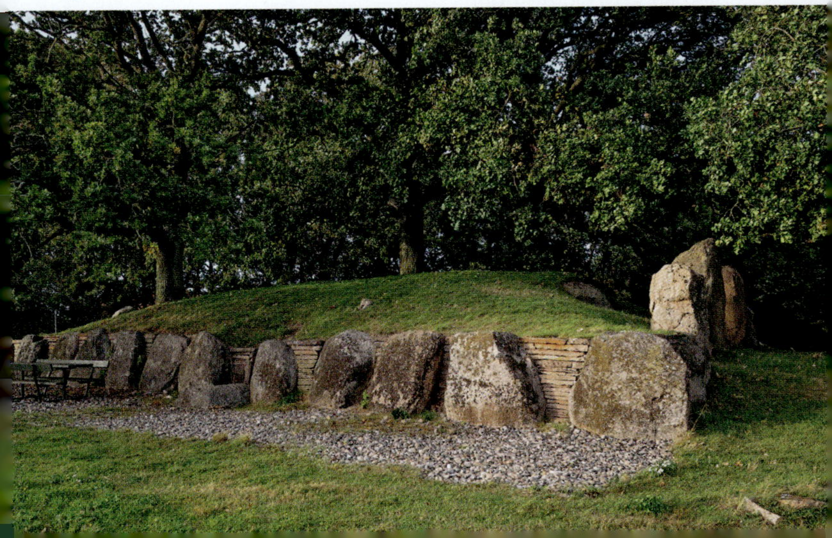

Sjælland

Museen und Ausstellungen

- Danmarks Borgcenter (Vordingborg): Burgen-Erlebniszentrum in einer der größten Burgruinen Dänemarks. Beschreibungen und interaktive Möglichkeiten allerdings nur auf Dänisch. Apr.–Mai u. Sep.–Okt. Di–So 10–16 Uhr, Juni–Aug. tgl. 10–17 Uhr.
- Geomuseum Faxe (Faxe): »Dänemarks fossiles Korallenriff« mit zahlreichen Fossilien befindet sich im Mittelpunkt der Ausstellung. Es besteht die Möglichkeit, auf eigene Faust im Steinbruch nach Fossilien zu suchen. Apr.–Mitte Okt. tgl. 10–17 Uhr.
- Koldkrigsmuseum Stevnsfort (Rødvig): Ehemals geheime Verteidigungsanlagen Dänemarks und der NATO aus der Zeit des Kalten Kriegs, mit Steuerzentralen und ausgedehntem Bunkernetzwerk. Unterirdische Bereiche nur mit Führung zugänglich. Von Mittsommer bis Ende Sep. tgl. 10–17 Uhr, in den übrigen Zeiten tgl. 11–15 Uhr. (Tour 25).
- Stevns Klint Experience (Rødvig): Infozentrum zur Entstehung und Bedeutung von Stevns Klint als Weltnaturerbestätte mit Infofilm und kleiner moderner Ausstellung. Juni–Aug. tgl. 10–17 Uhr, übrige Zeit Mo geschlossen. (Tour 25).
- Køge Museum (Køge) Museum mit kulturhistorischem und archäologischem Schwerpunkt; zudem wechselnde Ausstellungen. Juni–Aug. Mo–Fr 10–16 Uhr, Sa/So 10–15 Uhr. Sep., Okt. Di–Fr. 10–15 Uhr.
- KØS (Køge) – Hele Danmarks museum for kunst i det offentlige rum: Dänisches Museum für Kunst im öffentlichen Raum mit Sammlung von Modellen, Skizzen, Entwürfen von Kunstwerken im öffentlichen Raum. Ganzjährig Di–So 11–17 Uhr.
- Køge Maritime Aktivitetscenter (Køge): Schiffsmodellbau-Werkstatt mit offenen Tagen für Publikumsverkehr jeweils Di u. Do 9–14 Uhr.
- Sporvejsmuseet Skjoldenæsholm (Jystrup): Straßenbahnmuseum mitten im Grünen, mit mehr als 30 Wagen, von denen viele auf der 2 km langen Museumsstrecke zum Einsatz kommen. Ende Juni–Mitte Aug. Di–So 10–17 Uhr, in der Vor- und Nachsaison nur Sa, So 10–17 Uhr.
- Vikingerborgen Trelleborg (5 km westl. von Slagelse): Überreste eines kreisförmigen wikingerzeitlichen Verteidigungswalls aus dem Jahr 980 mit 150 m Durchmesser und 6 m Höhe. Dazu die Rekonstruktion eines Langhauses und Ausstellung. Infotafeln durchgängig auf Englisch, im Außenbereich auch auf

Im Koldkrigsmuseum Stevnsfort.

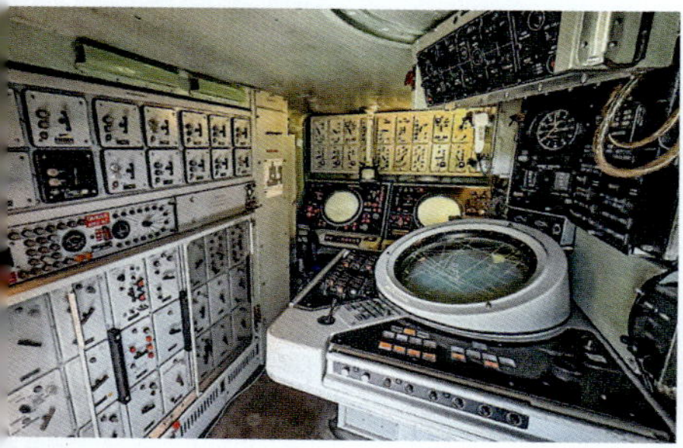

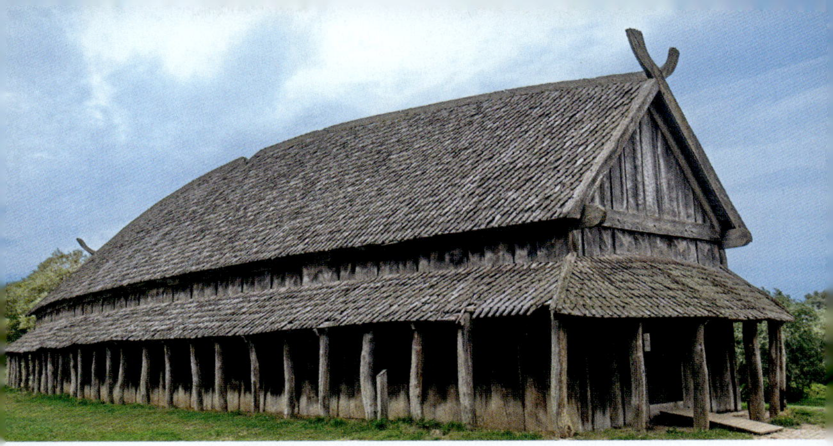

Rekonstruiertes Langhaus im Wikingermuseum Trelleborg.

Deutsch. Bemerkenswert: In der Nebensaison ist der Eintritt frei, vorausgesetzt, dass keine Veranstaltungen stattfinden. Apr.–Okt. Di–So 10–16 Uhr, in der Hochsaison bis 17 Uhr.

- Brorfelde Observatorium (Brorfelde): Lange Zeit die größte Sternwarte Dänemarks, ist sie heute ein Museum. Apr.–Okt. Di–So 11–17 Uhr.
- Sagnlandet Lejre (2 km westl. von Gammel Lejre): Rekonstruierte prähistorische Siedlungen aus unterschiedlichen Epochen, im Sommer bewohnt von Freiwilligen im Sinne experimenteller Archäologie. Mitmachangebote. Von Mitte Apr. bis 24. Juni u. Sep.–Okt. Di–Do u. Sa/So 10–16 Uhr, von 24. Juni bis Ende Aug. tgl. 10–17 Uhr. (Tour 31).
- Museum Lejre (Gammel Lejre): Kleines, aber besuchenswertes Museum mit Schwerpunkt auf der Bedeutung Gammel Lejres in der späten Eisenzeit / Wikingerzeit sowie Präsentation zahlreicher Funde und Grabbeigaben aus den umliegenden Fundstätten. Kurze Erläuterungen auf Englisch. Apr.–Okt. Di–So 11–16 Uhr, in der Hochsaison auch Mo. (Tour 31).
- Roskilde Museum: Kulturhistorisches Museum der Stadt, das die Entwicklung Roskildes mit archäologischen Funden, Exponaten aus der Wikingerzeit und dem Mittelalter nachzeichnet. Ganzjährig Di–So 10–16 Uhr, Juni–Ende Sep. auch Mo geöffnet.

Ausstellungsstück im Museum Gammel Lejre.

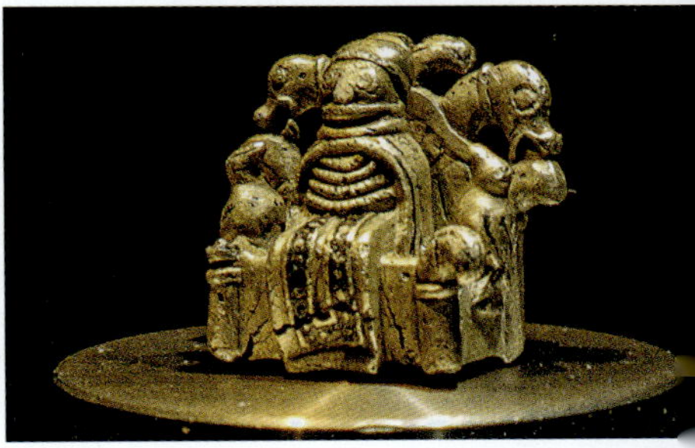

Eines der Prunkstücke des Wikingerschiffsmuseums in Roskilde.

- Vikingeskibsmuseet (Roskilde): Das Wikingerschiffsmuseum beherbergt fünf Schiffe aus der Wikingerzeit, die aus dem Roskildefjord geborgen wurden. Permanente Ausstellung zur Unterwasserarchäologie. Besonders sehenswert (und im Eintrittspreis enthalten) ist außerdem die benachbarte Schiffswerft, in der Wikingerschiffe mit originalen Techniken nachgebaut werden. Im Sommer Ausfahrten mit nachgebauten Wikingerschiffen, bei denen sich die Besucherinnen und Besucher selbst in die Riemen legen. Ganzjährig tgl. von 10–16 Uhr, in den Sommermonaten 10–17 Uhr. (Tour 32).
- Frilandsmuseet (Kopenhagen, Stadtteil Sorgenfri): Das Freilandmuseum ist Bestandteil des Nationalmuseums und das größte seiner Art in Dänemark mit Höfen aller Größen und Gebäuden aus ganz Dänemark. Für Kinder und Jugendliche unter 18 ist der Eintritt frei. In den Sommermonaten Di–So 10–16 Uhr, in den (dänischen) Ferien tgl. 10–17 Uhr. In den Wintermonaten nur Sa, So 10–16 Uhr.
- Nationalhistorisk Museum (Hillerød): 500 Jahre dänische Geschichte im Spiegel von Porträts, Historiengemälden, Möbeln und Kunstgewerbe, untergebracht im Schloss Frederiksborg. Apr.–Okt. tgl. 10–17 Uhr, Nov.–März Di–So 11–15 Uhr. (Tour 47).
- Louisiana Museum of Modern Art (Humlebæk): Sammlung moderner Kunst von 1995 bis heute mit Schwerpunkt auf Malerei und bildender Kunst. Dazu wechselnde Ausstellung kontemporärer Künstler. Skulpturenpark. Ganzjähring Di–Fr 11–22 Uhr, Sa/So 11–18 Uhr.
- Rudolph Tegner Museum (Dronningmølle): Werke des Hauptvertreters des dänischen Symbolismus in einem von ihm selbst entworfenen Museumsbau. Mitte Apr.–Ende Mai u. Sep.–Mitte Okt. Di–So 11–16 Uhr; Juni–Aug. 10–17 Uhr. Der sehenswerte Skulpturenpark mit 15 Skulpturen, aufgestellt in einer Heidelandschaft, ist ganzjährig frei zugänglich.

- Museet for Søfart (Helsingør): Das Museum in neuen (hauptsächlich unterirdischen) Räumlichkeiten beschäftigt sich mit Dänemarks Seefahrtsgeschichte und hat auch die überseeischen Verbindungen im Blick, einschl. Grönlands. Ganzjährig Di–So 11–17 Uhr, in der Hauptsaison auch Mo.
- Danske Tekniske Museum (Helsingør): Technische Entwicklungen der letzten 150 Jahre, v. a. hinsichtlich Mobilität und Innovation. Ganzjährig Di–So 10–17 Uhr.
- Knud Rasmussens Hus (Hundested): Als Ferienhaus für Knud Rasmussen erbaut, entwickelte es sich zur Hauptarbeitsstätte des dänischen Forschers, der unglaubliche Leistungen bei der Erforschung der arktischen Gebiete erbrachte. Erläuterungen allerdings überwiegend in Dänisch. Von Ostern bis Mitte Okt. Di–So 11–16 Uhr.

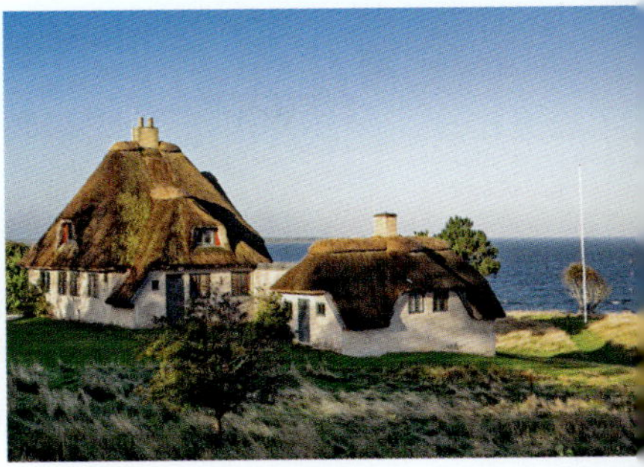

Knud-Rasmussen-Museum.

Schlösser und Parks, Kirchen

- Gørlev Kirke: Die im 12. Jh. erbaute Kirche im romanischen Stil beherbergt Wandmalereien aus dem 13. Jh. Zudem finden sich in der Kirche zwei Runensteine aus dem 10. Jh., die sog. Gørlev-Steine.
- Gavnø Slot (südwestl. Næstved): Das im Rokokostil erbaute Schloss liegt in einem Landschaftspark und beherbergt eine bemerkenswerte Gemäldesammlung. Apr.–Mitte Okt. tgl. 10–16 Uhr.
- Vigersted Kirke: Romanische Kirche mit Kalkmalereien aus der Mitte des 15. Jh. mit Szenen aus dem Alten und Neuen Testament.
- Roskilde Dom: Der bedeutendste Sakralbau Dänemarks (Baubeginn 1189) gilt als die älteste Kathedrale der Backsteingotik in Skandinavien. Sie besitzt einen prachtvollen Altar und beherbergt die Gräber von 40 dänischen Königen und Königinnen.

Der Dom von Roskilde.

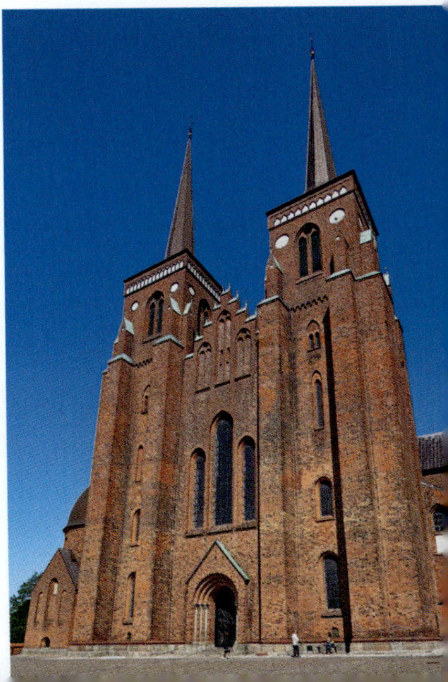

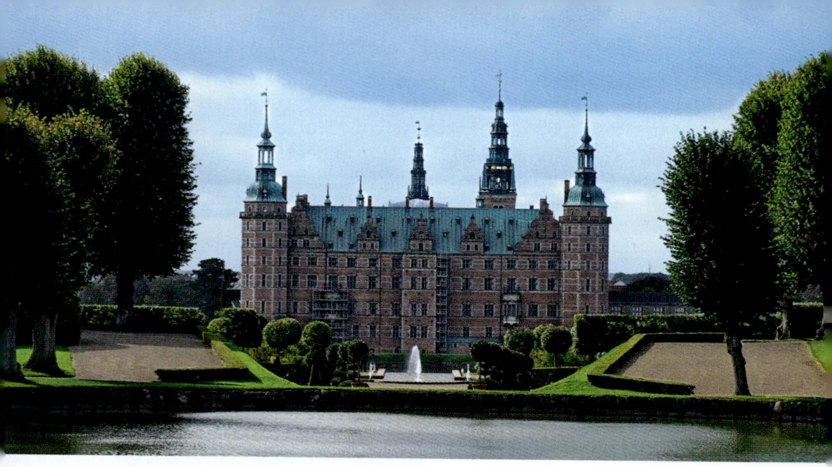

Schloss Frederiksborg mit dem Barockgarten im Vordergrund.

- Fredensborg Park (Fredensborg): Großer, öffentlich zugänglicher Landschaftspark im englischen Stil mit Schloss Fredensborg als zentralem Bezugspunkt. Park ganzjährig tgl. geöffnet, Schloss und Privatgärten hingegen nur zwischen 28. Juni und 8. Aug. tgl. mit Führung zugänglich (es werden Führungen auch auf Englisch angeboten).
- Frederiksborg Park und Barokhaven (Hillerød): In unmittelbarer Nachbarschaft zu Frederiksborg Slot (es beherbergt heute das Dänische Nationalhistorische Museum, s. Museen S. 46) befindet sich einer der bemerkenswertesten Barockgärten Skandinaviens und ein Park im englischen Stil. Landschaftspark ganzjährig tgl. geöffnet, Barockgarten von 10 Uhr bis Sonnenuntergang, spätestens jedoch 21 Uhr. (Tour 47).
- Tuse Kirke: Überaus reich und großflächig mit Fresken aus dem 15. Jh. (Isefjordmeister) ausgestattete Kirche.
- Jørlunde Kirke: Die romanische Kirche aus dem 11. Jh. zeigt farbenprächtige Kalkmalereien aus dem 12. Jh.
- Skibby Kirke: Die romanische Kirche aus dem 12. Jh. beherbergt in der Apsis eine von Dänemarks frühesten Kalkmalereien (13. Jh.) und weitere Malereien im gotischen Stil aus dem 14. Jh. im Gewölbe.
- Skamstrup Kirke: In der romanischen Kirche aus dem späten 11. Jh. finden sich großflächige Kalkmalereien aus dem 14. Jh. mit zahlreichen verschiedenen Bildmotiven.

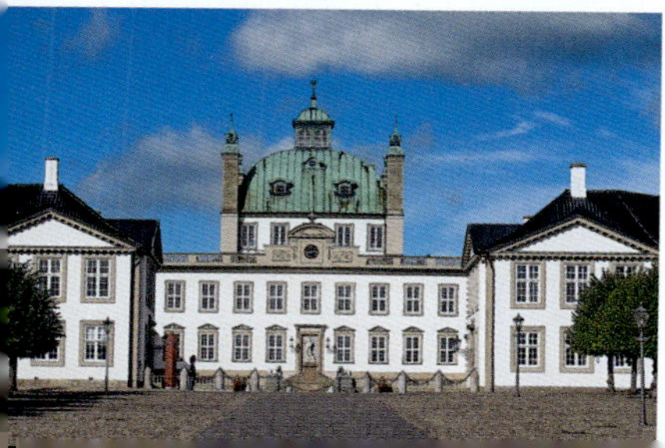

Schloss Fredensborg.

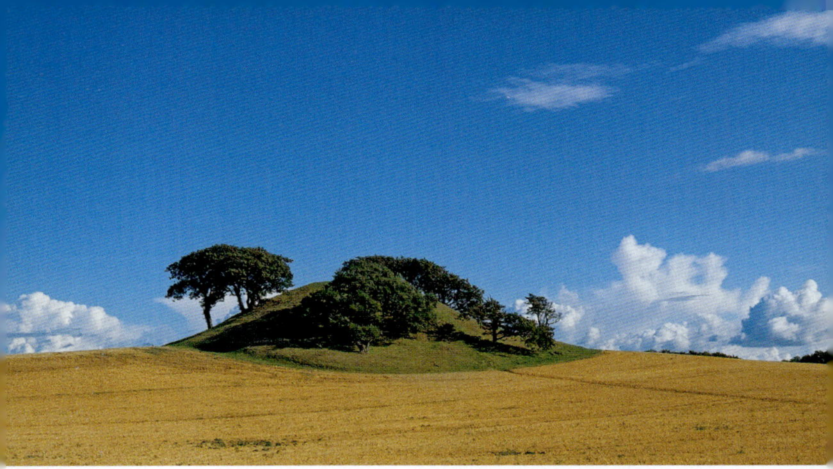

Das bronzezeitliche Hügelgrab Vejrhøj liegt exponiert auf einem Höhenrücken.

- Sæby Kirke (Kalundborg, Nordsjælland): Romanische Kirche aus dem späten 11 Jh. mit Kalkmalereien im byzantinischen Stil in der Apsis und im Triumphbogen sowie u.a. floralen Motiven im Gewölbe (spätes 12. Jh.).
- Kronborg Slot (Helsingør): Einst bedeutende Festung (Øresundzoll) und ehemalige Königsresidenz mit UNESCO-Weltkulturerbestatus; von Shakespeare als Hamlet-Schloss literarisch verewigt. Mai–Okt. tgl. 10–17 Uhr, Nov.–Apr. Di–So 11–16 Uhr.
- St. Mariæ Kirke og Vor Frue Kloster (Helsingør): Das im frühen 16. Jh. erbaute Kloster des Karmeliterordens mit Kirche, Kreuzgang, Kapitelsaal und Musiksaal ist eines der wenigen vollständigen erhaltenden Klosterensembles Dänemarks. Ganzjährig tgl. 9–17 Uhr, außer zu Gottesdienstzeiten.

Prähistorische und mittelalterliche Stätten
- Øm Jettestue (1 km nordwestl. von Øm): Ganggrab, öffentlich zugänglich.
- Plejerupdyssen (0,5 km nordöstl. von Plejerup): Ganggrab mit Steinsetzungen und Hünengrab. Öffentlich zugänglich.
- Tofteberg Langdysse (1,5 km nordwestl. von Højby): Hügelgrab (nicht begehbar) mit Steinsetzung, öffentlich zugänglich.
- Kellerøddyssen (1 km südl. Lynge Eskilstrup): Längster Langdolmen Sjællands bzw. drittlängster Langdolmen Dänemarks. Öffentlich zugänglich.
- Birkehøj Jættestuer (1 km südwestl. von Klintehuse): Birkehøj ist ein jungsteinzeitlicher Grabhügel und besitzt die längste Steinkammer Sjællands (begehbar). Öffentlich zugänglich.
- Vejrhøj (1,5 km nördl. von Vindekilde): Bronzezeitliches Hügelgrab. Öffentlich zugänglich. (Tour 38).

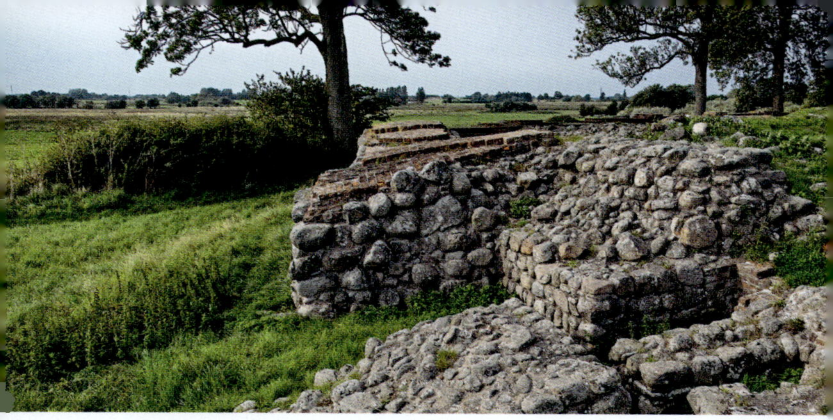

Die Ruinen der Burganlage Søborg sind öffentlich zugänglich.

- Maglehøj (1,5 km östl. von Høve): mehrere Hügelgräber sowie Steinsetzungen. Öffentlich zugänglich.
- Æbleholt Klosterruin (2 km südwestl. von Tulstrup an der Rute 19). Ruine eines Augustinerklosters (12. Jh.). Öffentlich zugänglich.
- Næsholm Borgruin (3 km nordöstl. von Højby): Fundamente einer mittelalterlichen Burg, malerisch auf einer kleinen Insel im Nygård Sø gelegen.
- Gurre Slotsruin (1 km westl. von Gurre): Ruinen einer ehemaligen Königsburg. Öffentlich zugänglich.
- Søborg Slotsruin (3,5 km südl. von Gilleleje): Mit Anfängen im 12. Jh., war Søborg mehrere Jahrhunderte lang eine der größten und am besten befestigten Burgen Dänemarks und lag ursprünglich an einer Meeresbucht, die später trockengelegt wurde. Schlossruine öffentlich zugänglich.

Sonstige Ziele

- Camp Adventure (3 km westl. von Rønnede): Kletterpark mit zahlreichen Routen in unterschiedlichen Schwierigkeitsgraden. Außerdem sehenswert: der für seine Architektur ausgezeichnete Skovtornet (»Waldturm«), der sowohl im übertragenen als auch im wörtlichen Sinne über die Umgebung hinausragt. Juni–Aug. tgl. 10–18 Uhr, Apr.–Mai u. Sep.–Okt. Do–So 10–18 Uhr.
- Holmegaard Værk (Holmegaard): Ehemals eine von Dänemarks größten Glasfabrikationsstätten, heute Kunstatelier für Glasbläser und Museum für Glas, Keramik und Design mit mehr als 40.000 Ausstellungsstücken. Vorführungen und Mitmachangebote. Von Juli bis 1. Augustwoche tgl. 11–16.30 Uhr, übrige Zeit Sa/So 11–15.30 Uhr. (Tour 27).
- Dragør: Auf keinen Fall verpassen: Der alte Kernort von Dragør gehört zu den hübschesten Ortschaften Dänemarks und ist von Kopenhagen aus in einer halben Stunde zu erreichen.

Literatur

Alle großen Reiseführerverlage haben Dänemark »als Ganzes« im Programm, doch sind auch präziser auf das Wandergebiet zugeschnittene Reiseführer erhältlich:

- Lars Dörenmeier (Verlag Reise Know-How): Falster und Lolland mit Marielyst und Møns Klint.
- Thilo Scheu (Verlag Reise Know-How): Dänemark – Ostseeküste und Fünen.
- Alexander Geh (Edition Elch): Dänische Inseln 1 – Fünen, Langeland, Ærø.
- Alexander Geh (Edition Elch): Dänische Inseln 2 – Lolland, Falster, Møn (Achtung: In einer älteren Auflage ist zusätzlich noch Sjælland enthalten).

Nützliche Informationen und Links

- **Touristische Informationen**
  - Offizielle Seite des dänischen Fremdenverkehrsamts: visitdenmark.de (auf Deutsch)
- **Unterkunft**
  - Allgemein: visitdenmark.de/daenemark/unterkuenfte
  - Dänischer Jugendherbergsverband: danhostel.dk
  - Dänische Campingplätze: daenischecampingplaetze.de, visitdenmark.de/daenemark/unterkuenfte/camping
  - Primitive Campingplätze und Shelter: udinaturen.dk, shelterapp.dk
- **Öffentlicher Nahverkehr und Reiseplanung**
  - Reiseplanung/-buchung für den öffentlichen Nahverkehr: rejseplanen.dk
- **Natur und Landschaft, Kulturhistorie**
  - Informationen der Naturschutzbehörde Naturstyrelsen zu Naturschutzgebieten, u. a. mit herunterladbaren Infoblättern: naturstyrelsen.dk (überwiegend auf Dänisch, viele Infos und herunterladbare Infoblätter jedoch auch auf Deutsch)
- **Wandern**
  - Wanderwege: Qualitätswanderwege in Dänemark: dvl.dk/kvalitetssti/kort
  - Übersicht über markierte Wanderwege mit Schwerpunkt auf Weitwanderwegen: hiking.waymarkedtrails.org
  - Übersicht über markierte Wanderwege mit Schwerpunkt auf kürzeren Runden: spor.dk
  - Betretungsrechte: de.naturstyrelsen.dk/naturerlebnisse
- **Wetter**
  - Wetterdienst von Dänemarks Meteorologischem Institut (DMI): dmi.dk
  - Wetterbericht/-vorhersagen des Norwegischen Meteorologischen Instituts (MET): yr.no (ebenfalls gut geeignet, mit auswählbarem englischen Menu)

Bild S. 52/53: Die romanische Kirche von Højerup wacht über Stevns Klint (Tour 25).

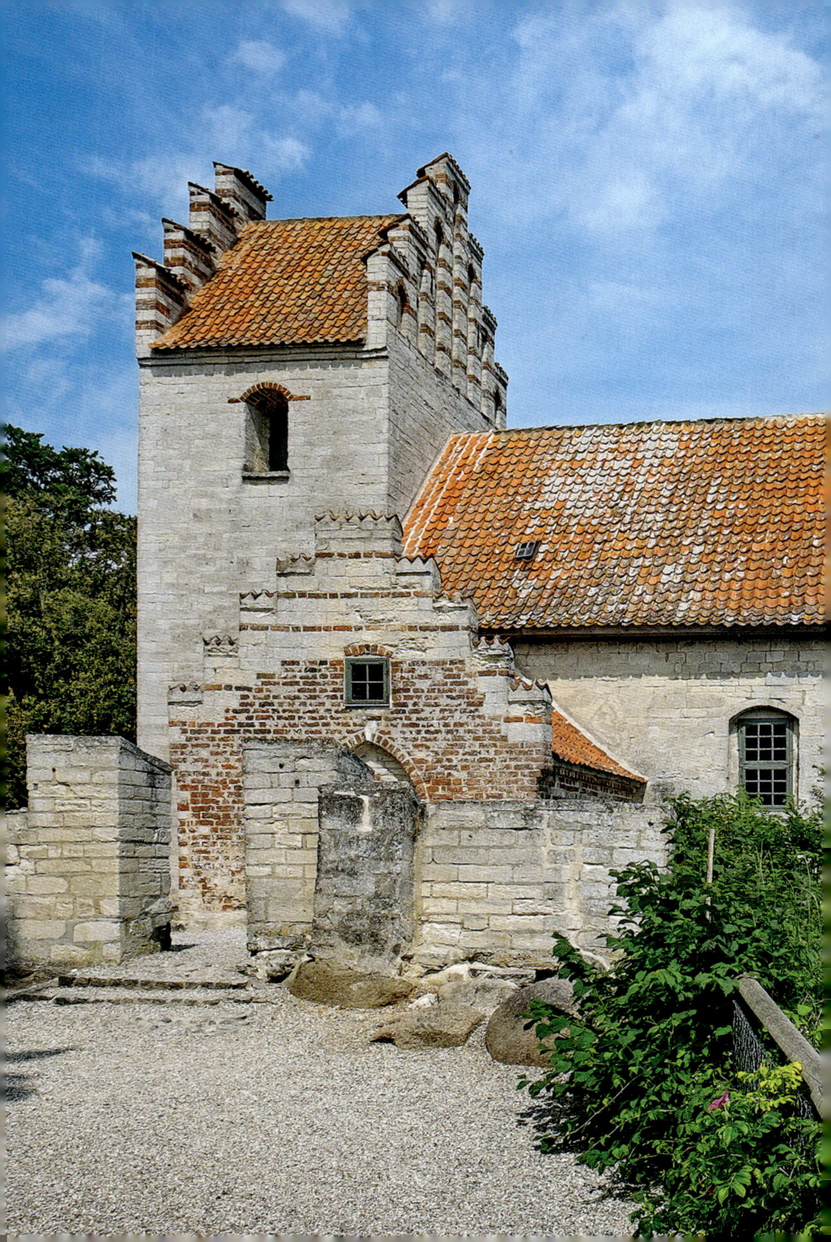

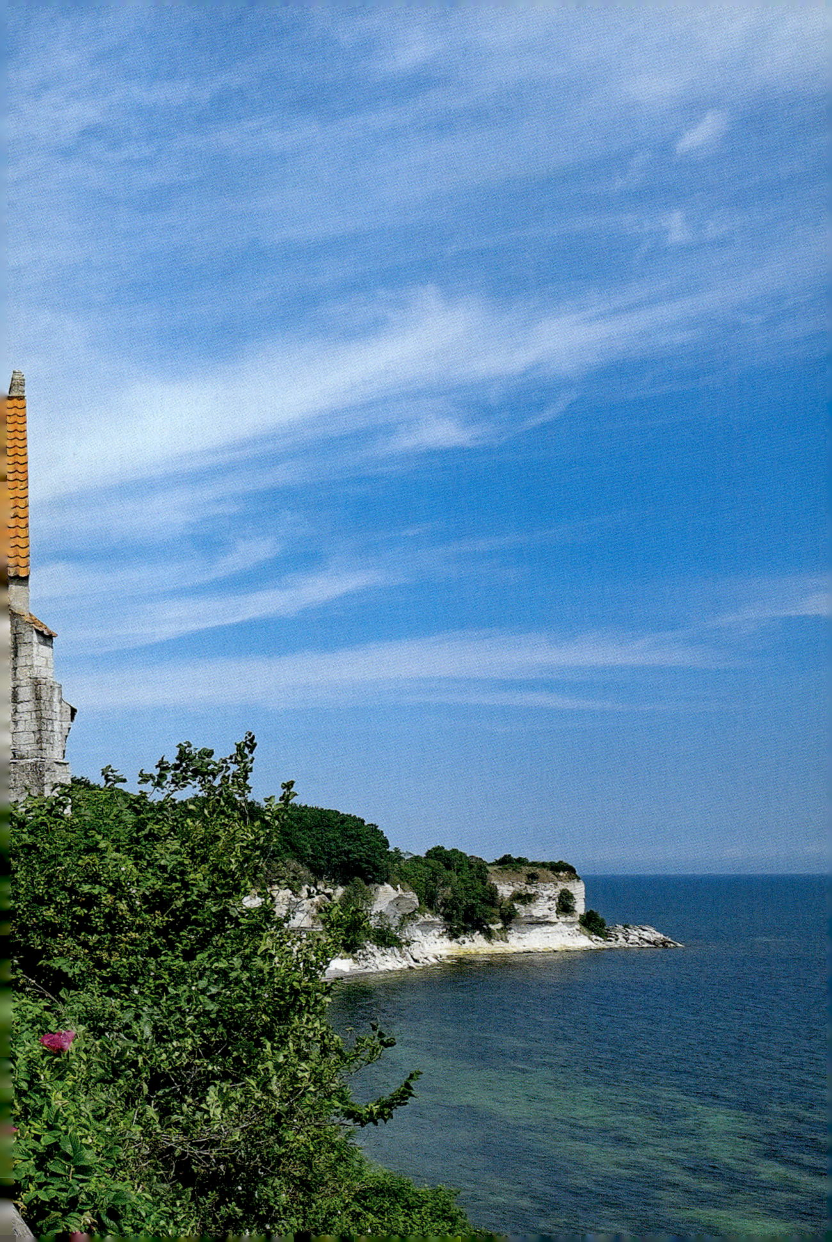

TOP

↗ 150 m | ↘ 150 m | 10.0 km

1 Lillebælt, Hindsgavl und Middelfart

2.45 h

Rund um den westlichsten Zipfel Fyns

Zentraler Aspekt dieser Wanderung ist die Küste am westlichsten Zipfel Fyns, die manchmal flach als Strand ausstreicht, manchmal aber auch niedrige Klippen formt und dabei auf weiten Strecken von ansehnlichen Buchen- und Eichenwäldern bedeckt ist. Der Wanderung rund um die Hindsgavl-Halbinsel mangelt es auch darüber hinaus nicht an interessanten Etappenzielen: Auf dem Programm stehen die Überreste der mittelalterlichen Burganlage Hindsgavl Voldsted, der Park von Hindsgavl Slot und das Städtchen Middelfart mit seiner hübschen Altstadt und dem pittoresken Hafen. Besonderes Augenmerk verdient auch die Meerenge Lillebælt zwischen dem Festland und der Insel Fyn. Man sieht ihr zwar nicht auf den ersten Blick an, dass sie eine der größten Walpopulationen Europas beherbergt, aber mit etwas Glück kann man tatsächlich den ein oder anderen Schweinswal erspähen. Dafür sind vor allem die höher gelegenen Aussichtspunkte entlang der Tour ideal. Auch an einer »Horchstation« führt der Weg vorbei, an der man die grunzenden Geräusche der Schweinswale belauschen kann.

Ausgangspunkt: Kfz: Parkplatz gegenüber Galsklint Camping. 2 km westlich von Middelfart vom Brovejen (Rute 161) in Richtung »Gals Klint« abbiegen und an einem großen Parkplatz und einer Abzweigung nach rechts geradeaus vorbeifahren. 300 m hinter einem Viehgatter die Abzweigung nach rechts (»Galsklint Camping«) nehmen und dem Sträßchen abwärts folgen. Parkplatz rechts der Straße, gegenüber dem Campingareal. ÖPNV: Bus 105 oder 106, Bushaltestelle Adlerhusvej. Dann Start bei Wegpunkt 5.

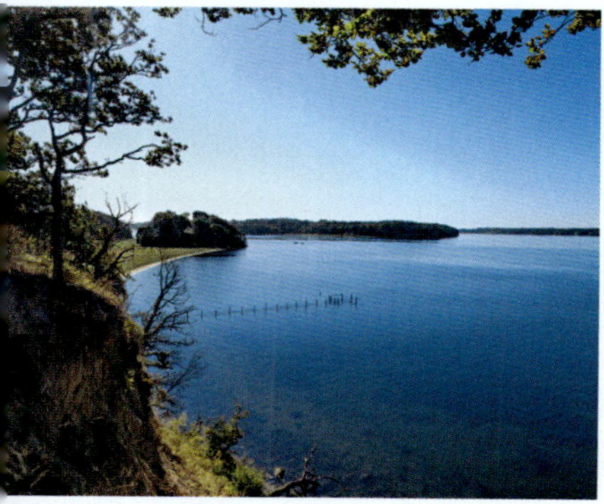

Anforderungen: Wanderung auf schmalen (Wald-) Pfaden mit vielen kurzen An- und Abstiegen im Westen der Tour (dort nach Niederschlägen schmierig). Im Osten Feld- und Forstwege, in Middelfart Straßen.

Einkehr: Mehrere Möglichkeiten im Zentrum von Middelfart.

Variante: Ohne Abstecher ins Stadtzentrum von Middelfart: ca. 8 km.

Tipp: Frisch zubereiteten Fisch (Außenbewirtung) und Fischprodukte gibt es im Fischladen Strib Fiskehus direkt am alten Hafen von Middelfart.

Karte: Keine aktuelle analoge topografische Karte im Handel verfügbar.

Blick über die Meerenge Lillebælt vom Gals Klint aus.

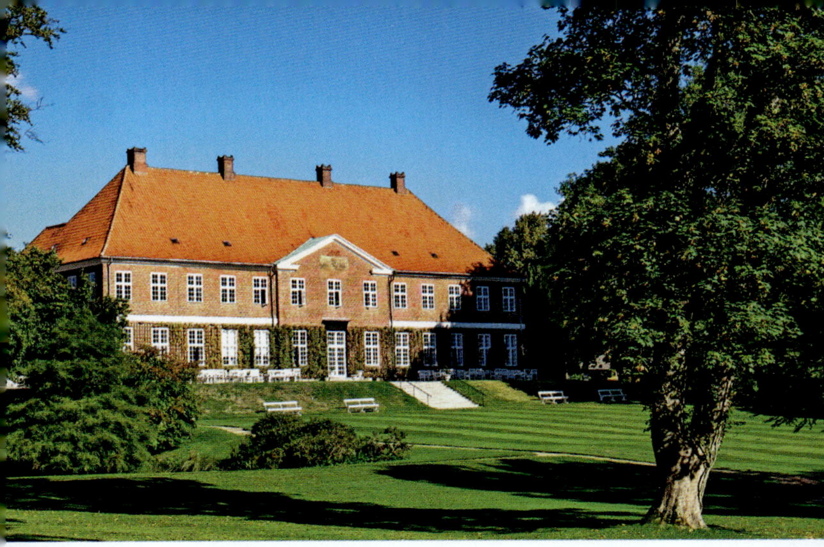

Schloss Hindsgavl ist heute ein komfortables Hotel.

Vom **Parkplatz** ❶ aus orientieren wir uns in Richtung Meer und biegen hinter **Galsklint Camping** links auf einen Fußpfad ab. Er führt auf einen Wald zu, in dem wir den ersten Pfad halb rechts nehmen. Er steigt im Wald kurz, aber kräftig an (Lillebæltstien). Da er teilweise recht dicht an der Kliffkante verläuft, wählen wir unsere Schritte mit Bedacht. Nach einer kurzen Abwärtsstrecke bei einer V-Gabelung am Waldrand halb rechts. Nun streben wir der Erhebung **Hindsgavl Voldsted** ❷, einer mittelalterlichen Burganlage, zu und ersteigen sie. Auf der anderen Seite geht es wieder hinunter und noch kurz über Weideland, bevor uns erneut Wald aufnimmt. Mit etwas Höhengewinn gelangen wir zum Schlosspark von **Hindsgavl Slot**. Am Rand des Schlossparks biegen wir bei einer **Treppe** ❸ rechts ab (ein Abstecher in den Schlosspark nach links ist möglich).
Wir gelangen auf ein Sträßchen und behalten unsere Richtung bei. Wo dieses endet, setzen wir den Weg auf einem Waldpfad geradeaus fort. Der Pfad steigt etwas an und führt am Waldrand entlang. Er folgt diesem um eine Linkskurve leicht aufwärts. Auf Höhe eines breiten Tors (links von uns)

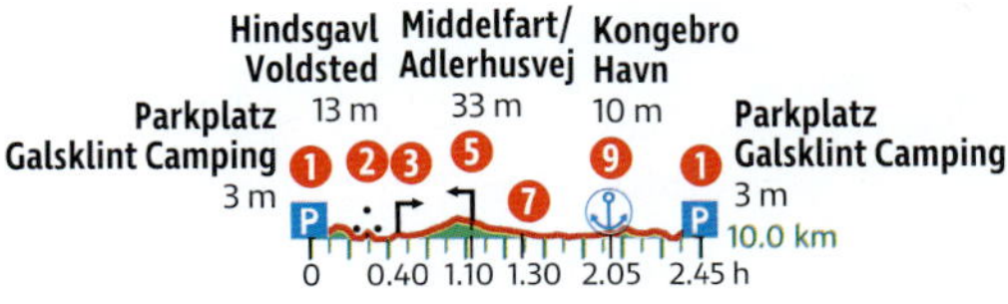

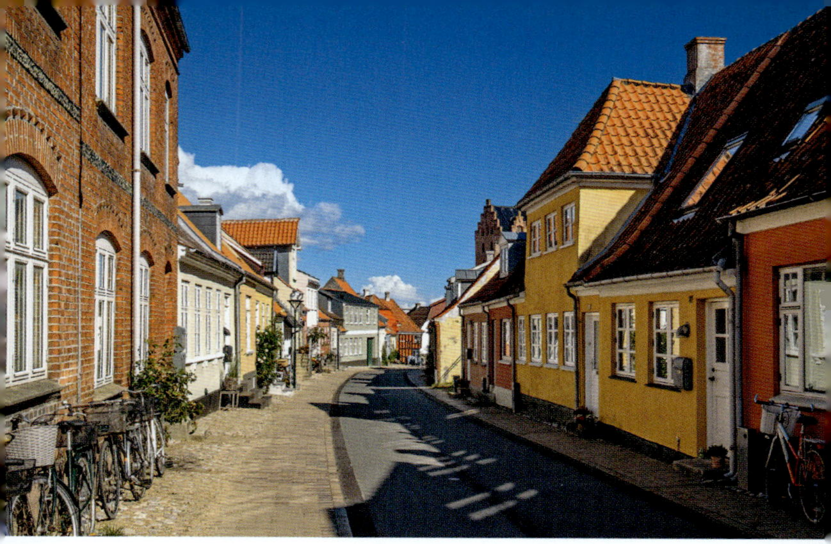

Die Altstadt von Middelfart besitzt viele hübsche Ecken.

biegen wir rechts und nach wenigen Schritten bei einer **Kreuzung** ❹ links ab. Auf diesem Weg durch Wald erreichen wir – ein kleines Sträßchen geradeaus überquerend – nach gut 500 m eine breite Hauptstraße. Dort, bei den ersten Häusern von **Middelfart**, kurz rechts und nach 100 m links in den **Adlerhusvej** ❺. Hinter einer Rechtskurve biegen wir links in den Pfad **Stadionvej** ❻ ab. Am Fußballstadion vorbei geht es wieder in den Wald. Eine Abzweigung rechts ignorieren wir.
Wir folgen anschließend dem Hauptweg nach rechts um eine S-Kurve, wo er auf die Straße Kongebrovej mündet; dort rechts. Bei der T-Kreuzung an

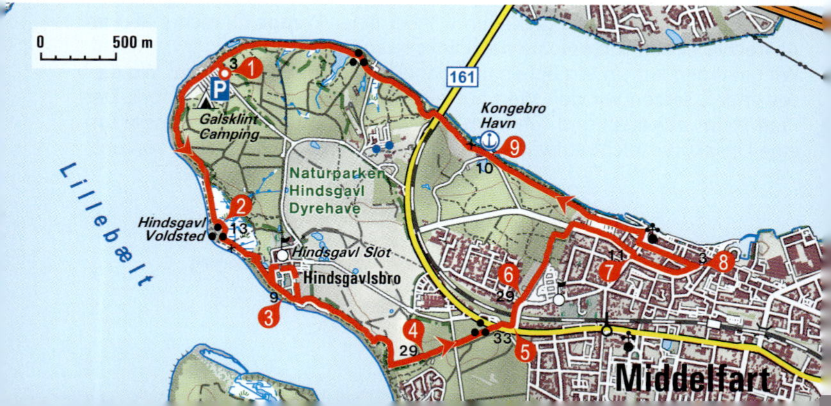

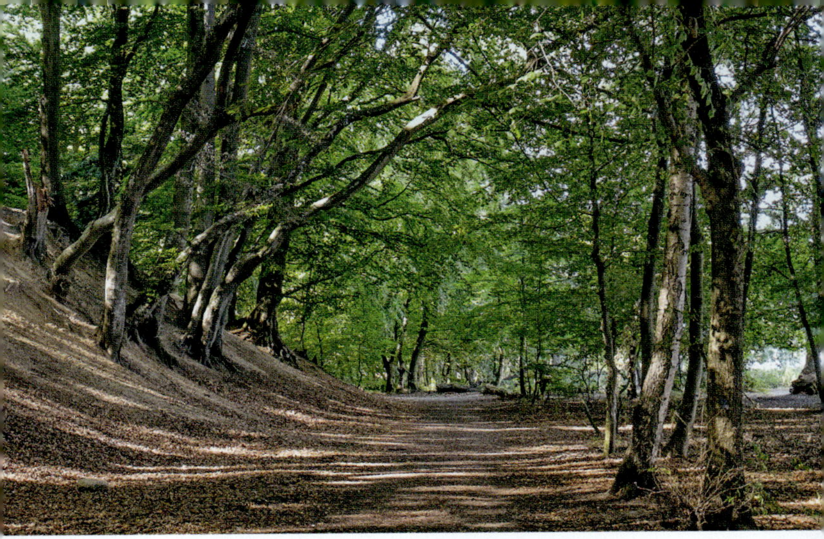

Der Weg an der Nordküste der Halbinsel führt durch Buchenwald.

der Knorregade rechts, sofort anschließend links in die **Søndergade** 7, die halb rechts (nach Osten) weiterführt. Geradeaus geht es über eine Kreuzung hinweg, bevor wir bei einer T-Kreuzung links in die **Algade** 8 abbiegen. Über den Platz in der Stadtmitte spazieren wir geradeaus hinweg. An der nächsten Kreuzung, vor einem hübschen Fachwerkhaus, wenden wir uns nach rechts und auf der Havnegade links. Wir laufen vorbei am alten Hafen und der Holzbootwerft. Achtung: Zwischen den westlichsten Gebäuden der Werft befindet sich die **Lydestation** (»Horchstation«), an der man die Kommunikation der Schweinswale belauschen kann – falls sich welche in Reichweite der Mikrofone befinden.

Wo die Straße endet, verläuft ein breiter Pfad geradeaus in den Wald hinein. An einer **Marina** 9 (Kongebro Havn) angekommen heißt es aufpassen: Wir wählen den schmalen Weg zwischen Marina-Steg und Gebäude und nach 50 m die Möglichkeit halb links aufwärts. Auf diesem Pfad unterqueren wir dann die Lillebæltbrücke und lassen uns vom Symbol des Lilllebæltstien abwechselnd auf breiteren und schmaleren Waldpfaden mit etwas Auf und Ab an der Küste entlanglotsen. Wir passieren das Gebäude eines Ruderclubs, wo wir auf eine breitere Fahrspur treffen und auf ihr geradeaus unterhalb der ehemaligen Schanzenanlage Vasnæs Batteri entlangmarschieren. Wir bleiben dem Fahrweg ca. 600 m treu und entscheiden uns dann für eine Abzweigung nach rechts. Nach wenigen Hundert Metern erreichen wir **Galsklint Camping**, biegen links ab und haben den **Parkplatz** 1 wieder vor uns.

↗ 30 m | ↘ 30 m | 7.9 km

2 Flyvesandet

2.00 h

Auf sandigen Wegen an der Nordküste Fyns

Flyvesandet heißt diese Halbinsel an der Nordküste Fyns. Und tatsächlich besteht sie – wie der Name vermuten lässt – vorwiegend aus Sand, der in früheren Zeiten als Flugsand das Hinterland bedrohte, bis er durch Gehölzpflanzungen festgelegt wurde. Zwar darf man keine »richtigen« Dünen mit mehreren Metern Höhe erwarten, doch gibt es einen spannenden Mix: Im Westen, wo sich ein großes Vogelschutzgebiet befindet, dominieren Salzvegetation und kleine Lagunen, die von einem Beobachtungsturm überblickt werden können. Am Strand wechseln sich sandige und kiesige Abschnitte ab. Insbesondere die großen Kieselsteine aus unterschiedlich farbigem Granit, die von den Gletschern hier abgelagert wurden, sind ein beliebtes Fotomotiv. Landeinwärts erstrecken sich Sandfelder mit Dünenvegetation, die im Sommer zahlreiche Badegäste anziehen, und Wälder in unterschiedlichen Erscheinungsformen. Während der erste Teil der Wanderung am Strand oder dicht an der Küste entlangführt, erfolgt die Rückkehr durchs Innere der Halbinsel mit ihren abwechslungsreichen Waldbeständen.

Ausgangspunkt: Parkplatz Flyvesandet. Von der Rute 162 aus beim Schild »Flyvesandet« nach Norden und nach 2,5 km links abbiegen (»Stranden«). Auf dem schmalen Sträßchen 4 km entlangfahren, dann bei einem geteerten Wendeplatz nicht mit einer scharfen Linkskurve dem weiteren Straßenverlauf folgen, sondern geradeaus fahren und nach 100 m seitlich parken.
Anforderungen: Einfache Wanderung am Strand, auf Feld- und Graswegen, kurz auf der Straße. Bei Sturm oder starkem auflandigen Wind nicht begehbar.
Einkehr: Keine.
Hinweis: Der westlichste Teil der Tour ist im Sommer ein beliebter Badeplatz und – ebenso wie der Parkplatz – zeitweise überfüllt.
Karte: Keine aktuelle analoge topografische Karte im Handel verfügbar.

Blick vom Aussichtsturm auf die Salzwiesen im Westen der Halbinsel.

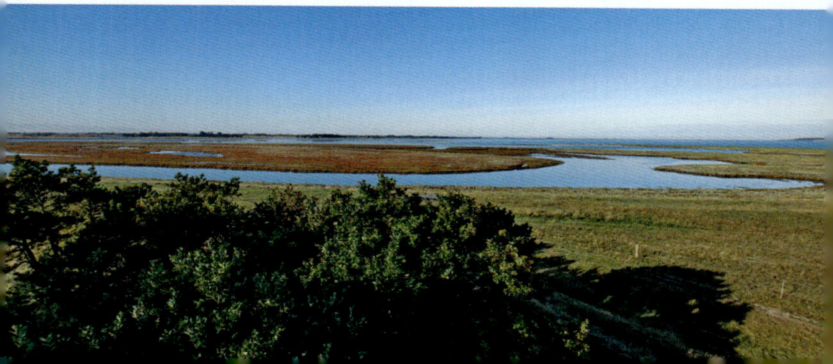

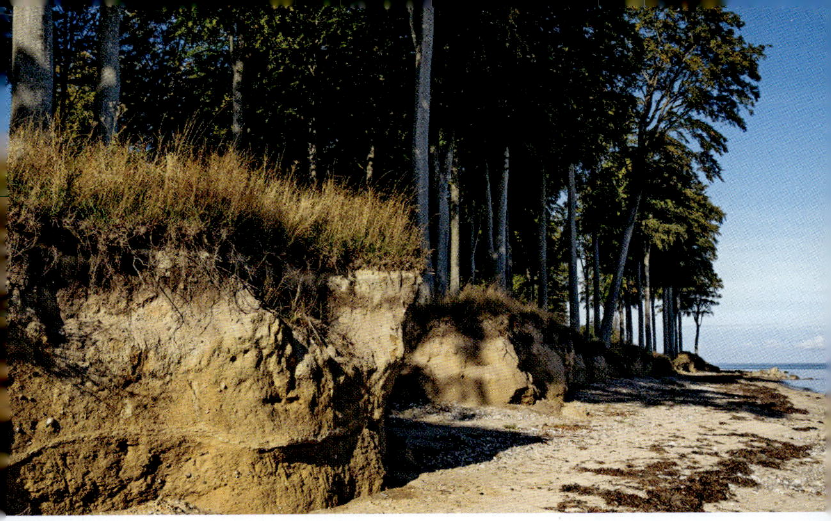

Die Erosion der Küste erfasst alte Buchenbestände.

Vom **Parkplatz** ❶ laufen wir 100 m auf dem Ankunftsweg zurück und biegen bei dem großen geteerten Wendeplatz rechts ab. Das Sträßchen bringt uns nach Westen. Bevor es zu einer Kurve ansetzt, nehmen wir die Gelegenheit zu einem Abstecher nach links zu einem **Aussichtsturm** ❷ wahr, von dem aus sich der westlichste Bereich **Flyvesandet**, ein Vogelschutzgebiet, überblicken lässt.
Zurück vom Abstecher folgen wir der Straße um die Rechtskurve und biegen dort nach links auf einen **Grasweg** ❸ ab. Auf ihm erreichen wir nach 50 m den **Strand** und halten uns rechts. Zunächst kommen wir auf dem Sand noch gut vorwärts, dann aber kommen grobe Kiesel ins Spiel, die zwar toll aussehen, aber schwierig zu begehen sind. Wir weichen daher landeinwärts aus und spazieren mit geringem Abstand zum Ufer nach Osten. Dort, wo der Wald direkt an die Küste herantritt, orientieren wir uns wieder in Richtung **Strand** ❹ und finden dort ein schmales Sandband, auf dem man gut vorankommt. Auf den nächsten 1,5 km geht es direkt am Strand entlang, wobei uns rechter Hand eine niedrige, senkrechte Abbruchkante begleitet.

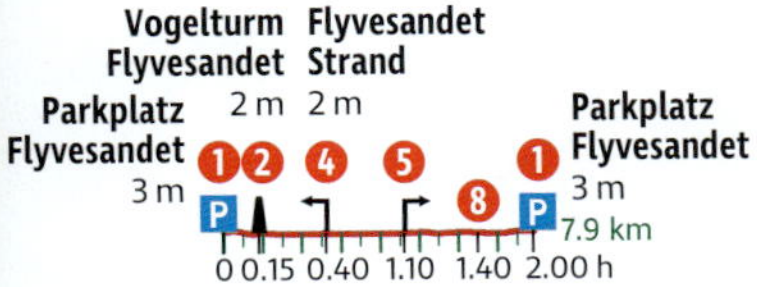

Kurz nachdem diese endet, entern wir rechts die Böschung, finden oben einen Grasweg und laufen auf ihm entlang. Er mündet in einen breiten Feldweg, auf dem wir die Richtung beibehalten. Hinter einem tiefen Graben

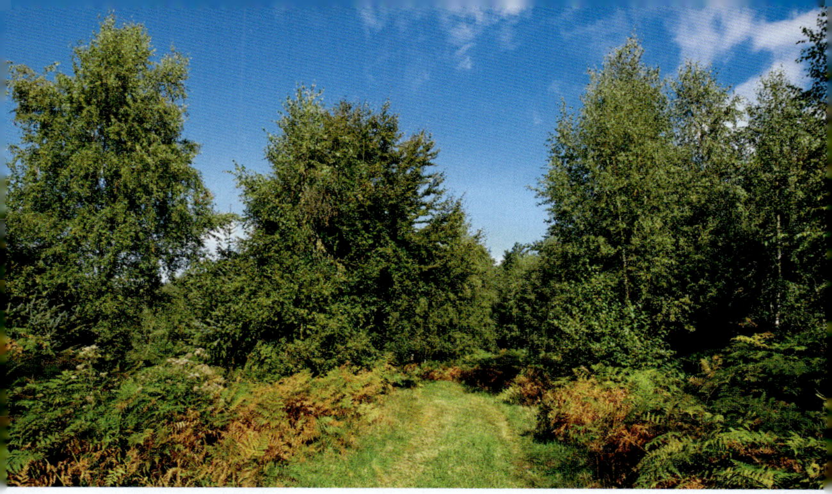

Im Landesinneren führen Graswege durch Laubwälder.

biegen wir rechts auf einen **Feldweg** ❺ ab. Nach ca. 500 m ignorieren wir eine erste Traktorspur nach rechts und nehmen knapp 100 m dahinter die zweite **Traktorspur** ❻ nach rechts.
Auf diesem Weg, der abschnittsweise etwas überwachsen ist, lassen wir alle Abzweigungen unbeachtet. Über eine **Waldwegkreuzung** ❼ nach 700 m geradeaus hinweg, erreichen wir nach weiteren 600 m eine T-Kreuzung. Dort geht es ein paar Schritte nach rechts, bevor wir links auf eine überwachsene Fahrspur bzw. einen **Grasweg** ❽ einbiegen. Er kurvt zunächst weit ausholend nach rechts, dann nach links, wobei wir abzweigende Wege ignorieren.
Der Weg mündet schließlich auf eine **Teerstraße** ❾ (Flyvesandsvej), der wir rechts folgen. Über den großen Wendeplatz laufen wir geradeaus hinweg und stehen nach 100 m wieder am **Parkplatz** ❶.

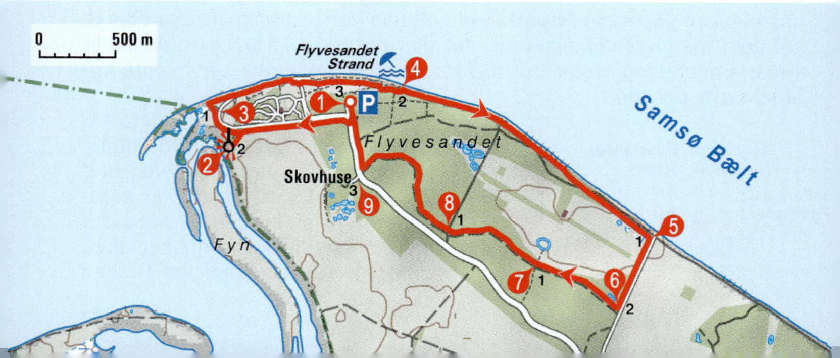

↗ 30 m | ↘ 30 m | 12.1 km

3.00 h

Enebærodde 3

Heidelandschaft und Kiefernwald zwischen Kattegat und Odense Fjord

Die Halbinsel Enebærodde trennt den Odense Fjord vom Kattegat. Die Landzunge, die im Wesentlichen aus sogenannten Strandwällen besteht, besitzt im Westen eine sehr schmale Verbindung mit dem Festland und wird nach Südosten zu allmählich breiter. Dort bestimmen Kiefernwälder sowie Feucht- und Trockenheiden das Bild. Letztere haben einen hohen naturschutzfachlichen Wert und beherbergen eine Reihe von in Fyn seltenen Pflanzen- und Insektenarten. Hier kann man zum Beispiel Erika und Gagelstauch entdecken sowie Ameisenbläuling und Wegerich-Scheckenfalter flattern sehen. Besonders ins Auge stechen die Wacholderbüsche, auf Dänisch »enebær«, die der Halbinsel den Namen gegeben haben. Rinder der robusten Rasse Belted Galloway sorgen als »Landschaftspfleger« dafür, dass die Heiden offengehalten werden und nicht verbuschen. Ganz im Osten befindet sich der Leuchtturm Enebærodde Fyr, der auch heute noch für die Schiffe, die in den Odense Fjord einlaufen, eine wichtige Orientierung darstellt. Die Einfahrt ist gewunden und die Fahrrinne nur knapp 100 m breit, was sowohl dem Lotsen als auch dem Steuermann einiges an Können abfordert! Das kann man aus nächster Nähe beobachten, wenn gerade ein Schiff die Einfahrt wagt.

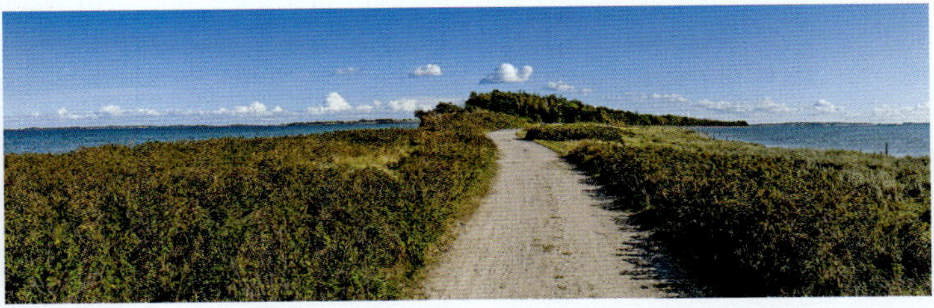

Odense Fjord (rechts) und Kattegat (links) haben eine unterschiedliche Farbe.

Ausgangspunkt: Parkplatz am östlichen Siedlungsrand von Hasmark Strand. Unmittelbar vor dem Ortsrand von Hasmark Strand rechts in Richtung Osten abbiegen, dem Schild »P Enebærodde« folgen und bis zum Parkplatz am Ende der öffentlichen Straße fahren.
Anforderungen: Einfache Wanderung auf Feldwegen und am Strand. Das Betreten ist aus Naturschutzgründen nur entlang des Strandes und auf den Wegen zulässig.
Einkehr: Keine.
Hinweis: Auf den Heiden im Osten der Halbinsel weiden Mutterkühe mit Kälbern (ohne Einzäunung), sodass auf die Begleitung von Hunden verzichtet werden sollte.
Karte: Keine aktuelle analoge topografische Karte im Handel verfügbar.

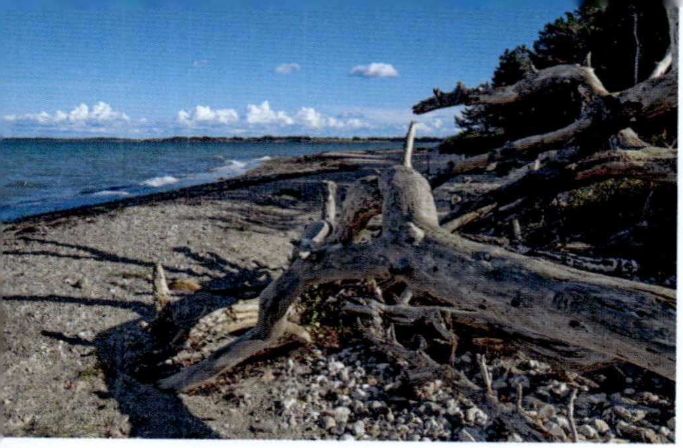

An der Kattegat-Küste sammelt sich Treibholz.

Vom **Parkplatz** ❶ am südöstlichen Ortsrand von **Hasmark Strand** aus gehen wir ein paar Schritte in Richtung Küste und biegen auf den schmalen Teerweg rechts ab. Hinter einer Schranke wird daraus ein breiter Feldweg, auf dem wir über die schmale, nur mit Dünengräsern und Kartoffelrosen bewachsene Landzunge – mit Kattegat links und Odense Fjord rechts – der Halbinsel zustreben. Hinter einem **Viehgitter** ❷ biegen wir links ab und gelangen auf den **Strand**, wo das Vorwärtskommen etwas mühsam sein kann. Zudem können Bäume quer über dem Strand liegen, die man umgehen oder überklettern muss (wer diesen Abschnitt meiden möchte, hält sich bei dem Viehgitter weiter geradeaus und biegt auf den nächsten Fußpfad links ab).

Nach etwa 500 m können wir rechts die Böschung erklimmen, um dort die Tour auf einem **Fußpfad** ❸ fortzusetzen. Nach einigen Hundert Metern wird daraus ein schmaler und recht steiniger Feldweg, dem wir geradeaus weiter folgen. Alle nach rechts abzweigenden Pfade ignorieren wir und setzen unseren Weg geradeaus zwischen dem Ufer linker und dem Wald

Der Leuchtturm Enebærodde Fyr wacht über die Zufahrt zum Odense Fjord.

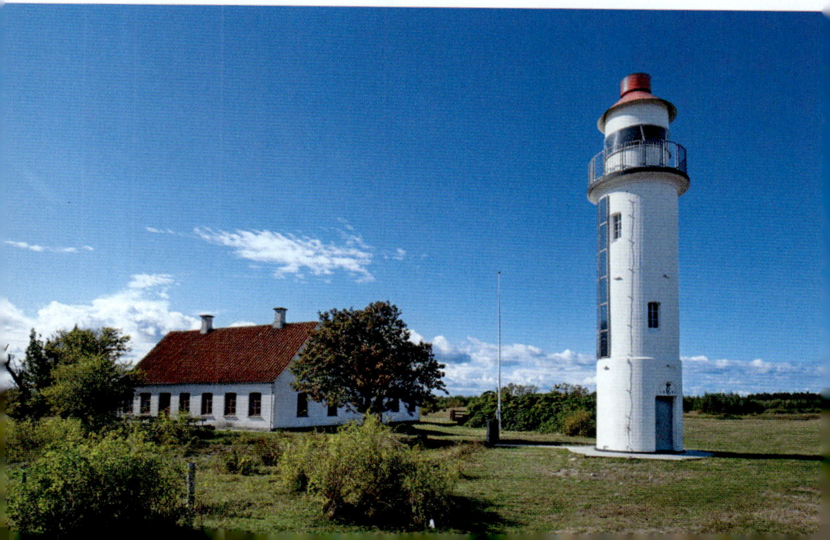

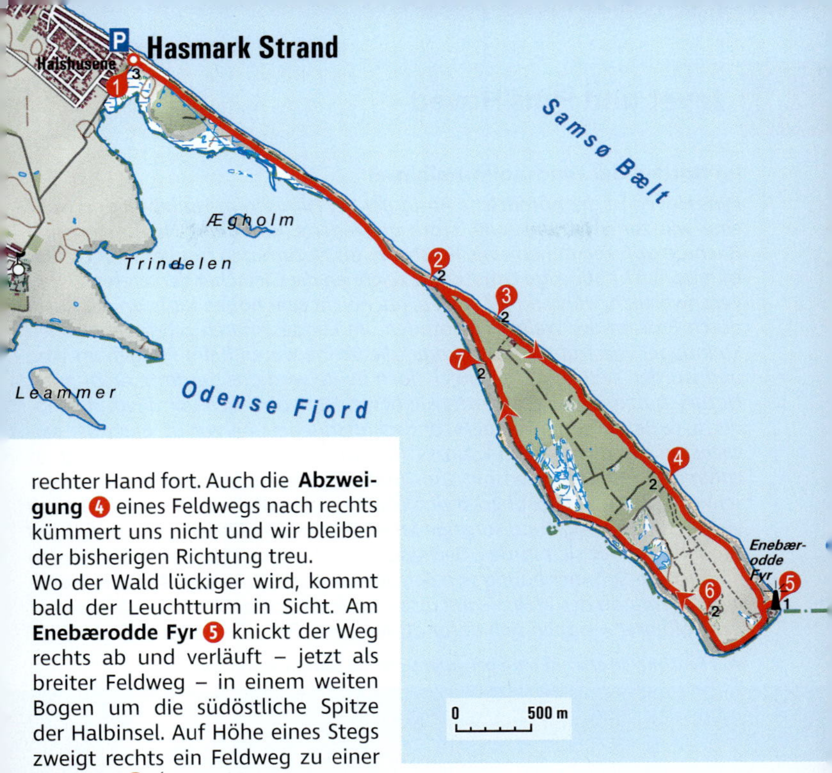

rechter Hand fort. Auch die **Abzweigung** ❹ eines Feldwegs nach rechts kümmert uns nicht und wir bleiben der bisherigen Richtung treu.
Wo der Wald lückiger wird, kommt bald der Leuchtturm in Sicht. Am **Enebærodde Fyr** ❺ knickt der Weg rechts ab und verläuft – jetzt als breiter Feldweg – in einem weiten Bogen um die südöstliche Spitze der Halbinsel. Auf Höhe eines Stegs zweigt rechts ein Feldweg zu einer **Infotafel** ❻ (mit Erläuterungen zu Natur und Nutzung; Zusammenfassung auch auf Englisch) hin ab. Anschließend setzen wir unseren Weg in Richtung Nordwesten fort, lassen alle undeutlichen Abzweigungen nach rechts unbeachtet und bleiben auch bei einer deutlicheren **Gabelung** ❼ an einem Feld der Hauptrichtung Nordwest treu.
An einem **Viehgitter** ❷ erreichen wir wieder den vom Herweg bekannten Wegabschnitt und kommen nach 2,5 km wieder zum **Parkplatz** ❶ am südöstlichen Ortsrand von **Hasmark Strand** zurück.

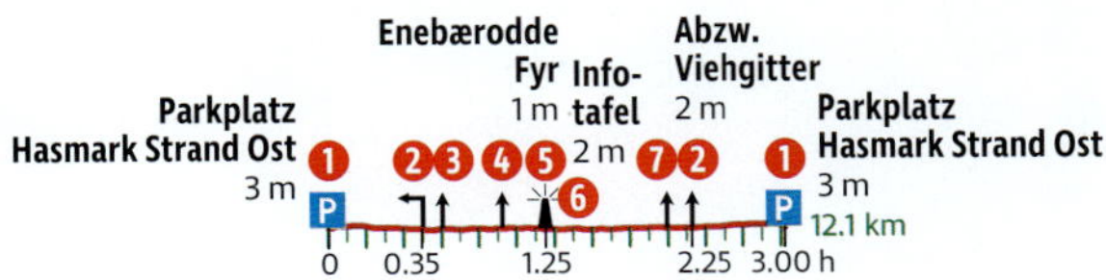

↗ 70 m | ↘ 70 m | 4.8 km

4 Jøvet und Fyns Hoved

1.30 h

Im Norden der Hindsholm-Halbinsel

Fyns Hoved ist der nördlichste Ausläufer der Hindsholm-Halbinsel und weist eine wie zerrissen wirkende, stark gegliederte Küste mit Nehrungen und Buchten auf, von denen eine, Korshavn, als Naturhafen fungiert. Für die anmutige, leicht hügelige Landschaft zeichnen die Gletscher der letzten Eiszeit verantwortlich, während die steilen, aber nicht sehr hohen Kliffe an der Küste durch Erosion der Wellen entstanden. Im Landesinneren zeugen die vielen Steinriegel von früherem Ackerbau (die Steine waren beim Pflügen im Weg und wurden seitlich aufgehäuft), doch heute wird das gesamte Areal unter Naturschutzaspekten sehr extensiv beweidet, wobei sich vor allem die Rinderrasse Belted Galloway als »Landschaftspfleger« hervortut. Einer der trockensten Landstriche Dänemarks (450 mm Niederschlag), beherbergt es zahlreiche Pflanzenarten mit süd- und südosteuropäischem Verbreitungsschwerpunkt und bezaubert durch einen großen Blütenreichtum, den auch viele Schmetterlinge und sonstige Insekten attraktiv finden. Ein zusätzliches Highlight findet sich in den Gewässern rund um die Halbinsel: Sie werden nämlich im Sommer häufig von Schweinswalen aufgesucht. Mehrere Hochpunkte entlang des Wegs – und insbesondere Bæsbanke, der höchste Punkt der Halbinsel – eignen sich dafür als Ausguck (Fernglas nicht vergessen).

Von Fyns Huvud erkennt man bei guter Sicht die Südspitze von Samsø.

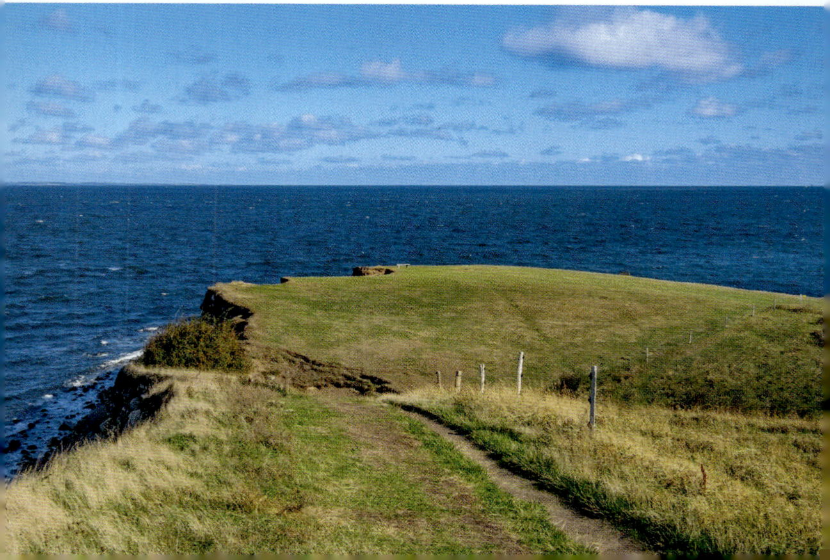

Ausgangspunkt: Kfz: Parkplatz für Pkw »Jøvet«. Am Nordrand der Korshavn-Bucht von der Rute 315 halb rechts auf den Feldweg »Jøvet« (mit Parkplatz-Hinweisschild) abbiegen und ihm mit etwas Höhengewinn folgen. Parkplatz nach 250 m am Ende des Feldwegs. Achtung: für Wohnmobile über 5,5 m Länge nicht geeignet. Diese folgen der Rute 315 bis zum Ende der öffentlichen Straße und nutzen den dortigen Parkplatz ❸. ÖPNV: Busse 483 und 816U, Haltestelle Korshavn. Von dort aus rechts um die Kurve laufen und unmittelbar (!) dahinter die Treppe aufwärts nehmen. Oben links und weiter zur Steilkante Jøvet ❷.
Anforderungen: Schmale Pfade mit kurzen, stellenweise steilen An- und Abstiegen. Der Untergrund kann nach Niederschlägen schmierig sein.
Einkehr: Keine.
Karte: Keine aktuelle analoge topografische Karte im Handel verfügbar.

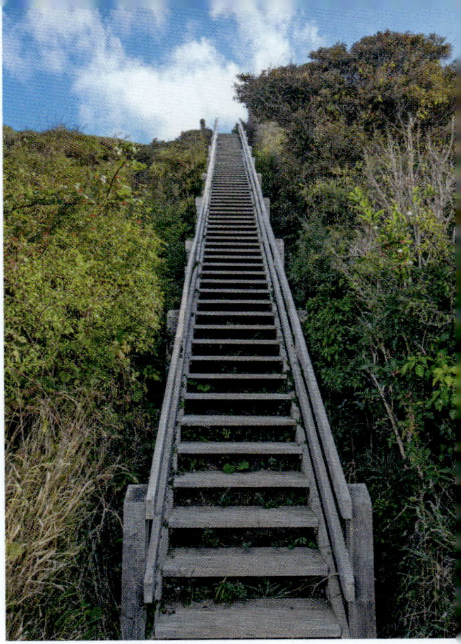

Treppe am Jøvet.

Wir verlassen den **Parkplatz** ❶ an seiner hinteren, der Einfahrt abgewandten Seite und nehmen dort den linken der beiden Pfade, nämlich denjenigen in einen Waldbestand hinein. An der Hangkante angelangt, schwingt der Weg nach rechts und bleibt ihr im weiteren Verlauf treu. Abzweigungen interessieren uns nicht. Bald entlässt uns der Wald auf Offenland und wir kommen zur Steilkante des **Jøvet** ❷, mit gutem Blick auf die Halbinsel Fyns Hoved.
Wir steigen die Treppe hinunter, um auf Meeresniveau zu gelangen und setzen unseren Weg auf der Landenge fort. Hinter dem **Parkplatz** halten wir uns an der **Weggabelung** ❸ geradeaus und wählen den Pfad am weitesten links (nicht durch das Törchen hindurch). Dieser Trampelpfad verläuft direkt an der Küste und führt mit kurzen An- und Abstiegen nach Norden. Nach ca. 1 km weist ein Aussichtssymbol durch ein **Törchen** ❹ nach rechts; wir ersteigen **Bæsbanke** ❺, den höchsten Punkt der Halbinsel. Danach kehren wir wieder zum **Törchen** ❹ zurück und folgen weiter dem Küstenpfad. Schon bald kommt der nördlichste Punkt der Halbinsel, **Fyns Hoved** ❻, in Sicht, wo der Weg einen Bogen nach rechts schlägt. Bald wird aus dem Pfad eine schmale Fahrspur;

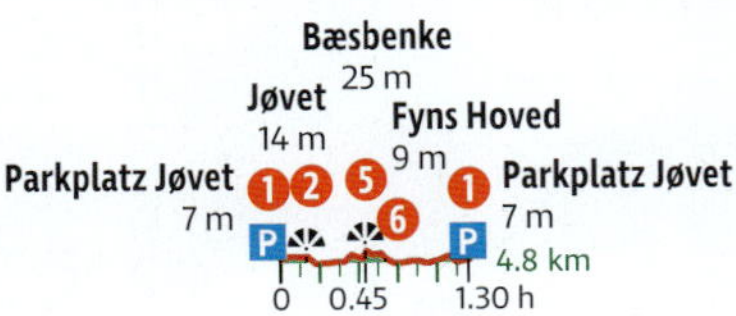

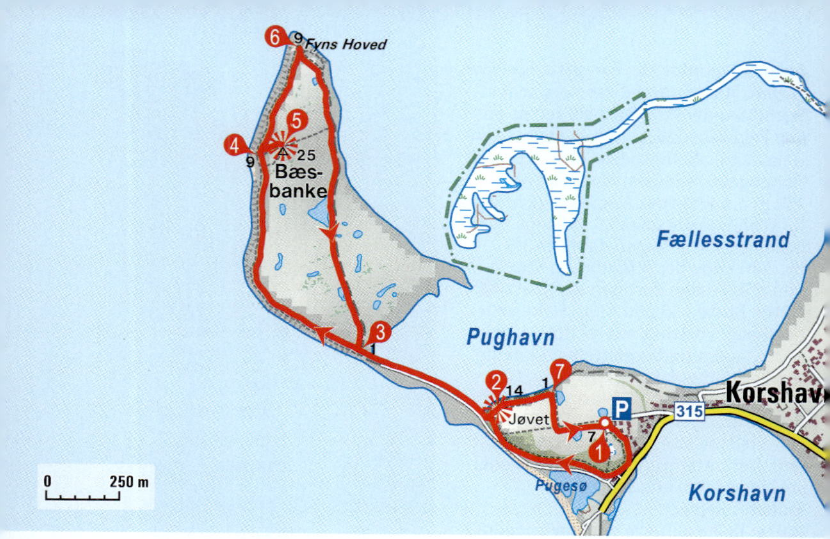

eine Abzweigung nach links ignorieren wir. Wir erreichen wieder die vom Herweg bekannte **Weggabelung** ❸ und uns links haltend gleich den **Parkplatz**.

Südlich der Landenge bzw. unterhalb des Steilabbruchs von Jøvet treffen wir auf einen schmalen Pfad nach links. Den nehmen wir. Nach 250 m treten wir rechts durch ein **Törchen** ❼ und gelangen am Zaun entlang leicht ansteigend zu einem Querweg. Auf ihm gehen wir nach links und sehen bald wieder den **Parkplatz Jøvet** ❶ vor uns.

Die Wiesen auf der Halbinsel werden extensiv beweidet.

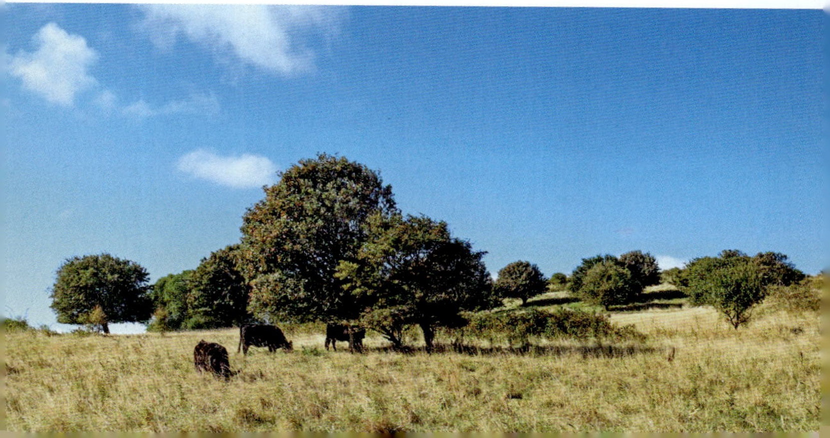

↗ 60 m | ↘ 60 m | 7.8 km

2.00 h

Entlang des Odense Å

5

Eine grüne Oase in der Stadt

Odense ist eine liebens- und lebenswerte Stadt, die nicht nur ein historisches Zentrum aufweist, sondern darüber hinaus zahlreiche Attraktionen beherbergt. Ein charakteristisches Merkmal Odenses sind die Grünzüge, die vom Umland aus wie grüne Finger in das urbane Umfeld hineinreichen. Einer der Grünzüge folgt von Süden her der Aue des Flüsschens Odense Å, sodass mitten im städtischen Umfeld eine grüne Oase existiert, wo man sowohl belebtere Bereiche mit parkartigem Charakter als auch abgeschiedenere Bereiche mit hochwüchsigen Uferstauden und naturnahem Erlengehölz findet. An diesem kleinen Fließgewässer spielen sich viele Naherholungsaktivitäten ab; hier planschen Kinder, werfen Angler ihre Leinen aus und paddeln Kajakfahrer gemütlich auf dem gewundenen Flusslauf. Auch der Odense Zoo und das hübsche Freilichtmuseum Den Fynske Landsby sind Teil des Freizeitangebots, das hier angesiedelt ist.

Ausgangspunkt: Kfz: Parkplatz gegenüber dem Eingang von Odense Zoo (max. Parkdauer: 5 Stunden mit Parkscheibe). ÖPNV: Busse 55, 56, 85, 141, 151,152, Haltestelle Odense Zoo. Zug: Fruens Bøge Station.
Anforderungen: Einfacher Spaziergang auf angelegten Wegen, auch auf befestigtem Untergrund. Ein schmaler, unebener Pfad (Tendenz zu »rot«; kann umgangen werden). Nicht möglich bei Hochwasser.
Einkehr: Carlslund am Bahnhof Fruens Bøge; Café Krostuen im Sortebo Kro (gehört zum Freilichtmuseum, ist während der Öffnungszeiten auch für Gäste von außerhalb zugänglich; unbedingt einen Blick in die Gaststube werfen); Restaurant Sortebo Kro (bietet gehobene Küche, Reservierung erforderlich); Jensens Bøfhus; Vaffelhuset Skovsøen.
Variante: Spaziergang zum Freilichtmuseum Den Fynske Landsby 8 und zurück: ca. 4 km.
Tipp: Das hübsche Freilichtmuseum Den Fynske Landsby ist immer einen Besuch wert (denfynskelandsby.dk).
Karte: Keine aktuelle analoge topografische Karte im Handel verfügbar.

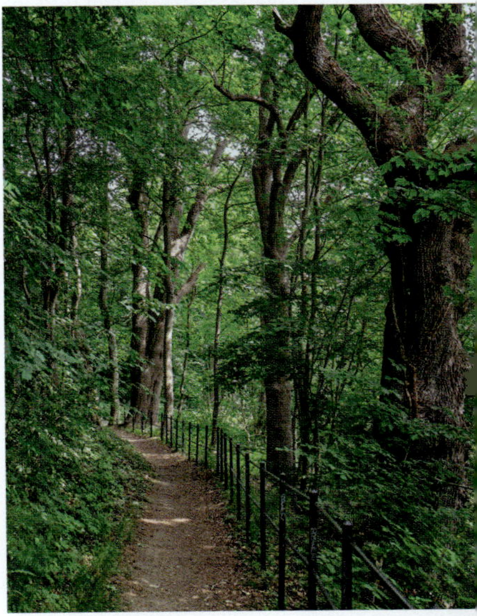

Unterwegs auf dem Kjærlighetsstien.

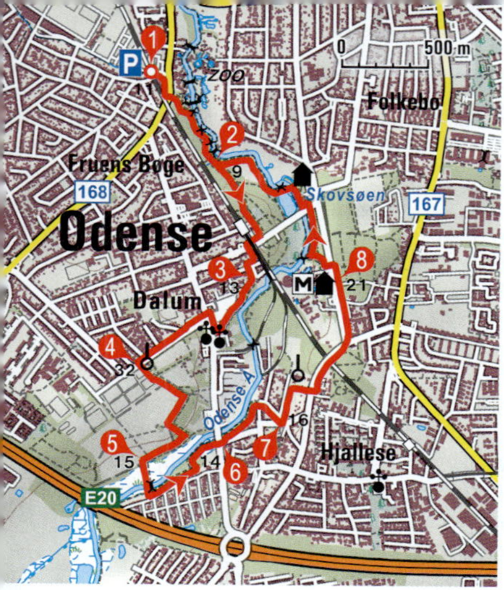

Vom **Parkplatz ❶** beim **Odense Zoo** aus gehen wir zur Hauptstraße (Fåborgvej), überqueren diese und wenden uns nach rechts. Nach 100 m führt ein angelegter Fußweg halb links in den Wald hinein. Wir unterqueren die Stege eines Klettergartens, bevor wir gleich dahinter links abwärts auf einen schmaleren Weg abbiegen. Auf ihm erreichen wir das Ufer des **Odense Å** und folgen ihm flussaufwärts. Bald vereinigt sich unser Weg wieder mit dem Hauptweg (links der Ablegesteg für die Ausflugsboote). Einen Steg über den Fluss nach links lassen wir unbeachtet, sondern setzen unseren Weg nach Südosten fort.

Hinter einer breiten **Brücke** über einen kleinen Bach befindet sich ein **Kreuzungspunkt ❷**, wo wir dem Hauptweg treu bleiben und sowohl den links abzweigenden Weg als auch den Pfad nach rechts unbeachtet lassen. Der Weg steigt minimal an, wobei wir Abzweigungen ignorieren. Er verläuft an einer Freifläche vorbei, bevor er auf die **Skovalléen** mündet. Dort rechts und sofort nach Überqueren der Bahngleise links. Bei nächster Gelegenheit rechts, dann wieder links. Am hinteren Ende des Sträßchens beginnt ein schmaler Pfad, der **Kærlighetsstien ❸**, der wieder nahe am Odense Å entlangführt und schließlich bei der Dalum Kirke mündet. Auf der dortigen Zufahrt rechts und auf der Hauptstraße erneut rechts. Bei nächster Gelegenheit biegen wir links in die Dalumgårds Allé ein und folgen ihr bis zum alten **Wasserturm ❹**, der am Rand einer Freifläche steht.

Dort nehmen wir den Weg nach links, machen alsbald seinen Rechtsknick mit und entscheiden uns bei der nächsten Verzweigung für die linke Möglichkeit. Bei der T-Kreuzung am Hangfuß rechts. Nach 300 m nehmen wir an einer **Kreuzung ❺** den Weg links, überqueren eine kleine **Brücke** und biegen dahinter links ab. Nach weiteren 400 m halten wir Ausschau nach einer weiteren Abzweigung nach links, wo der Pfad nun direkt am Flussufer verläuft. Wir queren die Straße Dalumvej und finden

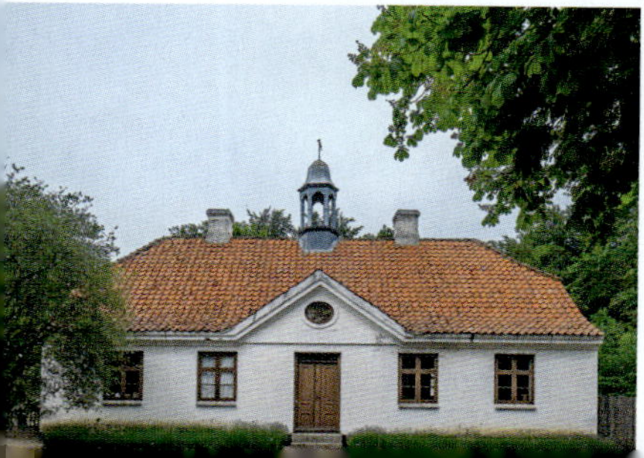

Das alte Schulhaus im Freilichtmuseum.

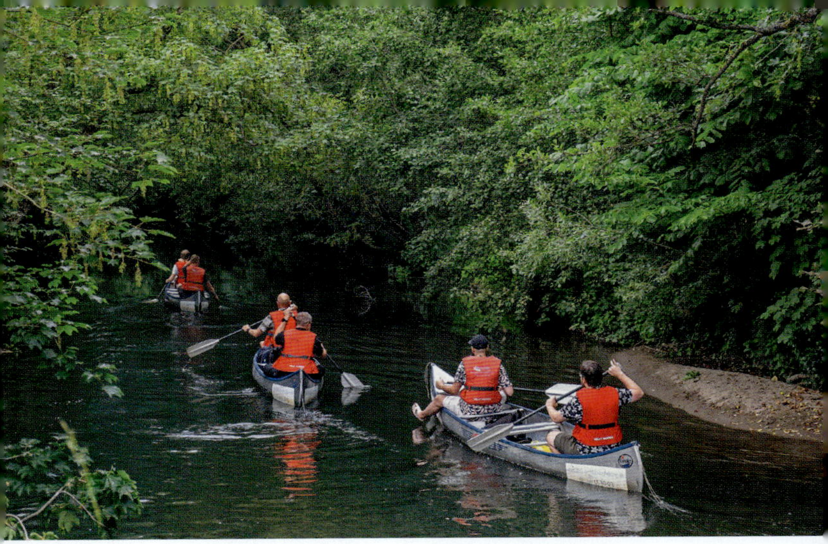

Auf dem Flüsschen Odense Å kann man bis ins Zentrum Odenses paddeln.

direkt hinter der gegenüberliegenden Leitplanke einen schmalen **Pfad 6**, der am Fluss entlang weiterführt, bevor er hinter einem Rechtsbogen auf den Zachariasvej mündet. Auf ihm nach links und um die gleich anschließende Kurve. Dann entscheiden wir uns für die zweite Straße links, den **Zachariasvænget 7**. Am Ende der Freifläche rechts von uns geht es auf einem Teerweg nach rechts.

Hinter einem kurzen Anstieg folgen wir der Hauptstraße Stenløsevej nach links. Nach 300 m zweigt links die Straße Sejerskovvejen ab. Kurz darauf stehen wir vor dem Haupteingang des Freilichtmuseums **Den Fynske Landsby 8**. Hinter den Parkplätzen links und dann auf einem breiten Pfad rechts in den Wald. Wir wählen die erste Abzweigung nach links und biegen unmitelbar vor dem Odense Å auf einen Pfad rechts ab. Bei der nächsten Gelegenheit biegen wir links in die Skovalléen ein, überqueren das Flüsschen und gehen dahinter rechts.

Nun halten wir uns bei jeder Abzweigung flussnah rechts und erreichen bei einem **Kreuzungspunkt 2** wieder das schon vom Hinweg bekannte Gelände. Wir bleiben dicht am Ufer, bevor der Pfad vom Fluss fortschwenkt, und nehmen bei einer T-Kreuzung die rechte Möglichkeit. Auf dem Fåborgvej kurz rechts. Wir überqueren ihn und sehen schräg rechts den **Parkplatz 1** vor uns.

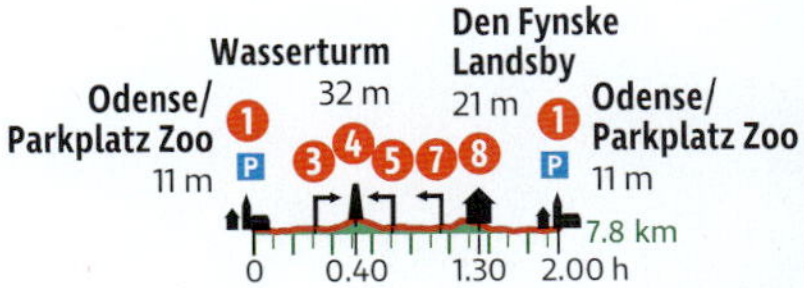

↗ 170 m | ↘ 170 m | 14.8 km

6 Lunge Bjerge, Brænde Å und Klakkebjerg

4.00 h

Durch Wald und ein wildromatisches Bachtal zu einem Aussichtspunkt

Südlich von Gelsted erstreckt sich eine von den Gletschern der Eiszeit geschaffene Endmoräne, ein Hügelland, dessen Höhen und Flanken von dichten Laub- und Mischwäldern bedeckt sind. Im Westen ist das Gelände wellig mit überschaubaren Höhenunterschieden und schwach bis mäßig geneigten Hängen, die von Forstwegen und einem Pfad auf einer ehemaligen Eisenbahntrasse durchzogen werden. In den Senken finden sich hier kleine Seen und Moore, die sich aber meistens gut im Dickicht verstecken. Im Osten hingegen ist die Landschaft deutlich hügeliger mit größeren Höhendifferenzen und steileren Hängen. Dort verläuft die Wanderung auf schmalen Trampelpfaden, darunter abschnittsweise entlang des Brænde Å, einem breiten Bach, der durch ein stark eingeschnittenes Tal fließt. An diesen wildromantischen Abschnitt schließt sich der Aufstieg auf den Klakkebjerg an, der höchsten Erhebung in der Umgebung, von dem aus man eine Aussicht bis zum Meer genießt.

Ausgangspunkt: Kfz: Parkplatz für Pkw am Hårevej (nicht ausgeschildert). Vej 313 auf Höhe der Ortschaft Håre nach Osten verlassen (»Faurskov«). Nach 1 km (wo der Wald links zurückweicht) befindet sich linker Hand ein kleiner Parkplatz (ohne Parkplatzschild). Achtung: für Wohnmobile über 5,5 m nicht geeignet, Ausweichparkplatz bei Wegpunkt ⑩. ÖPNV: Bus 752, Haltestelle Bjergvej / Hårevej. Von dort aus 300 m auf der Straße nach Westen und Touraufnahme am Abzweig des Forstwegs ⑫.
Anforderungen: Längere Tour überwiegend auf Feld- und Forstwegen, aber auch auf schmalen Pfaden und Graswegen, kurzzeitig auf der Straße. Insbesondere im östlichen Bereich können Wege nach Niederschlägen matschig und rutschig sein. An einigen Stellen sind Orientierungsvermögen und etwas Pfadfindergeist erforderlich. Östlicher Tourteil nicht möglich bei Hochwasser.
Einkehr: Keine.
Varianten: 1) Nur westlicher Teil: 9,2 km (»blau«, leicht). 2) Nur südöstlichster Teil (mit Start und Parkplatz bei Wegpunkt ⑩): 4,5 km (»rot«, mittel).
Karte: Keine aktuelle analoge topografische Karte im Handel verfügbar.

Der Klakkebjerg ist die höchste Erhebung im Umfeld.

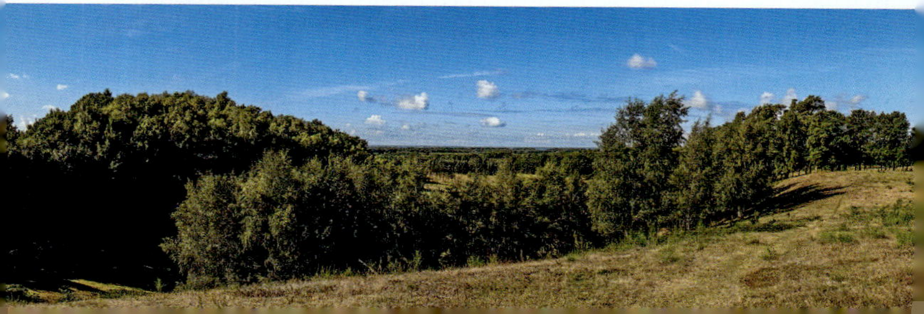

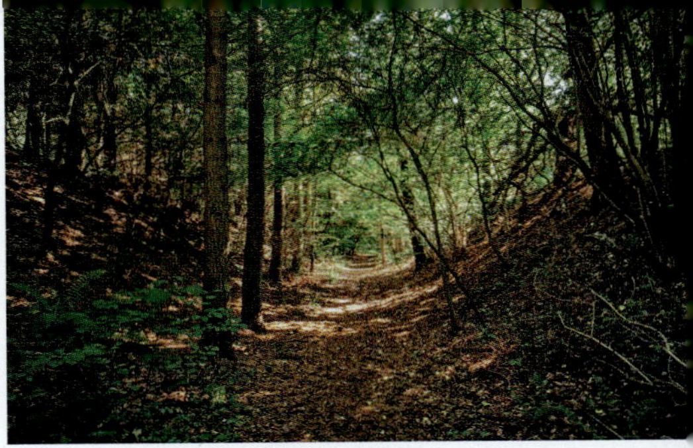

Unterwegs in dichtem Laubwald.

Vom straßenfernen Teil des **Parkplatzes ❶** starten wir auf einem Pfädchen an einer Weide entlang hangaufwärts, wo wir im Wald auf einen Querweg treffen, auf dem wir uns nach links orientieren. Nach einer Abwärtspassage biegen wir auf einen Forstweg links und hinter seiner Rechtskurve auf einen breiten **Feldweg ❷** rechts ab. Auf ihm geht es geradeaus über zwei Kreuzungen mit querenden Forstwegen hinweg. Hinter der zweiten Kreuzung steigt der Weg geringfügig an und wir nehmen den nächsten **Forstweg ❸** nach rechts, der stellenweise etwas überwachsen ist. Er bringt uns geradeaus zu einer T-Kreuzung mit einem weiteren Forstweg; dort rechts. Eine Hauszufahrt links ignorieren wir, sondern halten uns geradeaus bis zur Einmündung eines breiten Feldwegs von rechts. Hier biegen wir links auf einen **Waldpfad ❹** ab, der nach einigen Hundert Metern zum Feldweg mutiert. Er beschreibt – abwechselnd im Wald und im Offenland – einen weiten Rechtsbogen, bevor er scharf links abknickt. Diesen Knick machen wir aber nicht mit, sondern setzen unseren Weg geradeaus auf einem schmalen Pfädchen fort, das weiterhin dem Verlauf einer ehemaligen Bahntrasse folgt.

Die Wanderanweisung lautet nun: geradeaus, unabhängig davon, wie breit – oder schmal – der Weg ist und welche Wege kreuzen oder abzweigen. Wir gelangen an die Hauptstraße von **Lunghøj**, die **Søndergade ❺**, überqueren sie geradeaus und setzen unseren Weg auf der alten Bahntrasse fort, die bald erhöht auf einem alten Bahndamm verläuft. Schließlich endet die Trasse an einer querenden Straße; dort rechts und auf dem nächsten Feldweg links. Dem nächsten Sträßchen folgen wir nach rechts und dann um eine Linkskurve herum. Am Waldrand schlagen wir den Feldweg namens »Ørsbjergskov« nach rechts ein.

Wo dieser nach 250 m scharf rechts abknickt, laufen wir geradeaus (nicht das Pfädchen halb links nehmen) auf einem schmalen **Pfad ❻** weiter. Er bringt uns mit einer Linkskurve zu einem Sträßchen, auf dem wir links

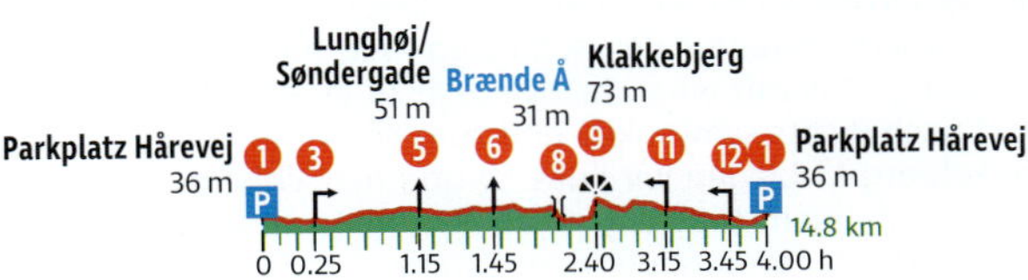

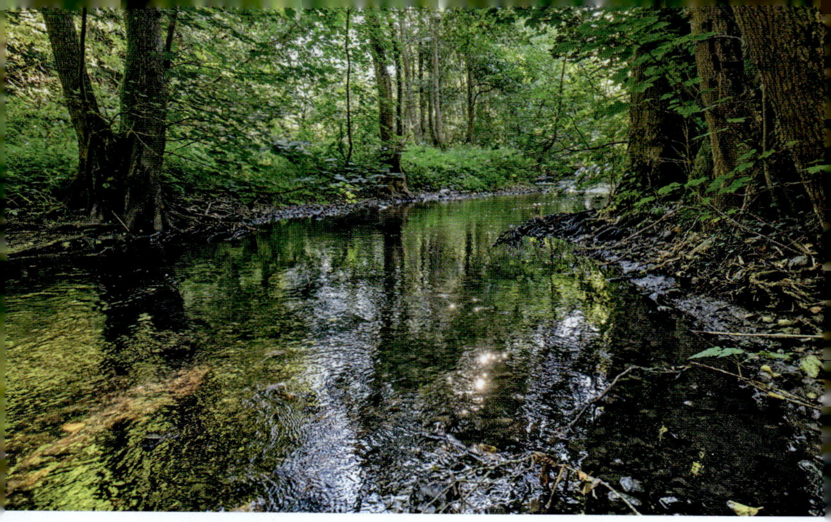

Der Brænde Å fließt durch ein tief eingeschnittenes Bachtal.

gehen. Bei einer Kreuzung wandern wir den Forstweg gegenüber hinein und machen seine Linkskurve mit. Eine Forstwegkreuzung 500 m dahinter überqueren wir geradeaus und entscheiden uns nach 50 m für einen **Trampelpfad** 7 nach rechts. Er schlängelt sich durchs Gelände und verläuft am Fuß eines Hügels nach links. Hinter einem kleinen Anstieg gelangen wir an eine Gabelung. Dort wählen wir die halb linke Möglichkeit. Der zunächst nur schwach sichtbare Pfad erreicht eine Hangkante, wo ein breiter Fußpfad (mit Markierung »Gelber Pfeil«) geradeaus abwärtsführt (Abzweigungen ignorieren).

Im Talgrund überqueren wir den Bach **Brænde Å** auf einem **Steg** 8, biegen dahinter rechts ab (hier gelbe Markierung ignorieren) und folgen dem Bachverlauf mal mit mehr, mal weniger Abstand bis zum nächsten Steg, den wir überqueren. Auf der anderen Bachseite gehen wir geradeaus, kurz bergauf und orientieren uns auf einem Querweg links (gelber Pfeil). Wir wandern in ein Seitental hinein, queren dann auf einem Plankensteg nach links und betreten durch ein Törchen Offenland. Dahinter wenden wir uns nach links und gewinnen am Waldrand entlang etwas an Höhe. Am oberen Rand der Weide lassen wir eine Grundstückszufahrt nach links unbeachtet und nehmen erst dahinter den schmalen Weg nach links (gelbe Markierung). Er bringt uns mit einer Rechtskurve zu einem Törchen, hinter dem wir scharf nach rechts schwenken und zum höchsten Punkt aufsteigen.

Am **Klakkebjerg** 9 biegen wir links ab und marschieren entlang des Höhenrückens auf einem Grasweg abwärts. Am Hangfuß geht es kurz nach links, bevor sich der Weg hinter dem Zaun rechts fortsetzt (gelbe Markierung). Wir wandern am Waldrand um die Weide herum und gelangen auf einen kleinen **Parkplatz** und von dort nach links auf ein schmales **Sträßchen** 10. Dort rechts und bei der nächsten Möglichkeit links. Erneut links auf einer Straße und dann rechts hinein in den Bjergvej. Nach gut 150 m biegen wir rechts auf einen Feldweg ab. Jetzt aufpassen: Nach nur 30 m verlassen wir ihn nach links auf einer nur sehr schwach sichtbaren **Fahrspur** 11 in Richtung einer Mini-Lichtung. Am hinteren Rand der Lichtung führt eine überwachsene Fahrspur abwärts. Nach 150 m auf einem ebenfalls überwachsenen Querweg erneut links.

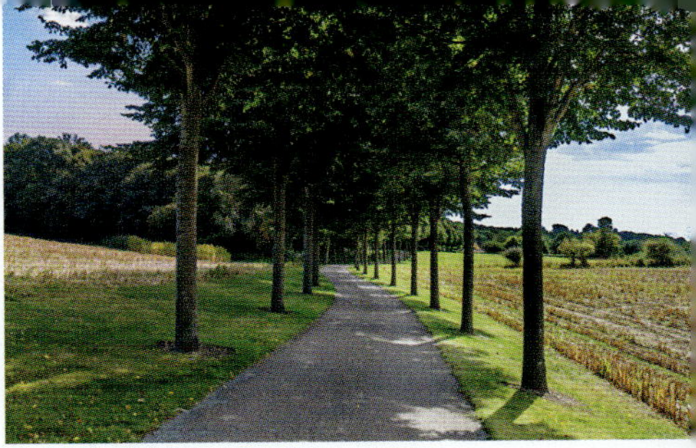

Faurskov Allee.

Mit etwas Aufwärtstendenz zeichnet er sich allmählich besser ab. Wir ignorieren Abzweigungen und entscheiden uns erst nach einer kurzen Abwärtspassage bei einer T-Kreuzung für den Forstweg nach links. Hinter einer Rechtskurve stoßen wir erneut auf eine T-Kreuzung, bei der wir ebenfalls die linke Möglichkeit wählen. Wir gelangen auf ein alleegesäumtes Sträßchen und folgen ihm nach links. Auf der Querstraße rechts. Nach 400 m zweigt ein **Forstweg** 12 links abwärts in den Wald hinein ab (nicht davor den Weg im Offenland nehmen).

Mit etwas Höhenverlust wandern wir hinter einer Rechtskurve in der Aue des **Brænde Å** entlang. Bei einer Verzweigung nehmen wir den Hauptweg halb rechts aufwärts, biegen auf der Hauptstraße links ab und haben den **Parkplatz** 1 wieder rechts vor uns.

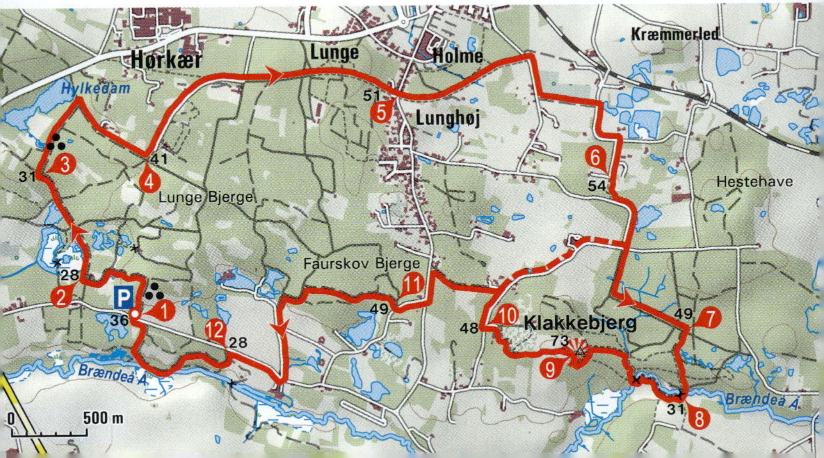

↗ 50 m | ↘ 50 m | 10.1 km

7 Husby Holm und Wedellsborg

2.30 h

Eine Halbisel mit hochherrschaftlichem Damwild

Im Süden der Halbinsel geht es dicht an der Küste mit ihrem niedrigen Kliff entlang über Wiesengelände, im Norden finden sich Salzwiesen und Marschen. Der zentrale Bereich der Halbinsel ist bewaldet, wobei ganz unterschiedliche Waldbestände – vom Buchenwald bis zum Kiefernforst – vorhanden sind. Hier tummelt sich reichlich Damwild, das gar nicht mal so scheu ist und Wanderer eher neugierig als alarmiert beäugt. Im Inneren der Halbinsel versteckt sich Wedellsborg Slot, das man allerdings nur aus der Ferne betrachten kann. Die Halbinsel Husby Holm liegt abseits der Touristenströme; die Wanderung führt über Privatgelände, das aber von Spaziergängern, die auf den Wegen bleiben und als »privat« gekennzeichnete Areale meiden, betreten werden darf.

Ausgangspunkt: Kfz: Kleiner Parkplatz an der Grenze zum Wedellsborg-Grundstück. Von der Rute 313 in Richtung Tybrind abbiegen, an Tybrind vorbeifahren und weitere 4,5 km auf dem Sträßchen in Richtung Süden bzw. Südwesten halten. An einem weißgetünchten Torhaus vorbeifahren und 100 m dahinter rechts abbiegen. Parkplatz dann gleich links vor dem Viehgitter. ÖPNV: Busse 362 und 363, Haltestelle Wedellsborg.

Anforderungen: Einfache Wanderung auf Feldwegen. Keine Hunde erlaubt.
Einkehr: Keine.
Variante: Lässt sich durch den in der Mitte der Halbinsel von Ost nach West verlaufenden Weg in eine nördliche und eine südliche Runde unterteilen: 1) Südliche Runde: 7,5 km. 2) Nördliche Runde: 7,5 km.
Karte: Keine aktuelle analoge topografische Karte im Handel verfügbar.

Auch die Rückansicht von Schloss Wedellsborg ist sehenswert.

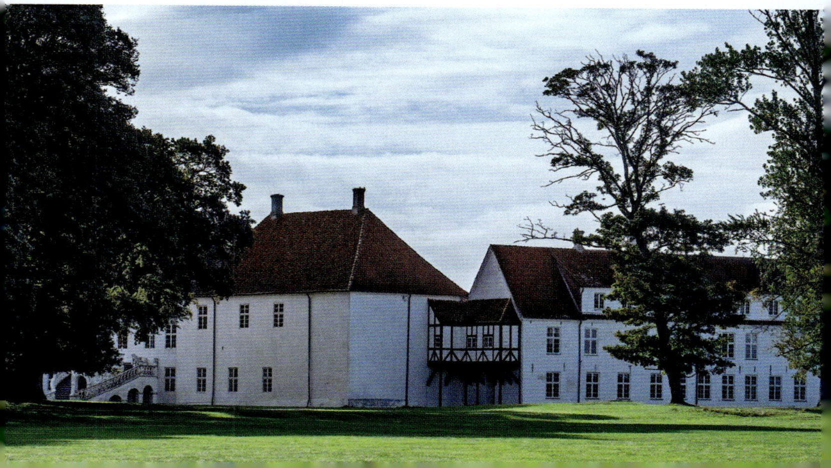

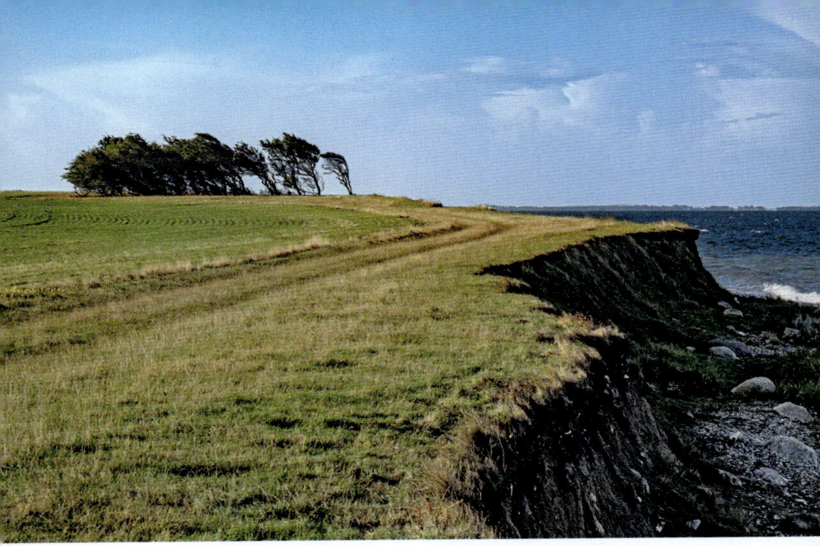

An der Westspitze der Halbinsel halten sich einige windschiefe Bäume.

Vom **Parkplatz** ❶ nehmen wir den breiten Fahrweg über das Viehgitter nach Westen. Hinter einem zweiten Viehgitter biegen wir an der **Wegkreuzung** ❷ links auf einen Feldweg ab, der bald in den Wald hineinführt und dort einen Bogen nach rechts schlägt. Über alle querenden Forst- und Zufahrtswege geht es geradeaus hinweg, wobei unser Forstweg zusehends schmäler wird. Hinter einem Buchenbestand betreten wir durch ein **Tor** ❸ (nach dem Durchschreiten unbedingt darauf achten, es wieder sicher zu verschließen!) Offenland und marschieren auf den nächsten 2 km auf einem Grasweg direkt an der Küste entlang.
30 m hinter einem **Seezeichen** ❹ am **Wedellsborg Hoved** biegen wir rechts landeinwärts ab. Eine S-Kurve bringt uns zu einem Wald, den wir hinter einem Tor betreten (auch hier darauf achten, dass das Tor wieder sicher verschlossen ist!). Auf dem Forstweg geht es nach Osten. Eine erste Abzweigung nach links lassen wir unbeachtet und entscheiden uns erst an der zweiten **Abzweigung** ❺ zum Linksabbiegen. Geradeaus bringt uns der Weg hinunter zu einem kleinen **Anleger** ❻ an der Nordküste.
Dort kehren wir um und nehmen am Waldrand die Traktorspur nach links (Osten). Mit zunächst minimalem Anstieg, dann Höhenverlust gelangen wir zu einem Rechtsknick des

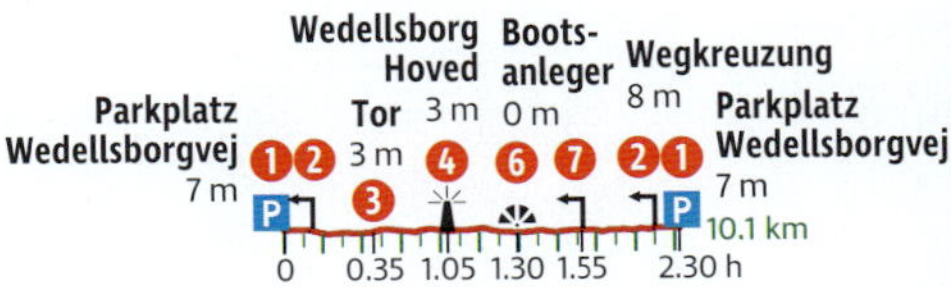

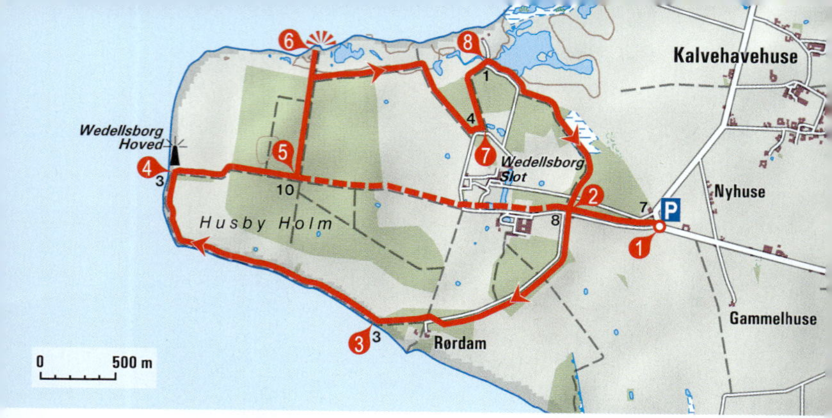

Wegs, den wir mitmachen. Nun halten wir direkt auf Schloss Wedellsborg zu, das wir allerdings nur von Weitem erspähen. Auf dem Querweg links und hinter (!) dessen Kurve an einem **Wegabzweig** 7 (gegenüber einem als »Privat« gekennzeichneten Weg) erneut links. Kurz führt der Weg wieder durch Wald, bevor er jenseits des Waldrands rechts abknickt. Bei der nächsten **Verzweigung** 8 rechts.

Jetzt bleiben wir dem Hauptweg treu und lassen kleinere, links und rechts abzweigende Wege unbeachtet. Nach 1 km queren wir einen Feldweg geradeaus, durchqueren noch einen schmalen Gehölzstreifen und biegen dann an der vom Hinweg bekannten **Kreuzung** 2 auf den breiten Fahrweg links ab. Er bingt uns zurück zum Ausgangspunkt am **Parkplatz** 1.

Röhrichte und Salzvegetation prägen die flache Nordküste.

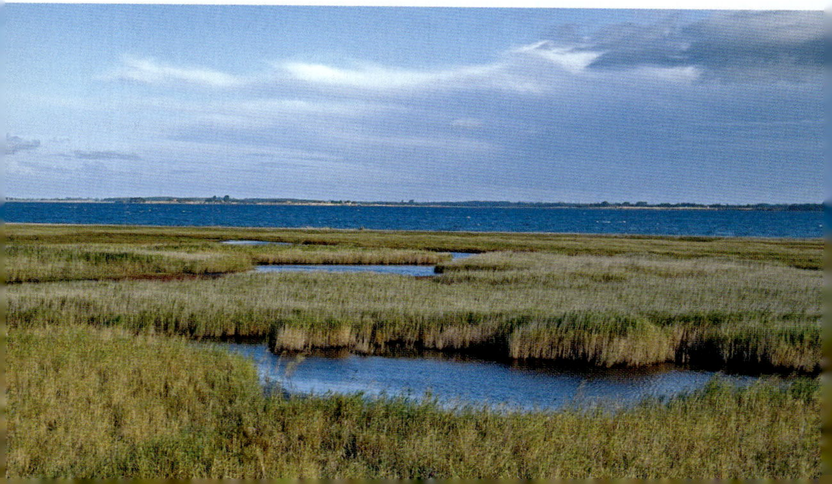

1.40 h

Arreskov Sø und Sollerup Skov

8

Zwischen Vogelschutzgebiet und Haselmauswald

Diese Runde führt zum Arreskov Sø, einem international bedeutenden Rastgebiet für Zugvögel, auf dem auch außerhalb der Zugsaison zahlreiche Vogelarten zu beobachten sind – darunter auch seltenere Brutvogelarten wie Rohrdommel und Seeadler. Zwei Beobachtungspunkte – eine kleine Aussichtsplattform und ein Steg – laden zum längeren Verweilen ein. Danach geht es durch den Feuchtwiesenkomplex Sollerup Enge und unter alten Eichen wieder in höher gelegene Gefilde, wo Sollerup Skov wartet, ein Wald mit vorwiegend Buchen- und Eichenbeständen und dichtem Unterholz, ein Kerngebiet der gefährdeten Haselmaus. Dort ist noch ein weiteres Highlight zu entdecken, nämlich ein stark eingeschnittenes, wildromantisches Bachtal, durch das sich der Bach Rislebækken – der Quellbach des Odense Å – seinen Weg bahnt.

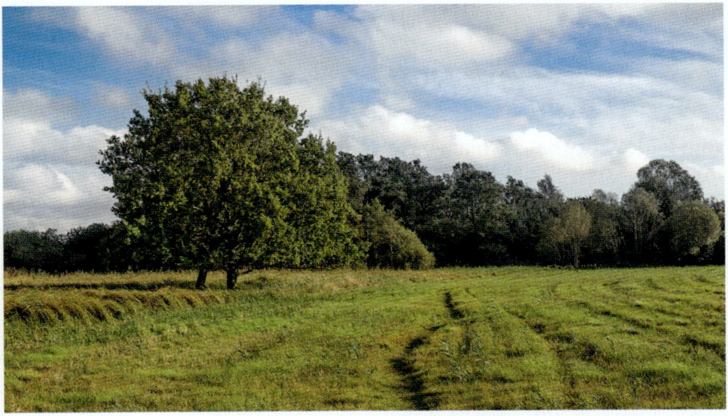

Durch die Wiesen von Sollerup Enge führt ein Wiesenpfad.

Ausgangspunkt: Parkplatz 200 m nordwestlich des Gehöfts Sollerup. Vom Kreisverkehr an der Kreuzung zwischen Rute 8 und Rute 43 (nördlich von Fåborg) auf der Rute 43 ca. 5 km nach Norden fahren, dann rechts in Richtung Sollerup abbiegen und dem Sträßchen 1,3 km folgen. Parkplatz linker Hand.
Anforderungen: Einfache Wanderung auf Wald- und Feldwegen sowie Wiesenpfaden, bei Nässe punktuell sumpfig. Zugang zur Aussichtsplattform und zum Steg über Bohlenwege, die bei Nässe schlüpfrig sein können.
Einkehr: Keine.
Kombinationsmöglichkeit: Mit Tour 9; zusammen ca. 16 km.
Karte: Øhavsstien Nord (Calazo-Verlag).

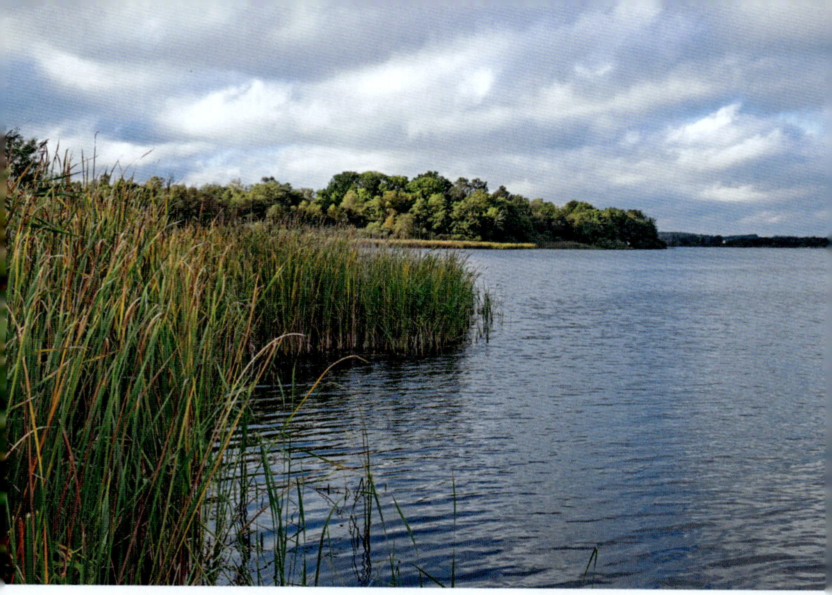

Arreskov Sø ist ein international bedeutsamer Rastplatz für Zugvögel.

Vom **Parkplatz** ❶ aus schlagen wir den gelb markierten Waldpfad abwärts ein (nach Norden), der hinter einem Rechtsbogen ins Freie führt und auf einen Feldweg mündet. Dort links. Nach 800 m passieren wir links ein **Törchen** ❷, das wir uns für später merken. Unweit dahinter biegen wir links zu einer **Aussichtsplattform** ab. Wieder vom Abstecher zurück, folgen wir dem Weg noch etwas weiter und wählen bei der nächsten Verzweigung erneut die linke Möglichkeit. Sie bringt uns zu einem **Steg**, von dem aus wir weite Teile des **Arreskov Sø** überblicken können. Wir kehren um, gehen an der T-Kreuzung mit dem Wiesenweg nun rechts, passieren die Abzweigung zur Aussichtsplattform geradeaus und treten dann rechts durch das vom Herweg bekannte **Törchen** ❷.

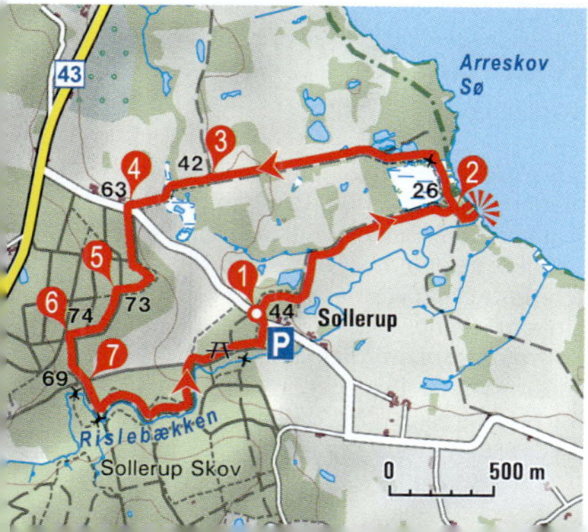

Durch einen Gehölzstreifen und über eine Wiese (Sollerup Enge) erreichen wir den gegenüberliegenden Waldrand und biegen hinter einem Steg links ab. Das schmale Pfädchen mündet nach einigen Hundert Metern auf eine Fahrspur, der wir halb links durch eine Allee aus alten Eichen folgen. Wo der Weg nach knapp 800 m nach rechts kurvt, entdecken wir geradeaus einen schmalen **Pfad ❸**. Er schlängelt sich durch einen Sumpfwald (dort Bohlenstege) und anschließend einen Hang hinauf. Wir queren ein **Sträßchen ❹** (Sollerupvej) geradeaus und laufen den Waldweg auf der gegenüberliegenden Seite hinein. Bei einer Kreuzung biegen wir links auf einen schmalen Pfad ab. Hinter einem kurzen Anstieg ignorieren wir eine erste, undeutliche Kreuzung und nehmen bei der nächsten, deutlichen **Kreuzung ❺** den Forstweg links. Hinter einem Rechtsknick orientieren wir uns bei der nächsten Möglichkeit, einem **Pfad ❻**, nach links. Ebenfalls links bei seiner Einmündung auf einen breiteren Forstweg.

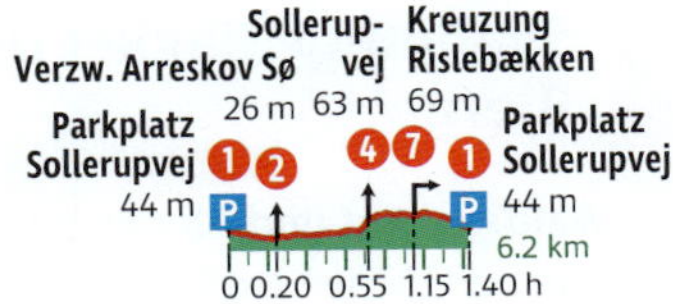

Nach 50 m heißt es aufpassen: Wir interessieren uns an dieser **Mehrfachkreuzung ❼** weder für den scharf rechts abgehenden Grasweg noch den Reitweg nach rechts, sondern für die dritte nach rechts führende Möglichkeit, die in das Bachtal des **Rislebækken** hineinführt (gelegentliche gelbe Markierung). Wir bleiben dem Weg am Hang des Bachtals treu, bis er uns nach einem weiten Linksbogen wieder auf den Hauptweg entlässt. Dort rechts. Wir wandern nun an einem Picknickplatz vorbei, lassen eine erste undeutliche Abzweigung nach links unbeachtet und wählen die zweite Abzweigung – direkt gegenüber einem von rechts einmündenden Weg – nach links. Dieser Weg führt uns zurück zum **Parkplatz ❶**.

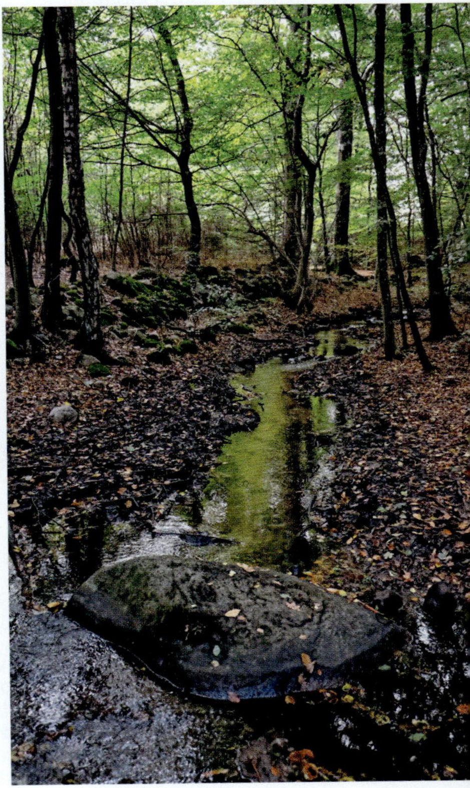

Der Bach Rislebækken.

↗ 240 m | ↘ 240 m | 12.7 km

9 Svanninge Bakker und Svanninge Bjerge

3.30 h

Waldiges Auf und Ab mit tollen Aussichtspunkten als Abschluss

Nach dänischen Maßstäben handelt es sich bei den Erhebungen nordöstlich von Fåborg nicht nur um Hügel (Bakker), sondern bereits um Berge (Bjerge). Sogar der Begriff »Fünische Alpen« ist im Gebrauch. Verantwortlich für diese topografisch markanten Erhebungen sind die Gletscher der Eiszeit, die Unmengen an Geröllmassen transportierten, vor sich herschoben und als Randmoränen ablagerten. Während die Landschaft am Südwesthang der Svanninge Bakker aus einer anmutigen Mischung von Offenland, kleinen Feldgehölzen und Einzelbäumen besteht, dominiert im Hinterland Wald, der überwiegend erst im 19. Jh. aufgeforstet worden ist. Dieser prägt den ersten, östlichen Teil der Wanderung, während im westlichen Teil Wiesen und Weiden im Vordergrund stehen und – als i-Tüpfelchen bei schönem Wetter – der Blick über Fåborg hinweg auf das Meer und die vorgelagerten Inseln schweift.

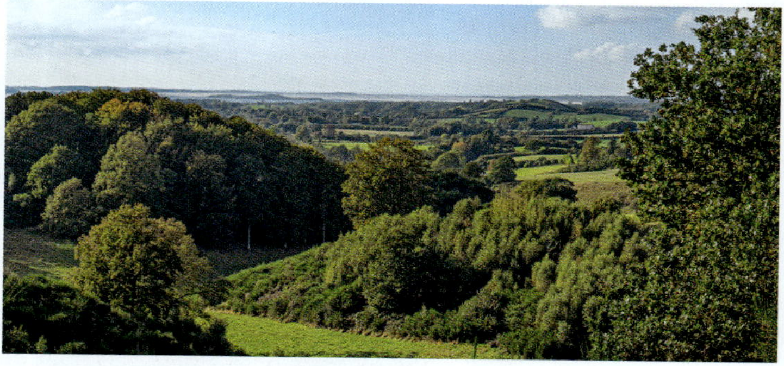

Ausblick vom Tyveknap über die Svanninge Bakker bis zum Meer.

Ausgangspunkt: Kfz: Parkplatz »Svanninge Bjerge«. Vom Kreisverkehr an der Kreuzung zwischen Rute 8 und Rute 43 (nördlich von Fåborg) auf der Rute 8 ca. 2 km nach Nordosten. Parkplatzeinfahrt links (Achtung: der Parkplatz wird nicht vorangekündigt). ÖPNV: Bus 111 und 141, Haltestelle Skovlyst. Von dort 200 m nach Norden und Start bei Wegpunkt ⓬.
Anforderungen: Wanderung auf Forstwegen, Waldpfaden und Wiesenwegen; mit einigen kräftigen, aber kurzen An- und Abstiegen. Aufgrund der vielen kreuzenden Wege und Pfade etwas unübersichtlich. Nach Niederschlägen abschnittsweise schmierig.
Einkehr: Restaurant Skovlyst (Speisegaststätte); Skovtrolden (einfache Gaststätte inkl. Kiosk).
Kombinationsmöglichkeit: Mit Tour 8; zusammen ca. 16 km.
Karte: Øhavsstien Nord (Calazo-Verlag).

Vom **Parkplatz ❶** wählen wir – am Infoschild vorbei – den Pfad in den Wald hinein, marschieren geradeaus über eine Waldpfad-Kreuzung und betreten hinter einem Törchen Weideland. Auf dem nächsten Feldweg rechts. An einer T-Kreuzung nach 500 m rechts und bei der nächsten Verzweigung links (ab hier: schwarze Markierung). Nach weiteren 400 m verlassen wir den Feldweg, nämlich dort, wo die schwarze Markierung auf einen **Wiesenpfad ❷** nach rechts weist, der anschließend nach links kurvt und dem Tälchen folgt. Wir laufen an einem Tümpel (links von uns) vorbei und halten uns 50 m dahinter halb rechts. Wir durchqueren einen Weidezaun mittels Törchen und biegen dahinter (!) rechts ab. Mit einem weiteren Stillgewässer und einem Moorbereich linker Hand betreten wir den Wald. Ein paar Schritte geht es noch geradeaus, über einen niedrigen Steinwall nach oben und direkt dahinter links.

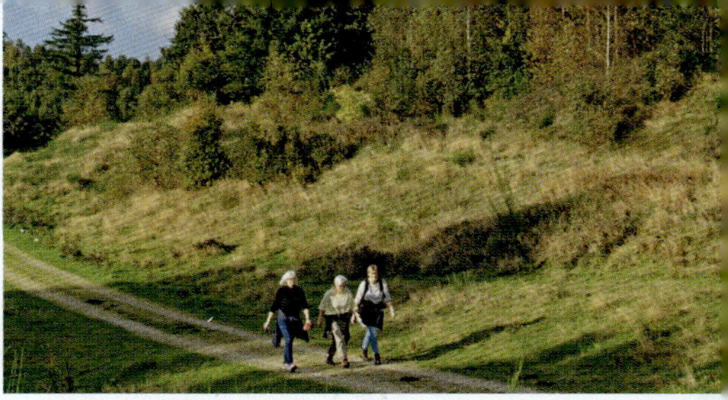

Unterwegs in den Hügeln.

Bei der nächsten Abzweigung nach 50 m folgen wir der schwarzen Markierung nach rechts. Das Gelände besteht aus kleinräumigen Hügeln und an der tiefsten Stelle überqueren wir einen Forstweg geradeaus, bevor der Pfad den nächsten Anstieg bewältigt. Bei einer T-Kreuzung mit einem breiten Feldweg biegen wir zunächst rechts und nach 50 m links auf einen **Wiesenpfad ❸** ab. Auf ihm erreichen wir den Grund einer Senke. Hier links (jetzt rote Markierung). Das Pfädchen passiert einen kleinen Weiher und erreicht mit einer Kurve rechts aufwärts wieder einen Forstweg. Dort links und nach 50 m rechts (weiterhin rote Markierung). Nach knapp 250 m, an einer **Lichtung ❹** rechts vor uns, biegen wir genau an der schwarzen Markierung links (genau in Richtung Norden) ab.

Mit leichtem Höhengewinn durchqueren wir ein Törchen und anschließend einen Buchenwald gerade-

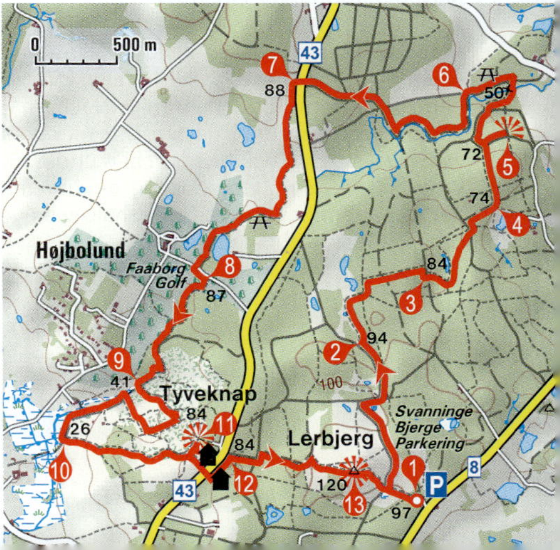

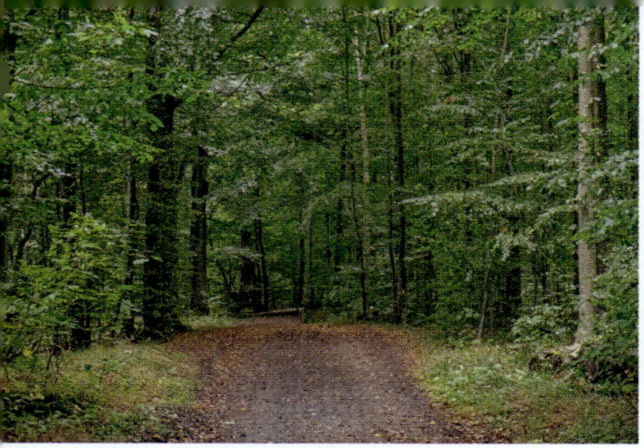

Laubwälder säumen den Weg.

aus. Wo wir auf einen Querweg treffen, machen wir zunächst einen Abstecher nach rechts auf eine Anhöhe zum **Arreskov-Sø-Blick** 5, kehren dann um und laufen am Ankunftspunkt vorbei nach Nordwesten. Bei der nächsten Möglichkeit nehmen wir einen Pfad nach rechts. Zunächst geht es oberhalb eines Bachtals entlang (nicht links abwärts und auch nicht von MTB-Tracks oder Reitwegen nach rechts locken lassen), bevor der Weg zum Bach hin abfällt. Wir überqueren ihn auf einer Brücke und biegen 50 m dahinter links auf einen Forstweg ab. Hinweispfeile zu Zeltplätzen und Reitwegen links interessieren uns nicht. Erst auf Höhe einer **Lichtung** (rechts von uns) nehmen wir einen **Fußweg** 6 nach links, der im Bachtal des **Rislebækken** entlangführt (gelegentliche gelbe Markierung). Wo er wieder auf den Hauptweg mündet, wählen wir für die Fortsetzung unserer Tour den breiten Forstweg halb links (nicht den Grasweg links). Bei der Gabelung nach 50 m ebenfalls halb links dem Hauptweg folgen.
Diese Richtung behalten wir bei (gelbe Markierung zweigt links ab, aber das interessiert uns nicht), bis wir die **Rute 43** erreichen. Halb links gegenüber finden wir die Fortsetzung auf einem **Graspfad** 7, nun im Offenland. Wir vertrauen uns dem Pfädchen an, das uns um eine weite feuchte Senke herumlotst und vor einem Waldrand ansteigend nach rechts kurvt (da er als Radweg ausgewiesen ist, machen wir Platz, wenn wir Radlern begegnen). Wir umrunden den Wald in Richtung Südwesten, wobei der Pfad in einen Feldweg übergeht. Mit einem Törchen verlassen wir die Weide und gehen auf dem Sträßchen links. Nach knapp 100 m wenden wir uns an einem **Wegabzweig** 8 nach rechts und queren eine **Golfplatzbahn**, bevor wir wieder in den Wald eintauchen und nun an Höhe verlieren.
Wo von links ein Seitentälchen einmündet, beschreibt unser Weg einen Rechtsbogen, bevor wir – innerhalb weniger Meter – zunächst links und dann sofort rechts abbiegen (jetzt Markierung »Øhavsstien«) und im

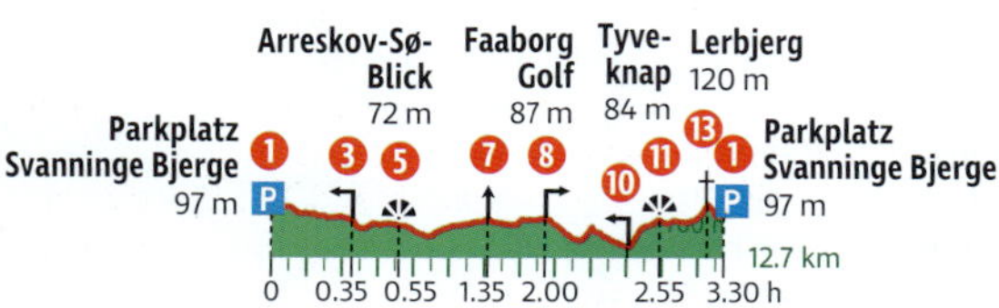

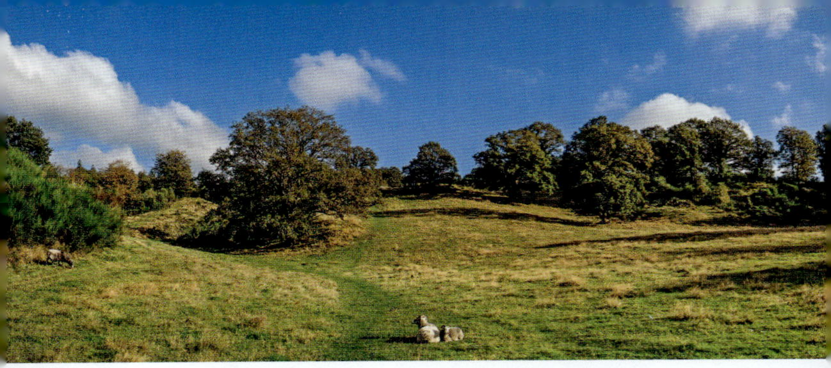

Die Hügel Svanninge Bakker sind eine markante Endmoränenlandschaft.

Tälchen weiter abwärtswandern. Hinter einem Linksbogen und einem Törchen gelangen wir auf eine Weide, nehmen den querenden Weg nach rechts und machen seinen Linksknick mit. Sofort hinter einem Törchen wählen wir einen ansteigenden **Grasweg** ❾ links und bei der nächsten V-Gabelung die rechte Möglichkeit (hier nicht an der roten Markierung orientieren). Bei der nächsten Verzweigung halten wir uns geradeaus, wo wir in einem **Sattel** vor uns wieder die rote Markierung erkennen (nicht links aufwärts orientieren).

Dahinter geht es hinunter in einen Talgrund, in dem wir uns rechts halten und ihm bis zum Haupttal mit seinem querenden Feldweg folgen. Dort links. Nach 400 m biegen wir mit gelber Markierung am **Hangfuß** ❿ links ab und ersteigen den Hang, einen MTB-Track nach links nicht beachtend. Auf halbem Hang machen wir den Knick des Hauptwegs nach links mit und setzen den Aufstieg weiter fort. Wir halten uns auf dem Geländerücken und folgen dem Pfad in seinem Linksbogen zur Anhöhe **Tyveknap** ⓫ mit ihrem Fahnenmast.

Dort kehren wir um, laufen auf dem Herweg 70 m zurück und entscheiden uns links für einen breiten Trampelpfad, der auf die Straße mündet. Auf der Straße **Rute 43** links, an den Ausflugsgaststätten Skovlyst und Skovtrolden vorbei und bei nächster Möglichkeit auf einen breiten **Waldpfad** ⓬ rechts. Bei einer T-Kreuzung links und nach 50 m rechts (Øhavsstien). Mit etwas Aufwärtstendenz gelangen wir mit einer Linkskurve auf eine Lichtung und biegen dort rechts ab. Mit einem Anstieg im Linksbogen (auf dem rechten der beiden zunächst parallel verlaufenden Wege) erreichen wir den **Lerbjerg** ⓭.

30 m hinter seinem Gipfel ignorieren wir einen Wiesenpfad nach links, sondern orientieren uns stattdessen halb links und steigen dann mit einem Rechtsbogen zügig ab. Den Feldweg am Hangfuß queren wir geradeaus und gelangen auf dem Pfad durch das Törchen und geradeaus über eine Kreuzung wieder zum **Parkplatz** ❶ zurück.

↗ 70 m | ↘ 70 m | 9.0 km

10 Lyø

2.30 h

Inselidylle vor der Südküste Fyns

Schon die Anfahrt mit der Fähre stimmt Ausflügler darauf ein, dass die Uhren auf Lyø etwas anders gehen. Die kleine Insel vor der Südküste Fyns bezaubert mit ihrer entspannten Atmosphäre und einer Landschaft, die sich ideal zu Fuß erkunden lässt. Die Nordküste mit dem Ausblick auf Lyø Ref, einem flachen Wiesen- und Marschland, ist v. a. für Vogelfans ein Highlight, versammeln sich dort doch regelmäßig Wiesenbrüter, Wat- und Wasservögel. Der Klokkestenen, ein prähistorisches Hünengrab, liegt direkt auf dem Weg zur Südküste mit ihren nicht besonders hohen, dennoch aber ansehnlichen Steilabbrüchen, unterhalb derer die Tour entlangführt. Einen weiteren Höhepunkt bildet das Örtchen Lyø mit seinen zahlreichen reetgedeckten Fachwerkhäusern und seiner hübschen Kirche.

Der kleine Hafen von Lyø beherbergt sowohl Segel- als auch Fischerboote.

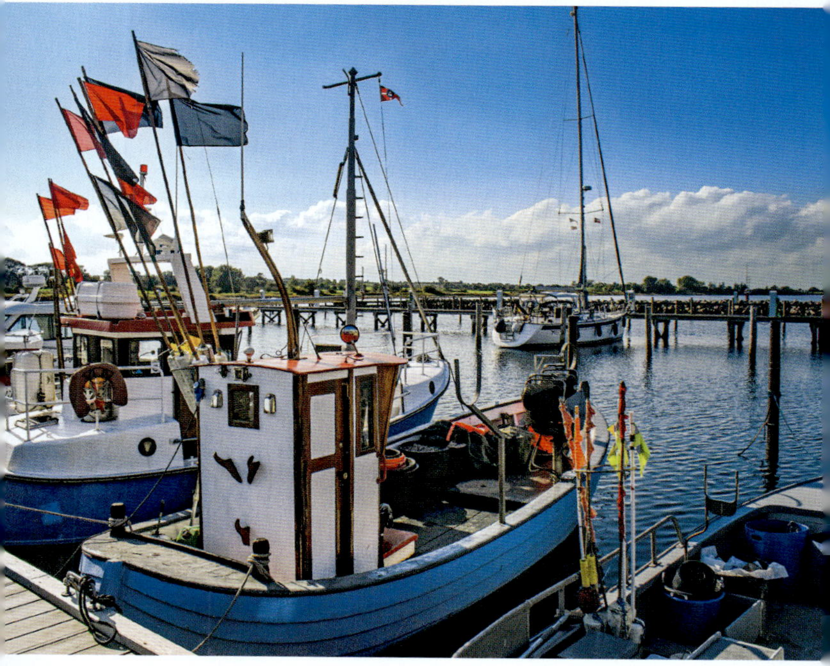

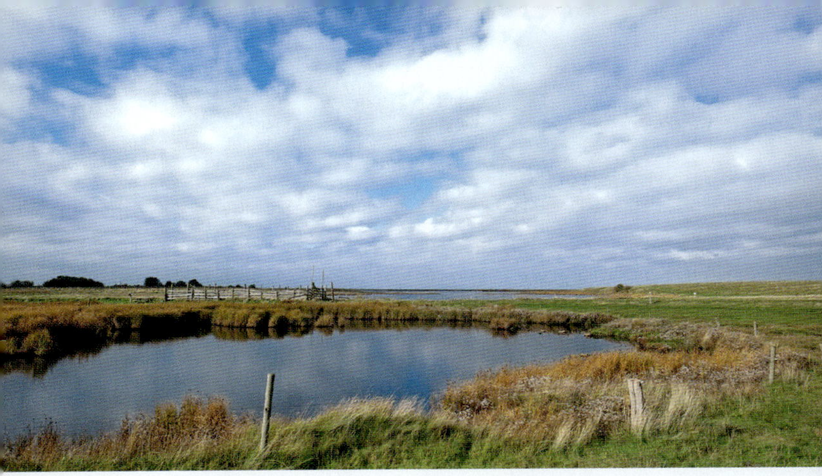

Lyø Ref im Nordwesten der Insel ist ein Paradies für Wiesenbrüter.

Ausgangspunkt: Anleger auf der Insel Lyø (kostenlose Parkmöglichkeiten am Hafen in Fåborg; von dort Fähre nach Lyø, oefaergen.fmk.dk).
Anforderungen: Wanderung auf Feldwegen und schmalen Sträßchen, auf schmalen, manchmal etwas überwachsenen Wiesenpfaden und auf Geröllstrand. Dort ist das Gehen mitunter etwas mühsam. Nicht möglich bei Sturm.

Einkehr: Lyø Købmandsgård.
Variante: Erweiterung »Lyø Ost« mit gelber Markierung, Tour dann insgesamt ca. 12,5 km.
Hinweis: Das in Fåborg gekaufte Fährticket nach Lyø berechtigt zu Hin- und Rückreise (auch wenn nur die einfache Strecke ausgewiesen wird).
Karte: Keine aktuelle analoge topografische Karte im Handel verfügbar.

Vom **Kai** ❶ begeben wir uns landeinwärts und biegen hinter der Häusergruppe von **Lyø Havn** ❷ mit gelber Markierung rechts auf einen Feldweg ab. Bald geht dieser in einen Wiesenpfad über, der dem Ufer in geringer Entfernung folgt. Eine Einmündung von links ignorieren wir, bei einer T-Kreuzung halten wir uns halb rechts. Nun wechseln sich stärker überwachsene Pfadabschnitte mit Passagen ab, die direkt am Strand verlaufen. Im Bogen der Bucht wandern wir auf dem Strand entlang bis zu einem Zaun. Dort biegen wir landeinwärts ab, treten durch ein Törchen in die Weite des **Lyø Ref** und orientieren uns dahinter nach links. Wir gelangen auf eine Fahrspur, durchqueren links ein **Holztor** ❸ und folgen dem anschließenden Teersträßchen nach Süden. Bei einer T-Kreuzung rechts. Wo der Hauptweg nach links schwenkt, weist uns ein

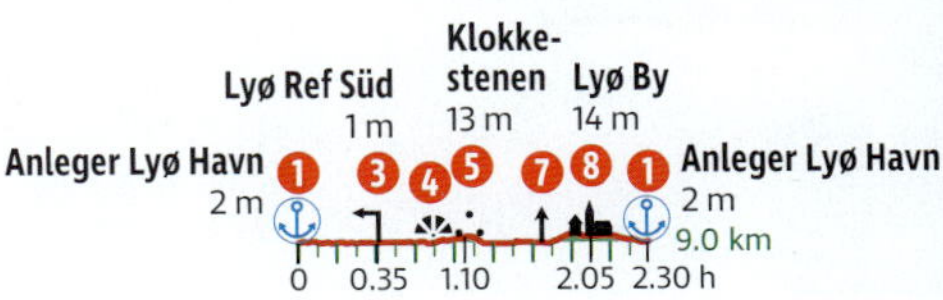

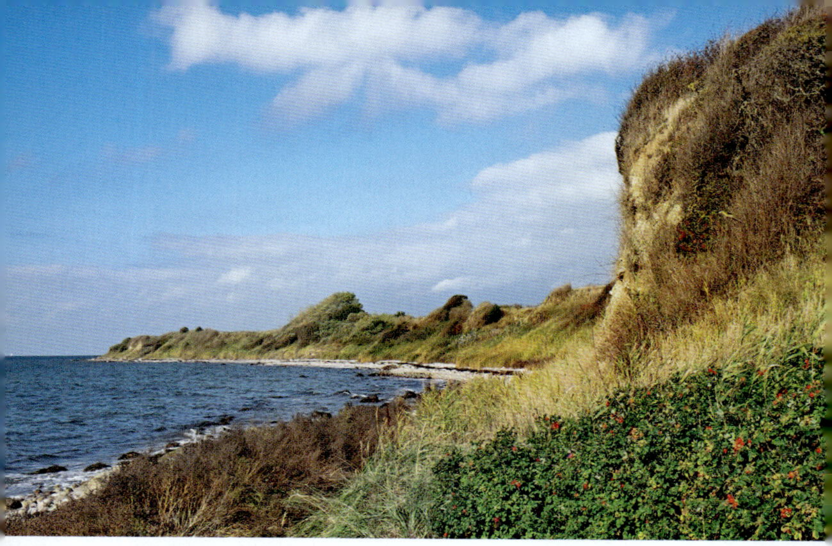

An der Südwestküste führt der Weg unterhalb der Steilküste entlang.

Turm-Symbol nach rechts und wir erreichen die **Aussichtsplattform** ❹ mit einem Links- und einem Rechtsknick. Zurück auf demselben Weg, orientieren wir uns nun an der gelben Markierung auf dem Feldweg geradeaus nach Süden und entdecken kurz darauf rechts von uns den sogenannten **Klokkestenen** ❺.

Hinter dem **Klokkehuset** ❻ (dort knickt das Sträßchen links ab) biegen wir rechts abwärts auf einen Trampelpfad ab, direkt am Ufer, dann links. Unterhalb einer niedrigen Steilküste geht es auf den nächsten 1,5 km am Strand entlang, der hauptsächlich aus Geröllen unterschiedlicher Größe besteht. Dadurch gestaltet sich das Vorwärtskommen mitunter etwas beschwerlich. Hinter einem recht markanten Kliff endet die Steilküste, während wir uns weiterhin geradeaus halten. Ein niedriges Gebäude 50 m landeinwärts lassen wir links liegen und treffen kurz da-

Der Klokkestenen wird zum Klingen gebracht.

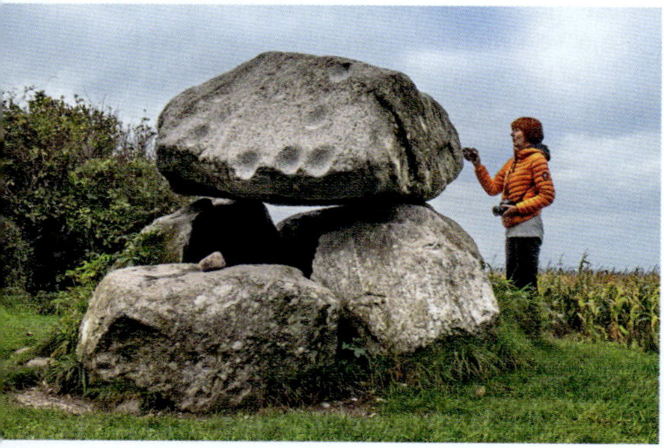

hinter auf einen **Feldweg** 7, der hinter einem Linksknick zum Teersträßchen mutiert und in gerader Linie zum Örtchen Lyø führt.

Am Ortsrand von **Lyø** kurz links, dann rechts. Dann zweigt rechts die **Lyø Bygade** 8 ab. Wir spazieren durch das Örtchen mit der hübschen Kirche und den zahlreichen reetgedeckten Häusern. An einem **Gedenkstein** entscheiden wir uns bei einer **Gabelung** 9 für die linke Möglichkeit. Mit einer Rechtskurve gelangen wir auf den Lyø Strandvej und auf ihm hinunter zum **Hafen** 2, wo wir geradeaus wieder den **Kai** 1 vor uns haben.

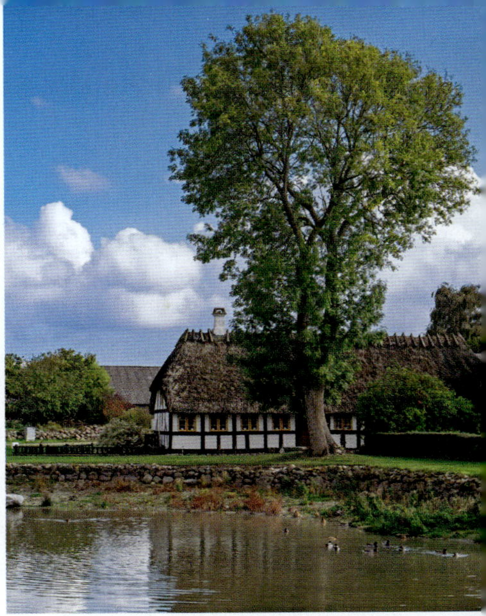

Im hübschen Örtchen Lyø.

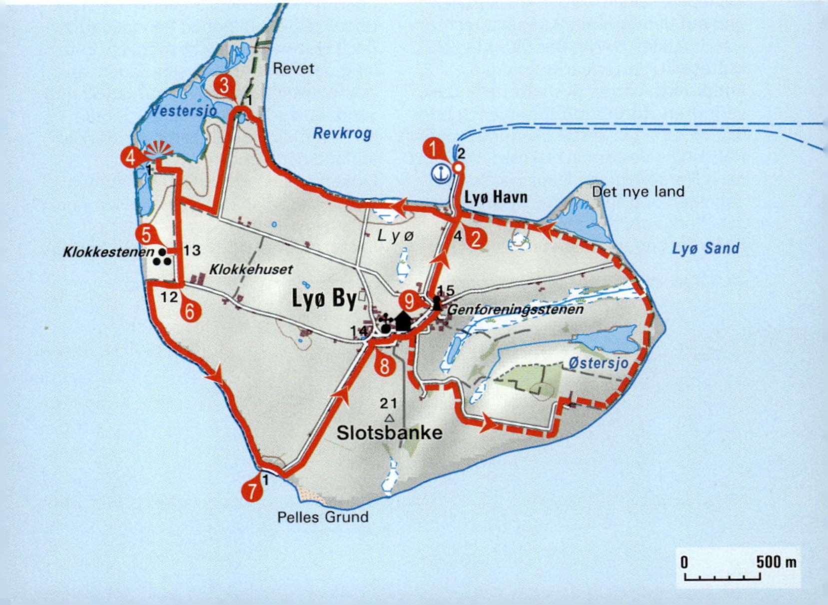

TOP

11

↗ 130 m | ↘ 140 m | 16.5 km

Øhavsstien zwischen Vester Skerninge und Åstrup

4.15 h

Auf Tuchfühlung mit dem Inselmeer

Der Wanderweg des Inselmeers – so die deutsche Übersetzung von »Øhavsstien« – umfasst ungefähr 220 km. Der vorliegende Abschnitt ist eine der schönsten Etappen mit langen Abschnitten direkt am Meer und mit Ausblick auf die vorgelagerten Inseln. Dort geht es meist auf angenehmen Wiesenwegen an der Küste entlang. Der Pfad folgt der (niedrigen) Abbruchkante, nutzt manchmal aber auch den Strand, quert Salzwiesen und führt an kleinen Badeplätzen (Langemark) und einem alten Schmugglernest (Fjællebroen) vorbei, das sich heute als Jachthafen präsentiert. Aber auch andere Gewässertypen kommen nicht zu kurz: Am Anfang der Tour steht ein vom Schmelzwasser der letzten Eiszeit geformtes Bachtal, durch das der Syltemade Å dem Meer entgegenfließt. Hier muss man stellenweise über Bohlen balancieren, allzu feuchte Bereiche umgehen und überwachsene Pfade finden: ein Abenteuer im Westentaschenformat und ein willkommener Kontrapunkt zur umgebenden Kulturlandschaft.

Ausgangspunkt: Kfz: Parkplatz in Vester Skerninge. In Vester Skerninges Ortsmitte nach Norden in den Mads Hansensvej abbiegen, seinem Rechtsknick folgen und auf dem großen Parkplatz rechter Hand parken. ÖPNV: Bus 931 oder 932, Haltestelle Vestermarksskolen.
Endpunkt: Åstrup, Bushaltestelle Gyvermosen. Zurück mit Buslinie 931 oder 932. Ausstieg in Vester Skerninge an der Haltestelle Vestermarksskolen. Von dort nach Norden in den Mads Hansensvej abbiegen und seinem Rechtsknick folgen. Parkplatz rechter Hand vor uns.
Anforderungen: Im ersten Viertel der Tour (Syltemade Ådal) nasse (matschige) Verhältnisse, wobei nasse Stellen nur teilweise durch Bohlen (häufig rutschig) überbrückt werden. Stellenweise stark überwachsen. Begehen bei oder kurz nach Hochwasser nicht möglich. Entlang der Küste auf Wiesenpfaden, abschnittsweise am Strand auf Geröll und Sand. Kurze Strecken auf der Straße. Nicht möglich bei Sturm oder starkem auflandigen Wind.
Einkehr: Havnegrillen in Fjællebroen (Hauptsaison; in der Nebensaison nur am Wochenende).
Karte: Øhavsstien Nord (Calazo-Verlag).

Blick über die ehemalige Meeresbucht Indæmmningen zur Kirche von Åstrup.

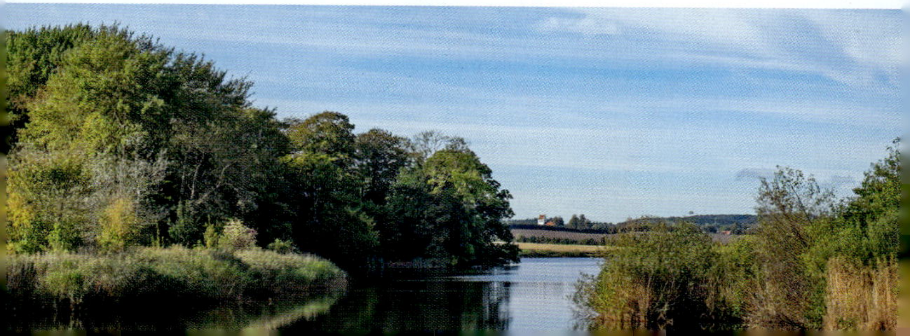

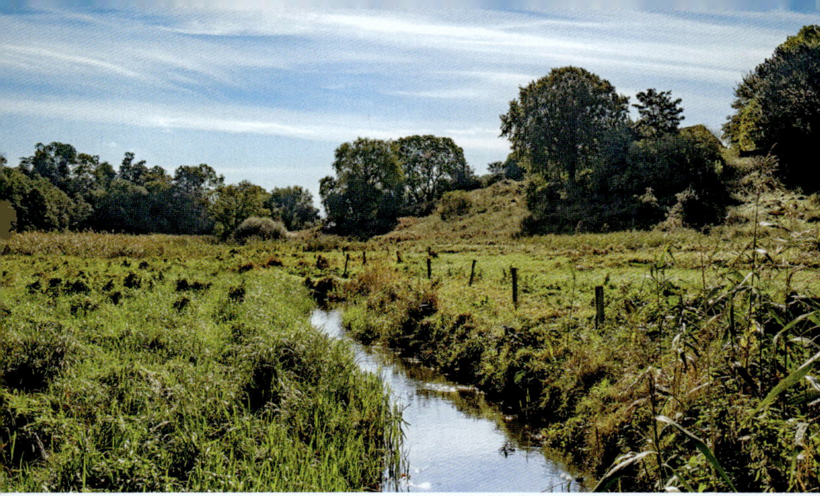

Der Weg im Syltemade Ådal ist stellenweise ziemlich abenteuerlich.

Am südöstlichen Rand des **Parkplatzes** 1 in **Vester Skerninge** nehmen wir den Durchgang zur Hauptstraße und biegen dort zunächst links und dann in die Straße Langegyde rechts ab. Ihr folgen wir 500 m nach Süden bis zur Abzweigung des **Åmarksvej** 2 links. Wir marschieren ihn knapp 200 m entlang, bevor wir rechts das Symbol des Øhavsstien entdecken. Wir entern die Böschung und wandern auf dem schmalen Pfädchen mit einer Rechtskurve am Feldrain entlang. Zunächst geht es noch kurz aufwärts, bevor der Pfad zum Talgrund des **Syltemade Ådal** abfällt.

Bei einer T-Kreuzung schmaler Pfade links (Øhavsstien-Symbol) und vor dem Bach rechts. An ihm führt der Weg auf den nächsten gut 1,5 km entlang, wobei viele Feuchtstellen mit Planken überwunden werden müssen (Achtung: bei Nässe rutschig), viele aber auch unbeplankt und dementsprechend matschig sind. Abwechselnd bewegen wir uns durch Gehölzbestände und offenere Bereiche. Bei einer **Gabelung** 3 wählen wir den linken Pfad (hier erneut Symbol des Øhavsstien), d.h. weiter am Bach entlang (hier ist der Weg sehr stark überwachsen). Nach 300 m knickt der plankenbelegte Weg scharf rechts ab und wir verlassen den Talgrund.

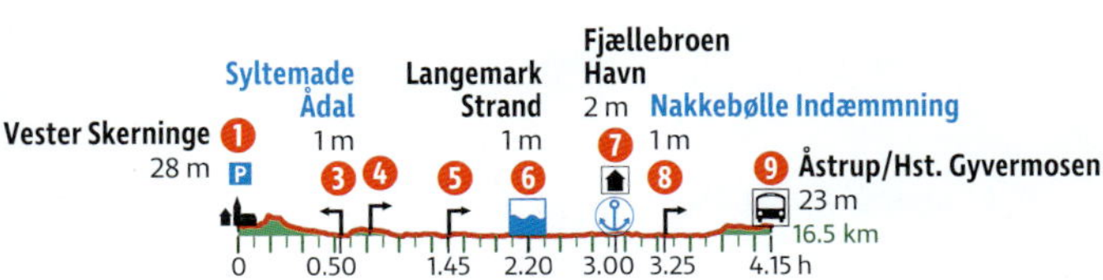

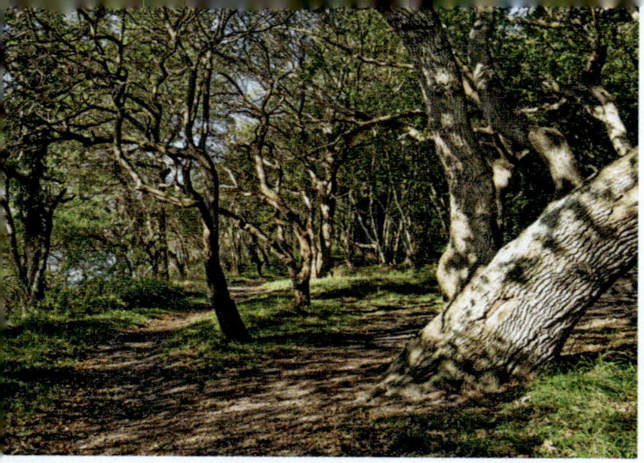

Bizarre Eichen im Præsteskoven.

Mit mehreren Richtungswechseln (jeweils markiert) geht es kurz und kräftig den Hang hinauf. Oben auf dem Sträßchen links. Einen Feldweg nach rechts ignorieren wir und nehmen nach 400 m das **Sträßchen** 4 nach rechts. Bei der nächsten Möglichkeit links. Vor der Einfahrt zum Campingplatz erneut rechts. Mit einem Linksbogen betreten wir den Wald **Præsteskoven** und gelangen geradeaus hinunter zur Küste. Dort rechts. Am Waldrand weist uns die Øhavsstien-Markierung links zu einer Treppe. Wir müssen einige Privatgrundstücke seewärts umgehen, wobei es hier grobes Geröll zu bewältigen gilt. Nach 100 m ersteigen wir die zweite Treppe rechts aufwärts (an deren Oberkante erkennen wir das Symbol des Øhavsstien).

Nun wandern wir auf angenehmem Wiesenuntergrund, jedoch nur schwach sichtbarem Pfad, direkt an der Geländekante entlang. Nach gut 1 km müssen wir erneut über eine Treppe nach unten ausweichen. Anschließend gelangen wir auf eine **Teerstraße** 5 und folgen ihr rechts landeinwärts – allerdings nur kurz, bevor wir hinter dem ersten Haus links auf einen Wiesenweg abbiegen. Hinter dem Ende der Hecke erneut links und an der Küste wieder rechts. Hinter einer Landspitze müssen wir erneut über eine

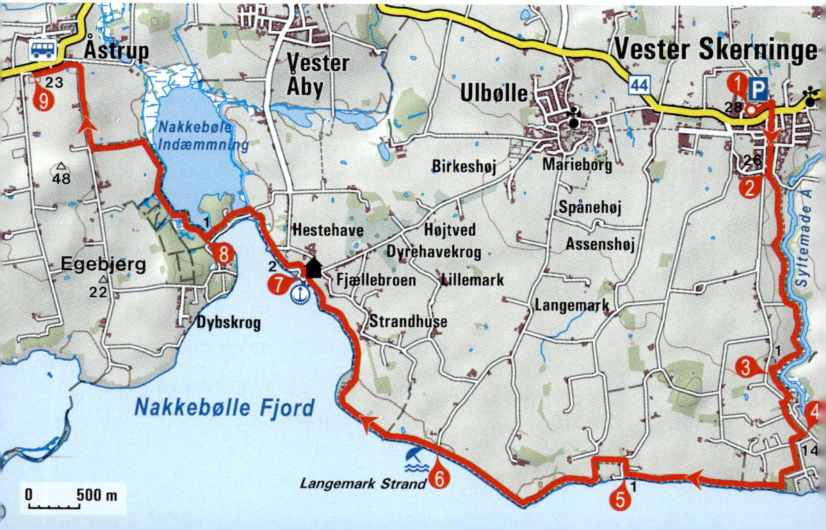

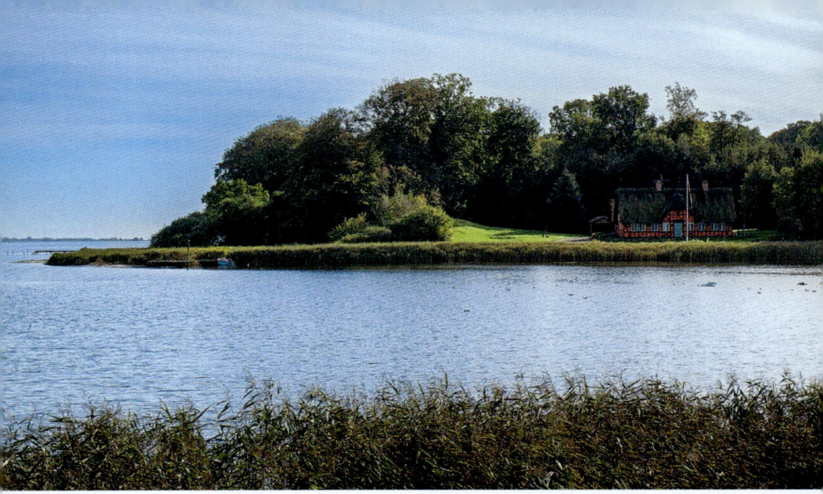

Das hübsche Häuschen steht auf der Halbinsel Nakkebølle.

Treppe abwärts, bevor wir nach 200 m wieder nach oben wechseln können. Nach weiteren 500 m weist das Symbol des Øhavsstien dann nach links auf den Strand. Dort bewegen wir uns zunächst auf einem Kieselstrand entlang, der hinter dem **Badesteg** von **Langemark** 6 einem kleinen Sandstrand weicht.

200 m hinter dem Steg wechseln wir vom Sandstrand halb rechts auf einen Pfad, der küstenparallel verläuft. Wir wandern um eine vorspringende Landzunge herum und zielen den **Segelhafen Fjællebroen** an. Dort angelangt, wenden uns unmittelbar vor dem **Fachwerkhaus** 7 nach rechts und gehen auf dem schmalen Pfad um das Gebäude herum. Erneut verläuft der Weg am Ufer entlang, bevor wir einem Privatgrundstück landeinwärts (rechts) ausweichen müssen; hinter dem Gebäude links. Der Uferweg mündet auf ein Sträßchen, dem wir links folgen.

Einen Feldweg nach rechts lassen wir unbeachtet, passen aber 250 m dahinter auf: Der Øhavsstien zweigt gleich hinter dem See **Nakkebølle Indæmmning** 8 rechts ab. Zunächst dicht am Wasser entlang, dann kurz durch Buchenwald (hier Überreste der Burg Herregårdsholmen; gelbe Wegweiser ignorieren) und danach erneut am Ufer führt der Weg nach Nordwesten. Nach 1 km knickt der Pfad an einer Hecke links ab und erklimmt den Hang. Oben müssen wir nicht auf der Straße entlangmarschieren, sondern biegen unmittelbar vorher rechts auf einen parallel führenden Pfad in einem »Heckentunnel« ein. Wo er endet, wechseln wir links auf die Straße und machen den Linksknick in das Örtchen **Åstrup** hinein mit. Auf der Hauptstraße links. Wir finden die **Bushaltestelle Gyvermosen** 9 200 m hinter der Kirche.

↗ 50 m | ↘ 50 m | 5.9 km

12 Rund um Ærøskøbing

1.30 h

Spaziergang mit hohem Schnuckeligkeitsfaktor

Ærø ist eine der größeren Inseln des dänischen Inselmeers (dän. Øhavet) und besitzt eine Attraktion, die Besucher von nah und fern anlockt: Ærøskøbing, den Hauptort der Insel, der 1250 vom Markgrafen von Brandenburg gegründet wurde. Sein heutiges Erscheinungsbild erhielt er nach dem großen Brand von 1629, der den Ort weitestgehend verwüstete. Der Wiederaufbau vollzog sich zwischen 1635 und 1750 und es entstand ein Ensemble, das sich bis heute mit nur wenigen Veränderungen erhalten hat, wobei sich in den Nebenstraßen vor allem kleine einstöckige Häuschen aneinanderreihen, während in der Hauptstraße auch zweistöckige Gebäude und Fachwerkhäuser anzutreffen sind. Wenn der Begriff »schnuckelig« auf ein Örtchen passt, dann auf dieses. Bevor der Spaziergang dieses hübsche Kleinod erkundet, geht es jedoch zum Weststrand mit seinen höchst individuell gestalteten Badehäuschen und von dort im Bogen über die Felder wieder zurück.

Ausgangspunkt: Anleger von Ærøskøbing (kostenpflichtige Parkmöglichkeiten am Hafen in Svendborg; von dort Fähre nach Ærøskøbing nehmen).
Anforderungen: Im Ort und dessen Umfeld auf Hartbelag, im Hinterland auf Gras- und Feldwegen.

Einkehr: Mehrere Möglichkeiten in Ærøskøbing.
Hinweis: Die Fähre kann nur online und nur bis spätestens 15 Minuten vor dem Ablegen gebucht werden (aeroe-ferry.dk/de).
Karte: Øhavsstien Süd (Calazo-Verlag).

Direkt hinter dem **Fähranleger** ❶ von **Ærøskøbing** biegen wir rechts ab und laufen in Längsrichtung über einen Parkplatz. Hinter der Kurve der Vestre Alle zweigt rechts ein Fußpfad ab, der am Ufer entlangführt und dabei die **Marina** passiert. An deren Ende vereinigt er sich mit einem von links kommenden Pfad und verläuft weiter nach Nordwesten. Am Westrand der

Die bunten Badehütten an Ærøskøbings Weststrand sind eine Augenweide.

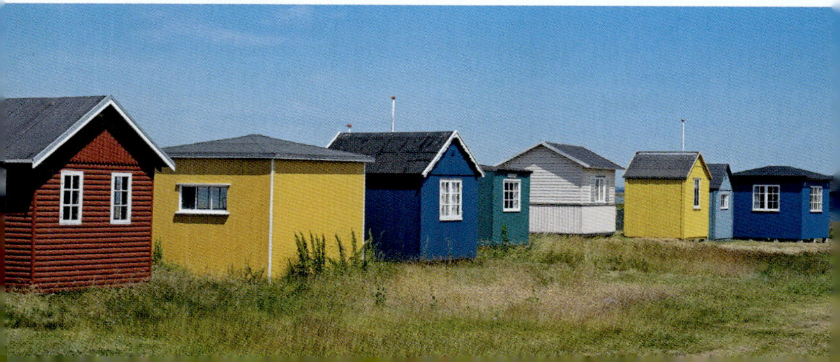

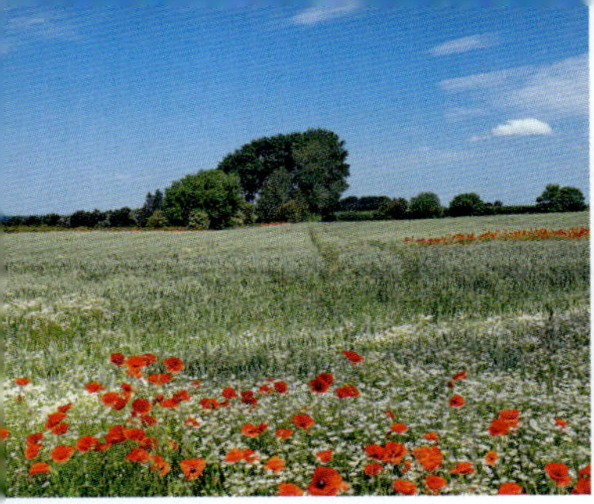

Mohnblumen am Ackerrand.

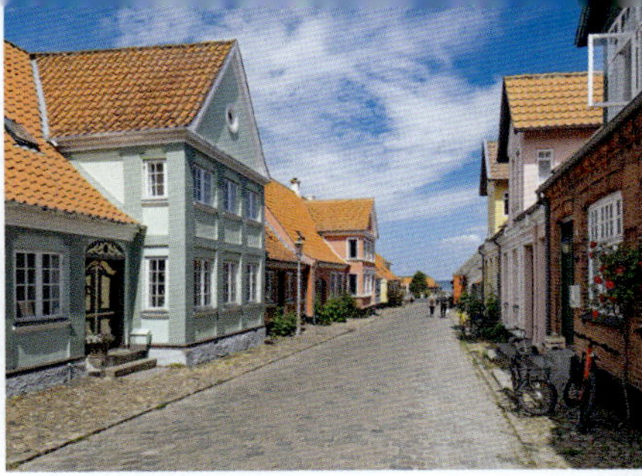

Hauptstraße von Ærøskøbing.

Bucht nehmen wir bei einer Gabelung die linke Möglichkeit (Øhavsstien-Symbol) und spazieren auf die farbenfrohen und individuell gestalteten Badehütten am **Vester Strand** 2 zu; dort links.

Wir wandern auf der Straße nach Süden, machen ihre Linkskurve mit und biegen gleich dahinter rechts auf eine **Grundstückszufahrt** 3 ab, die nach wenigen Metern geradeaus in einen Wiesenweg übergeht. Dem Pfad folgen wir durch mehrere Knicke, die jeweils mit dem Symbol des Øhavsstien markiert sind. Nach gut 1 km erreichen wir einen **Bauernhof** und schwenken auf der **Zufahrt** 4 nach links. Wir behalten diese Richtung auch auf dem anschließenden Sträßchen bei, das leicht ansteigt. Wo es links abknickt, entscheiden wir uns für einen angelegten **Pfad** 5 nach rechts. An einer Hecke entlang geht es nach Südosten, bis er schließlich rechtwinklig zunächst nach links und nach 200 m nach rechts abknickt und auf einen Feldweg mündet. Dieser bringt uns zur **Hauptstraße** 6 (Møllebakken), auf die wir links abbiegen; den Kreisverkehr passieren wir geradeaus.

In **Ærøskøbing** ignorieren wir die erste Straße nach rechts, sondern wählen erst die zweite Straße, die Sødergade, nach rechts. Den Platz Torvet passieren wir geradeaus. An der Nørregade laufen wir zunächst vorbei, um am Ende der Straße noch einen Blick rechts in die **Østergade** 7 zu werfen. Dann kehren wir um und biegen halb rechts in die Nørregade ab. An deren Ende bei einer T-Kreuzung links und nach wenigen Metern in die Gasse Gyden nach rechts. An deren Ende nehmen wir rechts die Vestergade, die uns geradeaus hinunter zum Hafen und zum **Fähranleger** 1 bringt.

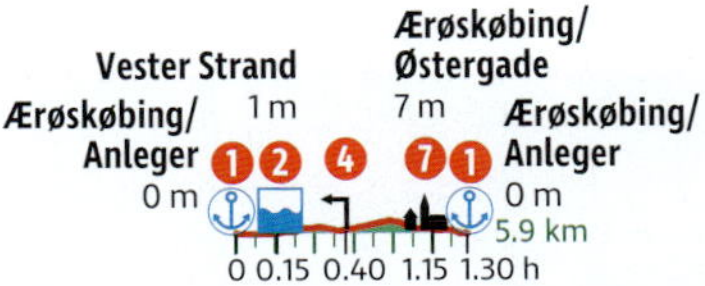

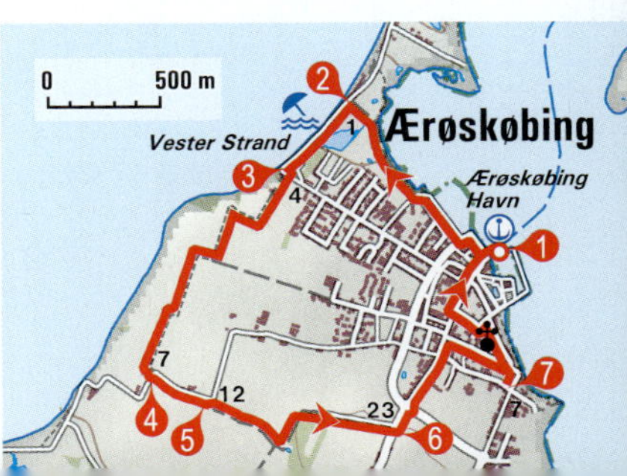

↗ 50 m | ↘ 50 m | 9.0 km

2.15 h

13 Troense und Valdemars Slot

Zu den Attraktionen am Südufer des Svendborgsunds

Troense blickt auf eine lange Geschichte als Gemüseanbau- und Seefahrgemeinde zurück, von wo aus die lokal angebauten Produkte zunächst innerhalb Dänemarks verschifft wurden und ab 1820 auch Schiffe zu großer Fahrt nach Amerika oder Asien aufbrachen. Die heutige Struktur erhielt der Ort im 17. Jh. mit niedrigen, reetgedeckten Häusern im Hinterland und repräsentativeren Gebäuden entlang der Küste und am Hafen. Viel davon ist bis heute erhalten und macht den Charme dieses Örtchens aus, das pittoresk am Svendborgsund liegt. Mit Valdemars Slot, einem barock umgebauten Herrenhaus, steht weiter südlich ein weiterer interessanter Etappenpunkt auf dem Programm. Hin und zurück geht es über offene Feldflur und durch Wald, an der mächtigen Ambrosiuseiche vorbei und auf einem attraktiven Weg an der Küste entlang.

Ausgangspunkt: Kfz: Kleiner Parkplatz am westlichen Ortsrand von Troense. In Vindeby von der Rute 9 in Richtung Troense abbiegen, 2 km fahren und 100 m, nachdem die Straße die Küste erreicht, links auf den Parkplatz schwenken. ÖPNV: Bus 250, Bushaltestelle Strandgade 31.

Anforderungen: Einfacher Spaziergang auf Forstwegen und angelegten Pfaden, in Troense und rund um Valdemars Slot auf Hartbelag.

Einkehr: Nur im Ort Troense.

Variante: Abkürzung zwischen Wegpunkt 4 und 7: Tour dann ca. 6 km.

Tipp: Anfahrt mit dem Odtimerschiff M/S Helge von Svendborg aus (Fahrplan und Infos: svendborg-havn.dk/en/ferries/ms-helge). Vom Anleger 350 m am Ufer entlang in Richtung Westen zum Ausgangspunkt.

Karte: Øhavsstien Süd (Calazo-Verlag).

Im Süden verläuft der Feldweg oft dicht am Ufer entlang.

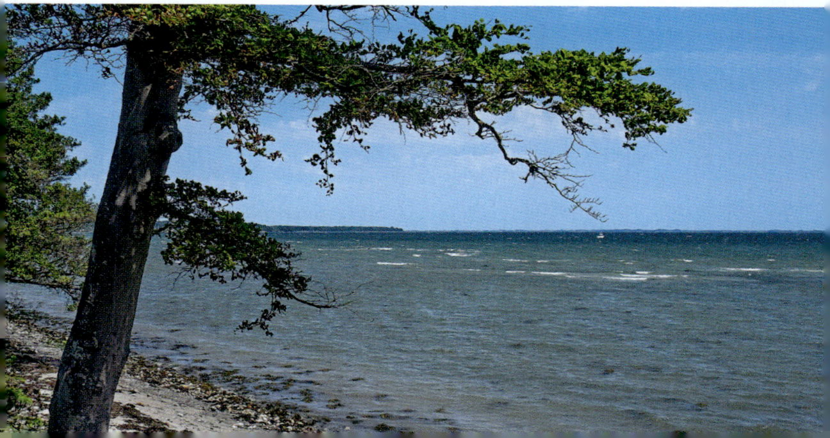

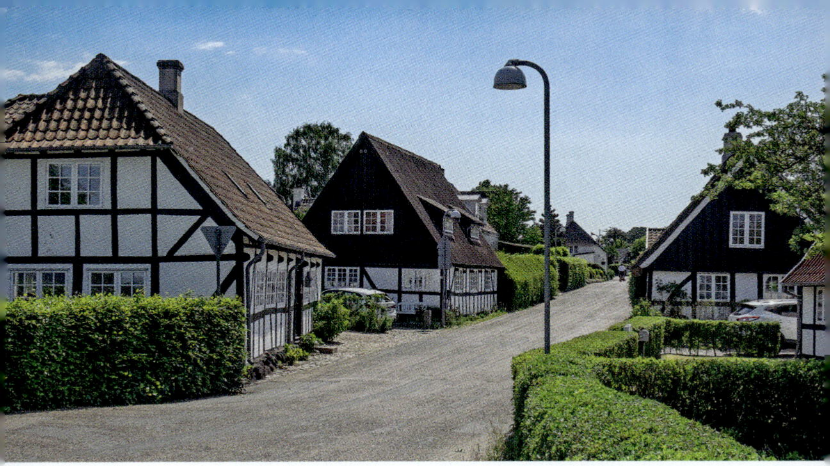

Troense besitzt zahlreiche traditionelle Fachwerkhäuser.

Gegenüber dem **Parkplatz** ❶ laufen wir in das Sträßchen Badstuen hinein. Nach ca. 250 m, hinter dem letzten Haus auf der linken Seite, nehmen wir den Grusweg bzw. breiten **Pfad** ❷ nach links. Am Waldrand entlang folgen wir ihm um mehrere Kurven und dürfen das Abknicken nach links durch ein Törchen nicht verpassen. Wir durchqueren einen Gehölzbestand, erreichen hinter einer Linkskurve den südlichen Ortsrand von **Troense** und anschließend ein schmales Sträßchen, auf dem es nach rechts geht. Nach 50 m biegen wir rechts auf einen **Forstweg** ❸ ab.

Wir halten uns auf dem Hauptweg und lassen Abzweigungen unbeachtet. Nach 1 km machen wir die Rechtskurve des Wegs mit und gelangen ins Offenland. Hinter einer Linkskurve mündet der Feldweg auf ein Sträßchen, dem wir geradeaus bis zu einer T-Kreuzung folgen; dort links. Auf Höhe der **Ambrosiuseiche** zweigt rechts ein **Forstweg** ❹ ab. Nach ca. 2 km mündet er auf eine **T-Kreuzung** ❺, wo wir links abbiegen und uns nach Kurzem bei einer Gabelung erneut für die linke Möglichkeit entscheiden. So gelangen wir an die Küste der **Lunke-Bucht** und gehen dort auf dem **Querweg** ❻ links. Der Forstweg schlängelt sich mit geringem Abstand an der Küste entlang. Er trifft an einer **Gabelung** ❼ auf

Die 400-jährige Ambrosiuseiche.

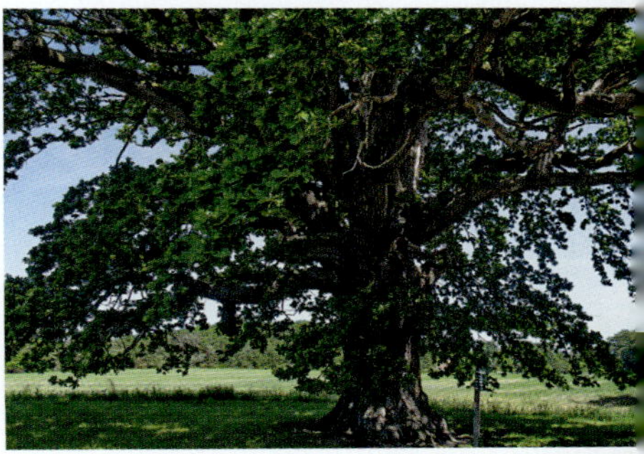

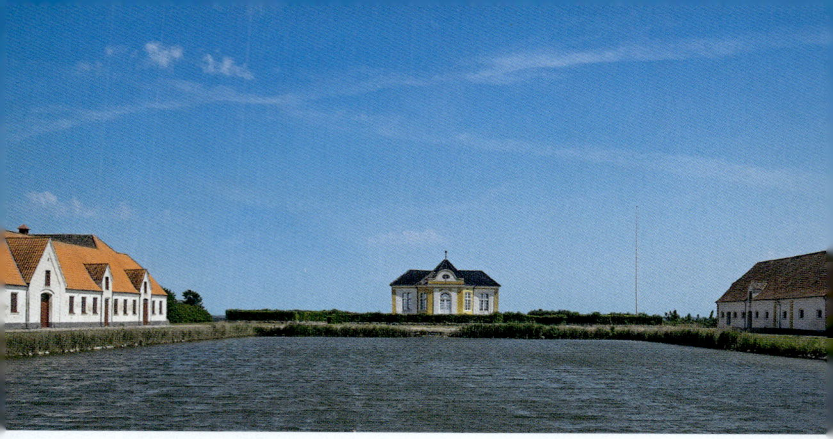

Der Teepavillon befindet sich vis-à-vis von Valdemars Schloss.

eine Teerstraße, auf der wir rechts entlanglaufen. Sie bringt uns hinter einem Linksknick zu **Valdemars Slot 8**, dessen Gelände wir auf der Straße queren (das Museum und die Außenbewirtung sind seit 2023 geschlossen). Die Straße steigt leicht an und wir finden nach 200 m einen parallel verlaufenden Fußweg, der uns an den südlichen Ortsrand von **Troense** bringt. Hinter dem ersten Haus biegen wir rechts in den **Lodsvej 9** ab, lassen eine Abzweigung nach links unbeachtet und nehmen erst 50 m dahinter die Kurve nach links. Nun geht es zuerst in Richtung Norden, hinter einer Linkskurve dann nach Westen an den hübschen Häusern von Troense entlang. Hinter einem Knick nach links gelangen wir zu einer Kreuzung, wo wir rechts abbiegen. Nach 400 m erreichen wir dann wieder unseren Ausgangspunkt am **Parkplatz 1**.

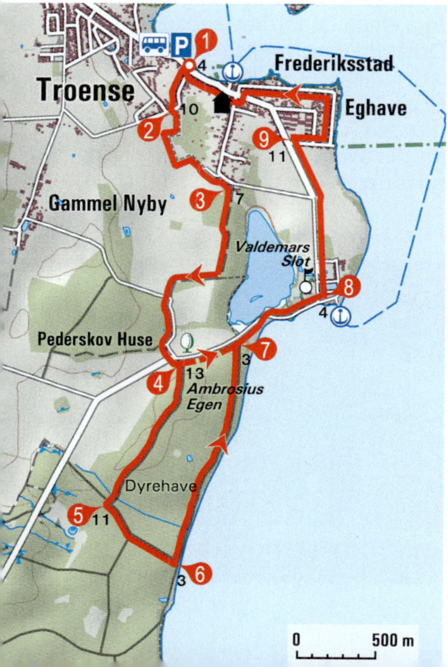

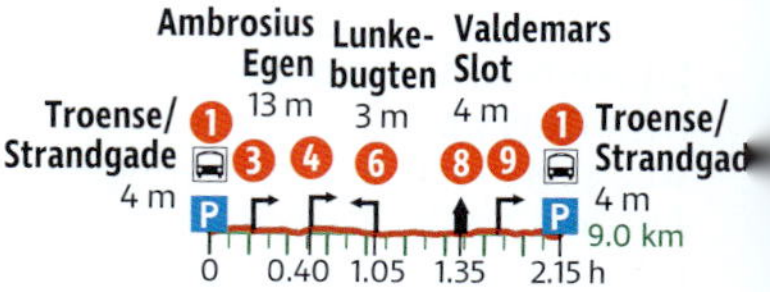

↗ 40 m | ↘ 40 m | 10.9 km

2.45 h

Lohals, Nordstrand und Hou Fyr

14

Rund um Langelands Nordspitze

Der Strand von Lohals kann – vor allem in den Ferien – noch etwas belebter sein, dann jedoch hat man den Küstenabschnitt bis Nordstrand fast völlig für sich. Hier reicht der Wald bis fast ans Ufer, bevor man unterhalb einer kleinen Steilküste entlangwandert. Von der flachen Nordspitze Langelands mit seiner Sandheide hat man dann die Storebælt-Brücke gut im Blick. An der Ostküste geht es zunächst über einen Kieselstrand, bevor der Leuchtturm Hou Fyr in Sicht kommt. Der Rückweg verläuft quer durch das Inselinnere, das schöne Laub- und Laubmischwaldbestände aufweist.

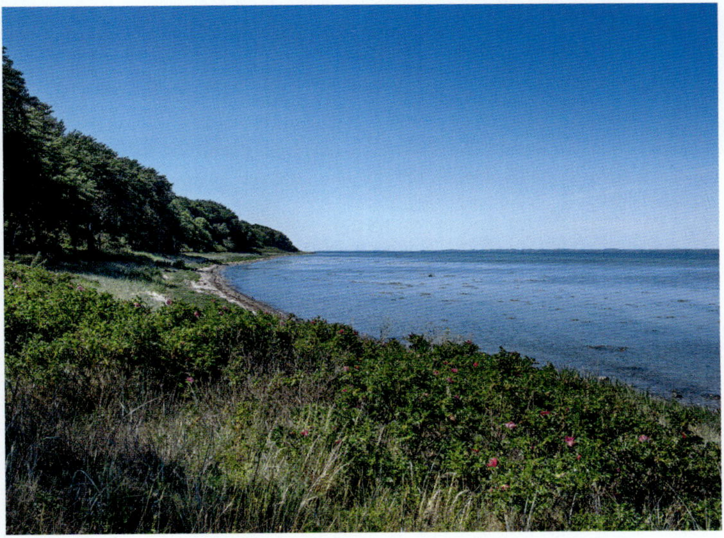

Die erste Etappe der Tour führt über Sandstrand.

Ausgangspunkt: Kfz: Lohals, Strandparkplatz. In Lohals am Hafen vorbei küstenparallel nach Norden fahren. Parkplatz nach 400 m am Ende der Straße. ÖPNV: Bus 590 und 913, Haltestelle Tom Knudsensvej (Tour dann 1,5 km länger).
Anforderungen: Wanderung am Strand, auf Feld- und Forstwegen. Am Strand häufig loser Sand oder lose Kiesel, abschnittsweise auch grobes Geröll, wo man seine Schritte konzentriert wählen muss (bei Nässe unangenehm).
Einkehr: Nur in Lohals.
Karte: Keine aktuelle analoge topografische Karte im Handel verfügbar.

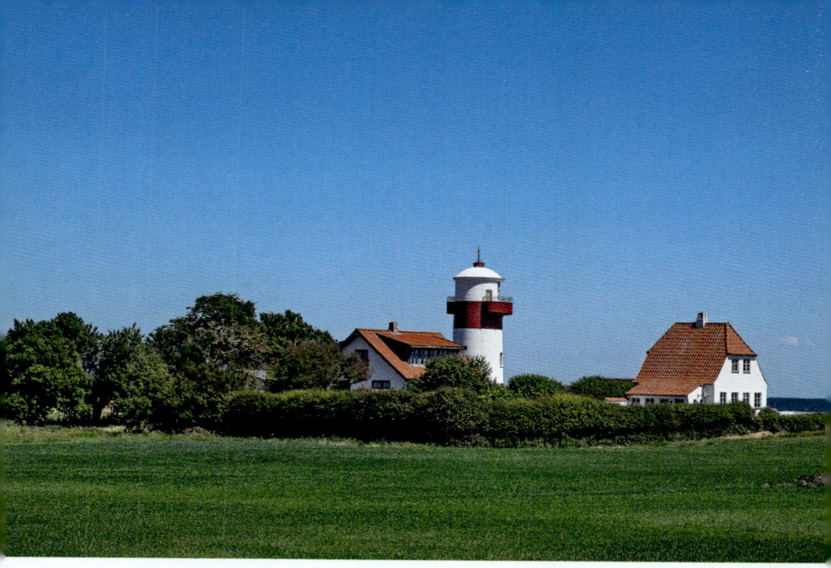

An der Ostküste ist der Leuchtturm Hou Fyr eine auffällige Landmarke.

Vom **Parkplatz 1** aus sind es nur wenige Schritte zum **Lohals Strand**, dem wir nach Nordosten folgen. Nach ca. 200 m haben wir die Wahl, ob wir direkt am Strand im weichen Sand oder einige Meter dahinter auf besser gangbarem Untergrund wandern wollen. Nach 1 km jedoch endet der Rückraum-Pfad und wir orientieren uns jetzt direkt am Ufer entlang, wo sich neben dem Sand nun auch Kiesel finden. Mitunter formen sie kleine Geröllfelder, wo wir uns auf unsere Schritte konzentrieren müssen. Wir passieren eine nicht allzu hohe Steilküste, **Frankeklint**, unterhalb, wobei sich dahinter der Steinanteil deutlich verringert. Wir erreichen den **Nordstrand 2** bzw. die Nordspitze Langelands und durchqueren die dortige Heidelandschaft auf einer Traktorspur (oder am Strand entlang).

Dann geht es direkt am Ufer entlang über lose Kiesel zunächst nach Südosten, dann Süden. Wo die Siedlung endet und eine massive Steinschüttung anfängt, wechseln wir halb rechts auf den **Damm 3** und laufen dahinter auf einem Teerweg nach Süden, der bald geradeaus in einen Feldweg übergeht. Vom Ende der Zufahrt führt ein Fußweg geradeaus weiter zum Leuchtturm **Hou Fyr 4**, den wir passieren. Bei der Abzweigung dahinter behalten wir geradeaus die Richtung bei und

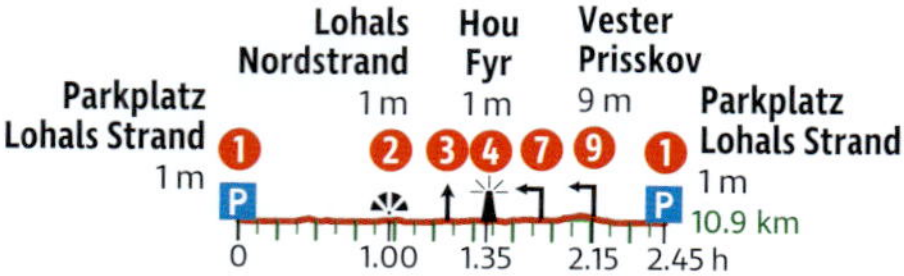

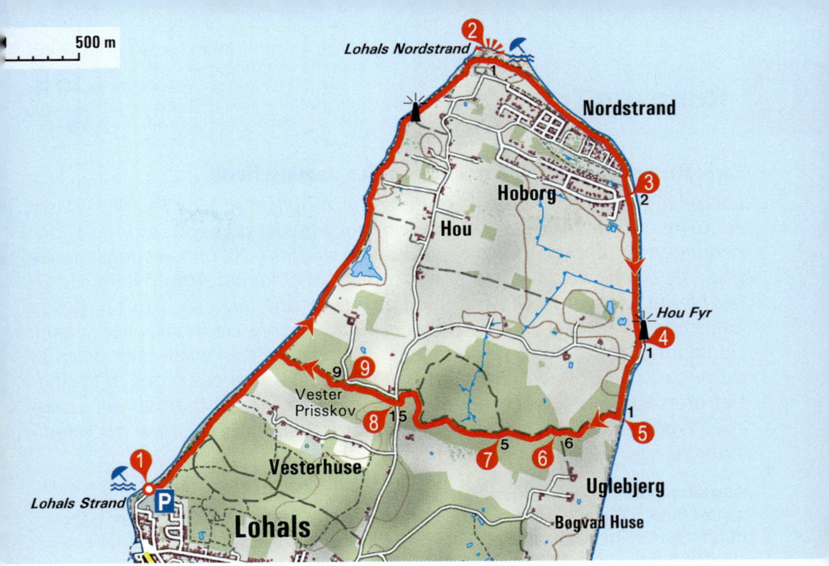

durchqueren ein kleines Gehölz. Unmittelbar dahinter biegen wir rechts auf eine **Fahrspur** ⑤ ab.

Eine **Kreuzung** ⑥ im Wald queren wir geradeaus und lassen eine untergeordnete Abzweigung nach links unbeachtet. Bei einer Gabelung wählen wir den linken **Forstweg** ⑦. Nach einigen Hundert Metern kurvt er scharf nach rechts und steigt anschließend mit einer Linkskurve minimal an. Bei der anschließenden Verzweigung links. Nun halten wir geradeaus auf ein Häuschen zu, das an der Hauptstraße steht. Auf ihr links und nach 50 m rechts in einen **Feldweg** ⑧. Diesem folgen wir mit etwas Höhenverlust.

In einer Rechtskurve im Wald **Vester Prisskov** zweigt halb links ein **Fahrweg** ⑨ ab. Den nehmen wir. Er bringt uns wieder an die Westküste, wo wir links abbiegen und auf dem schon vom Herweg bekannten Strand wieder den **Parkplatz** ① am **Strand von Lohals** erreichen.

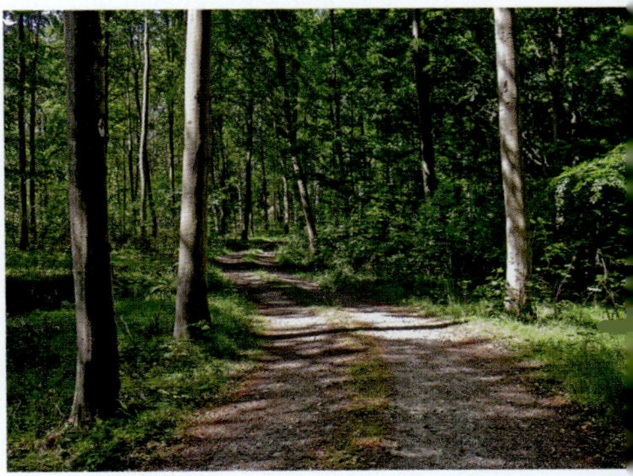

Laubwald bedeckt das Inselinnere.

↗ 130 m | ↘ 130 m | 17.3 km

15 Rund um Tranekær

4.20 h

Zwei Küsten und reichlich Spannendes dazwischen

Langeland ist so schmal, dass es durchaus möglich ist, eine Tour von Küste zu Küste unternehmen. Auf Höhe von Tranekær ist dies ein besonders lohnendes Unterfangen, weil die Landschaft vielfältig ist und Wegabschnitte über die offene Feldflur und durch Laubwald einander abwechseln. Darüber hinaus wird man mit Ausblicken aufs Meer oder über die sanft hügelige Landschaft verwöhnt, in der schmucke Bauernhöfe kleine Akzente setzen. Daneben gibt es zahlreiche spannende Etappenziele zu entdecken, seien es prähistorische Dolmen und Hügelgräber, Schloss Tranekær, das mit seiner tiefroten Farbe als Landmarke bereits von weither sichtbar ist, der Landschaftsgarten des Schlosses mit seinen Kunstinstallationen oder die »Medicinhaverne«, die Arzneigärten mit ihren duftenden Pflanzen.

Ausgangspunkt: Kfz: Park- und Rastplatz an der Rute 305. Von Süden kommend durch den Ort Tullebølle in Richtung Norden hindurchfahren. Parkplatz nach gut 2 km links der Straße. ÖPNV: Bus 590 und 913, Haltestelle Tranekær Slot (Start dann bei Wegpunkt 6).
Anforderungen: Überwiegend einfache Rundwanderung auf Feld- und Forstwegen sowie untergeordnet auch auf befestigtem Untergrund, jedoch auch auf schmalen Waldpfaden und am Strand abschnittsweise über lockeren Sand und grobes Geröll.
Einkehr: Restaurant Generalen, Tranekær Slotskro, Café Orangeriet (alle in Tranekær).
Varianten: 1) Abkürzung zwischen Wegpunkt 8 und 10: ca. 13,5 km. 2) Mit Besichtigung des Tranekær Schlossparks und der Medicinhaverne (Arzneipflanzen-Gärten): ca. 19,5 km. 3) Bei starkem auflandigem Westwind Umgehung des westlichen Uferabschnitts via Strandby: ca. 18 km.
Karte: Øhavsstien Süd (Calazo-Verlag).

An der Westküste führt die Route kurz ohne Weg am Strand entlang.

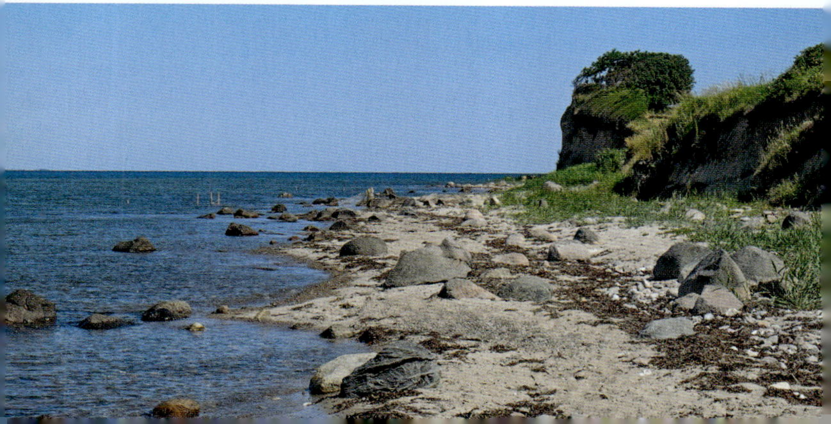

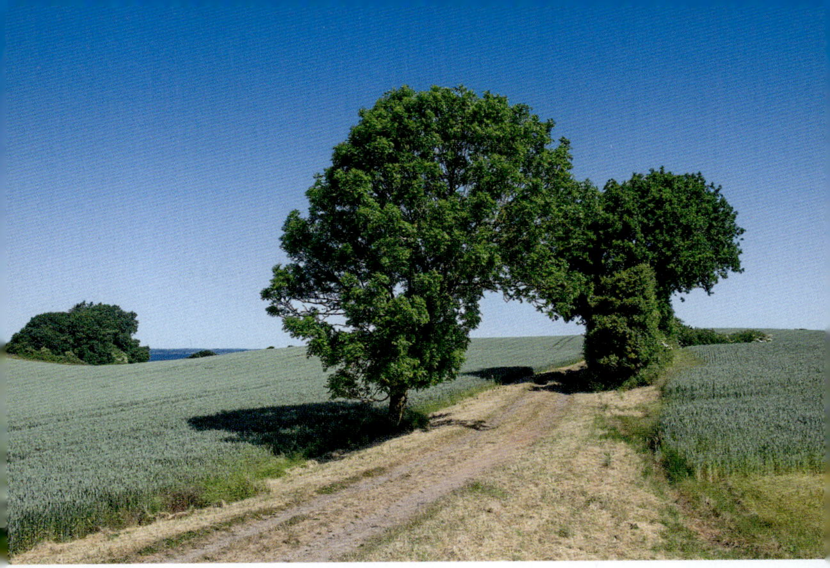

Auf attraktiven Wegen geht es über die Feldflur.

Vom **Parkplatz ❶** geht es auf der Hauptstraße **Rute 305** wenige Meter nach Norden, bevor wir links abbiegen (»Almindingen«). Wo das Teersträßchen links abknickt, halten wir uns auf einem Feldweg geradeaus. Wir machen seinen Linksbogen mit und wandern an zwei Häusern vorbei, zwischen denen der Weg eine kleine S-Kurve macht. Bei einer T-Kreuzung rechts. Wo der Weg auf ein Teersträßchen mündet, sehen wir halb rechts in 100 m Entfernung ein Hünengrab, **Kong Renes Høj ❷**, vor uns und machen einen Abstecher dorthin.

Anschließend geht es auf der Straße gut 500 m nach Westen. Hinter (!) einem Linksknick biegen wir rechts auf eine **Traktorspur ❸** ab, auf der wir an die Küste gelangen, der wir nach Norden folgen. Kurz vor ein paar Häusern schwenkt unser Weg nach rechts und gelangt auf eine kleine Straße; dort links und am Strand rechts. Hier erwartet uns ein etwas ruppiger Abschnitt über losen Sand, Kiesel und grobes Geröll, bis wir zu einem Steinpier gelangen. Dort wechseln wir auf die Straße rechts und gewinnen auf

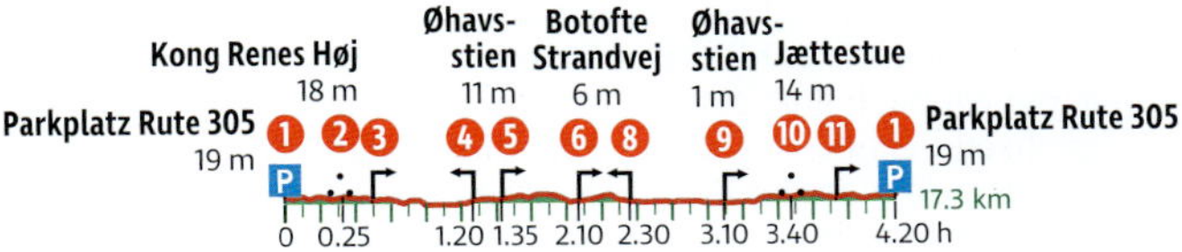

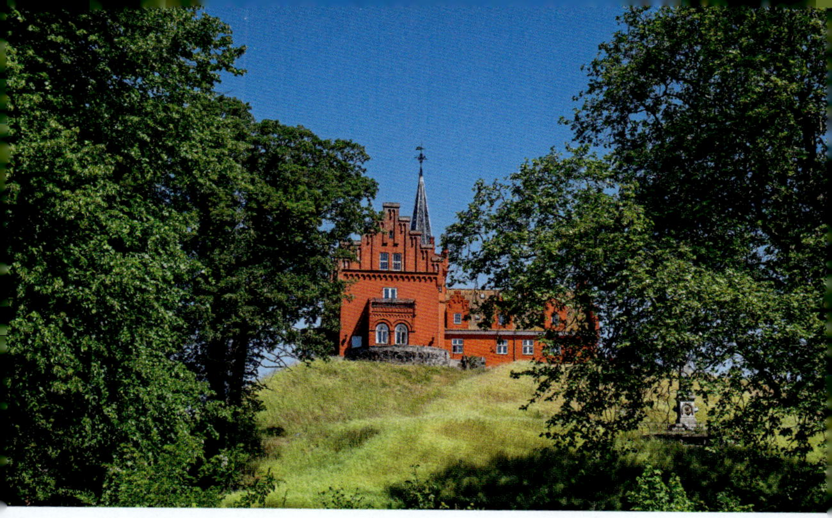

Das Schloss Tranekær thront auf einem kleinen Hügel.

ihr bald etwas an Höhe. Wenige Meter hinter einem Haus zweigt links ein **Teerweg** ❹ ab, den wir nach 200 m rechts auf einem Forstweg wieder verlassen. An einer ersten Abzweigung nach rechts geht es geradeaus vorbei; wir orientieren uns erst bei einer T-Kreuzung auf einen breiteren Forstweg nach rechts. Nur wenige Meter danach führt ein schmalerer **Forstweg** ❺ mit dem Øhavsstien-Symbol halb rechts in den Wald. Auf diesem Weg gelangen wir zunächst aufwärts, dann abwärts zu einem Quersträßchen; dort links.

Bevor wir den Ortsrand von Tranekær erreichen, öffnet sich links der Blick aufs Schloss. In **Tranekær** nehmen wir die erste Möglichkeit links und wandern unter einer Lindenallee abwärts. An deren Ende biegen wir auf die Hauptstraße links und nach 50 m rechts in den **Botofte Strandvej** ❻ ab (hier Blick aufs Schloss). Nach 200 m passieren wir die Eingänge zu den Medicinhaverne (rechts) und dem Schlosspark (links). Nach weiteren 250 m entscheiden wir uns an einer Hecke für eine **Traktorspur** ❼ nach rechts und überschreiten einen flachen Hügel, an dessen rückwärtiger Seite wir geradeaus in den Wald gelangen.

Jetzt Achtung: Nach knapp 100 m (direkt an einem Pfosten mit dem Øhavsstien-Symbol) zweigt ein sehr schmales **Pfädchen** ❽ links ab (wer die Tour abkürzen möchte, geht hier geradeaus weiter). Es bringt uns auf eine Fahrspur, der wir nach links folgen. Auf der Straße links und bei der nächsten Möglichkeit rechts. Auf dieser Fahrstraße steuern wir auf Tranekær Fyr zu, nehmen aber an der Küste den Weg nach rechts. Wir passieren ein Häuschen in einiger Entfernung (rechts von uns) und dürfen nach 250 m

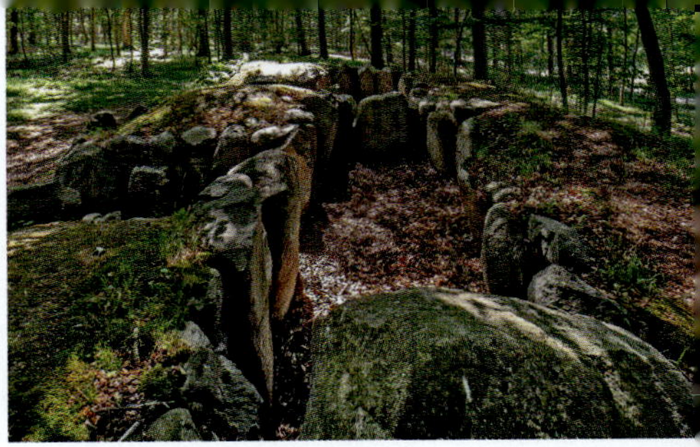

Bronzezeitliches Kammergrab.

den **Wiesenweg** 9 nach rechts nicht übersehen. Er bringt uns zu einer Straße, auf die wir links abbiegen und dann ihre Rechtskurve mitmachen. Hofzufahrten interessieren uns nicht, wir entscheiden uns vielmehr für einen Feldweg, der uns halb links hinauf zu einem Waldrand bringt. Bei einer T-Kreuzung rechts. Wo unser Forstweg auf eine Straße mündet, machen wir rechts einen kurzen Abstecher zum prähistorischen Grab **Jættestue** 10, auf das der Wegweiser hinweist.

Wieder am Ausgangspunkt des Abstechers, folgen wir der Straße in Richtung Nordwesten. Bei einer T-Kreuzung links. Nach 600 m, gegenüber der Einmündung des Vinkældervej, zweigt rechts ein **Forstweg** 11 ab. Eine erste Abzweigung nach rechts ignorieren wir, erst die zweite Abzweigung ist für uns interessant. Bald geht es mit etwas Höhenverlust durch Wald abwärts, bevor wir mit einem kurzen Anstieg die Hauptstraße erreichen. Hier biegen wir links auf die **Rute 305** ab und schließen die Runde nach 500 m am **Park- und Rastplatz** 1.

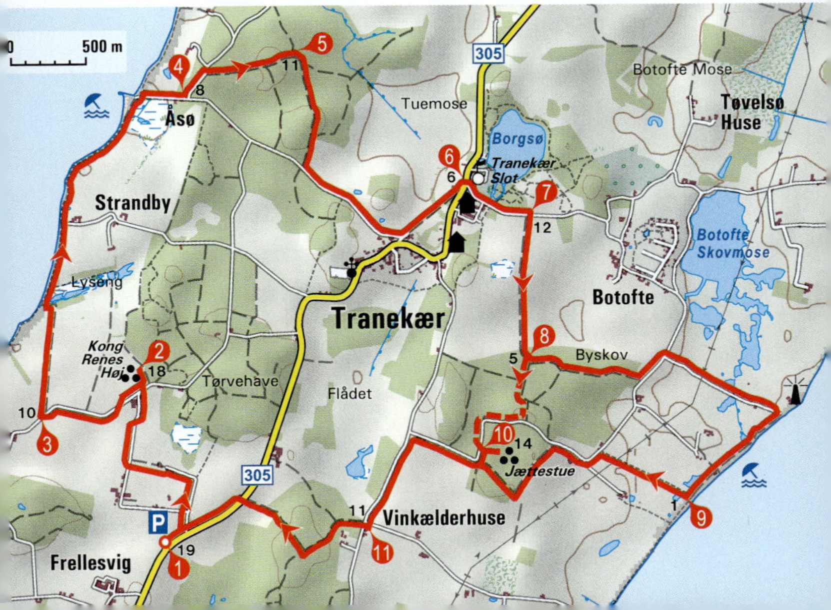

↗ 70 m | ↘ 70 m | 7.8 km

16 Skovsgård und Paø Enge

2.00 h

Ein historisches Hofgut mit Ökologie- und Naturschutz-Schwerpunkt

Etwas abseits der Hauptroute liegt das herrschaftliche Gut Skovsgård. Das Herrenhaus wurde zwar nach einem Brand um 1890 neu erbaut, doch die Existenz des Guts ist schon seit dem 14. Jh. verbrieft. Das Haupthaus ist – wie viele dänische Schlösser und Herrenhäuser – von einem breiten Wassergraben umgeben, eine Reaktion auf die zahlreichen kriegerischen Auseinandersetzungen im 16. und 17. Jh. Heute gehört das gesamte Anwesen einschließlich der Ländereien, ca. 250 ha, dem dänischen Naturfonds, der es unter ökologischen Gesichtspunkten bewirtschaftet, jedoch auch einige Flächen sich selbst überlässt und darüber hinaus Lebensräume für gefährdete Arten schafft. Hier gibt es trockene und feuchte Wiesen und ausgedehnte Weiden, die von Kühen, Pferden und Schweinen genutzt werden, darüber hinaus Seggensümpfe, Laubmisch- und Buchenwälder sowie größere und kleinere Tümpel und Seen, die Lebensräume für eine vielfältige Pflanzen- und Tierwelt darstellen.

Das Gut Skovsgård besitzt ein schlossähnliches Herrenhaus.

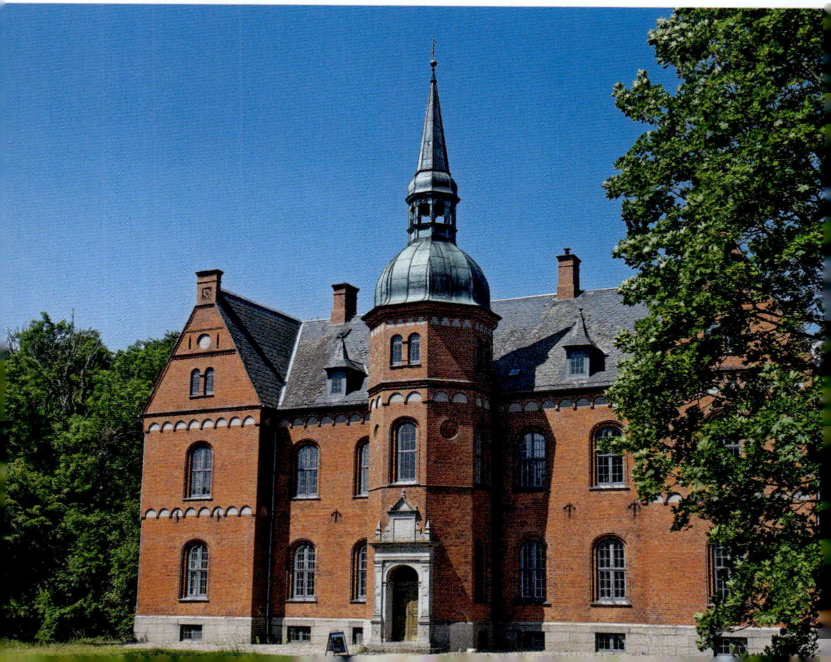

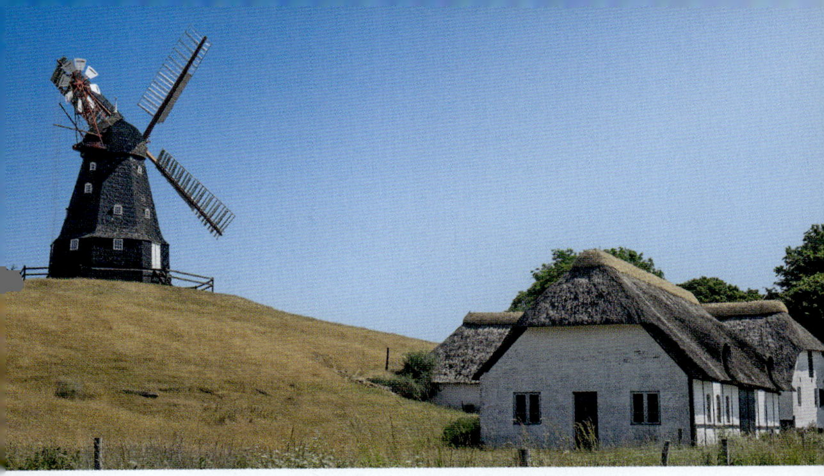

Skovsgård Mølle setzt bereits am Beginn der Tour ein Ausrufungszeichen.

Ausgangspunkt: Parkplatz unterhalb von Skovsgård Mølle. In Lindelse von der Rute 305 in Richtung »Skovsgård Gods« halten. Auf der Hauptstraße durch den Weiler Hennetved hindurchfahren (hier nicht links abbiegen!) und anschließend 1 km nach Süden fahren. Beim Schild »Paø« links abbiegen, an der Windmühle vorbeifahren und kurz dahinter links auf den Parkplatz abbiegen.

Anforderungen: Einfacher Spaziergang auf Feld- und Forstwegen, abschnittsweise auf Hartbelag.
Einkehr: Café Haven im Gut Skovsgård.
Hinweis: Im Gut gibt es verschiedene Ausstellungen, z. B. ein Dienstboten-Museum und eine Traktorensammlung (skovsgaard.dn.dk).
Karte: Keine aktuelle analoge topografische Karte im Handel verfügbar.

Vom **Parkplatz** ❶ aus machen wir zuerst einen Abstecher zur Windmühle Skovsgård Mølle. Dazu durchqueren wir den kleinen Gehölzbestand in Richtung Norden, durchqueren das Törchen links und steuern direkt auf **Skovsgård Mølle** zu. Von dort genießen wir den Ausblick. Zurück auf demselben Weg biegen wir nach dem **Parkplatz** ❶ links ab, lassen eine **Kastanienallee** ❷ links unbeachtet und folgen dem Teersträßchen auf den nächsten 2 km. Vor einem Wald knickt das Sträßchen scharf nach rechts und durchquert hinter einer Linkskurve ein Waldstück. Dahinter geht es noch einmal durch Offenland, bevor wir erneut einen Waldrand erreichen.
Wo der Hauptweg rechts abknickt, nehmen wir die **Abzweigung** ❸ links in den Wald hinein. Wir machen die S-Kurve des Wegs mit, ver-

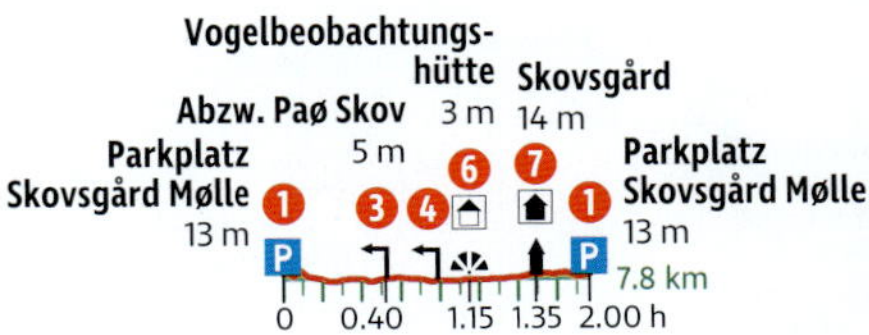

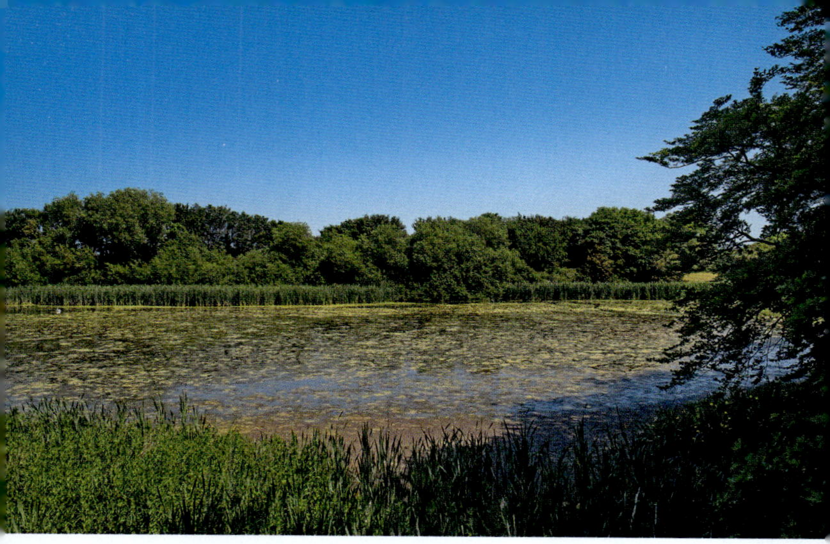

Blick aus der Beobachtungshütte am Rebjerg Sø.

lassen den Wald und schwenken mit dem Weg nach rechts; an der Küste dann links. Bei der nächsten Gelegenheit biegen wir auf einem schmalen **Sträßchen** 4 landeinwärts ab und wandern am Hof **Kågård** vorbei. 250 m dahinter zweigt links ein **Feldweg** 5 ab. Kurz nachdem wir den Wald betreten haben, kommen wir zu einem Kreuzungsbereich: Hier entdecken wir einen breiten Pfad nach rechts, der an einer **Vogelbeobachtungshütte** 6 am **Rebjerg Sø** endet. Zurück auf demselben Weg zum Kreuzungsbereich. Wir folgen dem breiten Forstweg rechts (alternativ: schmaler Pfad geradeaus, dann halb rechts). Er führt durch Buchenwald, bevor er uns in die Feldflur entlässt. Geradeaus spazieren wir nach Westen. Mehrere abzweigende Feldwege werden ignoriert; erst bei einer T-Kreuzung biegen wir links ab und stehen direkt vor dem Eingangsbereich des Guts **Skovsgård** 7. Wir durchqueren es in Richtung Süden (falls der Zugangsbereich geschlossen ist, kann man den Hof östlich auf einem Feldweg umgehen) und finden uns in einer **Kastanienallee** wieder. An deren Ende wählen wir bei einer **T-Kreuzung** 2 das Sträßchen nach rechts und erreichen nach wenigen Hundert Metern wieder den **Parkplatz** 1.

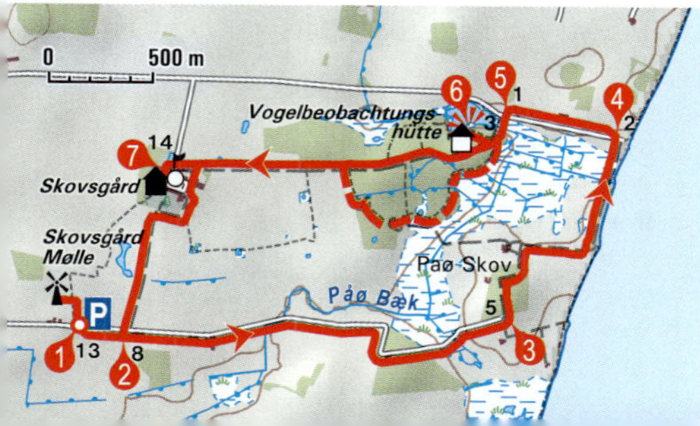

↗ 50 m | ↘ 50 m | 5.9 km

TOP

1.30 h

Dovns Klint und Gulstav Klint

17

Spannendes Landschaftsmosaik mit Exmoor-Ponys

Der Süden Langelands besteht aus einem Mosaik von unterschiedlichen Lebensräumen: Das Gelände ist sanft hügelig und besteht aus großen Weideflächen, auf denen Herden von Exmoor-Ponys grasen, die als »Vilde Heste«, also sogenannte Wildpferde (die aber gar nicht mal so scheu sind), eine ganz besondere Attraktion darstellen. In den Senken finden sich kleine Seen, Feuchtstellen und Sümpfe mit reicher Vogelwelt. Im Osten bietet die Anhöhe Bruns Banke einen guten Überblick über die Lagune Keldsnor, die vor allem im Frühjahr und Herbst ein Etappenziel für rastende Zugvögel ist. Auf der anderen Seite der Lagune ist Keldsnor Fyr, der Leuchtturm, nicht zu übersehen. Nicht zuletzt ist auch die nicht allzu hohe, dennoch aber ansehnliche Steilküste bei Dovns Klint und Gulstav Klint an Langelands Südspitze ein beliebter Anziehungspunkt.

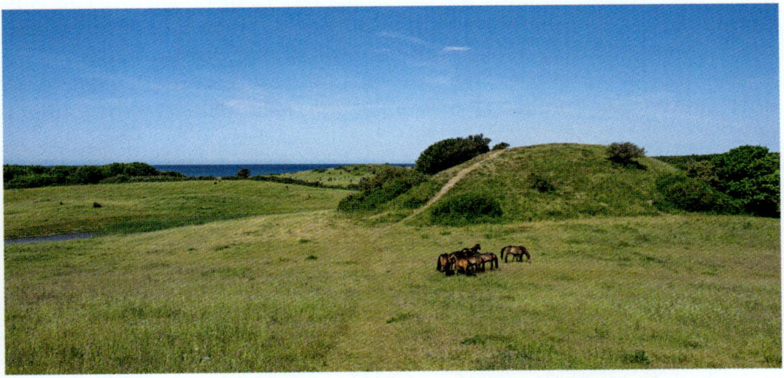

Im Süden Langelands weiden Exmoor-Ponys auf magerem Grünland.

Ausgangspunkt: Kfz: Parkplatz für Pkw an der Hulbjerg Jættestuen. 1 km östlich von Bagenkop von der Rute 305 nach Süden in Richtung »Dovns Klint« abbiegen. Dem Sträßchen gut 1,5 km nach Süden folgen, dann rechts in den Søgårdsvej abbiegen und 800 m fahren. Kleiner Parkplatz rechts der Straße. Wohnmobile fahren an diesem Parkplatz vorbei, biegen nach 250 m rechts um die Kurve und finden einen größeren Parkplatz nach weiteren 100 m links der Straße. ÖPNV: Bus 623, Haltestelle Søgård.
Anforderungen: Einfache Wanderung auf Wiesenwegen und Pfaden, kurz auf der Straße.
Einkehr: Keine.
Hinweis: Innerhalb der Weideflächen der Exmoor-Ponys (Wegpunkt 2–4 und Wegpunkt 5–7, beide Strecken umgehbar) sind Hunde nicht willkommen.
Karte: Keine aktuelle analoge topografische Karte im Handel verfügbar.

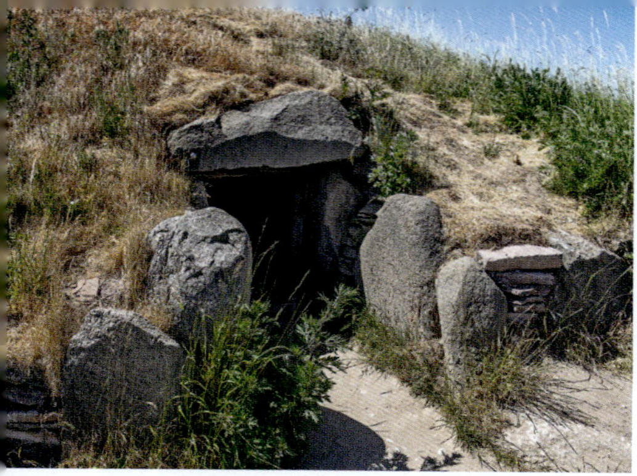

Ganggrab von Hulbjerg.

Wir erkunden zuerst das **Ganggrab Hulbjerg** (Hulbjerg Jættestuen), das sich unmittelbar nördlich des **Parkplatzes** ❶ befindet. Anschließend folgen wir dem Sträßchen in Richtung Westen und biegen dort, wo die Straße vor dem Gutshof **Søgård** abknickt, links auf eine Fahrspur ab (blaue Markierung). Hinter einem Waldstück führt sie als Graspfad weiter über Offenland geradeaus, bevor uns eine blaue Markierung links durch eine **Mauerlücke** ❷ lotst. Nun zielen wir einen Hügel vor uns an, wo der Pfad halb rechts abknickt und auf ein Törchen zuhält. Dahinter auf der Straße rechts. Bevor wir ihre Linkskurve mitmachen, unternehmen wir rechts einen Abstecher zu einem **Vogelbeobachtungsturm** ❸ am geschützten Moorgebiet **Gulstav Mose**.
Wieder auf dem Sträßchen, geht es noch um eine Rechtskurve, bevor wir duch ein weiteres **Törchen** ❹ links abbiegen (jetzt gelbe Markierung) und

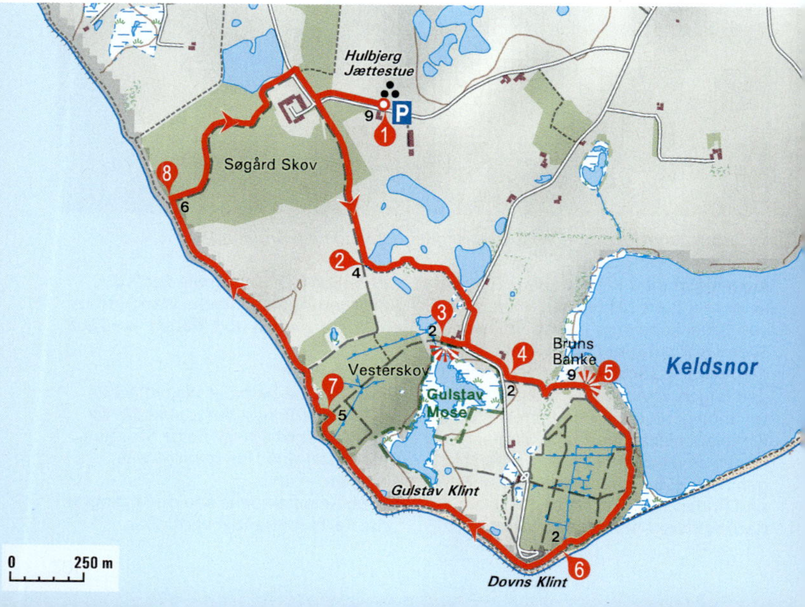

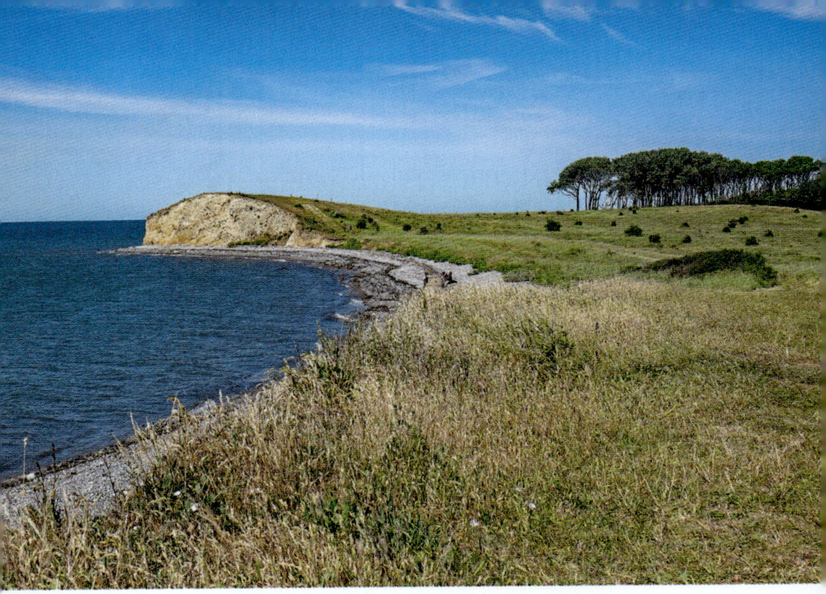

Gulstav Klint ist eines der beiden Kliffe an der Südspitze Langelands.

dem Pfad über eine Wiese folgen. Wir erklimmen **Bruns Banke** 5 und setzen von dort aus den Weg halb rechts fort. Zunächst begleiten wir einen Waldrand, bevor der Pfad endgültig in den Wald hineinführt. Wir halten uns dabei an die blaue Markierung und gelangen zur Küste. Von hier aus haben wir **Dovns Klint** bald vor uns, kreuzen einen **Teerweg** 6 und können entweder oberhalb oder unterhalb des Kliffs entlanglaufen. Wir bleiben der Küste weiter treu und lassen alle ins Landesinnere abzweigenden Wege unbeachtet. Nach dem Umrunden von **Gulstav Klint** durchqueren wir ein kleines Wäldchen geradeaus und biegen, kurz nachdem der Pfad nach rechts abknickt, links auf einen schmalen **Pfad** 7 ab.
Weiter geht es an der Küste nach Nordwesten über offene Weideflächen und nach etwas Höhengewinn laufen wir zwischen einem Wäldchen und der Küste entlang. Hier dürfen wir die Abzweigung unseres Wegs (blaue Markierung) nicht verpassen: Dazu treten wir rechts durch ein **Törchen** 8. Die Fahrspur schlängelt sich durch den Wald und mündet auf ein schmales Sträßchen. Dort rechts. Hinter einer Linkskurve sind es nur noch wenige Hundert Meter zurück zum Ausgangspunkt am **Parkplatz** 1.

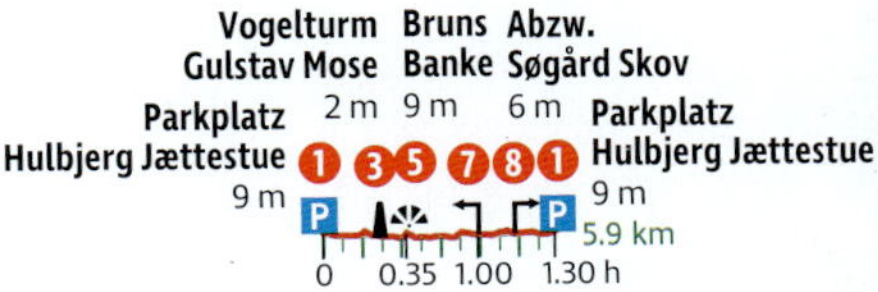

↗ 40 m | ↘ 40 m | 4.7 km

18 Skejten

1.20 h

Skurrile Eichen, Schilfröhricht und ein Herrenhaus

Skejten ist ein Marschland, das von einem Netz von nassen Mulden durchzogen und traditionell als Weideland für Rinder genutzt wird. Im Nordosten, auf nur geringfügig höherem Gelände, sind zahlreiche alte Eichen anzutreffen, die entweder einzeln stehen oder kleine, pittoreske Gruppen bilden. Diese bis zu 300 Jahre alten Bäume sind mit ihrem oft bizarren Wuchs eine wahre Augenweide! Im weiteren Verlauf der Tour geht es über nasses Marschland und seine Salzwiesen, durch ausgedehnte Schilfröhricht-Bestände und anschließend durch einen Wald, bevor man schließlich durch den Schlosspark des Herrenhauses Fuglsang spaziert, das den Schlusspunkt dieser kleinen Runde bildet.

Ausgangspunkt: Kfz: Parkplatz am Kunstmuseum Fuglsang. Von Sundby ca. 4 km auf der Rute 297 in Richtung Südwesten. Hinweisschild nach links zum Kunstmuseum Fuglsang folgen und nach wenigen Metern rechts auf den Parkplatz fahren. ÖPNV: Bus 730, Haltestelle Fuglsang.

Anforderungen: Im ersten und letzten Drittel einfacher Spaziergang auf Feld- oder Waldwegen, im mittleren Drittel mit teilweise nur schwach sichtbarer Wegspur über unebenes, sehr nasses und stellenweise schlüpfriges Marschland. Nicht möglich bei Sturm.

Einkehr: Café im Fuglsang Kunstmuseum.

Hinweise: 1) Auch unter normalen Bedingungen sind für die Begehung des Uferwegs Gummistiefel erforderlich. Nach längeren Niederschlägen ist der Weg nicht begehbar, da die Marsch überflutet ist. 2) Hunde sollten auf diese Tour nicht mitgenommen werden, da auf Skejten Mutterkuhhaltung betrieben wird, d.h. Kühe mit Kälbern anzutreffen sind, die auf Hunde unwirsch reagieren können.

Karte: Keine aktuelle analoge topografische Karte im Handel verfügbar.

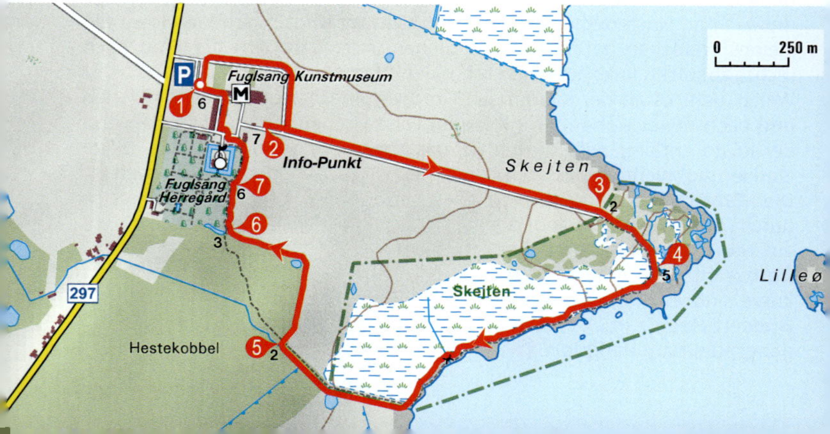

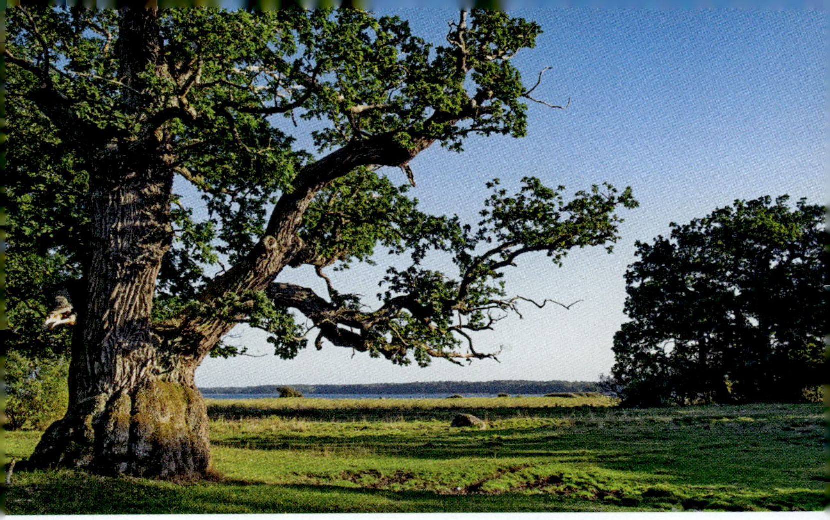

Die alten, knorrigen Eichen sind das Markenzeichen von Skejten.

Vom Nordrand des **Parkplatzes** ❶ führt ein schmaler Teerweg nach rechts. Wo er rechts zum modernen Gebäude des **Fuglsang Kunstmuseums** abbiegt, halten wir uns geradeaus auf einem Feldweg, der gleich darauf einen Rechtsbogen beschreibt. Bei einer T-Kreuzung können wir zunächst einen kurzen Abstecher nach rechts zu einem kleinen **Infohäuschen** ❷ mit Informationsangeboten zum Umfeld machen, bevor wir links dem Feldweg schnurgerade in Richtung Küste zur **Halbinsel Skejten** folgen. Wo er endet, treten wir geradeaus durch ein **Törchen** ❸ und orientieren uns dahinter ein klein wenig nach rechts; eine zusammengebrochene mächtige Eiche rechts von uns weist genau in die richtige Richtung. (Wer auch das Gelände links erkunden will, tut dies am besten gleich von hier aus und kommt anschließend zum Törchen zurück, denn das Gelände wird von wasserführenden Senken durchzogen, in denen man sich leicht nasse Füße holt).
Der nur sehr schwach sichtbare Trampelpfad führt über Rinderweiden unter uralten Eichen, von denen viele mehr als 1 m Durchmesser aufweisen, in Richtung Küste. Ein Damm aus grobem Kies überwindet eine Feuchtstelle, von wo aus wir in geringer Entfernung vor uns eine kleine Infotafel erspähen können. Dahinter geht es noch ca. 50 m geradeaus, bevor wir uns hinter einem großen **Findling** ❹ auf nassem Untergrund rechts halten.
Zunächst zeichnet sich noch kein Weg im Gelände ab, wir können

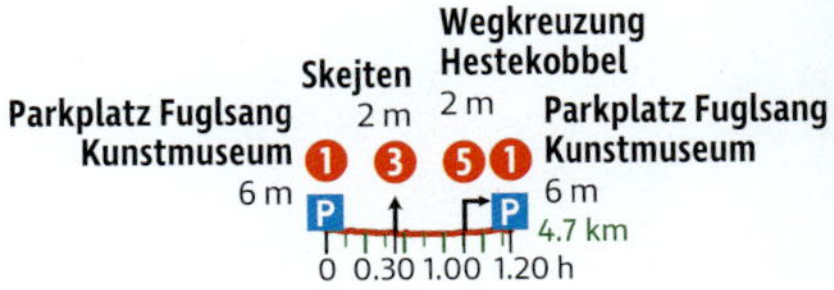

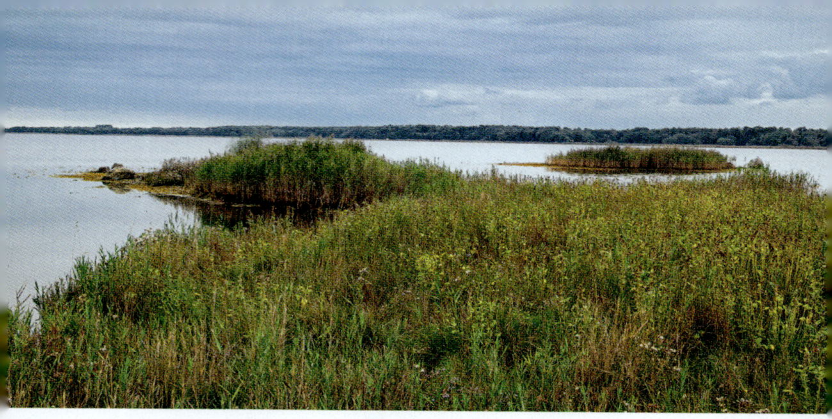

An der Küste schlängelt sich der Pfad durch dichte Schilfbestände.

uns aber dennoch nicht verlaufen, wenn wir uns mit geringer Entfernung zum Ufer auf weiterhin recht nassem Untergrund in Richtung Südwesten halten. Allmählich mendelt sich ein deutlicherer Pfad heraus, in dessen Verlauf Gräben mit kleinen Stegen gequert werden. Je weiter wir vordringen, umso dichter und höher wird das Schilf. Bald schlängelt sich der Pfad zwischen Wänden aus Schilf hindurch, wobei der Untergrund nicht nur nass, sondern auch schlüpfrig sein kann. Kleine Wasserläufe werden weiterhin auf Stegen überwunden. Schließlich knickt der Pfad rechts ab und führt – weiterhin über nassem Untergrund – hinauf zu einem Wald (Hestekobbel), den wir durch ein Törchen betreten. Bei einer **Wegkreuzung** 5 nach 200 m entscheiden wir uns für die rechte Möglichkeit.

Nach einer Weile beschreibt der Weg eine Linkskurve und erreicht kurz danach den Rand des **Schlossparks** 6 von **Fuglsang**. Wir biegen auf einen Querweg rechts ab, der sich am Rand des Parks entlangkurvt, und nehmen kurz vor dem Herrenhaus, bei einer **Gabelung** 7 vor dem Wassergraben, erneut die rechte Möglichkeit. Wir gehen halb um das **Herrenhaus** herum und orientieren uns – mit ihm im Rücken – halb links zu einem langgestreckten Wirtschaftsgebäude hin, laufen an ihm entlang und biegen dahinter links ab, um wieder zum **Parkplatz** 1 zu gelangen.

Herrenhaus Fuglsang.

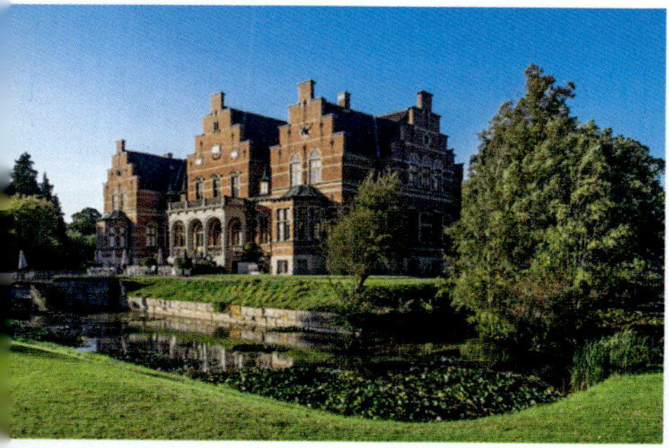

↗ 50 m | ↘ 50 m | 8.2 km

2.10 h

Hamborgskoven 19

Durch alten Laubwald im Osten Lollands zum Middelaltercentret

Die Insel Lolland ist zwar überwiegend landwirtschaftlich geprägt, besitzt aber auch einige schöne Laubwälder, für die Hamborgskoven stellvertretend steht. Kennzeichen dieses Spaziergangs ist der abwechslungsreiche Laubwald, wobei Buchenwälder, Eichenwälder und Buntlaubbestände durchstreift werden. Gleich am Beginn der Wanderung fallen zudem viele uralte Eichen ins Auge. Stellenweise führt der Pfad dicht am Meeresufer entlang und bietet durch die Bäume hindurch Aussicht auf den Guldborgsund. Am östlichsten Zipfel der Tour kann man einen Blick auf die reetgedeckten Gebäude des Freilichtmuseums Middelaldercentret erhaschen, die sich pittoresk um ein kleines Hafenbecken gruppieren, und einen kurzen Abstecher zu einem bronzezeitlichen Grabhügel machen.

Ausgangspunkt: Kfz: Parkmöglichkeit an einem kleinen Rastplatz am Guldborgvej. Von Kreisverkehr am südöstlichen Ortsrand von Sundby aus in Richtung Guldborg abbiegen und 6 km fahren. An einem kleinen ausgewiesenen Rastplatz rechter Hand parken. ÖPNV: Bus 702, Haltestelle Middelaldercentret. Dann Start bei Wegpunkt 4.

Anforderungen: Einfacher Waldspaziergang auf Forst- und Waldwegen, punktuell etwas wurzelig.

Einkehr: Den Gyldne Svane im Middelaldercentret.

Hinweis: Das Middelaldercentret ist Mai–Okt. geöffnet (middelaldercentret.dk).

Karte: Keine aktuelle analoge topografische Karte im Handel verfügbar.

Umgestürzte Eichen vermitteln einen urtümlichen Eindruck.

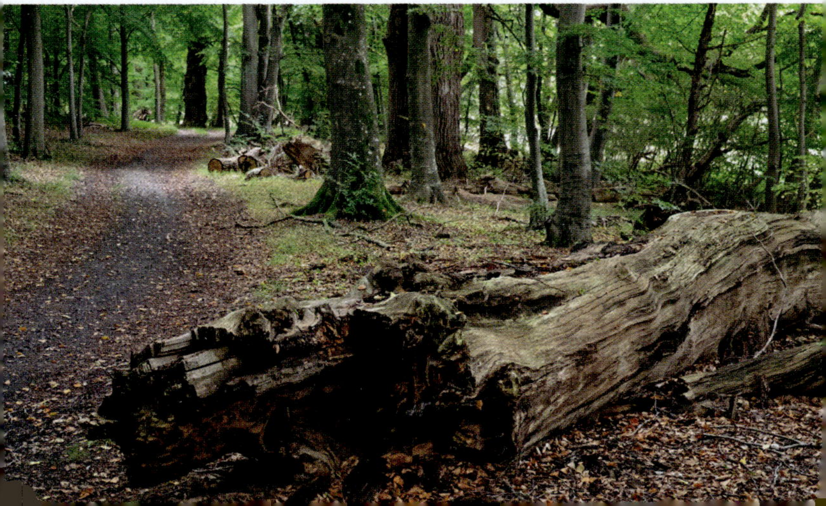

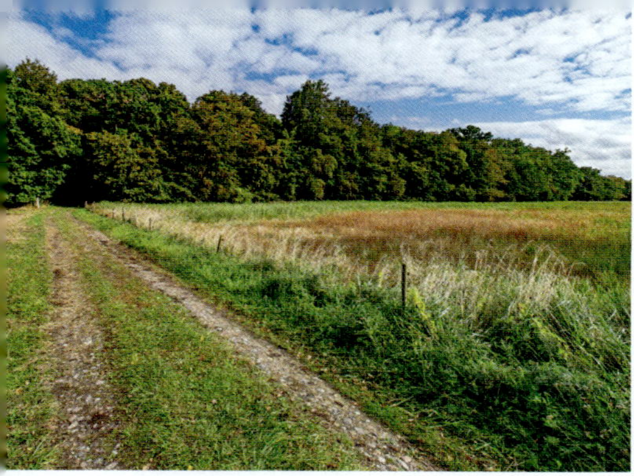

Lichtung mit Nasswiese.

Von der **Parkmöglichkeit** am **Rastplatz** ❶ gehen wir kurz in Fahrtrichtung (Norden) weiter und nehmen nach 150 m den Forstweg, der im rechten Winkel nach Osten in den Wald hineinführt (nicht den Forstweg nehmen, der in stumpfem Winkel abzweigt). Nach 400 m ignorieren wir eine Abzweigung nach rechts, sondern halten uns weiter geradeaus, überqueren eine schmale Schneise und biegen dahinter – wieder im Wald – unter alten Eichen rechts ab. Der Weg schlängelt sich abwechselnd durch Wald und Offenland, bevor er nach links kurvt und kurz dahinter auf einen querenden Weg trifft; dort rechts. Nach wenigen Metern erreichen wir an einer **T-Kreuzung** ❷ ein schmales Teersträßchen und biegen links ab. Es bringt uns nach 800 m mit einem Rechtsbogen zu einer kleinen Lichtung, auf der sich ein einsames Häuschen befindet.

Gleich dahinter tauchen wir wieder in den Wald ein. Nach ca. 500 m heißt es aufpassen: Hinter einer lang gezogenen Rechtskurve – und bevor der Forstweg leicht ansteigt – zweigt links ein (unmarkierter) **Fußpfad** ❸ ab. Gleich nach 30 m gabelt er sich, wobei wir die linke Möglichkeit wählen. Der schmale und teilweise wurzelige Pfad führt nun mit geringem Abstand an der Küste entlang durch den Buchenwald. Er entlässt uns auf eine **Holzbrücke**, von der aus wir einige Gebäude des Middelaltercentret erspähen können.

Zunächst geht es aber noch 200 m geradeaus, bevor wir den nächsten Pfad nach rechts nehmen. Er bringt uns hinauf zu einer Straßenkreuzung,

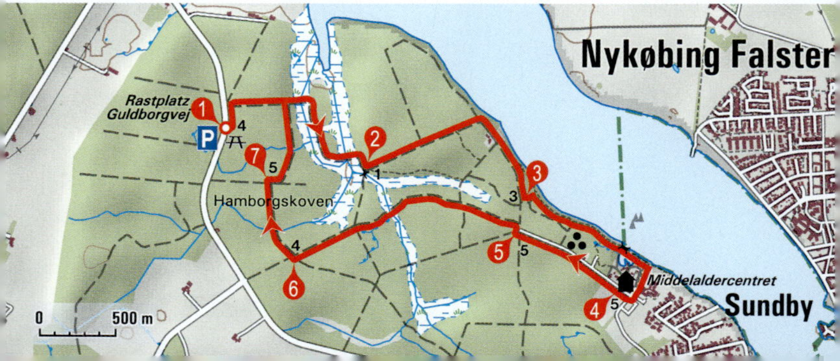

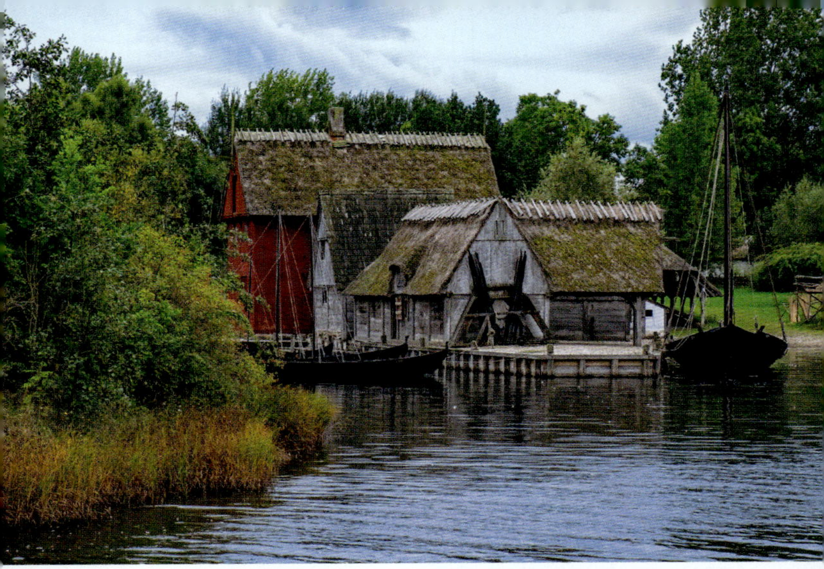

Blick von außen auf einen Gebäudekomplex des Middelaldercentret.

wo wir uns rechts halten. Nach wenigen Schritten passieren wir den Eingang zum **Middelaldercentret** 4, wandern geradeaus weiter und betreten wieder den Wald. Wir bleiben dem schmalen Teerweg treu und lassen Abzweigungen unbeachtet. Bald mutiert er zum Forstweg. Einen Abstecher nach rechts zu einem **Langhügelgrab** (Langdysse) nach 500 m lassen wir uns nicht entgehen (30 m rechts des Wegs, Infotafel).
Wir setzen anschließend unsere Tour auf dem Forstweg fort und treffen kurz darauf auf eine **Kreuzung** 5 breiter Forstwege und schlagen den rechten Weg ein. Nach 30 m verlassen wir ihn auf einem Forstweg nach links. Eine Kreuzung nach 500 m überqueren wir geradeaus, ebenso eine schmale Schneise, hinter der der Weg geringfügig ansteigt. Bei der nächsten Kreuzung geradeaus, wobei wir nun wieder auf einem Teerweg unterwegs sind. Wir laufen an einer großen Lichtung (rechts von uns) vorbei und zweigen bei der nächsten **Kreuzung** 6 auf den Forstweg rechts ab. Bei einer **T-Kreuzung** 7 nach 500 m gehen wir rechts und folgen nach 50 m dem links abknickenden Hauptweg.
Die nächste T-Kreuzung führt uns wieder auf vom Herweg vertrautes Gelände: Wir biegen links ab, ebenso auf der Hauptstraße und erreichen nach Kurzem den Ausgangspunkt am **Rastplatz** 1.

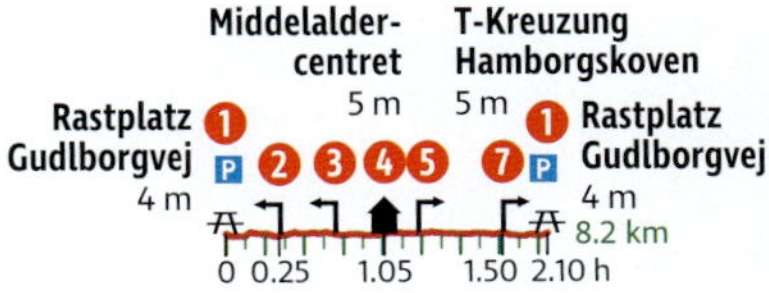

↗ 50 m | ↘ 50 m | 7.1 km

20 Borremose und Præstskoven

2.00 h

Falsters wildes Innenleben

Mitten im landwirtschaftlich intensiv genutzten Falster lässt sich ganz unvermutet eine kleine Wildnis entdecken: Umgeben von Birken- und Eichenwäldern befindet sich hier das Borremose, ein ehemaliges Hochmoor. Es wurde in früheren Jahrhunderten teilweise abgetorft, steht aber nun unter Naturschutz und darf sich ungestört entwickeln. Die Wasserflächen, die von Seerosen bedeckt sind und von großen Bulten von Sauergräsern und von Schilf eingerahmt werden, sind ein kleines Paradies für die Tierwelt: Enten sind zwar nur aus der Distanz zu beobachten, doch es mangelt nicht an Groß- und Kleinlibellen, auf die man bis auf Armeslänge herankommen kann. Auch an anderen Insekten (Mückenmittel nicht vergessen!) mangelt es nicht. Insgesamt vermittelt das Gebiet einen sehr urtümlichen Eindruck. Auch im weiter westlich gelegenen Præstskoven sind zwei kleine Seen zu entdecken. Dazwischen geht es auf schmalen Pfaden quer über Weiden und Wiesen oder auf Forstwegen durch Eichen- und Buchenwald.

Ausgangspunkt: Parkplatz südlich des Borremose. Von der Rute 271 auf Höhe Falkerslev nach Westen in Richtung Virket abbiegen, durch das Örtchen hindurchfahren und 2,3 km dahinter, auf Höhe einer Straßengabelung im Wald (links geht es nach Tingsted, rechts nach Eskilstrup) unbeschildert scharf rechts auf einen Forstweg abbiegen. Parkplatz nach 50 m links.
Anforderungen: Wanderung auf Forstwegen und Pfaden, die mitunter schmal und wurzelig sind. Kurzzeitig ohne sichtbare Wegspur über eine Weide. Dort ist etwas Pfadfindergeist erforderlich.
Einkehr: Keine.
Karte: Keine aktuelle analoge topografische Karte im Handel verfügbar.

An der östlichen Seite des **Parkplatzes** ❶ sehen wir das Schild »Borremose«, das nach links zeigt. Auf einem Feldweg wandern wir nach Nordosten und ignorieren die roten und gelben Pfeile, die nach rechts weisen. Wo der Feldweg endet, führt ein Trampelpfad geradeaus weiter. Auf ihm erreichen wir den Südrand des **Borremose** und lassen uns auf Höhe eines Rastplatzes zu einem Schlenker nach links verführen (gelbe Markierung). Der schmale Pfad bringt uns in einem Bogen zurück zum Hauptweg, wo wir links gehen, mit der Wasserfläche des Borremosen rechts von uns. Nach wenigen Metern, am Nordrand des Gewässers,

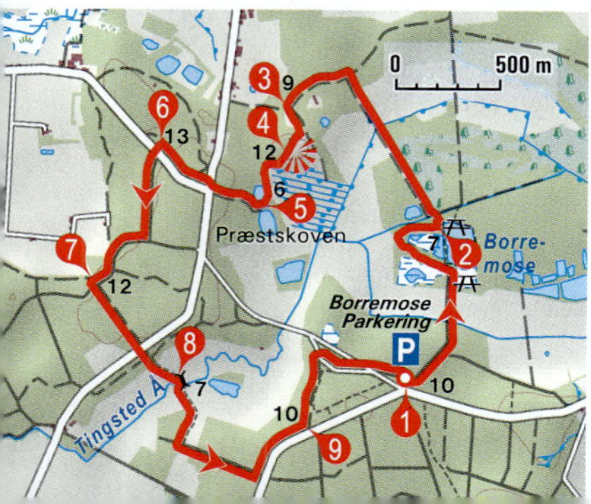

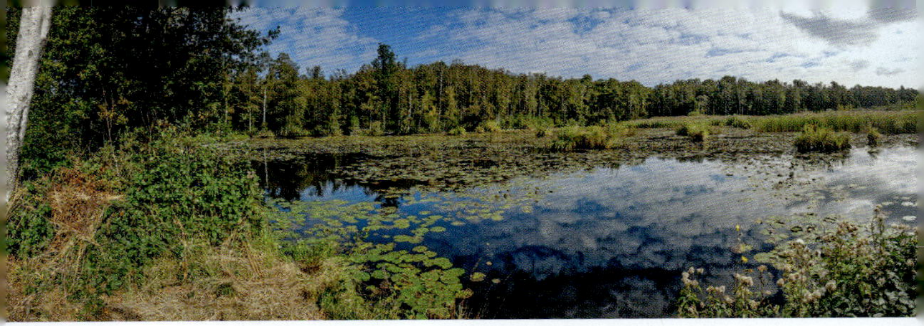

Borremose ist ein Hochmoorkomplex mit offenen Wasserflächen.

orientieren wir uns mit der **roten Markierung** 2 nach links. Nach Kurzem kommen wir zu einem Querweg, dem wir links folgen. Mit einer Rechtskurve schwenkt der Weg nach Nordwesten und mündet nach 800 m mit einer T-Kreuzung auf einen Querweg; dort links.

Im weiteren Verlauf lassen wir eine Hauszufahrt links unbeachtet, und nehmen danach den nächsten **Feldweg** 3 nach links (grüne Markierung). Durch ein Törchen betreten wir eine Weide und biegen gleich dahinter halb rechts ab, um – ohne Wegspur am Waldrand entlang – den **Hügel** zu ersteigen. Vom **höchsten Punkt** 4 (hier auch Infotafel) steigen wir in Richtung Süden (am Waldrand entlang) ab und finden am Hangfuß einen Pfosten mit grüner Markierung. Wir überqueren einen kleinen **Steg**, halten uns dahinter halb rechts und biegen vor dem Zaun links ab. Nach wenigen Hundert Metern treten wir rechts durch ein Törchen und finden einen schmalen Pfad, der uns zum Feuchtgebiet **Præstskoven** 5 bringt. Wir queren es auf Plankenwegen geradeaus, gewinnen dahinter wieder etwas an Höhe und erreichen geradeaus eine Straßenkreuzung. Wir laufen das Sträßchen gegenüber hinein (»Eskilstrup«) und entscheiden uns für den nächsten **Forstweg** 6 links. Bei einer T-Kreuzung rechts und bei der nach 50 m folgenden Gabelung links. Einen Reitweg nach links (beschildert) lassen wir unbeachtet und nehmen dann den nächsten **Forstweg** 7 links.

An seinem Ende überqueren wir eine Straße und halten uns weiter geradeaus, wo wir wieder Offenland betreten. Ein Wiesenweg bringt uns zu einer **Brücke** 8 über einen Graben (Tingsted Å), hinter der wir rechts abbiegen und nach 50 m dem Wiesenweg nach links folgen. Der Weg schlängelt sich zwischen Weideflächen hindurch und trifft an einem Feldgehölz auf einen Querweg; dort links. Nach 400 m erreichen wir eine Straße; dort ebenfalls links. Kurz hinter einer Kurve finden wir links einen **Forstweg** 9, den wir bis zu einer T-Kreuzung entlangwandern; auf dem Querweg rechts. Eine Straße überqueren wir diagonal und haben nach 150 m den **Parkplatz** 1 wieder vor uns.

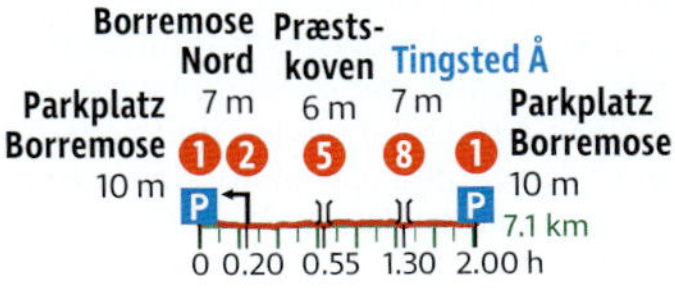

TOP

21 Hesnæs und Halskov Vænge

↗ 100 m | ↘ 100 m | 14.1 km

3.45 h

Durch Buchenwald zur bedeutendsten bronzezeitlichen Stätte Falsters

Von Hesnæs, der kleinen Siedlung mit dem Mini-Hafen und den für die Ostküste von Falster typischen, schilfverkleideten Häuschen, führt der Weg durch Wald, darunter schönen alten Buchenwald, nach Halskov Vænge, der bedeutendsten bronzezeitlichen Stätte Falsters. Diese umfasst sechs unterschiedliche Steinsetzungen – darunter ein besonders gut erhaltenes Langhügelgrab – sowie mehr als 70 flache Hügelgräber. Bemerkenswert ist dort auch Falsters größter Findling, der vermutlich ebenfalls rituelle Bedeutung hatte. Der Rückweg ist ein landschaftliches Highlight, denn er verläuft auf schmalen Waldpfaden direkt an der Küste entlang. Im ersten Teil handelt es sich dabei um eine aktive Erosionsküste, in die sich das Meer Jahr für Jahr weiter hineinfrisst und die an der Abbruchkante stehenden Bäume über kurz oder lang mit sich reißt. Daran schließt sich eine bewaldete Steilküste mit bizarren Baumgestalten an. Zum Schluss geht es an einem hübschen Strand entlang zurück zum Ausgangspunkt.

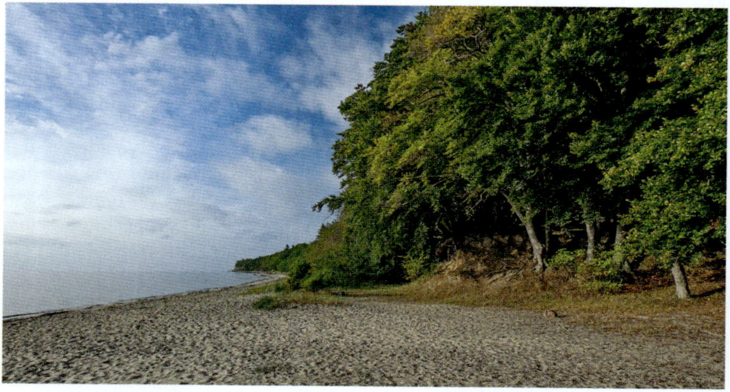

Der Strand von Hesnæs eignet sich gut für einen Badestopp.

Ausgangspunkt: Kfz: Parkmöglichkeit am Hafen von Hesnæs. Am südwestlichen Ortsrand von der Hauptstraße in Richtung Hafen abbiegen und gegenüber dem Hafenbecken auf dem Grünstreifen parken. ÖPNV: Bus 737, Haltestelle Hesnæs.

Anforderungen: Überwiegend einfache Wanderung auf Wald- und Forstwegen, jedoch auch Abschnitte auf wurzeligen Waldpfaden, mitunter dicht an der Abbruchkante der Steilküste. Einige kurze steile Ab- und Wiederaufstiege in kleine Bachklingen.

Einkehr: Pomle Nakke, in der Hochsaison tgl. 11.30–16 Uhr, in der Vor- und Nachsaison Do–So 11.30–14 Uhr. Hesnæs Havn Spisebord & Bageri am Ausgangspunkt, tgl. 8–17 Uhr (empfehlenswert).
Varianten: 1) Verkürzte Tour mit Start am Parkplatz 200 m nördlich vom Hof Herslebslund ❸. Wegbeschreibung folgen bis ca. 100 m vor dem Shelter ❽. Dort auf einen (etwas überwachsenen) Forstweg landeinwärts abbiegen und auf der Straße links halten: ca. 8,5 km. 2) Nur Wald- und Küstenwanderung ohne Abstecher nach Halskov Vænge: ca. 11,5 km.
Hinweis: Leider gibt es in Halskov Vænge – außer am Parkplatz – keine Infotafeln im Gelände, sodass Interessierte am besten vor dem Besuch einen kurzen Abstecher dorthin machen.
Karte: Keine aktuelle analoge topografische Karte im Handel verfügbar.

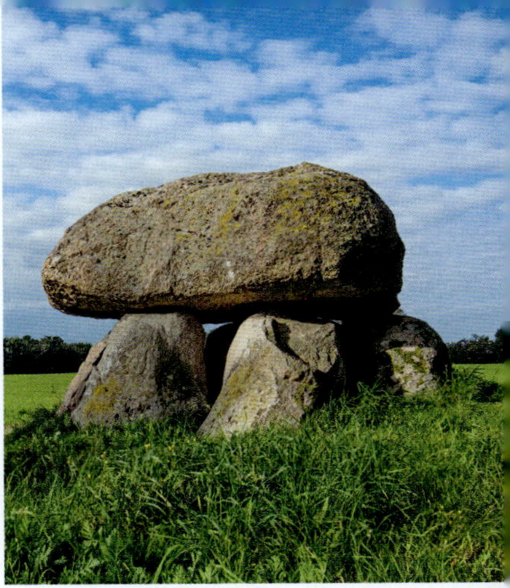

Imposantes Hünengrab.

Von der Parkmöglichkeit am **Hafen** ❶ von **Hesnæs** gehen wir wenige Meter auf dem Herkunftsweg zurück, biegen in das nächste Sträßchen rechts ab und wenden uns oben auf der Hauptstraße nach links. So haben wir die Gelegenheit, einige der schilfummantelten Häuschen, für die Hesnæs bekannt ist, zu bewundern. Auf der Hauptstraße verlassen wir Hesnæs in Richtung Südwesten, folgen der Rechtskurve in den Wald hinein, wo unmittelbar

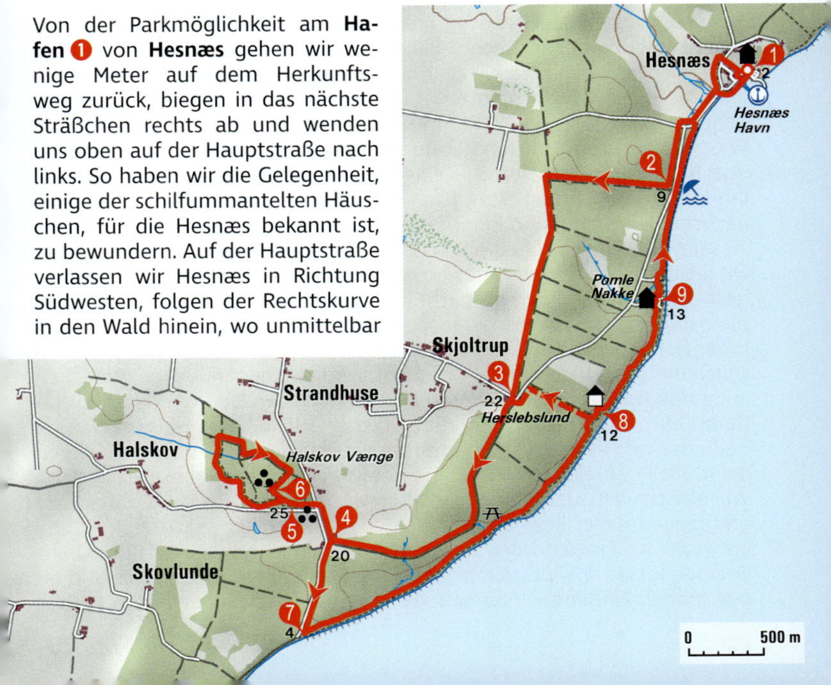

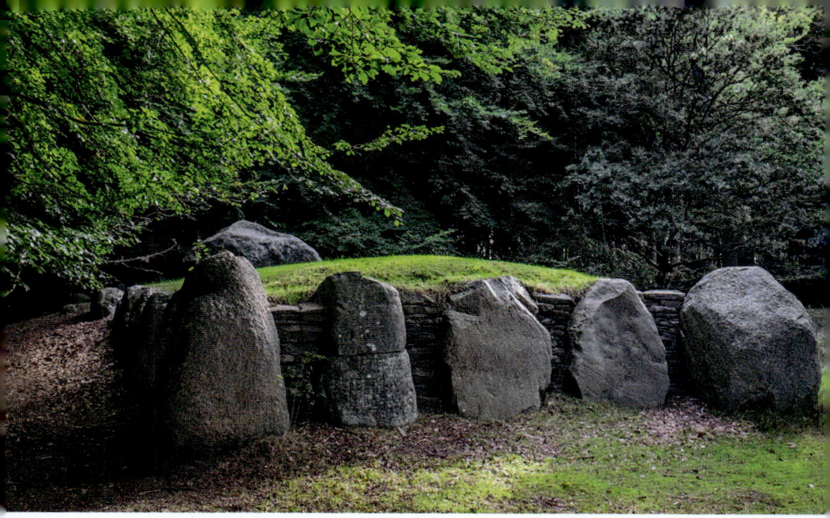

Das Langhügelgrab von Halskov Vænge ist gut erhalten.

dahinter ein schmaler Teerweg links abzweigt. Nach 400 m nehmen wir einen **Forstweg** 2 nach rechts. Bei einer T-Kreuzung nach ca. 800 m links. Diese Richtung behalten wir nun bei und ignorieren alle Forstwege nach links, während unser geschotterter Weg allmählich in einen Grasweg übergeht.

Wir gelangen zum Hof **Herslebslund** 3, an dem vorbei wir – die bisherige Richtung beibehaltend – einen breiten Forstweg betreten und auf ihm weiter in Richtung Südwesten marschieren. Ihm bleiben wir auf den nächsten 2 km treu (und ignorieren alle untergeordneten Seitenwege) bis zu seiner Mündung auf eine Teerstraße bei einem **Gehöft** 4. Dort biegen wir rechts ab, lassen den Wald nach wenigen Metern hinter uns und wählen nach 200 m einen Feldweg nach links (wer zuerst zur Infotafel am Parkplatz möchte, geht weiter geradeaus und findet den Parkplatz nach 150 m linker Hand). Links des Wegs erspähen wir alsbald eine Steinsetzung – ein sogenanntes **Hünengrab** 5 – und nutzen direkt gegenüber ein Pfädchen in den Wald hinein. Nach 20 m treffen wir auf einen Querweg; dort links.

Durch ein rotes Törchen betreten wir das Gelände von **Halskov Vænge** und erreichen nach wenigen Schritten die erste Steinsetzung. Dort zeigen gelbe Pfeile an einem Querweg sowohl nach rechts als auch nach links. Wir entscheiden uns dafür, den Rundweg im Uhrzeigersinn zu nutzen und biegen daher links ab. Nun achten wir auf gelbe Markierungen, die entweder an Pfosten oder an Bäumen angebracht sind und uns durchs Gelände lotsen. Wir passieren zahlreiche flache Rundhügelgräber und einen großen **Findling**, hinter dem der Weg halb rechts abknickt. Mit etwas

Höhenverlust durchqueren wir eine feuchte Mulde und einen lichten Birkenhain. Dahinter rechts, ebenso vor einem Häuschen. Mit einem Linksknick geht es auf dem Zufahrtsweg entlang (ein erstes rotes Törchen rechts ignorieren wir) und nehmen erst 400 m dahinter das zweite Törchen rechts. Der Pfad bringt uns nun direkt zu einem gut erhaltenen **Langhügelgrab** 6, hinter dem der Weg links abknickt. Nach wenigen Metern schließt sich die Runde.

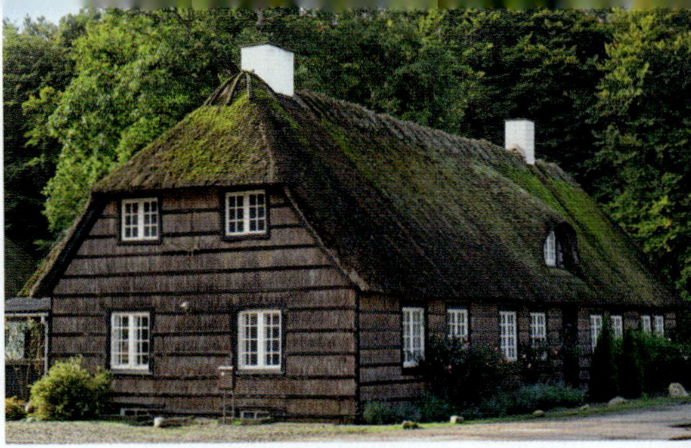

Traditionelles Haus in Herslebslund.

Wir wenden uns nach links und wandern den von der Ankunft bekannten Weg zurück. Wir verlassen ihn auf Höhe des Hünengrabs nach rechts, gelangen mit Blick auf das bronzezeitliche Grab wieder auf den Feldweg, biegen dort links ab und bei der nächsten Kreuzung rechts. Dem Sträßchen folgen wir, vorbei an dem **Gehöft** 4 rechter Hand, knapp 1 km bis hinunter zur Küste. Direkt an der **Küste** entdecken wir links einen **Fußweg** 7. Nach etwa 100 m entscheiden wir uns für einen rechts abzweigenden, schmalen Pfad, der unmittelbar oberhalb der Abbruchkante der Steilküste verläuft. Auf den nächsten Kilometern halten wir uns an diesen Pfad, der manchmal in kleine Bachklingen hinunterführt (der Untergrund kann dort recht schlüpfrig sein), sie mitunter aber auch landeinwärts umgeht.

Während auf dem ersten Kilometer noch eine aktive Erosionsküste mit abgestürzten und abstürzenden Bäumen vorhanden ist, tritt auf dem Rest der Strecke die Erosion zugunsten einer mit Buchen bewachsenen Steilkante zurück. Wir passieren einen **Shelter** 8 und kommen unweit dahinter zum **Restaurant Pomle Nakke** 9. Wir wandern zwischen den Häusern hindurch und setzen unseren Weg direkt an der Abbruchkante der Steilküste entlang fort. Mit einer Treppe steigen wir in eine steile Klinge hinunter, auf deren Sohle wir rechts abbiegen und nun am Strand weitermarschieren (ideal zum Barfußlaufen und ggf. zum Baden). Auf ihm und anschließend auf der Straße erreichen wir wieder den Ortsrand und biegen rechts zum **Hafen** 1 von **Hesnæs** ab.

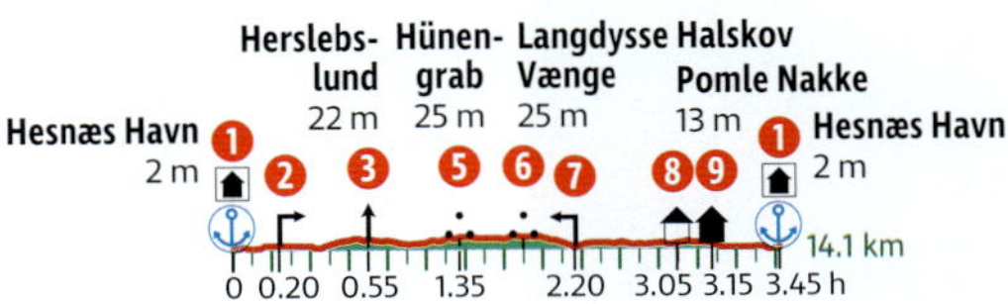

TOP

↗ 420 m | ↘ 420 m | 10.4 km

22 Møns Klint und Jydelejet

3.15 h

Dänemarks hochdramatischer Küstenabschnitt

Nirgends ist die Küste Dänemarks so dramatisch wie an den Kreidefelsen von Møns Klint. Bis zu 128 m ragen die ikonischen Klippen an manchen Stellen fast senkrecht aus dem Meer auf. Sie entstanden in der Kreidezeit vor etwa 70 Mio. Jahren, als der Bereich, der heute Møn darstellt, Bestandteil eines tropischen Meeres war, in dem sich die Kalkschalen von abgestorbenen Meeresbewohnern ablagerten und zu Gesteinsschichten formten. Den letzten »Schliff« erhielten sie durch die Gletscher, die die Kreideschichten falteten und aufeinanderschoben. Die Wanderung erkundet sie sowohl von unten entlang des Strands alsauch von oben entlang der Kliffkante. Obwohl die Steilküste das Schmuckstück der Wanderung ist, darf auch das Hinterland nicht zu kurz kommen: Hier werden ausgedehnte Buchen- und Laubmischwälder durchstreift und die prähistorische Fluchtburg auf dem Timmesøbjerg angesteuert. Die halboffene Weidelandschaft von Jydelejet und Aborrebjerget umfasst ausgedehnte Magerrasen, die sich im Frühling und Frühsommer mit bunten Blüten schmücken.

Ausgangspunkt: Parkplatz Jydelejet. Auf der Rute 287 durch Magleby in Richtung Osten hindurchfahren. Nach 2,3 km (hinter einer Gefällstrecke) links in Richtung »Villa Huno« abbiegen (Langebjergvej). Nach 250 m befindet sich der Parkplatz rechter Hand.
Anforderungen: Im Wald Pfade und Forstwege. Am Strand unterhalb des Kliffs lose Kiesel und größeres Geröll, oberhalb der Kliffkante mit stetigem Auf und Ab, nur stellenweise gesichert, abschnittsweise steil. Abstieg und Aufstieg zum bzw. vom Strand über breite, aber stellenweise steile Treppen.
Einkehr: Café im GeoCenter Møns Klint (Achtung: Massenabfertigung).
Varianten: 1) Ohne Timmesøbjerg, auf direktem Weg zwischen Wegpunkt 4 und 6): ca. 7,5 km. 2) Ohne Abstieg zum Strand: ca. 9 km. 3) Ohne beides: ca. 6,5 km.
Kombinationsmöglichkeit: Mit Tour 23; zusammen ca. 15 km.
Hinweise: 1) Achtung: Erhöhtes Bergsturzrisiko. Deswegen können Wege an der Hangkante in Zukunft verschwinden. Es ist aber davon auszugehen, dass dann Ersatzwege oder Ausweichrouten angelegt werden, sodass die Tour auch weiterhin »funktioniert«. 2) Es dürfen keine Blumen gepflückt werden.
Karte: Møn und Camønoen (Calazo-Verlag).

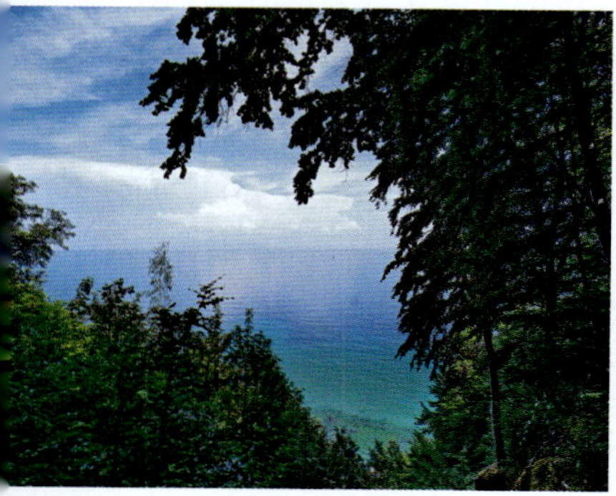

Türkisgrünes Meer.

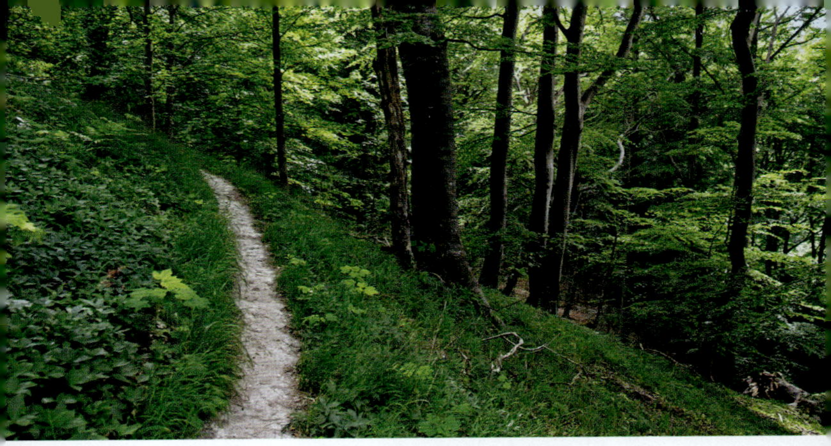

Der schmale Pfad führt an der Flanke des Timmesøbjergs entlang.

Vom **Parkplatz** 1 aus nehmen wir hinter einem Törchen die Fahrspur nach Nordosten, die wir bereits nach 150 m durch ein weiteres Törchen nach rechts verlassen. Ein kurzer Anstieg bringt uns zum Gipfel des **Aborrebjerget** (143 m), der höchsten Erhebung der Umgebung, hinter dem sich unser Weg geradeaus in den Wald hinein fortsetzt. Auf einen breiten Querweg biegen wir rechts ab. Einmündungen und Abzweigungen stören uns nicht; erst am **Parkplatz Havrelukke** 2 zweigt unser Weg links ab.
Nach ca. 600 m verlassen wir ihn und folgen dem **Wegweiser »GeoCenter Møns Klint«** 3 nach rechts (Achtung: Wir teilen uns den Weg mit Radfahrern). Hinter einem kurzen Anstieg bleiben wir halb links auf dem Hauptweg und machen anschließend die Serpentinen abwärts mit. An deren Fuß orientieren wir uns nach rechts auf einen breiten **Pfad** 4 (kleiner Wegweiser »Timmesøbjerg«). Wir überqueren die beite Fahrstraße geradeaus und wandern auf dem gegenüberliegenden Forstweg weiter. Nach 100 m biegen wir links aufwärts ab (Symbol »rote Krone auf grünem Grund«). Bald haben wir den **Timmesøbjerg** 5 vor uns und machen uns in Form eines Abstechers halb links an den kurzen Aufstieg und können dabei die ehemaligen Wälle entdecken. Wieder zurück auf dem Pfad, geht es um die West- und Südseite des Hügels auf einem schmalen Pfad abwärts.

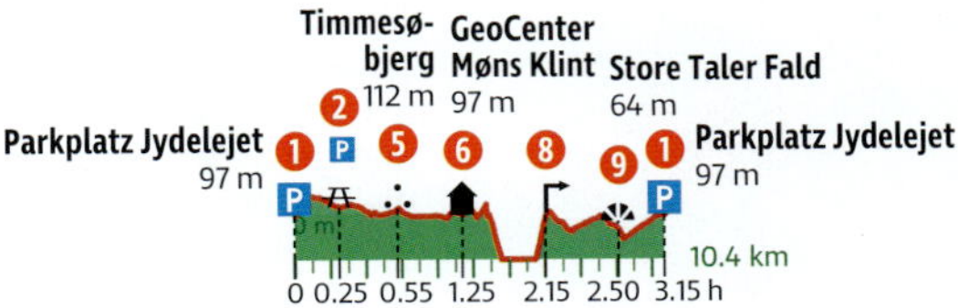

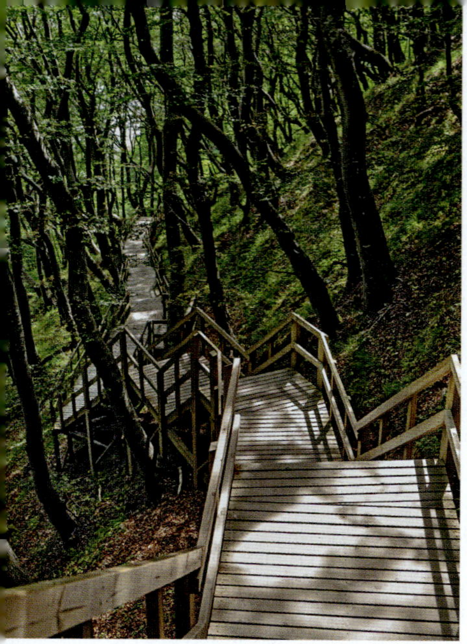

Der Abstieg zum Strand erfolgt über Treppen.

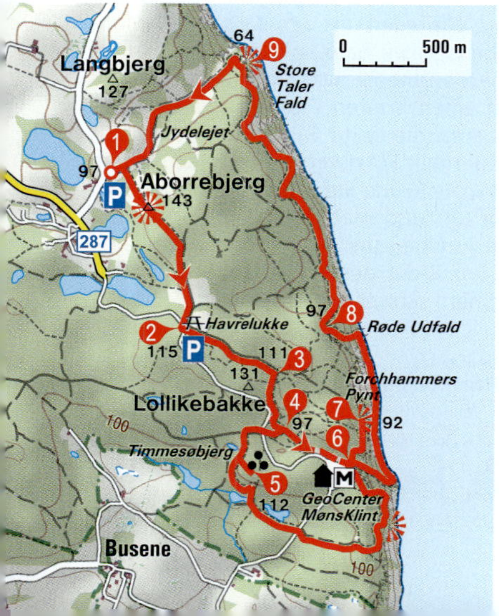

In einem **Sattel** biegen wir rechts auf einen breiteren Pfad ab und nehmen bei der nächsten Gelegenheit den linken Weg (weiterhin »rote Krone«). Wir überqueren die breite Fahrstraße geradeaus und folgen der gegenüberliegenden Fahrspur hinter einer Schranke mit geringer Aufwärtstendenz. Eine Gruppe von Sheltern lassen wir links liegen und entscheiden uns bei einer Wegkreuzung nach 100 m für den linken Pfad, auf dem wir parallel zur Küste zum ersten Aussichtspunkt, **Grædeeren**, gelangen. Hinter einem kurzen An- und Abstieg erwartet uns ein breiter Holzsteg, der uns zum **GeoCenter Møns Klint** 6 bringt. Vom dortigen Kreuzungspunkt aus machen wir uns zunächst einen Abstecher zum Dronningstolen und zu Forchhammers Pynt: Dazu geht es geradeaus weiter, dann die Treppen hinauf. Oben rechts gelangen wir zunächst zum **Dronningstolen** (hoch oben, aber wenig Aussicht). Dann folgen wir dem Weg entlang der Hangkante noch weitere 200 m zu **Forchhammers Pynt** 7, wo es der Ausblick in sich hat. Zurück zum **GeoCenter** 6 geht es auf demselben Weg.

Nun nehmen wir die Treppe (»Maglevandstrappen«) zum **Strand** hinunter. Unten links, führt uns der nächste Kilometer unterhalb am Fuß des Kliffs entlang und dabei abwechselnd über lose Kiesel und gröberes Geröll. Wir nehmen die nächste Treppe, wobei der erste Anstieg auf ihr sehr steil ist. Am oberen **Treppenende** 8

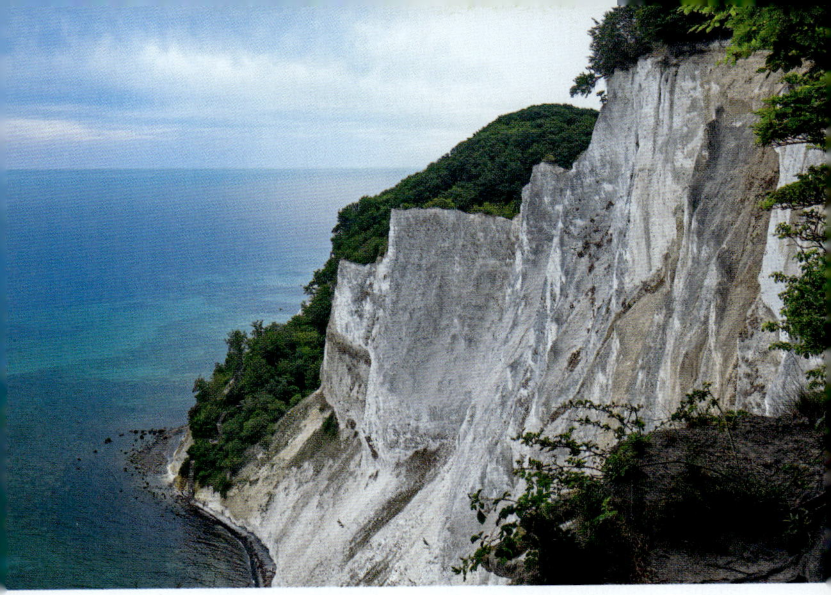

Die Klippen an Møns Klint sind bis zu 120 Meter hoch.

angelangt, biegen wir rechts ab und orientieren uns am Symbol »rote Krone auf grünem Grund«. Hinter einer kurzen Abwärtspassage kommen wir an eine Wegkreuzung, wo wir dem Rote-Krone-Symbol halb rechts aufwärts folgen.

Dann geht es mit stetigem Auf und Ab an der Hangkante entlang. Wo die »rote Krone« links abzweigt, behalten wir geradeaus die Richtung bei. Hinter dem großen Abbruch **Hylledals Slugt** bleiben wir auf einem kleinen Pfad weiterhin nahe an der Hangkante. Am Rand einer Offenfläche mündet er auf einen breiteren Pfad, auf dem wir uns rechts abwärts wenden. Wir treten durch ein Törchen und finden 100 m dahinter – erneut mit »roter Krone« – eine Abzweigung nach rechts, die uns durch ein Törchen wieder in den Wald und aufwärts zu einem lohnenden Aussichtspunkt bringt. Von diesem **Hochpunkt** 9 am **Store Taler Fald** steigen wir zügig abwärts, wobei wir bei Verzweigungen immer die rechte Variante wählen.

Der Weg mündet auf eine kleine Freifläche mit Bänken. Dort links, durch ein Törchen und dann halb rechts auf eine Fahrspur abbiegen. Auf ihr wandern wir in Richtung Südwesten durch ein offenes Tälchen, **Jydelejet**. Bei einer undeutlichen Verzweigung bleiben wir halb links auf dem Hauptweg und gewinnen anschließend ein klein wenig an Höhe. Schließlich erreichen wir den vom Herweg bekannten Abbiegepunkt, passieren ihn geradeaus und haben den **Parkplatz** 1 nach 150 m wieder vor uns.

TOP

23 Liselund und Store Taler Fald

↗ 180 m | ↘ 180 m | 5.5 km

1.45 h

Romantischer Park und schroffe Felsen

Die wildromantische Landschaft im Osten Møns zog im späten 18. Jh. einen französischen Edelmann an, der hier einen romantischen Park im Sinne des Naturphilosophen Rousseau anlegen ließ. Es wurden nicht nur Teiche geschaffen, Baumgruppen gepflanzt und ein kleines Lustschlösschen errichtet, sondern auch exotisch wirkende Gebäude wie die »Schweizer Hütte« und das »Norwegische Haus« als Blickfang in die Landschaft platziert. Im Jahr 1905 war jedoch für die spektakuläre Lage an der Kliffkante ein hoher Preis zu entrichten, denn etwa ein Drittel des Parks wurde Opfer eines Erdrutsches. Auch heute ist die Steilküste von Møns Klint eine sehr dynamische Landschaft, die im Schnitt ca. zwei bis vier Zentimeter pro Jahr an das Meer verliert, was sich auch in größeren Felsstürzen manifestieren kann. Einer der letzten großen Felsstürze geschah in Store Taler (2007), mit dem Effekt, dass sich die Steilküste hier heute von ihrer schroffsten und eindrücklichsten Seite zeigt.

Ausgangspunkt: Parkplatz Liselund. Am östlichen Ortsrand von Borre links in Richtung Liselund Slot abbiegen. Im Weiler Alebæk auf der Hauptstraße rechts halten und ihr weitere knapp 4 km folgen. Vor einem großen Bauernhof (langsam fahren!) zunächst rechts, danach links in Richtung Liselund Slot abbiegen. Parkplatz nach 200 m geradeaus.

Anforderungen: Im Park angelegte Wege, im Wald überwiegend schmale Pfade, die steil am Hang verlaufen können (Trittsicherheit erforderlich), am Strand unterhalb des Kliffs lose Kiesel und größeres Geröll und einzelne Bäume, über die man u. U klettern muss. Abstieg und Aufstieg zum bzw. vom Strand über breite, aber stellenweise steile Treppen.

Einkehr: Nur nahe dem Ausgangspunkt im Ny Slot.

Kombinationsmöglichkeit: Mit Tour 22; zusammen ca. 15 km.

Hinweise: 1) Achtung: erhöhtes Bergsturzrisiko. Deswegen können Wege an der Hangkante in Zukunft verschwinden. Es ist aber davon auszugehen, dass dann Ersatzwege oder Ausweichrouten angelegt werden, sodass die Tour auch weiterhin »funktioniert«. 2) Es dürfen keine Blumen gepflückt werden.

Karte: Møn und Camønoen (Calazo-Verlag).

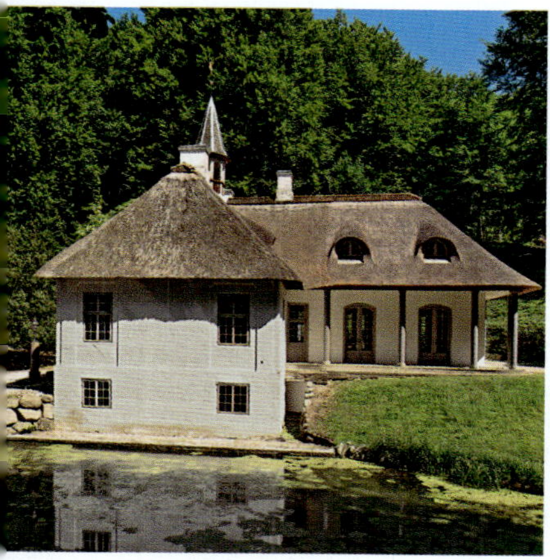

Schlösschen Liselund.

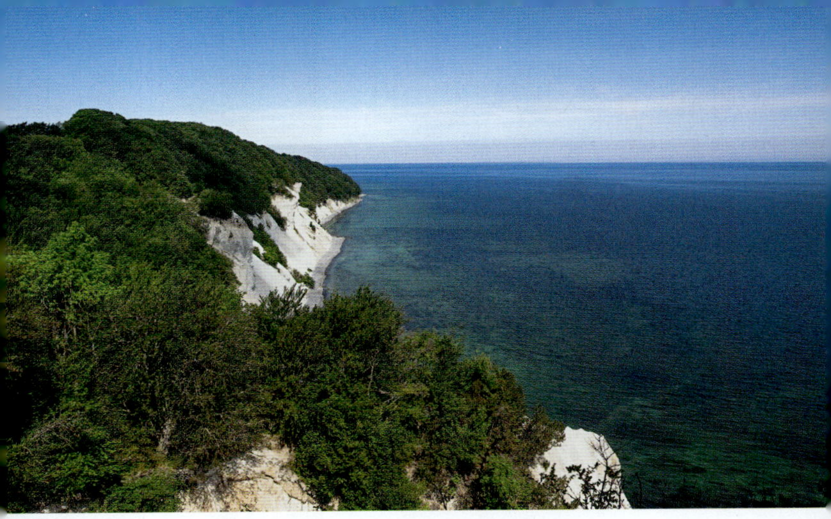

Vom Aussichtspunkt Store Taler Fald öffnet sich ein weiter Blick.

Vom **Parkplatz** ❶ begeben wir uns abwärts zum Eingang des Parks, passieren das Schweizerhäuschen und biegen dann mit dem Hauptweg (»rote Krone auf grünem Grund«) rechts ab. Wir laufen an dem kleinen **Lustschlösschen Liselund** ❷ vorbei in ein schmales Tälchen hinein. Wir gelangen zu einem Teich und gehen an seinem Ostufer (links) entlang. Kurz bevor er endet, zweigt links ein Fußpfad ab. Nach weiteren 50 m, beim **Parkplatz Heseskov** ❸, erneut links. Nach 300 m biegen wir bei einer **T-Kreuzung** ❹ rechts ab. Der Pfad steigt kurz und kräftig an, bevor er mit etwas mäßigerem Auf und Ab an der Hangkante entlangführt. Schließlich verlieren wir wieder an Höhe, lassen eine Abzweigung nach rechts unbeachtet und wandern zunächst auch an der **Treppe** ❺ vorbei, die wir uns aber für später merken.
Wir gelangen an einen kleinen **Aussichtspunkt** mit mehreren Bänken und schlagen den Weg am weitesten links ein. Er bringt uns – dabei kräftig ansteigend – zu mehreren Aussichtspunkten an der Klippe **Store Taler Fald**, wobei wir immer die linke Variante wählen (Achtung: nicht vom Weg abweichen!). Hinter einem aussichtsreichen **Hochpunkt** ❻ schließt sich eine kurze Abwärtspassage an. Wir durchqueren ein Törchen und stoßen wenige Meter dahinter auf einen Querweg; dort rechts. Am Hangfuß durchqueren wir ein Törchen halb rechts und stehen wieder am schon bekannten **Aussichtspunkt**.

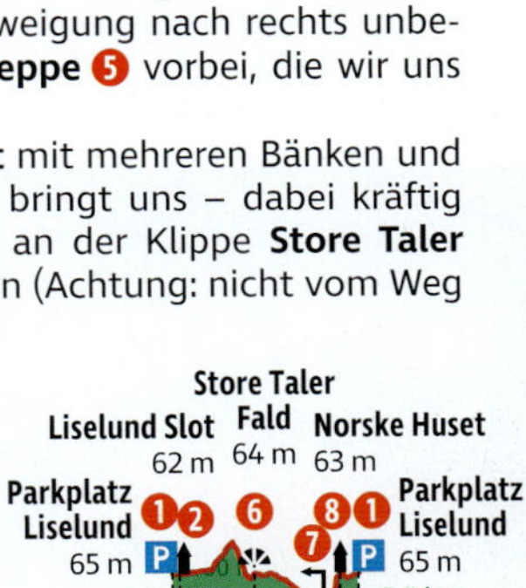

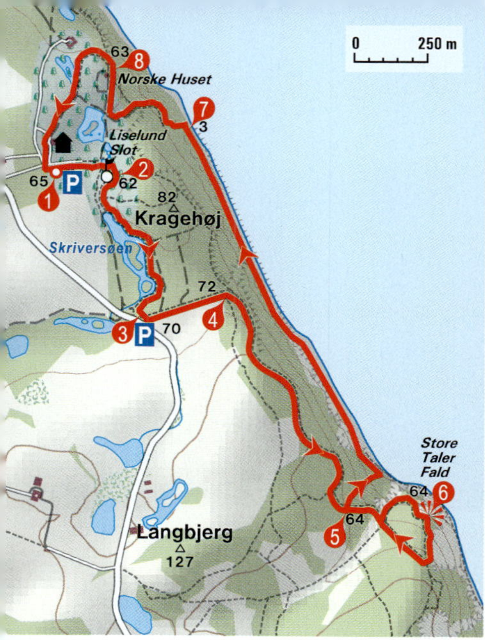

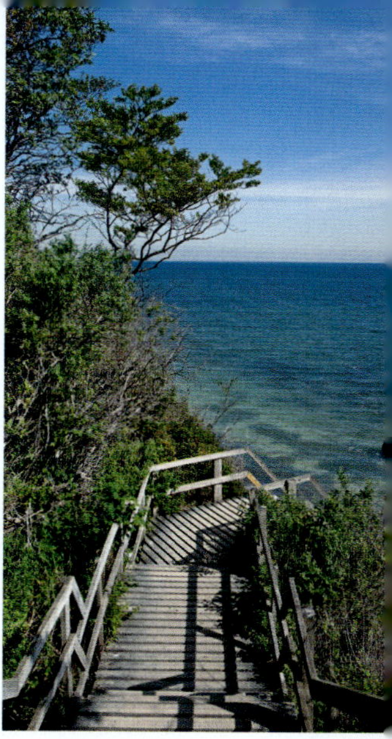
Treppen zum Fuß der Steilküste.

Wir kehren auf dem schon bekannten Weg zurück zur **Treppe 5**, die wir nun nutzen. Am Strand halten wir uns links. Der Aufstieg erfolgt nach ca. 1,3 km wieder mittels einer **Treppe 7**. Auf halber Höhe, einer natürlichen Terrasse, knickt der Weg rechts ab und verliert noch einmal kurz an Höhe. Hinter einem Steg ignorieren wir eine Abzweigung nach links, queren anschließend die sogenannte **Teufelsbrücke** und ersteigen 10 m dahinter die Stufen halb rechts aufwärts. An der Hangoberkante laufen wir über eine Kreuzung geradeaus hinweg und nehmen erst bei der zweiten Kreuzung einen angelegten Weg rechts aufwärts. Er bringt uns zum **Norske Huset 8**. 50 m dahinter biegen wir auf einen Wiesenweg links ab. In einem Bogen bringt er uns zurück zum zentralen Teil des Parks. Geradeaus gelangen wir am **Ny Slot** vorbei wieder zu unserem Ausgangspunkt am **Parkplatz 1**.

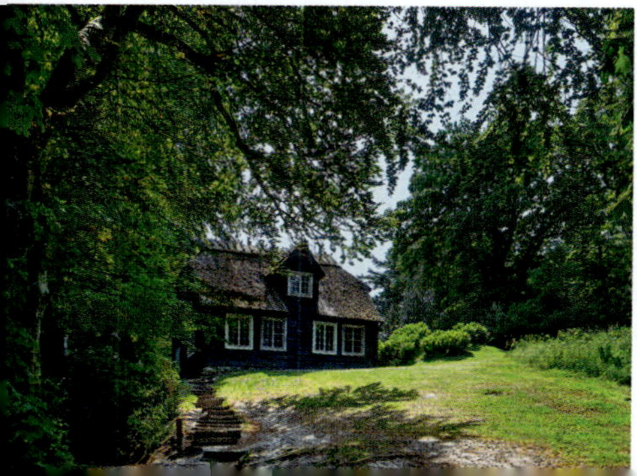
Das Norske Huset.

↗ 40 m | ↘ 40 m | 9.6 km

2.20 h

Ulvshale 24

Weiden, Heiden und Laubmischwälder mit literarischer Fußnote

Die Halbinsel Ulvshale hat nichts von der landschaftlichen Dramatik der Kreidefelsen im Osten der Insel Møn – und sollte dennoch nicht links liegen gelassen werden. Denn dafür ist die Landschaft viel zu ansprechend und abwechslungsreich: Große Weideflächen und Schilf- und Marschgebiete im Süden der Halbinsel, ausgedehntes Heideland, Strand und Dünen im Norden und nicht zuletzt – im Landesinneren – ein fantastischer Laubmischwald mit Linden, Eichen, Buchen und Hainbuchen, der sich zum Urwald entwickeln darf, machen den Reiz dieses Landstrichs aus. Man kann sich in diese Landschaft verlieben – und das passiert auch schon mal Menschen mit prominentem Namen: Der Literatur-Nobelpreisträger Günter Grass verbrachte regelmäßig seine Ferien hier und mietete schließlich das Vogterhus nicht nur während des Urlaubs, sondern ganzjährig an. Hier entstanden Teile des Romans »Der Butt«, einem seiner bekanntesten Werke.

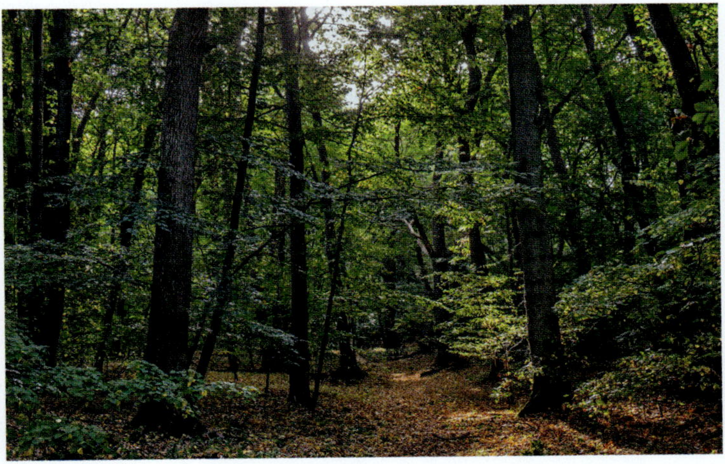

Dieser tolle Edellaubholzwald ist eine Augenweide.

Ausgangspunkt: Parkplatz am Infoschild am Ulvshalevej im Ort Fælleskov Strand. Von Stege kommend, in Fælleskov Strand auf der Hauptstraße um die Linkskurve fahren und nach ca. 400 m, bei einem Infoschild, rechts am Straßenrand parken.

Anforderungen: Einfache Wanderung auf Fußpfaden, Feldwegen und am Strand.

Einkehr: Keine.

Karte: Møn und Camønoen (Calazo-Verlag).

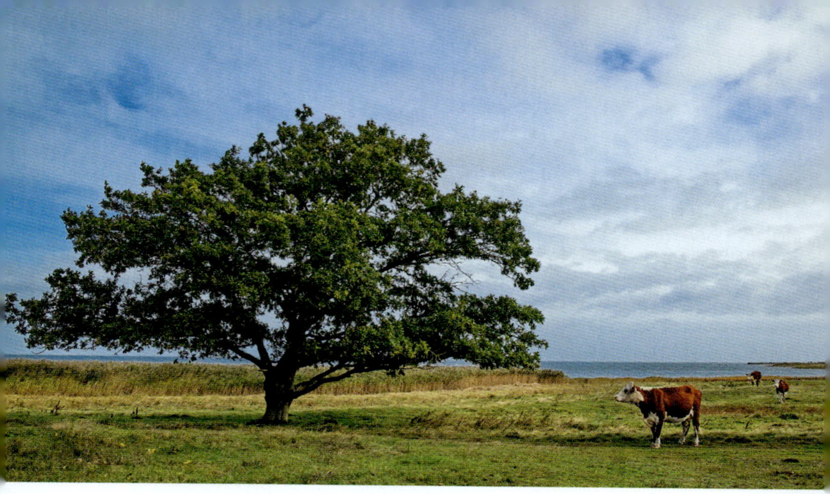

Auf dem Heideland im Norden der Halbinsel grasen Rinder.

Direkt gegenüber der **Parkmöglichkeit** am **Ulvshalevej** ❶ zweigt von der Hauptstraße der Hejrevej ab. Den nehmen wir. Nach 50 m biegen wir rechts in den Vibevej und bei der nächsten Möglichkeit links in den Ternevej ab. Wo er eine Rechtskurve beschreibt, gehen wir halb links über einen Steg und folgen dieser Richtung bis zu einem Querweg, dem **Kærhøgevej** ❷; hier rechts. Der Feldweg mutiert bald zum Grasweg und trifft auf einen querenden **Pfad** ❸, wo wir uns rechts halten. Hinter einer Linkskurve schwenkt der Pfad nach Nordwesten und für die nächsten Kilometer heißt die Wanderanweisung: immer geradeaus! Allerdings sollten wir nach 1,6 km, wo ein Stichweg nach links führt, die Möglichkeit nutzen, um – der Aussicht wegen – links einen Abstecher von 30 m auf den **Deich** zu machen.

»Geradeaus« gilt auch dort, wo der Pfad bei einer Feriensiedlung wieder auf einen Feldweg trifft. Wo dieser Weg auf die Hauptstraße **Ulvshalevej** ❹ mündet, finden wir 20 m rechts versetzt die Fortsetzung unseres Wegs in den Wald hinein. Der Pfad schwenkt auf Höhe eines Gebäudes etwas nach rechts. Einen Steg nach rechts ignorieren wir, sondern nehmen ca. 100 m dahinter bei einer **Gabelung** ❺ die rechte Möglichkeit und treten durch ein rotes Törchen.

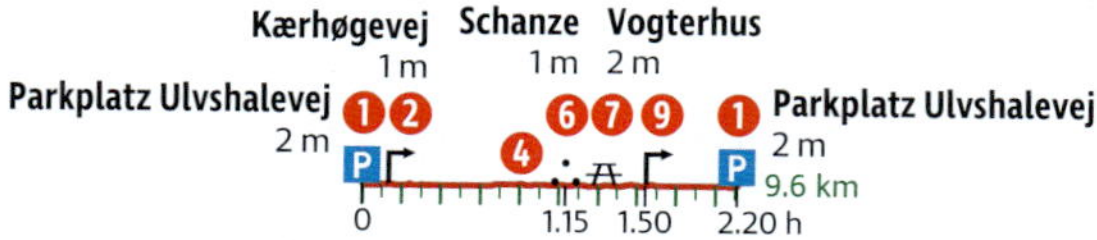

Nun geht es über eine halboffene Weidelandschaft, auf der wir nach einigen Hundert Metern linker Hand die Überreste einer alten **Schanzenanlage** 6 (mit Infotafel) vor uns haben. Wenige Schritte dahinter gabelt sich der Weg, wobei wir uns für die linke Möglichkeit entscheiden. Durch ein Törchen kommen wir auf eine Fahrspur und folgen ihr nach Osten. Vorbei an einem großen Stein (Echostein) erreichen wir das schilfgedeckte **Vogterhus** 7 und biegen unmittelbar davor rechts auf einen schmalen Pfad in den Wald hinein ab. Nach 100 m treffen wir auf einen Querweg und schwenken scharf links auf ihn ein.

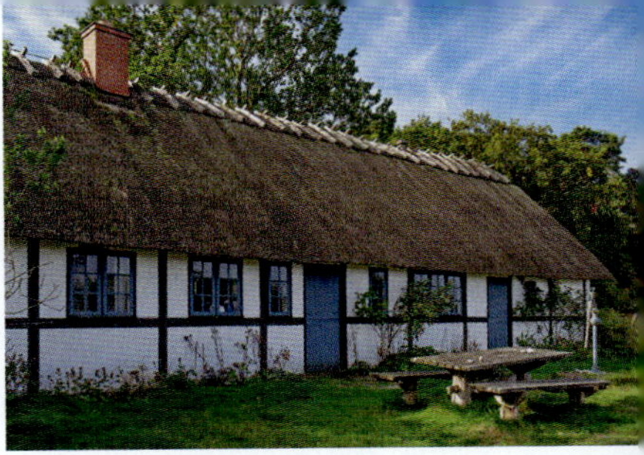

Günter Grass' Bleibe: das Vogterhus.

Wir spazieren nun nun unter Eichen, Hainbuchen und Linden entlang, bevor der Pfad mit einem Linksbogen wieder auf den Feldweg mündet. Wenige Schritte nach rechts bringen uns zu einer Abzweigung, wo wir links auf einen **Privatweg** 8 (als Fußgänger dürfen wir ihn nutzen) abbiegen. Bevor er nach 200 m links abknickt, nehmen wir halb rechts einen **Trampelpfad** 9, der uns direkt zum **Strand** bringt; dort rechts. Wir wandern auf dem Strand entlang, bis wir wieder auf Höhe der **Parkmöglichkeit** am **Ulvshalevej** 1 anlangen und sie mit ein paar Schritten über den Deich erreichen.

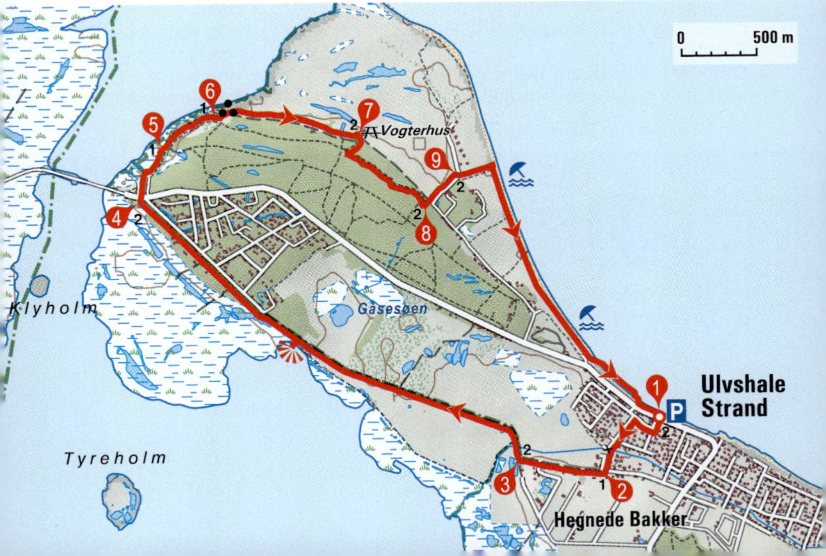

↗ 60 m | ↘ 30 m | 7.9 km

25 Stevns Klint

2.15 h

Wo eine Gesteinsschicht einen erdgeschichtlichen Wendepunkt dokumentiert

Stevns Klint ist eine mehrere Kilometer lange Steilküste im Osten der Insel Sjælland, die bereits »an sich« einen Besuch wert ist und mit interessanten Zielen und Baulichkeiten aufwartet (Stevns Klint Experience, Koldkrigsmusem). Stevns Klint ist darüber hinaus jedoch auch eine UNESCO-Weltnaturerbestätte. Hier ist – wie nur an wenigen Stellen weltweit – eine Gesteinsschicht besonders gut erkennbar, die über eine globale Katastrophe Auskunft gibt, die den Verlauf der Erdgeschichte verändert hat. Heute weiß man, dass es der Einschlag des Chicxulub-Meteoriten vor 66 Mio. Jahren war, der nicht nur die Dinosaurier auslöschte, sondern auch 70 % des Lebens auf der Erde vernichtete –dadurch jedoch auch den Aufstieg der Säugetiere begründete. Durch den Einschlag wurden unfassbare Mengen an Materie in die Atmosphäre geschleudert, die sich in der Folge weltweit ablagerten. Diese Schicht, die den Übergang vom Kreidezeitalter zum Tertiär markiert, ist an Stevns Klint über mehrere Kilometer hinweg eindrucksvoll sichtbar.

Ausgangspunkt: Parkplatz in Rødvig. Auf der Rute 261 nach Süden in den Ort hineinfahren. Der Parkplatz befindet sich westlich der Straße, nördlich des Rødvig Kro, zwischen Rute 261 und Bahnhof.
Endpunkt: Bushalt am Stevns Fyrcenter, Ausstieg an Haltestelle Rødvig Havn. Der Stevns-Klint-Bus fährt nur in der Zeit von Mittsommer (24.06.) bis Mitte August mit täglich drei Abfahrten pro Richtung. Damit man nicht zeitlich in die Bredouille gerät, bietet es sich an, das Auto am Stevns Fyrcenter abzustellen und von dort zuerst mit dem Bus nach Rødvig zu fahren, um die Strecken-

Die Steilküste von Stevns Klint ist ein geologisches Highlight.

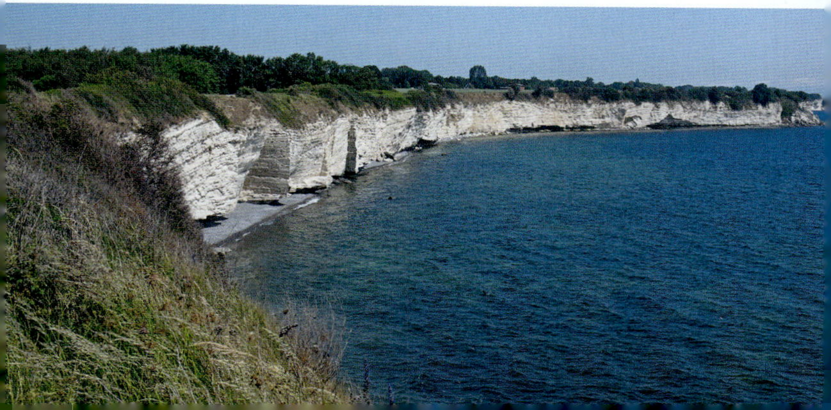

wanderung dann ohne Zeitdruck durchführen zu können.
Anforderungen: Überwiegend einfach zu begehende, abwechselnd breitere und schmalere Pfade, die jedoch streckenweise mit weniger als 2 m Abstand zur Steilkante verlaufen können (für Personen mit Höhenangst evtl. problematisch). Bei Nässe abschnittsweise schmierig. Abstecher zum Strand steinig.
Einkehr: Stevns Klint Experience (Café), Traktorstedet Højeruplund (Restaurant), Mad & Ro am Stevns Fyrcenter.
Varianten: 1) Längere Variante: Fortsetzung der Tour bis kurz vor Stevns Kritbrud (Bushaltestelle Vink – Lilledalsvej) dann ca. 11,5 km. 2) Kürzere Variante: bis Højerup: ca. 6,5 km. 3) Wer nicht auf den Bus angewiesen sein will: zwischen Stevns Klint Experience und Højerup ❻ hin und zurück ca. 9 km.
Hinweise: 1) Es dürfen keine Gesteine und Fossilien gesammelt werden. 2) Wer das am Weg liegende Infocenter Stevns Klint Experience (stevnsklint.dk) und das unweit des Wegs gelegene Koldkrigsmuseum (mit Führung, stevnsfortet.dk) besuchen will, sollte sich für die Tour ausreichend Zeit nehmen. 3) Wenn Kinder mit von der Partie sind, müssen diese im Bereich der Kliffkante angemessen beaufsichtigt werden.
Karte: Keine aktuelle analoge topografische Karte im Handel verfügbar.

Vom **Parkplatz ❶** nördlich des **Rødvig Kro** aus überqueren wir die Hauptstraße und laufen in den Brinkvej hinein. Bei der anschließenden Kreuzung biegen wir rechts in den Klintevej ein, lassen eine Abzweigung nach links unbeachtet und folgen anschließend seiner Linkskurve. Hier aufpassen: Gleich hinter der Kurve führt ein winziges **Pfädchen ❷** zwischen Hecken nach rechts (Symbol »Stevns Klint Trampestien«). Hinter dem Ortsrand geht es nun auf einem zunächst breiten

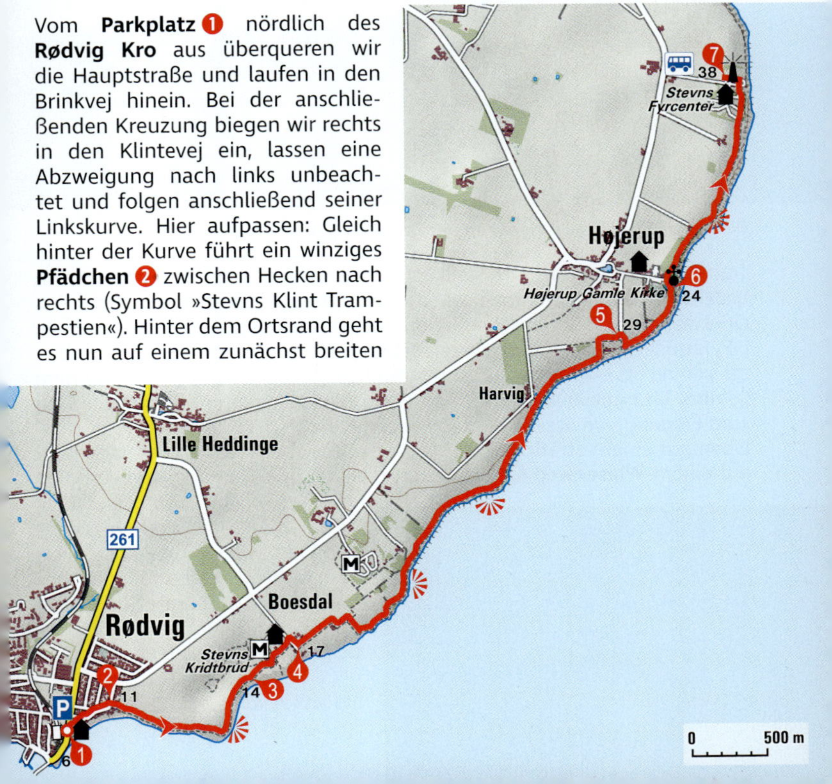

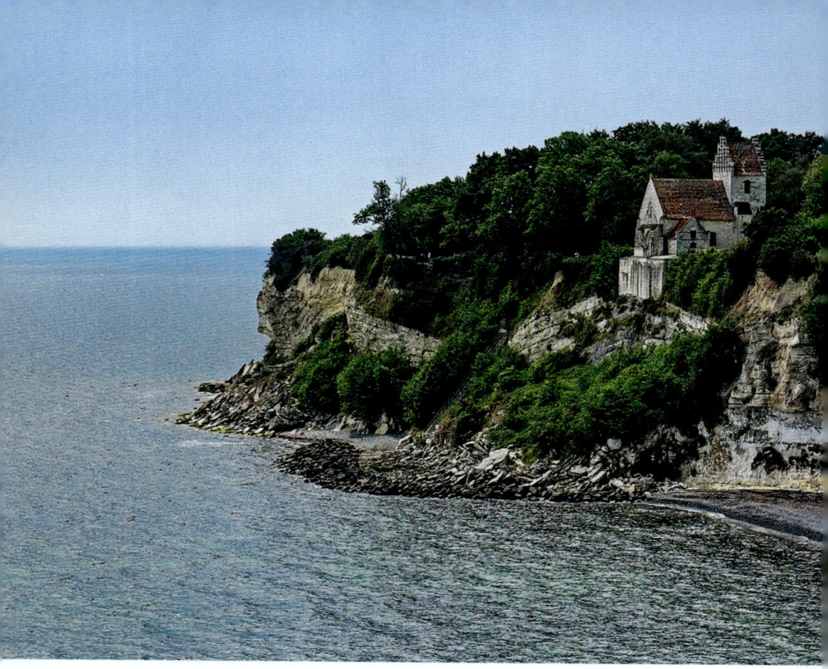

Die romanische Kirche von Højerup wird aufwendig gesichert.

Trampelpfad nahe an der Steilküste entlang. Am Rand des **alten Steinbruchs** angelangt, nehmen wir den **Hauptweg** ❸ halb links, dann den Querweg rechts, um anschließend die riesige ehemalige Trocknungshalle (»Pyramiden«) gegen den Uhrzeigersinn halb zu umrunden. Dahinter bietet sich rechts ein Abstecher zum Strand an. Wieder zurück, folgen wir dem Symbol »Trampestien« rechts den Hang hinauf (nach links führt ein Steg zum Eingang von Stevns Klint Experience).

Oben auf einem Sträßchen rechts. Wir velassen es nach 100 m nach links auf einem **Wiesenweg** ❹ und lassen uns von den Trampestien-Symbolen den Weg um ein Privatgrundstück weisen. Anschließend begleitet der Pfad wieder den Küstenverlauf, wobei wir unterhalb der ehemaligen Küstenbatterie (heute Koldkrigsmuseum) entlangwandern. Der Pfad ist hier schmaler,

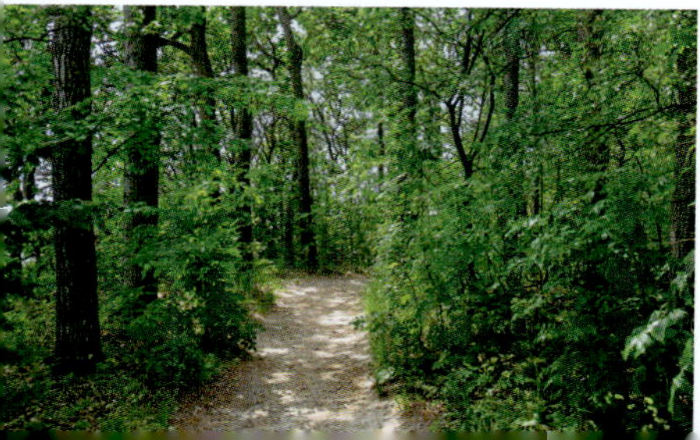

Wegabschnitt im Wald.

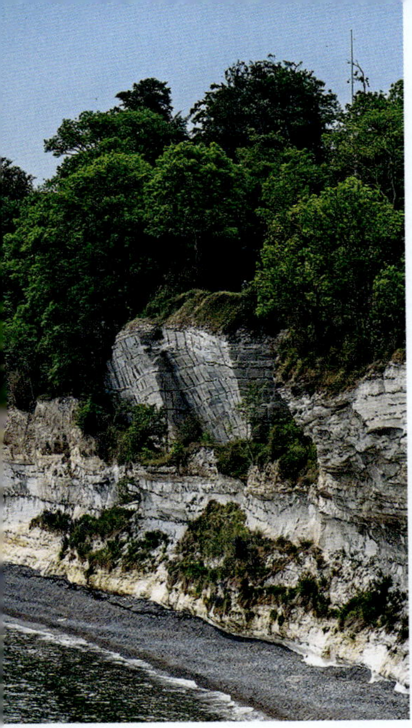

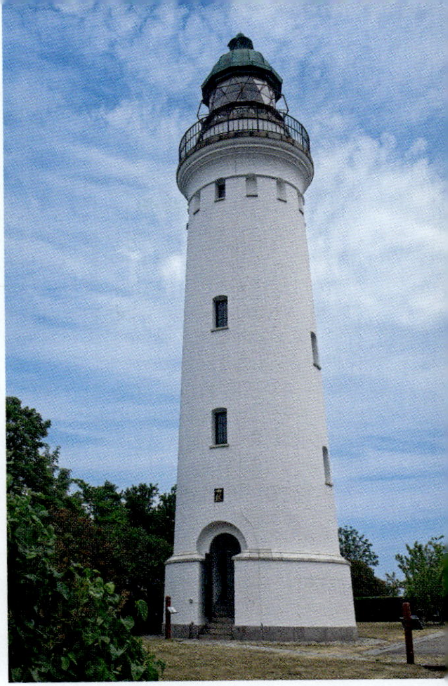

Leuchtturm Stevns Fyr.

aber trotzdem gut zu verfolgen. Nach 1,5 km schwenkt der Pfad von der Küste fort, um ein **Privatgrundstück** zu umgehen, hinter dem wir rechts abbiegen. Wir überqueren die **Zufahrt** 5 diagonal und folgen unserem Pfad mit dem schon bekannten Symbol weiter.
Nach weiteren 500 m erreichen wir **Højerup** und ignorieren alle nach links führenden Pfade. Kurz vor Højerups alter Kirche kann man einen Abstecher machen und mittels einer Treppe rechts zum Strand absteigen. Wir werfen anschließend einen Blick in Højerups **Gamle Kirke** 6, bevor wir unseren Weg an der Küste entlang fortsetzen und für kurze Zeit durch einen Gehölzbestand wandern. Ein weiterer Kilometer bringt uns zum **Stevns Fyrcenter** mit dem 27 m hohen Leuchtturm und seinem kleineren Vorgängerbau am Leuchtturmwärterhaus (heute Museum). Hier biegen wir links ab und spazieren zum **Eingangstor** 7, wo der Stevns-Bus hält. (Achtung: Die Haltestelle ist nicht beschildert.)

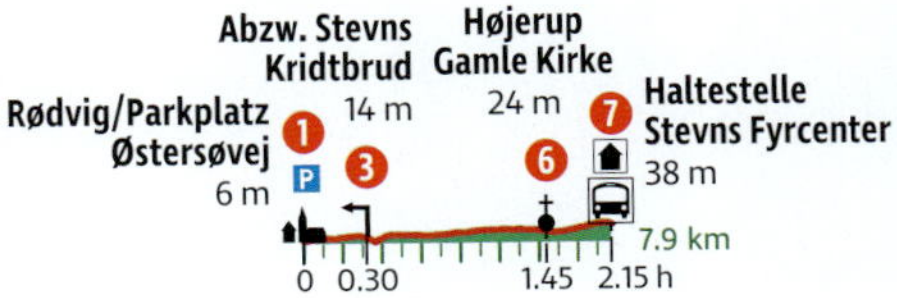

↗ 150 m | ↘ 150 m | 14.4 km

26 Hesede Skov und Øvre Suså

3.45 h

Auf Wald- und Wiesenwegen durchs Herz des südlichen Sjælland

Hesede Skov, der Wald von Hesede, befindet sich auf einem niedrigen Geländerücken, der selbst eine wellige Struktur aufweist. In den Senken befinden sich kleine Seen und Moore, auf den Hängen und Höhen abwechslungsreiche Gehölzbestände mit Laub-, Misch- und Nadelwäldern. An einer Stelle zeigt sich mit Svenskekløften, der »Schwedenkluft«, ein durch die Eiszeiten etwas stärker modelliertes Gelände in Form einer tief eingeschnittenen Schmelzwasserrinne. Auch ein (historisches) Arboretum – Paradishaven – mit einer Sammlung exotischer Baum- und Straucharten lässt sich erkunden (das jedoch ungepflegt und ziemlich verwildert ist). Östlich an den Wald schließt sich eine offene Flussniederung sowie eine weitläufige moorige Senke an, durch die das Flüsschen Øvre Suså gemächlich mäandrierend seinen Weg sucht. Mit der Villa Gallina befindet sich ein bekanntes Ausflugslokal direkt am Weg.

Die ältesten Eichen haben mehr als 300 Jahre auf dem Buckel.

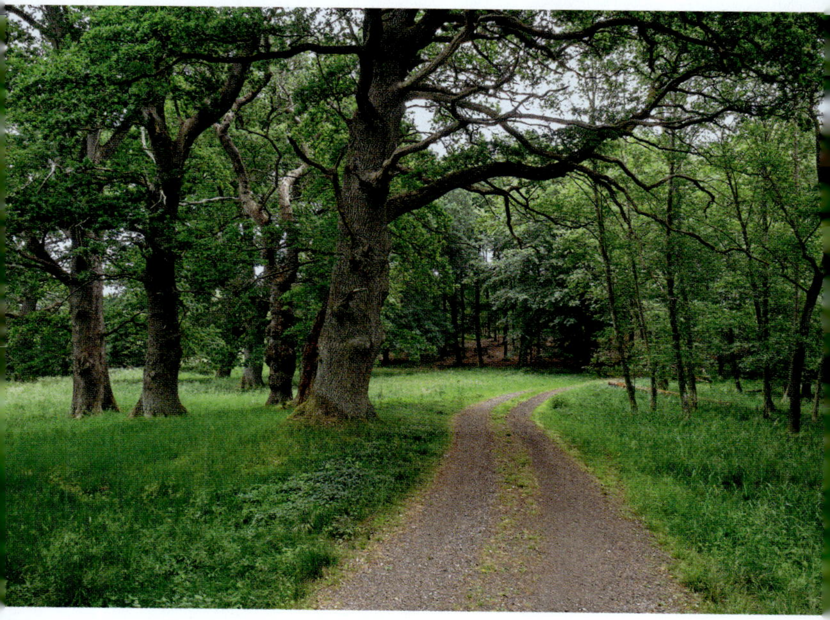

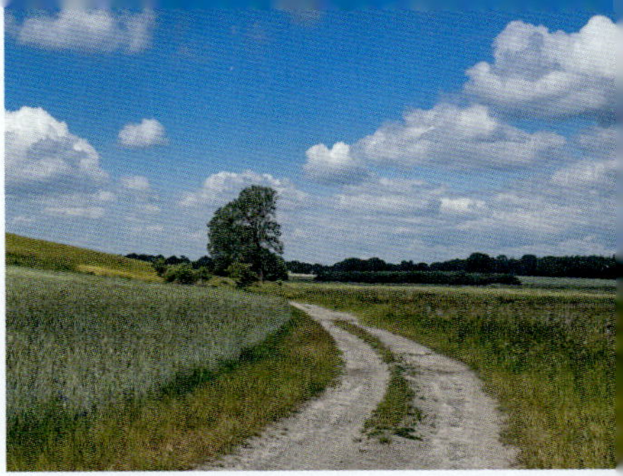

Aue des Øvre Susâ.

Ausgangspunkt: Kfz: Waldparkplatz Paradishaven/Svenskekløften. Von Olstrup auf der Rute 54 ca. 3,5 km nach Osten fahren. Mit einer Linksabbiegespur links in den Villa Gallina Vej abbiegen. Der Straße gut 1,5 km folgen bis zu einem ausgewiesenen Parkplatz linker Hand. ÖPNV: Bus 630R, Haltestelle Vester Egede (Camp Adventure), von dort nach Norden nach Vester Egede, dort links und bei einer T-Kreuzung rechts abbiegen. Start dann bei Wegpunkt ❽.
Anforderungen: Einfache, längere Wanderung auf Forst- und Feldwegen sowie befestigtem Untergrund; untergeordnet auf schmalen Pfaden, die stellenweise überwachsen sein können.
Einkehr: Villa Gallina (Ausflugsgaststätte, bei schönem Wetter an Wochenenden häufig überlaufen).
Varianten: Die große Runde lässt sich entlang des Villa Gallina Vej in eine östliche und eine westliche Runde aufteilen. 1) Östliche Runde: ca. 7,5 km 2) Westliche Runde: ca. 8,5 km. 3) Die Wanderung lässt sich nach Norden erweitern, um Gisselfeld Park und das Paradehuset zu erkunden (Eintritt; Infos: gisselfeld-kloster.dk). Dann ca. 16,5 km.
Karte: Keine aktuelle analoge topografische Karte im Handel verfügbar.

Vom **Parkplatz** ❶ aus starten wir die Runde auf dem breiten Forstweg nach Norden in den **Hesede Skov**. Bei einer Gabelung nach 200 m bleiben wir halb links auf dem Hauptweg und verlieren etwas an Höhe. Wir lassen ein Zugangstor (Zugang zum Paradishaven, einem verwilderten Arboretum, das individuell erkundet werden kann) und ein Gebäude links liegen und biegen hinter dem Grundstück, d. h. wo das Mäuerchen auf der linken Seite endet, links auf einen **Fußpfad** ❷ ab (Wegweiser »Svernskekløvten«). Wir folgen ihm zunächst mit etwas Höhengewinn (untergeordnet abzweigende Wege ignorieren wir), dann etwas abwärts über halboffenes Gelände und behalten diese Richtung auch dort bei, wo wir wieder in den Wald eintauchen (nicht nach rechts abbiegen).
Nun laufen wir westlich oberhalb des Dobels Svenksekløften entlang und erreichen hangabwärts einen Querweg; dort links. Mit geringem Auf und Ab kommen wir zu einer T-Kreuzung und nehmen den rechten Weg. Auf Höhe eines kleinen **Häuschens** ❸ erneut rechts. Auf den nächsten 1,2 km

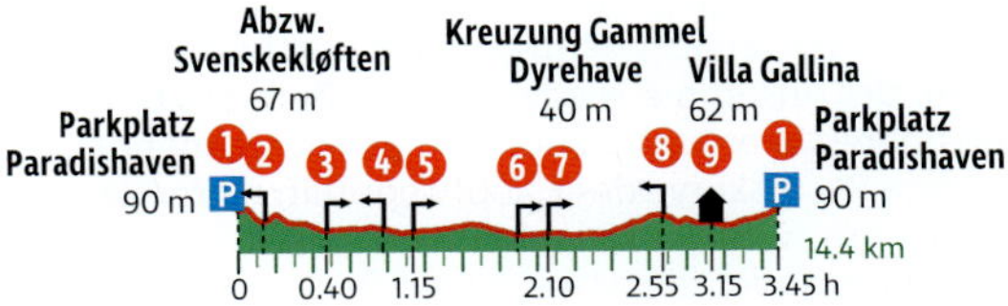

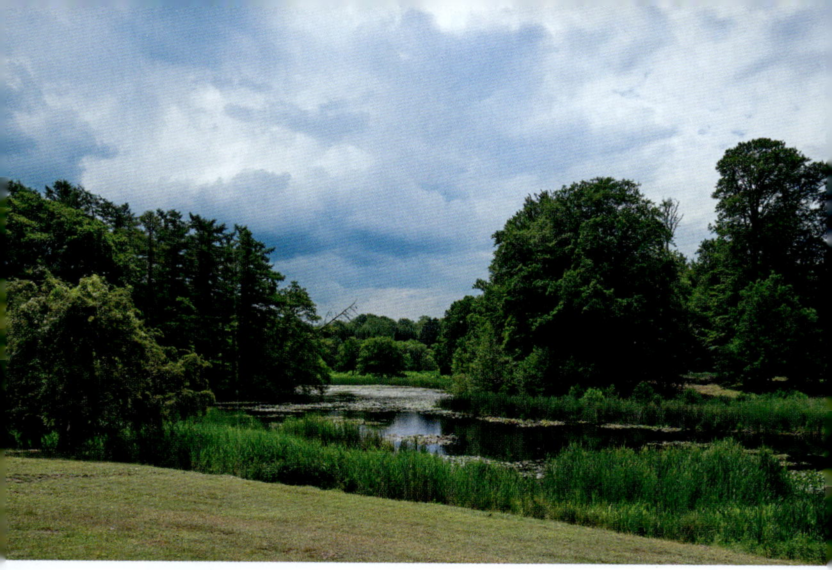

Einer der vielen kleinen Weiher im Hesede Skov.

bleiben wir dem Forstweg treu und biegen bei einer T-Kreuzung links auf einen breiteren ab. Auf ihm geht es um eine Rechtskurve, wobei wir die erste Abzweigung nach links unbeachtet lassen und erst die **zweite Abzweigung** ❹ nach links nehmen. Der Forstweg verliert an Höhe und nimmt nach gut 500 m einen weiteren breiten Forstweg von links auf.
Danach aufpassen: Wir wählen den nächsten Weg, einen schmaleren **Forstweg** ❺, nach rechts. Er steigt geringfügig an und schwenkt in einem Linksbogen nach Osten, wo uns ein Bestand mit den ältesten Eichen des Hesede Skov erwartet. An ihnen vorbei folgen wir dem Hauptweg in einem Bogen nach rechts, wo er auf einen Querweg mündet. Dort links, an einem hübschen Fachwerkhäuschen vorbei und auf der Hauptstraße erneut links. Jenseits des Waldrands zweigt ein **Sträßchen** rechts in Richtung Gisselfeld ab, auf dem wir abwärts spazieren. Bei der Straßenkreuzung links.
Nach 200 m biegen wir rechts auf einen **Feldweg** ❻ ab und nehmen bei der anschließenden Gabelung die rechte Möglichkeit. Nach 700 m gelangen wir an eine **Kreuzung** ❼ gleichberechtigter Wege im **Gammel Dyrehave**, wo wir uns nach rechts orientieren. Wir durchqueren einen schmalen Gehölzstreifen, der uns in die Niederung des **Øvre Suså** entlässt. Abzweigende Wege interessieren uns nicht, wir machen vielmehr eine Links- und später eine weite Rechtskurve des Hauptwegs mit, hinter der er sich gabelt. Wir entscheiden uns für die halb rechte Möglichkeit, nämlich den Grasweg entlang des Gehölzrandes den Hang hinauf (nicht scharf rechts).

Auf dem überwachsenen Grasweg kommen bald die ersten Häuser von **Vester Egede** in Sicht. Das Privatgrundstück am oberen Ende des Wegs umgehen wir rechts und laufen auf der anschließenden Straße ebenfalls rechts. 100 m hinter der Kirche schwenken wir rechts auf eine Teerstraße. Jetzt aufpassen: Nach 150 m, hinter dem ersten kleinen Hochpunkt der Straße, zweigt eine sehr unscheinbare und stark überwachsene **Traktorspur** 8 links ab; die nehmen wir. Sobald wir Wald betreten, wird daraus ein »ordentlicher« Forstweg, dem wir aufwärts folgen. Bei einer T-Kreuzung biegen wir dann rechts ab, bei einer weiteren T-Kreuzung nach 800 m links.

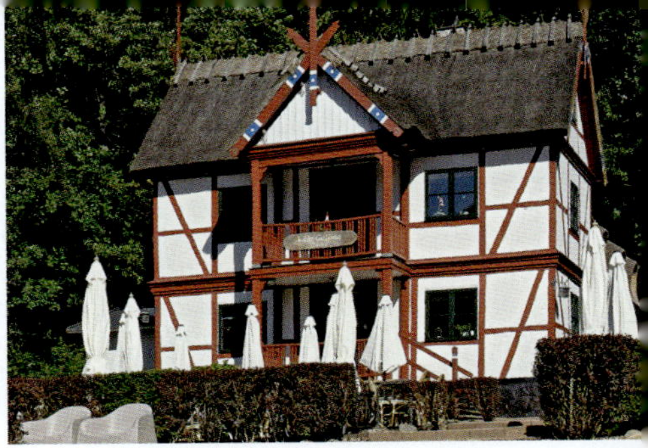

Beliebte Ausflugsgaststätte: Villa Gallina.

Wir erreichen **Villa Gallina** 9, ein beliebtes Ausflugslokal, und halten uns auf dessen Parkplatz halb rechts. Wir überqueren die Teerstraße geradeaus, wandern auf der anderen Seite einen Forstweg hinein und über eine Kreuzung nach 500 m geradeaus hinweg. Mit etwas Höhengewinn lassen wir eine Abzweigung rechts liegen (mit großem Findling), bevor unser Weg in einen breiten Forstweg mündet. Er bringt uns links nach 200 m zurück zum **Parkplatz** 1.

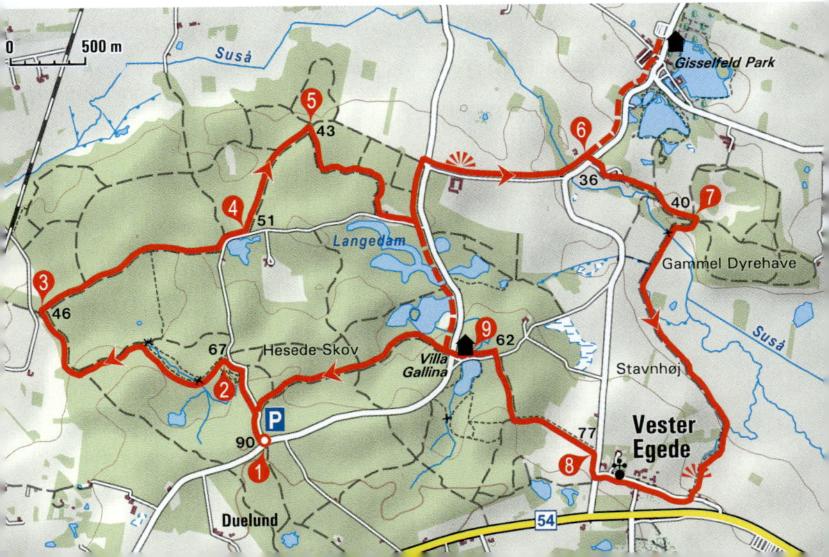

↗ 40 m | ↘ 40 m | 7.2 km

27 Holmegaard Mose

1.45 h

Unterwegs in einem der wenigen Hochmoore

Holmegaard Mose ist nicht nur eines der wenigen Hochmoore Sjællands, sondern gleichzeitig auch das größte. Heidekraut und Erika, Pfeifengras und Krähenbeere säumen den Weg, der im Sommer meist trockenen Fußes erkundet werden kann. Doch nur wenige Meter links oder rechts davon wird es deutlich nässer und es beginnt das Reich von Torfmoos, Wollgras, Rosmarinheide und Moosbeere. Hier finden sich auch echte Seltenheiten wie Runder Sonnentau und Gewöhnliches Fettkraut. Nicht nur die Vegetation ist bemerkenswert, auch die Tierwelt kann sich sehen lassen: Rohrweihen können häufig über den offenen Moorflächen beobachtet werden und etwas dichter über Grund sind zahlreiche Libellen unterwegs. Leider ist das Moor durch früheren Torfabbau in Mitleidenschaft gezogen, doch versucht man schon seit einigen Jahren, die Wasserverhältnisse wieder zu stabilisieren und durch Anstau an die ursprünglichen Verhältnisse anzupassen. Gleichzeitig werden Birken aus den nässesten Bereichen des Moors entfernt und Pflegemaßnahmen durchgeführt, um die offenen Moorflächen zu erhalten.

Ausgangspunkt: Parkplatz für Pkw 600 m nordwestlich des Ortsausgangs von Fensmark. In Fensmark den Holmegaardsvej in Richtung Nordwesten nehmen und den Schildern in Richtung Herlufsmagle folgen. 600 m jenseits des Ortsrands, unmittelbar (!) hinter einer Häusergruppe, rechts auf einen Feldweg (»Til Mosen«) abbiegen. Parkplätze nach 50 m rechts. Achtung: Für Wohnmobile nicht geeignet, kostenpflichtige Ausweichmöglichkeit (großer Parkplatz) an Holmegaards Værk (von dort Zugang möglich, aber nicht ganz einfach zu finden).

Anforderungen: Einfache Wanderung auf Feldwegen und Pfaden, im mittleren Drittel etwas überwachsen. Nach längeren Niederschlagsperioden sehr nasser Untergrund.

Einkehr: Keine am Weg. Restaurant Holmegaard und Eiscafé Holmegaard, beide ca. 500 m vom Wanderweg entfernt.

Varianten: 1) Nur südwestliche Runde: ca. 3,5 km. 2) Nur östliche Runde (Parken – gebührenpflichtig – an Holmegaards Værk): ca. 5,5 km.

Hinweis: Im Naturschutzgebiet Holmegaard Mose gilt ein Rauchverbot.

Karte: Keine aktuelle analoge topografische Karte im Handel verfügbar.

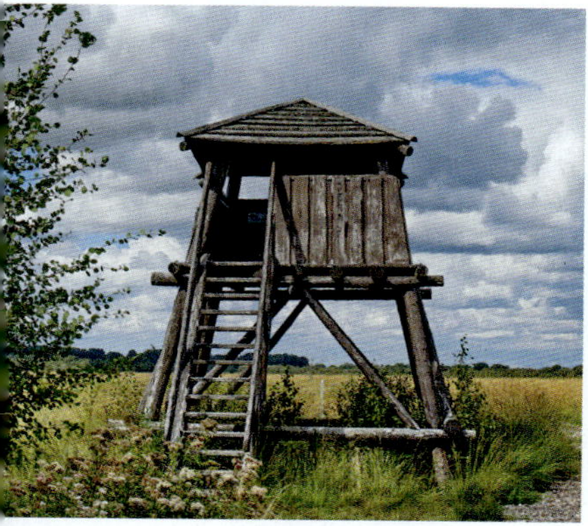

Von dem Aussichtsturm blickt man weit über Holmegaard Mose.

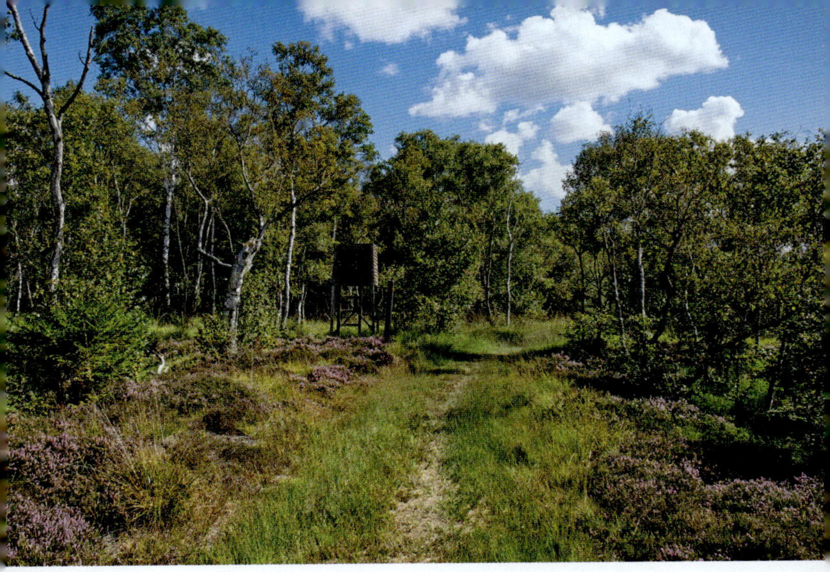

Im östlichen Teil des Moors herrscht ein Birken-Moorwald vor.

Wir wandern vom **Parkplatz** 1 aus auf dem Forstweg mit geringem Höhenverlust nach Nordosten und nehmen den ersten links abzweigenden **Forstweg** 2. Nach 400 m, im Buchenwald, zweigt ein **Trampelpfad** 3 rechts ab, der kurz noch durch Wald führt, bald aber die offene Moorfläche erreicht. Hier halten wir uns an den angelegten Weg, der mehrfach abknickt, aber einfach zu erkennen ist (an strategischen Stellen findet sich ein blauer Pfeil als Markierung, der wir allerdings in Gegenrichtung folgen). Mit einem Rechtsschwenk nimmt der Pfad bald Kurs auf einen kleinen Aussichtsturm und passiert eine **Abzweigung** 4 nach rechts (die wir ignorieren).

Beim **Aussichtstum** links (ab hier roter Pfeil als Markierung). Am gegenüberliegenden Waldrand kurvt der Weg nach rechts. Wir wandern auf dem Pfad am Waldrand entlang, dann um ei-

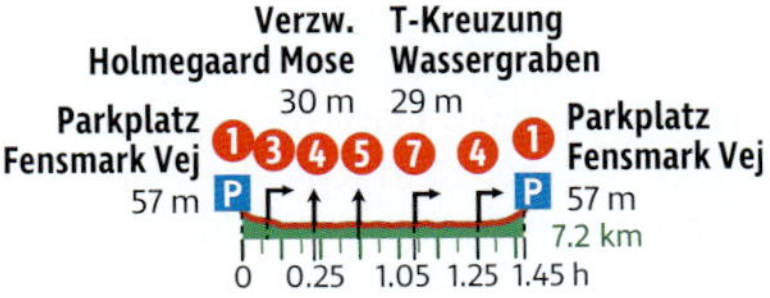

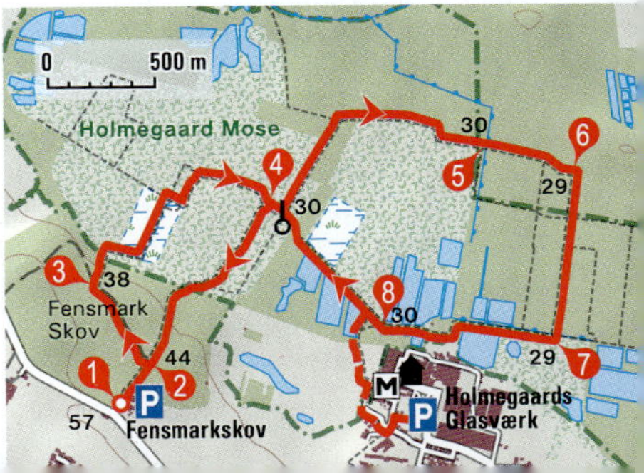

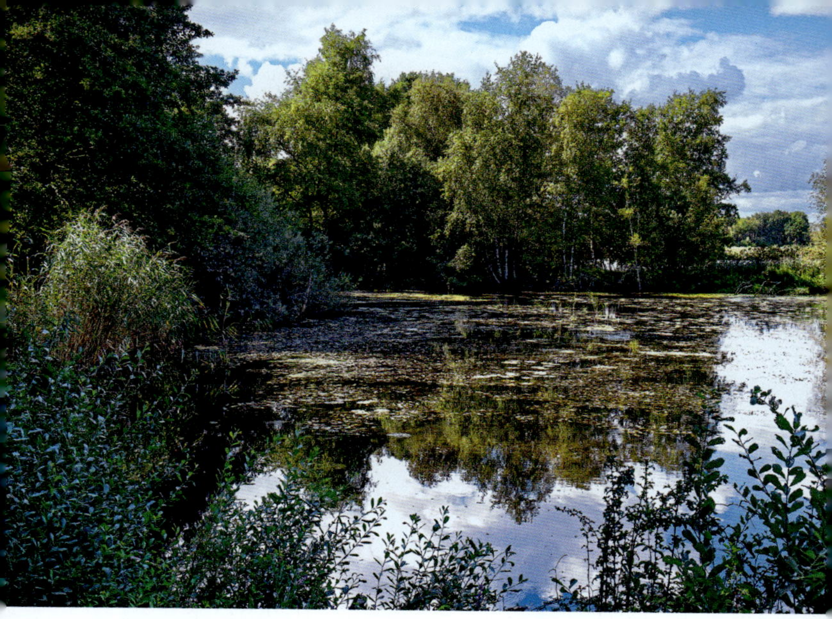

Wassergefüllter Torfstich.

nen Rechts-, und einen Linksknick. Nach weiteren 200 m folgen wir nicht dem rechts abknickenden Hauptweg weiter, sondern tauchen geradeaus in den **Birkenwald** 5 ein. Ab hier ist der Pfad etwas überwachsen. Über eine Kreuzung mit einem Fußpfad geht es geradeaus hinweg. Erst 150 m dahinter biegen wir an einer **Abzweigung** 6, den »roten Pfeil« beachtend, rechts ab. Nach 1 km (bzw. 12–15 Min.) – wir wandern dabei über drei mehr oder weniger deutliche Kreuzungen geradeaus hinweg – mündet unser Pfad gleich nach einem **Wassergraben** an einer **T-Kreuzung** 7 (!) auf einen Querweg, dem wir nach rechts folgen. Hinter einigen Stillgewässern rechter Hand gelangen wir an eine weitere T-Kreuzung; dort links. Mit einer Rechtskurve schwenkt der Weg anschließend nach Westen und passiert weitere Stillgewässer.

Bei einer **Kreuzung** 8 mehrerer Wege biegen wir halb rechts ab (weiterhin Markierung »roter Pfeil«). Nach ca. 600 m erreichen wir wieder den kleinen **Aussichtsturm**. Hier halten wir uns 100 m geradeaus und biegen – wo der Hauptweg etwas rechts abknickt – links auf ein schmales **Pfädchen** 4 ab. Auf ihm streben wir in Richtung Südwesten dem Waldrand zu. Im Wald treffen wir auf einen Forstweg, auf dem wir geradeaus mit leichtem Anstieg über die vom Herweg bekannte **Forstweggabelung** 2 wieder zum **Parkplatz** 1 gelangen.

↗ 40 m | ↘ 40 m | 8.4 km

2.00 h

Kobæk Strand und Egerup Strand

Salzwiesen, Strand und Sandheiden

Der »mittlere Westen« Sjællands gehört nicht zu den allerersten Anlaufstellen, was den Strandtourismus betrifft. Ein Umstand, der den Strand als Wanderrevier umso attraktiver macht. Zwar wird auch am Kobæk Strand gebadet – und insbesondere in den dänischen Sommerferien kann es hier durchaus auch lebhaft zugehen –, doch es ist kein Vergleich zu den bekannteren Badestränden weiter im Norden. Südlich des Badestrands sind es vor allem die ausgedehnten Salzwiesen, die ins Auge fallen, nördlich davon die breiten Sandheiden mit ihrem Bewuchs aus Strandhafer und Kartoffelrosen. Auf schmalen Pfaden geht es an windschiefen Bäumen vorbei nach Norden zum Egerup Strand, der noch ein Stückchen abgeschiedener liegt. Im Landesinneren führt der Weg durch Kulturlandschaft, an einem schmucken Bauernhof vorbei und schließlich durch einen Wald und ein kleines Ferienhausgebiet zurück zum Ausgangspunkt.

Ausgangspunkt: Kfz: Kleiner Parkplatz zwischen Skælskør und Kobæk Strand. In Skælskør in Richtung Kobæk Strand abbiegen. 600 m hinter dem Ortsrand findet sich der Parkplatz links der Straße. ÖPNV: Bus 909, Haltestelle Kobæk Strand. Start dann bei Wegpunkt 4.

Anforderungen: Einfache Wanderung auf Trampelpfaden, auf Feldwegen und am Strand.
Einkehr: Restaurant Kobæk.
Variante: Ohne nördlichsten Teil, dann ca. 7 km.
Karte: Keine aktuelle analoge topografische Karte im Handel verfügbar.

Der Strand von Egerup ist meistens alles andere als überlaufen.

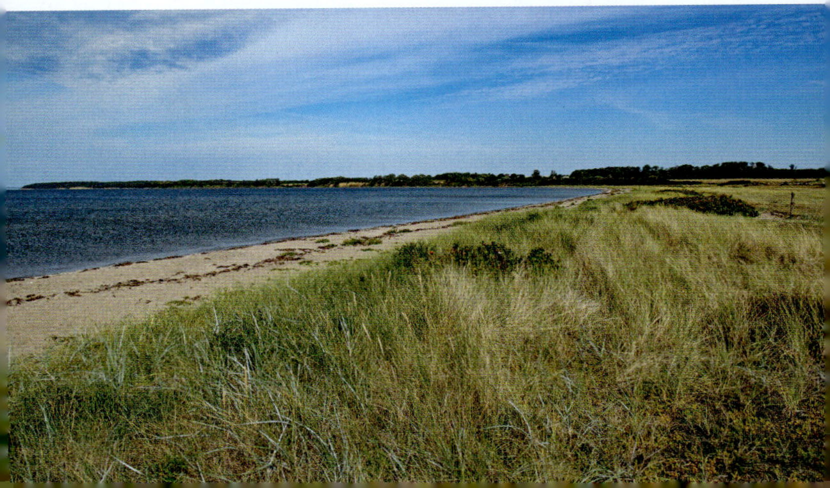

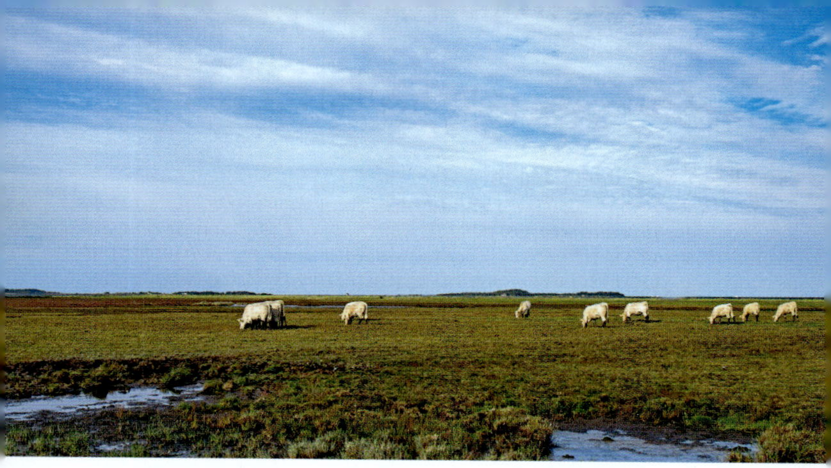

Im Süden der Tour quert man ausgedehnte Salz- und Nasswiesen.

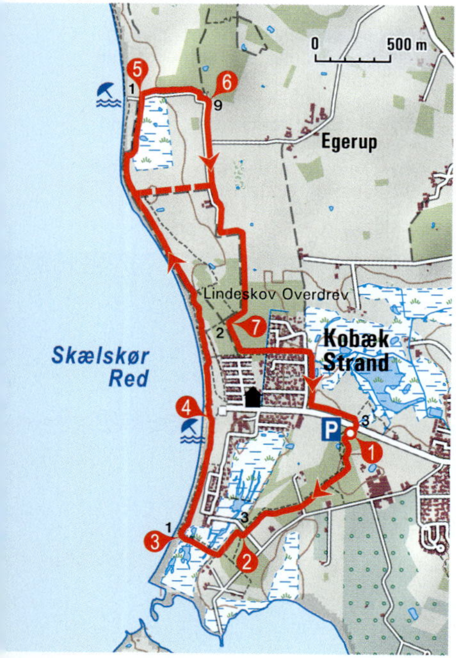

Am hinteren Rand des **Parkplatzes** ❶ entdecken wir einen Pfad in den Gehölzbestand hinein. Ihm folgen wir, überqueren nach 600 m einen Feldweg geradeaus und erreichen nach weiteren 400 m erneut einen querenden **Feldweg** ❷, auf den wir rechts abbiegen. Nach 50 m links und bei der ersten Möglichkeit rechts. Dabei handelt es sich um einen Grasweg quer über das Marschland, der nach Niederschlägen sehr nass sein kann.

Am **Strand** ❸ rechts. Entweder direkt an der Wasserlinie oder ca. 30 m zurückversetzt auf einem parallel zum Ufer führenden Pfad geht es nun nach Norden. Vorbei am **Badesteg** ❹ von **Kobæk Strand** gelangen wir auf eine Strandheide, die von vielen kleinen Wegen durchzogen wird. Das hübscheste Pfädchen verläuft etwa 20–30 m vom Ufer zurückversetzt und schlängelt sich zwi-

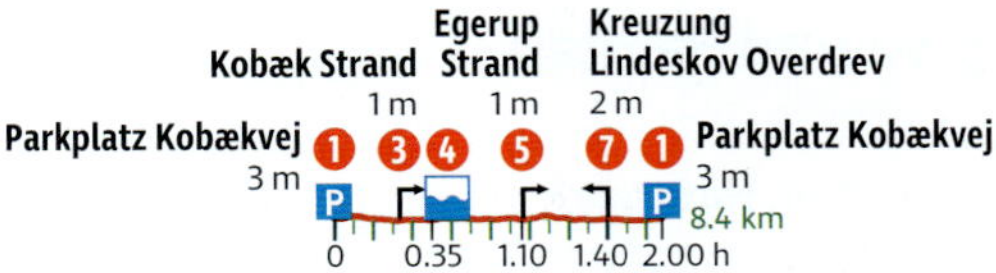

schen Strandhafer und Kartoffelrosen nach Norden. Schließlich wird die Strandheide schmaler und alle Wege konvergieren zu einem Hauptweg, der dicht an der Küste verläuft. Wir passieren ein Seezeichen und lassen danach einen Feldweg nach rechts unbeachtet.

Wir machen den kleinen Schlenker des Hauptwegs nach rechts mit und erreichen am **Egerup Strand** einen querenden **Feldweg** 5. Dort rechts und auf Höhe eines Häuschens erneut rechts auf den **Egerupvej** 6 in Richtung Süden. Dieser breite Feldweg knickt bald links ab, während wir auf einem untergeordneten Feldweg geradeaus weitermarschieren. Einen Bauernhof lassen wir rechts liegen, folgen dem Feldweg um zwei Kurven und betreten anschließend den Wald (Lindekov Overdrev). 100 m hinter dem Rechtsknick des Wegs biegen wir an einer **Wegkreuzung** 7 links ab.

Unmittelbar vor dem ersten Hausgrundstück am nördlichen Siedlungsrand nehmen wir einen Trampelpfad nach links. Diese Richtung behalten wir auch hinter einem kleinen Steg bei. Auf einer querenden, unbefestigten Fahrstraße rechts und auf der Hauptstraße links. Nach 300 m liegt der **Parkplatz** 1 wieder rechts vor uns.

Auch ein einzelnes Häuschen kann ein attraktiver Blickfang sein.

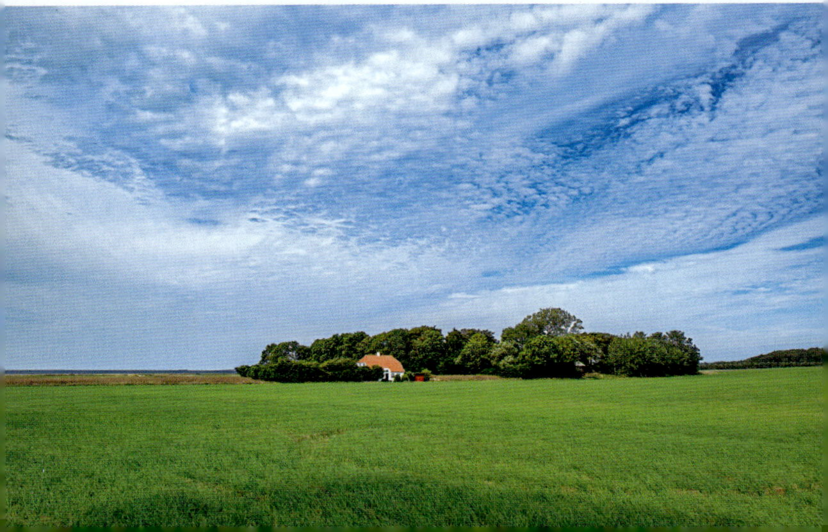

TOP

29

↗ 100 m | ↘ 100 m | 6.2 km

Tystrup Sø und Bavnen

1.45 h

In Dänemarks erstem Naturpark

Tystrup Sø gehört zu den größeren Seen und zu den fischreichsten Gewässern Mittelsjællands. Er ist ein wichtiger Überwinterungsplatz für Wasservögel, doch auch seine ornithologische »Sommerausstattung« kann sich sehen lassen: Seit 2003 brütet hier nämlich regelmäßig ein Seeadlerpaar und auch Rohrdommeln sind regelmäßige Brutvögel. Tystrup Sø wird an seinem Nord- und Ostufer von Laubwäldern eingerahmt, wobei sich am Ufer Erlenbestände und an den Hängen Buchenwälder finden, durch die sich schmale Pfade – manchmal in Form von Plankenwegen – schlängeln. Daran schließen sich im benachbarten hügeligen Gelände Magerrasen und extensiv genutzte Weideflächen an, die mit Galloway-Rindern und Exmoor-Ponys beweidet werden. Aufgrund des bewegten Geländes gibt es reichlich Möglichkeit, von den Hängen und Höhen wechselnde Ausblicke zu genießen. Diese Landschaft wurde schon in den 1960er-Jahren als erster Naturpark Dänemarks unter Schutz gestellt und ist heute eine kleine Wanderoase im Herzen Sjællands; es gibt sogar ein eigenes Naturschutzzentrum, das in einer ehemaligen Wassermühle untergebracht ist.

Ausgangspunkt: Kfz: Parkplatz Kongskilde Naturcenter. Von Süden kommend auf der Rute 157 durch Lynge Eskilstrup hindurchfahren und knapp 300 m hinter dem Ortsrand beim Hinweisschild »Kongskilde Naturcenter« links abbiegen. Parkplatz nach 50 m rechts. ÖPNV: Bus 615, Haltestelle Kongskilde Friluftsgård.

Anforderungen: Wanderung auf Trampelpfaden, Gras- und Feldwegen, bei Nässe stellenweise matschig. Zwei steile, aber kurze An- und Abstiege.

Einkehr: Keine.

Hinweis: Beim Abstecher zum »Bjerget« 8 sind Hunde nicht erlaubt (kann ausgelassen werden).

Karte: Keine aktuelle analoge topografische Karte im Handel verfügbar.

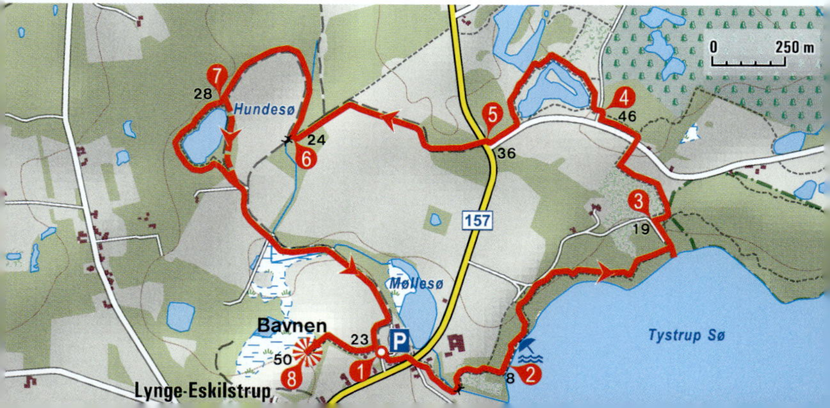

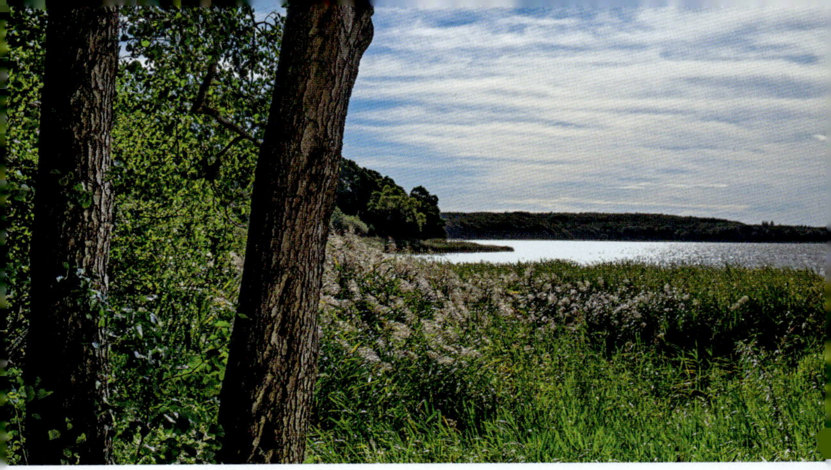

Tystrup Sø ist der größte See im mittleren Sjælland.

Am Südrand des **Parkplatzes** ❶ ersteigen wir eine Treppe (Beschilderung »Kongskilde Naturcenter«), folgen dem Pfädchen abwärts – links lohnt ein kurzer Abstecher zum Ufer des **Møllesø** – und unterqueren die Rute 157 mittels einer Unterführung. Dahinter befindet sich das **Kongskilde Naturcenter** in der historischen Mühle, an dem wir rechts vorbeilaufen. Der angelegte Weg führt zunächst an einem Bach entlang, dann über eine Brücke nach links. Eine Infotafel weist auf eine Steinsetzung hin (links des Wegs), bevor wir das Nordufer des **Tystrup Sø** ❷ erreichen. Dort links.

Am Nordostrand der Liegewiese treffen wir wieder auf einen Pfad und wählen nach 100 m bei einer Verzweigung die rechte Möglichkeit, einen Plankensteg. Dieser Pfad führt abwechselnd durch Buchenwald am Hang und Erlenwald am Hangfuß, wobei nasse Stellen mit Planken überwunden werden. Nach 250 m zweigt unser Pfad rechts ab, wobei wir der gelben Markierung folgen. Hinter einer Lichtung geht es noch kurz durch Wald, bevor wir zu einer Kreuzung kommen. Dort links und nach 100 m an der **Verzweigung** ❸ rechts (weiterhin gelbe Markierung). Mit einem kurzen kräftigen Anstieg erklimmen wir den Hang.

Auf der Straße links. Nach 100 m biegen wir rechts in ein Seitensträßchen ab, von dem bereits nach 10 m links ein kleiner **Pfad** ❹ abzweigt.

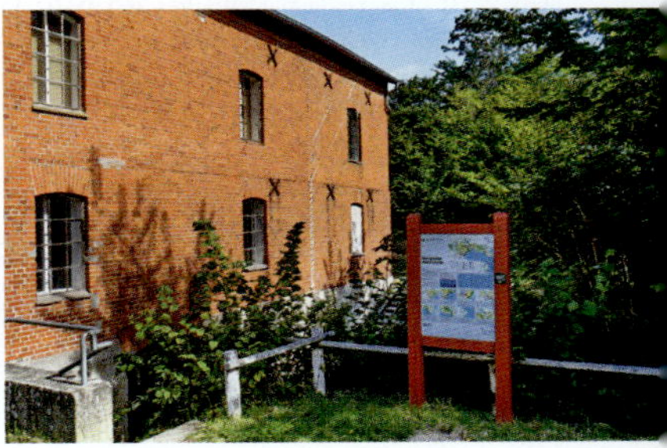

Infotafel vor dem Besucherzentrum.

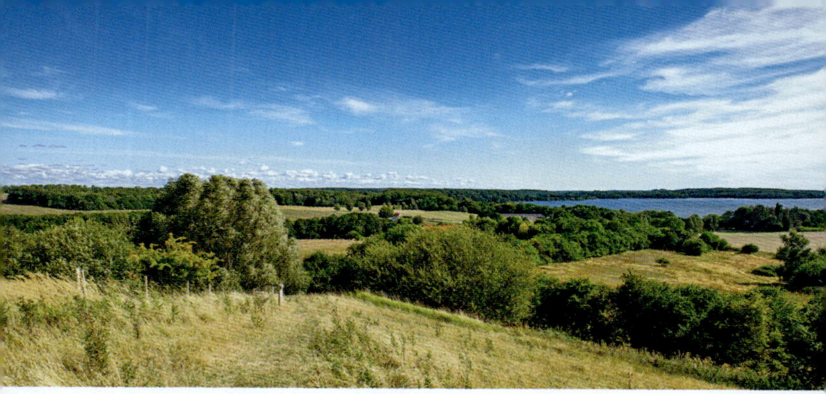

Die höchste Erhebung bietet einen atemberaubenden Rundumblick.

Hinter einem Gebüsch halb rechts. Auf dem Grasweg umrunden wir ein Feuchtgebiet und schwenken vor (!) einem kräftigen Anstieg des Wegs nach links. Wir erreichen wieder die Straße und gehen auf ihr nach rechts. Die querende Hauptstraße **Rute 157** 5 kreuzen wir geradeaus und nehmen hinter einem Törchen den Forstweg in den Wald hinein. Hinter dem Waldgürtel rechts. Der Weg an einer Hecke entlang bringt uns zu einem Querweg, wo wir uns nach links orientieren. Den nächsten Feldweg nach rechts ignorieren wir, sondern halten uns weiter geradeaus und verlieren in einem Gehölzbestand etwas an Höhe. Auch den Trampelpfad nach rechts am Hangfuß beachten wir nicht, sondern nehmen erst am Rand des Gehölzes einen **Grasweg** 6 nach rechts (gelbe Markierung).

Mit einem weiten Linksbogen geht es um die große Lichtung herum bis zum Nordufer des kleinen **Hundesø** 7. Dort rechts (wer diese etwas ruppige Teilstrecke umgehen will, geht geradeaus weiter und trifft nach 200 m wieder auf den beschriebenen Weg). Am Südufer wandern wir an einem Rastplatz vorbei und treffen wieder auf den Weg mit der gelben Markierung. Sowohl auf ihm als auch dem Hauptweg nach 200 m rechts. Auf diesem Feldweg erreichen wir **Kongskilde** und biegen vor dem ersten Haus rechts ab und stehen wieder auf dem **Parkplatz** 1.

Zum Schluss bietet sich noch ein sehr zu empfehlender Abstecher an: Dazu wählen wir den Pfad rechts (»Adgang til Bjerget«). Er begleitet zunächst eine Hecke, bevor er uns hinter einem Linksknick dann steil aufwärts zum höchsten Punkt des **Bavnen** 8 bringt, wo wir die schöne Aussicht genießen können. Zurück zum Ausgangspunkt am **Parkplatz** 1 geht es dann auf demselben Weg.

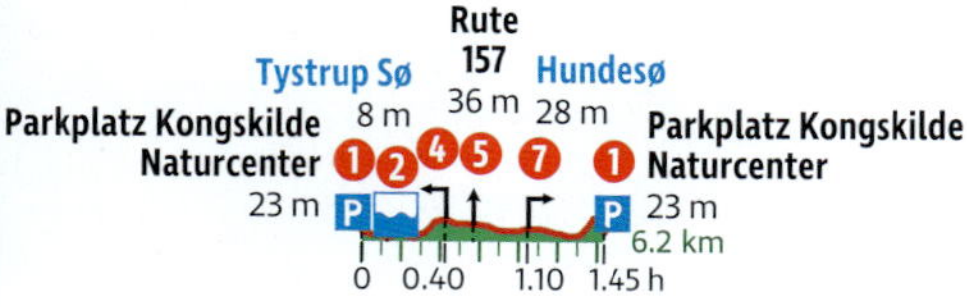

↗ 80 m | ↘ 80 m | 12.9 km

3.15 h

Haraldsted Sø und Vrangeskov

Ein glaziales Tunneltal wie aus dem Bilderbuch

Haraldsted Sø ist einer der größeren Seen im zentralen Sjælland. Er füllt den tiefsten Bereich eines glazialen Tunneltals, das von Ost nach West verläuft. Tunneltäler oder glaziale Rinnen entstehen, wenn sich Wasser unter dem Gletscher sammelt und sich in Eistunneln oder Spalten einen Weg nach außen sucht. Dabei entfaltet es starke erodierende Kräfte, schürft den Untergrund aus und gestaltet typische Talformen, die vor allem im norddeutschen Raum und in Dänemark zu finden sind. Entlang des Haraldsted Sø wurden in den letzten Jahren attraktive Wanderwege angelegt, darunter ein Weg, der dem nördlichen Seeufer mit wechselnden Abständen folgt. Vom Hochufer öffnen sich hier Ausblicke über die Seefläche, während der Wegverlauf unmittelbar am Ufer entlang – häufig auf Plankenstegen – durch Erlenbestände führt. Der See ist ein wichtiger Rastplatz für Vögel während der Zugzeit im Frühjahr und Herbst, doch ist er auch im Sommer nicht ganz ohne Bedeutung für die Vogelwelt. Zurück geht es zunächst auf Wiesenwegen über die offene Feldflur, später durch den Vrangeskov mit seinen Laub- und Mischwaldbeständen.

Ausgangspunkt: Kfz: Parkplatz Traktørsted. Am südlichen Ortsrand von Valsømagle nach Westen in Richtung Haraldsted abbiegen. Nach 1 km (bzw. 300 m im Wald) links auf ein schmales Teersträßchen abbiegen. Parkplatz am Ende der Straße. ÖPNV: Bus 415, Haltestelle Haraldsted Kirke. Dann Start bei Wegpunkt 5.
Anforderungen: Einfache Wanderung auf Wald- und Wiesenpfaden, Graswegen und Forstwegen. Am Seeufer abschnittsweise Plankenwege, die bei Nässe – und insbesondere nach dem Laubfall – rutschig sein können.
Einkehr: Keine.
Varianten: 1) Ohne Abstecher zwischen Wegpunkt 8 und 9: ca. 11 km. 2) Ohne den westlichsten Teil der Tour (auf direktem Weg zwischen Wegpunkt 2 und 5): ca. 9,5 km (auch für Kinder geeignet). 3) Ohne beides: ca. 8 km.
Karte: Keine aktuelle analoge topografische Karte im Handel verfügbar.

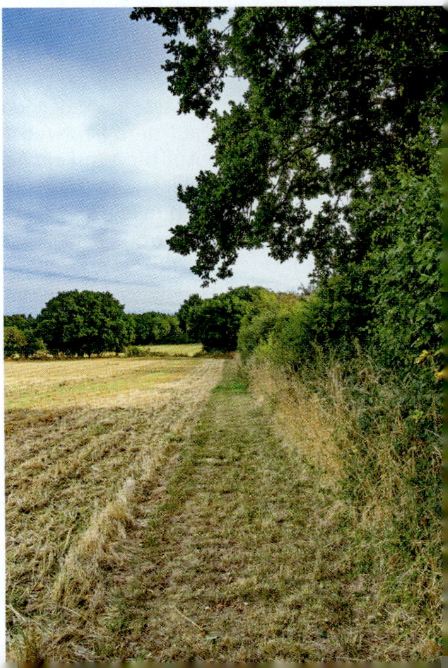

Wiesenweg im Hinterland.

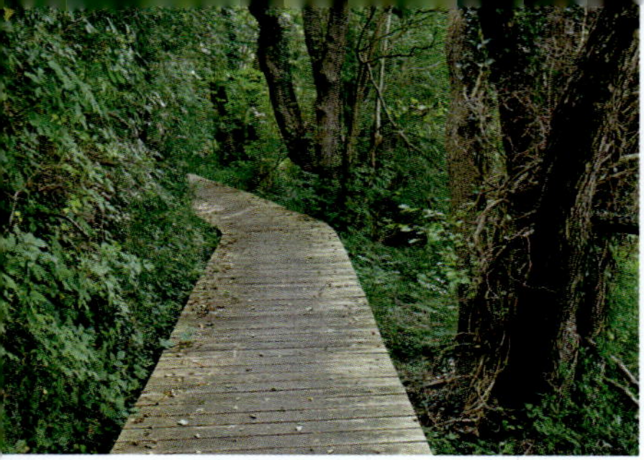

Plankensteg am Seeufer.

Vom hinteren Teil des **Parkplatzes** ❶ führt ein angelegter Weg vorbei an einem Fachwerkhaus nach Süden. Die Kreuzung mit dem Hauptweg überqueren wir geradeaus, laufen den Hang hinunter und können von einem kleinen Steg aus einen ersten Eindruck vom **Haraldsted Sø** gewinnen. Anschließend auf demselben Weg zurück zum Oberhang und auf dem Hauptweg links (Westen). Diesem kurvigen Weg folgen wir und lassen kleinere Abzweigungen unbeachtet. Hinter einem Steg biegen wir in der nächsten Rechtskurve links auf den schmalen »Hemmelig Stig« ab, der uns nach Kurzem wieder auf den Hauptweg entlässt; dort links.

Hinter einem weiteren Bacheinschnitt verlassen wir den Wald und wandern abwechselnd an der Oberkante der Uferböschung und an ihrem Fuß – dort häufig auf Plankenwegen – entlang. Auf Höhe von Haraldsted macht der Pfad einen Schlenker nach rechts, nimmt dann aber die bisherige Richtung wieder auf. An der **Abzweigung** ❷ nach Haraldsted laufen wir geradeaus vorbei. Auf den nächsten 1,5 km verläuft der Pfad nie weit vom Ufer entfernt. Hinter einem Shelter und einem Törchen bietet sich ein kurzer Abstecher nach links auf einen **Kai** an, von dem wir einen Großteil des Sees überblicken können.

20 m dahinter verlassen wir den Uferpfad (ohne Wegweiser) scharf rechts und erklimmen auf dem **Feldweg** ❸ die kleine Anhöhe. Bei einer **T-Kreuzung** ❹ rechts. Auf diesem Feldweg erreichen wir den Ortsrand von **Haraldsted**, folgen der Hauptstraße nach rechts durch das Dorf hindurch und über eine Brücke hinweg und biegen genau gegenüber Hausnummer 94 links auf einen **Grasweg** ❺ ab. Auf ihm gelangen wir (Abzweigungen nach links ignoriered) in die offene Feldflur und wandern an einer Hecke entlang. Nach 1 km, kurz vor Erreichen des Waldrands, knickt der Pfad rechts

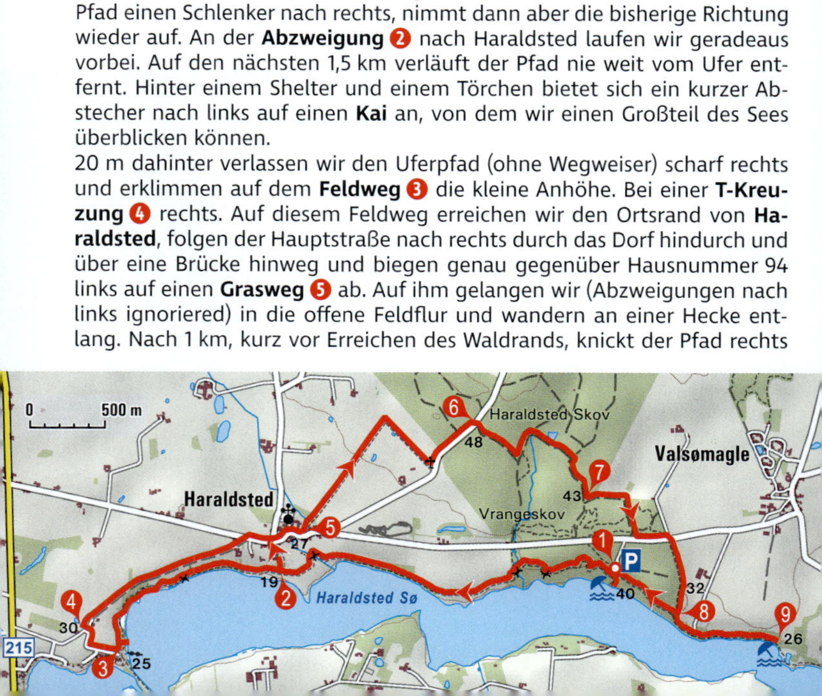

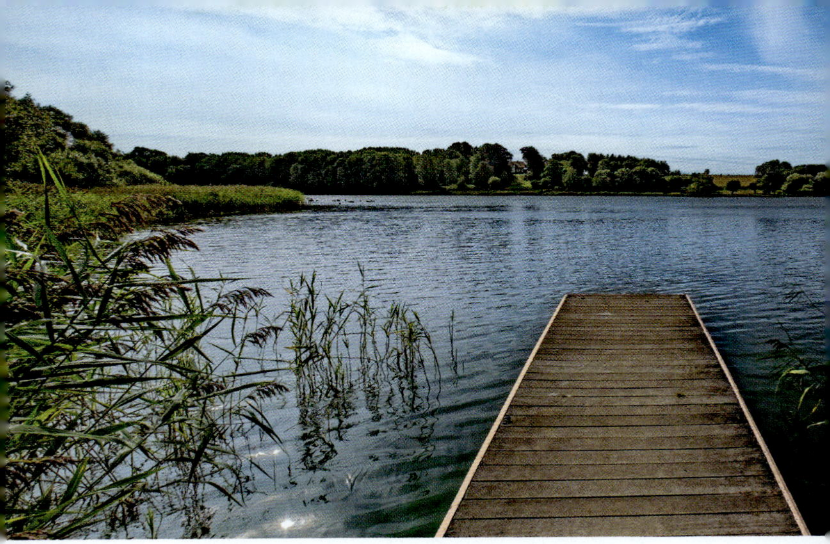

Der kleine Steg am Haraldsted Sø ist ein idealer Rastplatz.

ab und mündet bald auf eine Straße; dort links. Wer sich über das mächtige Wegkreuz links wundert: Es erinnert an die Ermordung des Fürsten Knut Lavard im Jahr 1131 an dieser Stelle.

Wieder im Wald, wählen wir den ersten **Forstweg** 6 rechts. Bei einer T-Kreuzung links und bei der folgenden Verzweigung rechts. Noch einmal rechts bei der nächsten Kreuzung. Nach 300 m heißt es aufpassen: Auf Höhe einer Schranke zweigt links ein schmaler **Trampelpfad** 7 ab. Den nehmen wir. Nach 300 m schwenkt er nach rechts und erreicht nach einigen Hundert Metern die Hauptstraße; dort links. Kurz vor dem Waldrand biegen wir rechts auf einen Fußpfad in den Wald hinein ab. Er mündet nach ca. 500 m auf einen **Querweg** 8, auf dem wir einen Abstecher nach links machen: Nach 800 m entlang eines hübschen Uferabschnitts des Haraldsted Sø erreichen wir einen Shelter und einen **Steg** 9.

Von dort zurück auf demselben Weg, nun aber am einmündenden **Ankunftsweg** 8 geradeaus vorbei. Nach 500 m wenden wir uns bei der Kreuzung an der Infotafel nach rechts und gelangen wieder zum **Parkplatz** 1.

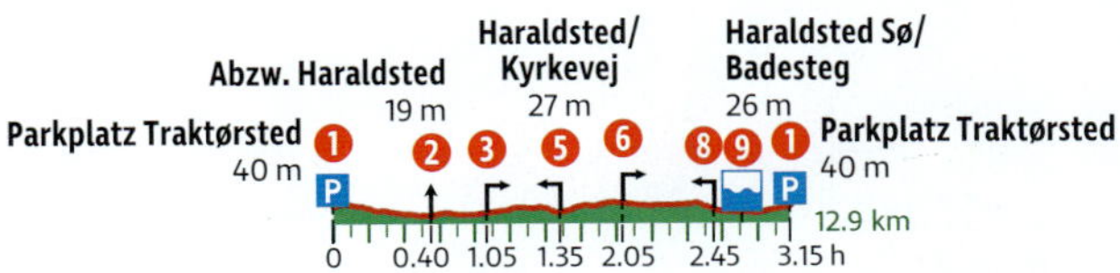

↗ 90 m | ↘ 90 m | 8.5 km

31 Gammel Lejre und Ledreborg

2.15 h

Auf den Spuren des ersten dänischen Königreichs

Der Nationalpark Skjoldungernes Land ist nach dem Geschlecht der Skjoldungerne benannt, das der Sage nach von Skjold, einem Sohn von Odin, abstammt (daher der Name Skjoldungerne, auf Deutsch etwa »die Schildjungen«). Während die Anfänge der Dynastie sagenumwoben sind, konnten Archäologen nachweisen, dass das Machtzentrum des ersten dänischen Königreichs, die Herrschaft der Wikingerkönige, im 9. und 10. Jh. in Gammel Lejre zu verorten war. Hier wurde regiert, hier standen die großen Festhallen, hier wurden die Würdenträger begraben. Hier wurden aber auch Geschirr zerbrochen, Münzen gehortet und Schätze vergraben, die die archäologische Forschung nach und nach wieder ans Tageslicht fördert. Zeugnisse dieses Königreichs sind nicht nur in Form von Ausgrabungsstücken im Lejre Museum zu besichtigen, sondern auch in Form von Grabhügeln, Steinsetzungen oder Fundamenten in der Umgebung von Gammel Lejre überall präsent. Der Spaziergang führt an vielen dieser prähistorischen Monumente vorbei und umfasst zudem einen Ausflug auf die angrenzenden Höhen, wo das Sagnlandet Lejre, das Schloss Ledreborg und die berühmte Ledreborg Allee sehenswerte Etappenziele sind.

Ausgangspunkt: Kfz: Parkplatz am Lejre Museum, am südlichen Ortsausgang von Gammel Lejre. ÖPNV: Bus 207, Haltestelle Gammel Lejre.
Anforderungen: Einfache Wanderung auf Feldwegen und Wiesenpfaden (in einigen Bereichen sind diese jedoch etwas überwachsen), Abschnitte auf der Straße.

Einkehr: Keine (Restaurant Hertadalen öffnet nur für gebuchte Gesellschaften, Restaurant Fasaneriet am Golfclub nur für Mitglieder).
Varianten: 1) Nur Gammel Lejre, Grabhügel und Steinsetzungen (bis Wegpunkt 5, von dort über einen Feldweg nach rechts und auf der Straße nach Nor-

Blick über die Niederung des Lejre Å.

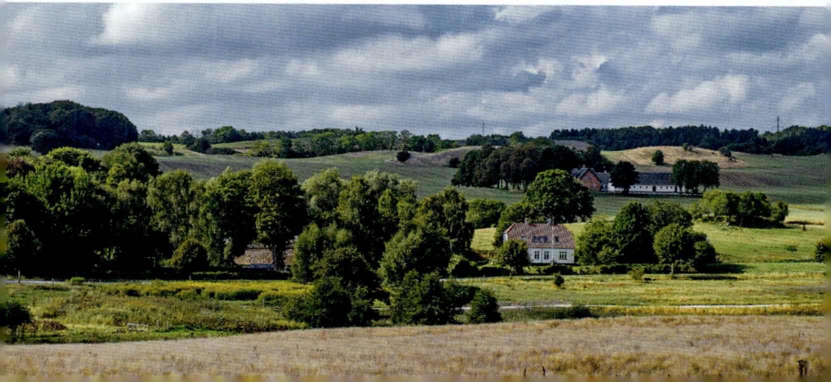

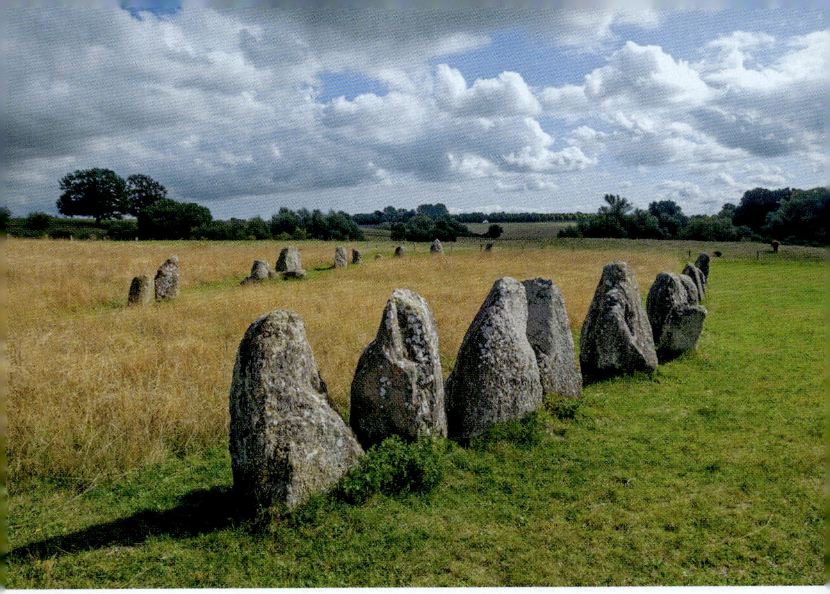

Die große bronzezeitliche Schiffssetzung ist eines der Tourhighlights.

den zurück zum Parkplatz): ca. 5,2 km. 2) Nur Sagnlandet Lejre, Ledreborg Slot und Ledreborg Allee (vom Parkplatz zunächst entlang der Staße nach Süden und rechts über einen Feldweg direkt zum Wegpunkt 5): ca. 6,5 km.
Tipps: 1) Das Lejre Museum ist zwar nicht groß, aber sehr informativ und präsentiert viele originale Fundstücke aus den archäologischen Ausgrabungen der Umgebung (lejremuseum.dk).
2) Gleichfalls zu empfehlen ist das Vikingeskibsmuseum im nahen Roskilde (vikingeskibsmuseet.dk).
Karte: Roskilde & Nationalpark Skjoldungernes Land (Calazo-Verlag).

Vom **Parkplatz 1** aus nehmen wir die Hauptstraße durch das hübsche, aus zahlreichen reetgedeckten Häusern bestehende Örtchen **Gammel Lejre** nach Norden. Hinter dem Ortsende biegen wir halb rechts auf einen straßenparallel verlaufenden Kiesweg ab. Nach 150 m zweigt rechts ein schmaler **Pfad 2** ab. Hinter einem Steg geht es nach links und auf einem etwas überwachsenen Grasweg dicht am Zaun mit einem Rechtsknick um eine Weide herum und danach leicht ansteigend an ihr entlang. Am östlichen Ende des Pfads biegen wir rechts auf einen Feldweg ab und passieren das Großhügelgrab **Hyldehøj** (rechts von uns). Eine Abzweigung nach links interessiert uns nicht. 250 m dahinter entdecken wir links des Wegs **Steinsetzungen 3** in Form eines Schiffs sowie ein weiteres Hügelgrab, **Grydehøj**. Nach 150 m heißt es aufpassen: Unser (untergeordneter) Pfad zweigt links vom Feldweg ab. Hinter einem Steg über einen Bach wenden wir uns nach

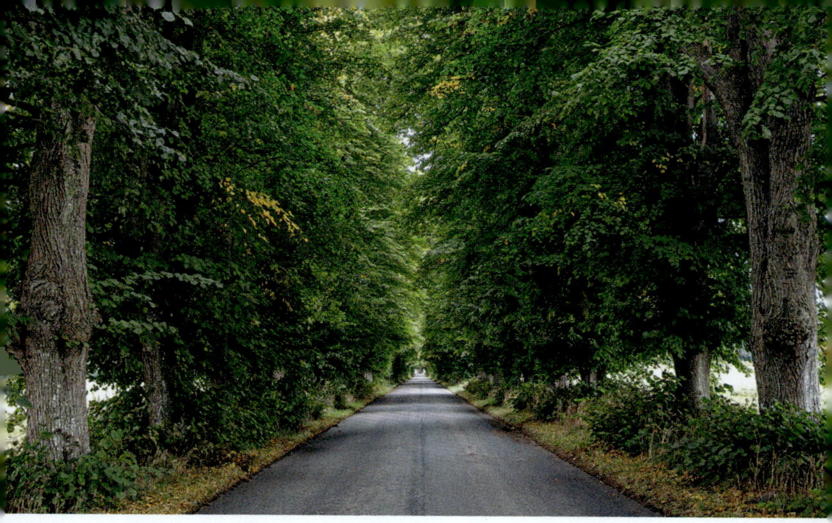

Die Ledreborg Allee besteht aus alten Linden.

rechts und steuern auf nur schwach sichtbarem Grasweg ein Törchen am Südostrand der Weide an. Auf dem Sträßchen rechts, ebenso auf der breiteren Querstraße. Die Kreuzung mit der Hauptstraße überqueren wir geradeaus und befinden uns nun auf der **Ledreborg Allee** 4. Nur am Beginn müssen wir die Straße nutzen, später – nämlich dort, wo der alte Baumbestand beginnt – gibt es die Gelegenheit, rechts davon parallel auf einem Grasweg zu laufen. Nach 1 km biegen wir auf einem gekiesten **Parkplatz** rechts ab und entdecken an dessen Ende einen Waldweg nach links. Er mündet wieder auf die Teerstraße, der wir mit geringem Höhengewinn weiter folgen. Auf Höhe einiger Gebäude können wir links auf einen parallel führenden Fußweg ausweichen und spazieren oberhalb am **Ledreborg Slot** 5, von dem wir aus dieser Perspektive allerdings nur wenig sehen können, vorbei.

Mit etwas Höhenverlust kommen wir zu einer Wegkreuzung und wählen den breiten, von einer Baumreihe gesäumten Feldweg halb rechts (weder geradeaus den Zugang zum Golfplatz noch die Teerstraße nach rechts nehmen). Nach 500 m, an einem Waldrand, biegen wir rechts auf einen **Feldweg** 6 ab. Zunächst durch Wald, dann dicht am Waldrand entlang bringt er uns zu einem Parkplatz, wo wir uns rechts halten. Wir passieren den Eingang zum **Sagnlandet Lejre** und finden

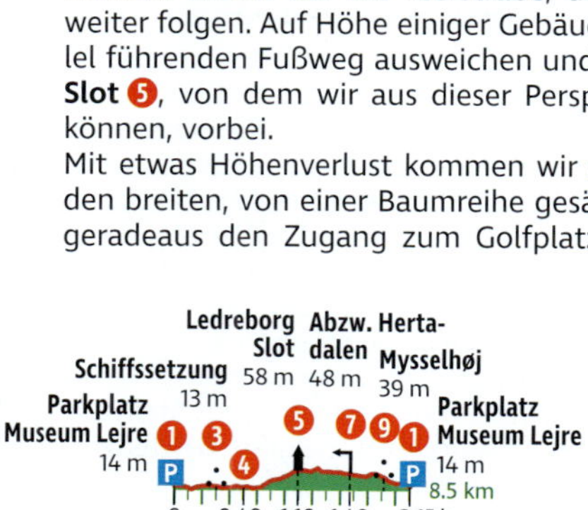

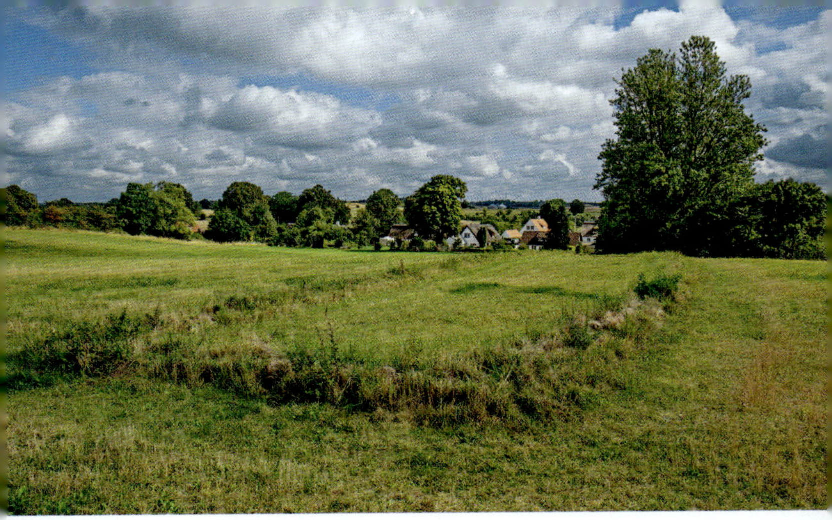

Fundamente von Langhäusern aus der Wikingerzeit.

30 m dahinter die Abzweigung eines **Waldwegs** ❼ nach links durch das **Hertadalen**.
Nach etwa 500 m aufpassen: Bei einer **Wegkreuzung** ❽ entscheiden wir uns für den links abzweigenden, schmaleren Pfad. Kurz geht es etwas abwärts, dann wieder aufwärts, bevor wir den Wald verlassen. Hinter einer Rechtskurve werden wir mit einem weiten Ausblick nach Osten belohnt und folgen dem Feldweg abwärts. Auf halber Höhe machen wir einen Abstecher nach links zum Großhügelgrab **Mysselhøj** ❾ und 100 m vor Erreichen des Ortsrands verlassen wir erneut den Weg nach links, um den Standort der **Festhallen-Fundamente** aus der Wikingerzeit zu erkunden. Anschließend bringt uns der Feldweg zur Hauptstraße, wo sich gegenüber der **Parkplatz** ❶ befindet.

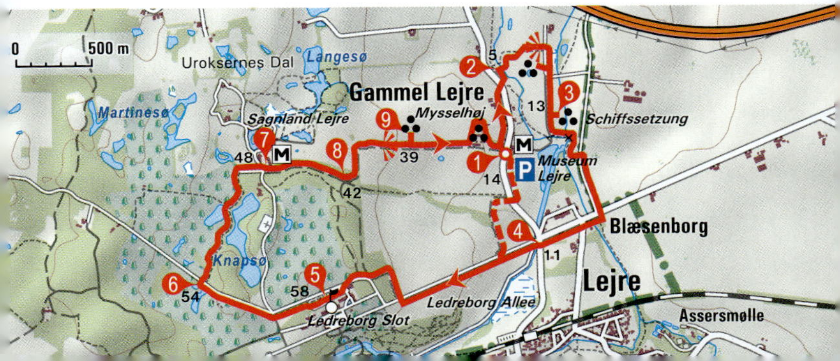

↗ 80 m | ↘ 80 m | 13.6 km

32 Boserup Skov und Roskilde Fjord

3.15 h

Wald- und Küstenwanderung mit einer Wikingerschiffswerft als Etappenziel

Boserup Skov, ein ausgedehntes Laubwaldgebiet umschließt das Südufer der Bucht Kattinge Vig, einem Ausläufer des Roskilde Fjords. Nicht nur lohnt der Wald an sich eine genauere Erkundung, besonders spannend ist es dort, wo er direkt an die Küste stößt. Hier spaziert man abwechselnd mit dem Ausblick auf Kattinge Vig oder unter den Ausläufern des Walds mit seinen überhängenden Bäumen entlang und umrundet dabei Halbinseln und sandige Buchten. Später geht es direkt am Ufer des Roskildefjords entlang zum lebhaften Hafen von Roskilde. Hier ist sowohl die die Wikingerschiffswerft beheimatet, in der die berühmten Boote mit traditionellen Techniken nachgebaut werden, als auch das Wikingerschiffsmuseum. Zurück geht es im Hinterland, vorbei am Komplex des ehemaligen Hospitals St. Hans mit seiner strengen Architektur (erbaut um 1850) und dann auf Fußwegen über Wiesen und durch Wald zurück zum Ausgangspunkt.

Ausgangspunkt: Kfz: Parkplatz am Boserupvej (Boserupskov Syd). Vom nordwestlichen Rand der Innenstadt von Roskilde zunächst die St. Hansgate nehmen, die in den Boserupvej übergeht. Diesem folgen. Etwa 700 m hinter einer scharfen Linkskurve am Siedlungsrand und wenige Meter, nachdem die Straße in den Wald hineinführt, rechts abbiegen und auf den Parkplatz fahren (nicht beschildert, von außen sichtbar ist das Schild »Boserupvej 78-80«). ÖPNV: Bus 207, Haltestelle Sorte Sti.
Anforderungen: Einfache Wanderung auf Forstwegen, schmalen Pfaden und angelegten Fußwegen. Einige Abschnitte auch auf Hartbelag.
Einkehr: Mehrere Möglichkeiten am Hafen von Roskilde.
Varianten: 1) Westliche Runde (nur Boserup Skov) zwischen Wegpunkt ❶ und ❺, von dort zurück zum Ausgangspunkt: ca. 8 km. 2) Östliche Runde (nur Roskilde Fjord): von Wegpunkt ❶ direkt zu ❺, von dort weiter wie beschrieben: ca. 8 km. 3) Erweiterung der Tour zum Dom von Roskilde (UNESCO-Weltkulturerbe): ca. 15,5 km.
Tipp: Das Vikingeskibsmuseet bietet Bootsfahrten mit nachgebauten Wikingerschiffen an, bei denen man sich selbst in die Riemen legen darf. Im Sommer bis zu 6 Abfahrten täglich. Buchung online oder im Museum (vikingeskibsmuseet.dk).
Hinweis: Schöner flacher Sandstrand mit Badeplatz in der Bucht Kattinge Vig.
Karte: Roskilde & Nationalpark Skjoldungernes Land (Calazo-Verlag).

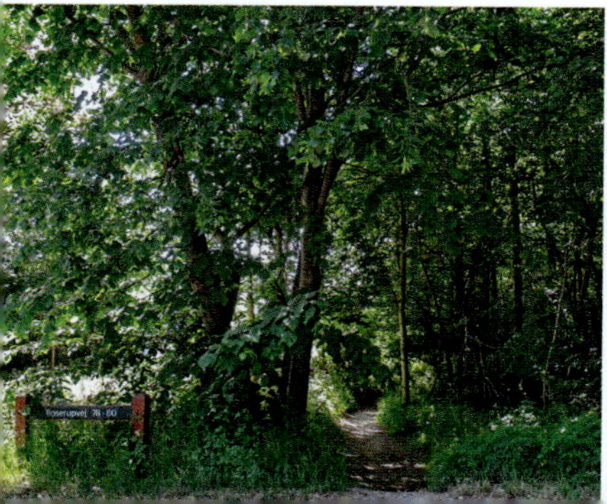

Start des Pfades.

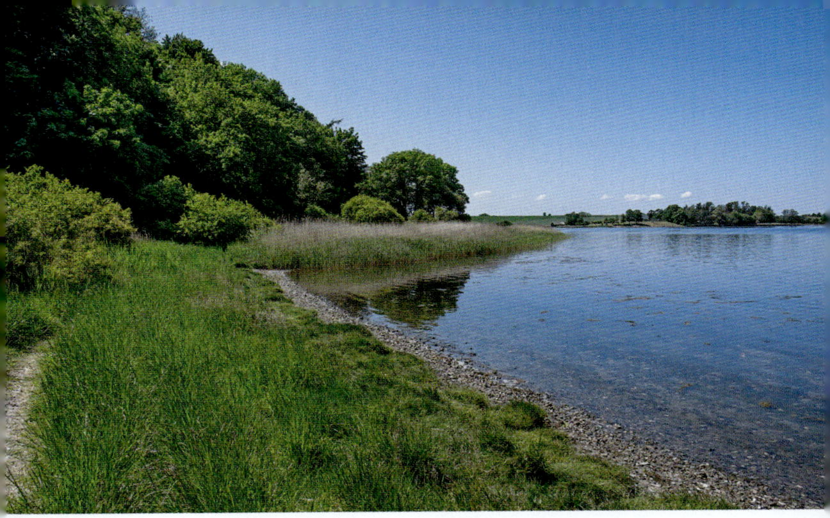

Der Weg verläuft abschnittsweise dicht am Roskilde Fjord.

Am westlichen Rand des **Parkplatzes** ❶ beginnt – direkt neben dem Schild »Boserupvej 78–80« – ein schmaler Pfad, der zunächst parallel zur Straße verläuft und bald einen Forstweg quert. Danach bleiben wir ihm einen weiteren Kilometer treu, bevor er allmählich breiter wird und auf einen Forstweg mündet. Dort links. Wo der Forstweg auf ein Sträßchen stößt, links und auf der Hauptstraße rechts. Ihr folgen wir ungefähr 500 m bis auf Höhe eines Parkplatzschildes. Dort biegen wir zunächst links ab, um zum **Vogelturm** ❷ am **Store Kattinge Sø** zu gelangen.

Wieder zurück, überqueren wir die Straße geradeaus und finden am hinteren Ende des Parkplatzes einen breiten Pfad schräg links aufwärts. Wir ignorieren alle rechts abzweigenden Wege und nehmen – nach einer kurzen Abwärtspassage – bei einer **Gabelung** ❸ die halb linke (!) Möglichkeit abwärts. Am Hangfuß rechts. Nun haben wir den Roskildefjord linker Hand und halten uns an den breit ausgetretenen Pfad unter den Bäumen. Im Osten der Halbinsel laufen wir nicht links durch den Schilfbestand, sondern auf einem breiten Pfad im Wald. Der Weg kurvt nach links und nimmt einen breiten Pfad von rechts auf.

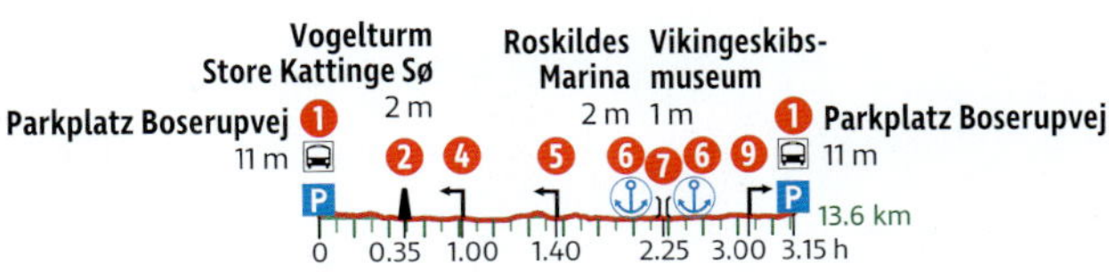

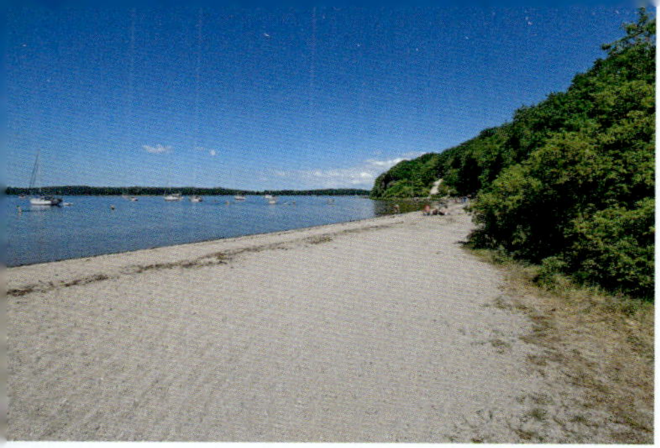

Kattinge Vig eignet sich gut zum Baden.

Wir orientieren uns nun geradeaus am Wegweiser »Vej 40«, der uns bei einer **Gabelung** ❹ nach 100 m etwas nach links lotst und uns auf den **Strand** entlässt. Auf ihm geht es nun entlang (jetzt »Vej 40« ignorieren), und zwar zunächst unterhalb eines kleinen Steilabbruchs, dann auf zwei sandigen Landzungen. Hinter der zweiten Landzunge setzen wir unseren Weg in bisheriger Richtung am Hangfuß entlang fort – nun aber unter den Bäumen – und passieren Kong Roars Shelter. Der Pfad mündet auf einen breiteren, von rechts kommenden Weg, der uns nach Süden zu einer T-Kreuzung bringt; dort links. Nach einer Rechtskurve und etwas Höhengewinn aufpassen: Ein schmaler, mit rot-weißer Raute markierter Pfad zweigt links ab. Am Hangfuß rechts. Bei einer **T-Kreuzung** ❺ biegen wir links ab und verlassen den Wald. Mit etwas Auf und Ab folgen wir dem zunächst kurvigen Pfad, wandern dann geradeaus über ein Sträßchen hinweg und hinunter ans Ufer des **Roskilde Fjords**.

Die nachgebauten Wikingerschiffe im Hafen von Roskilde sind echte Hingucker.

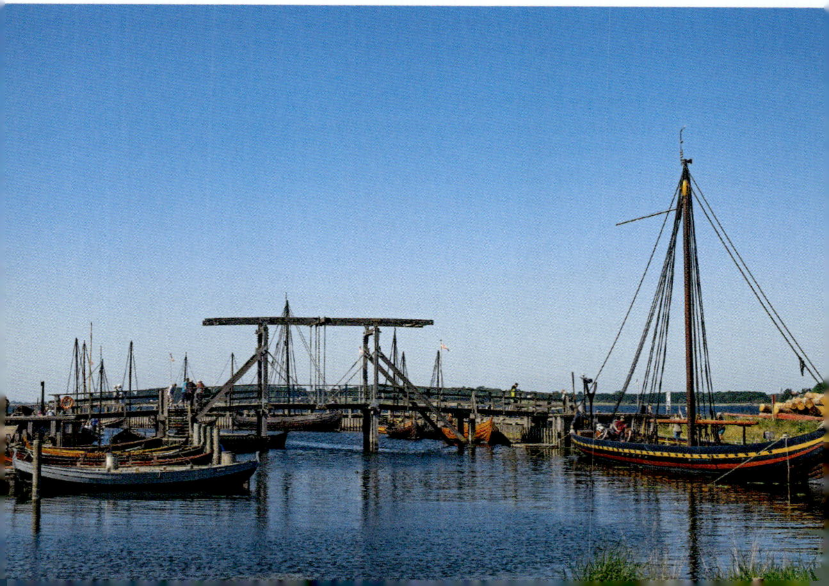

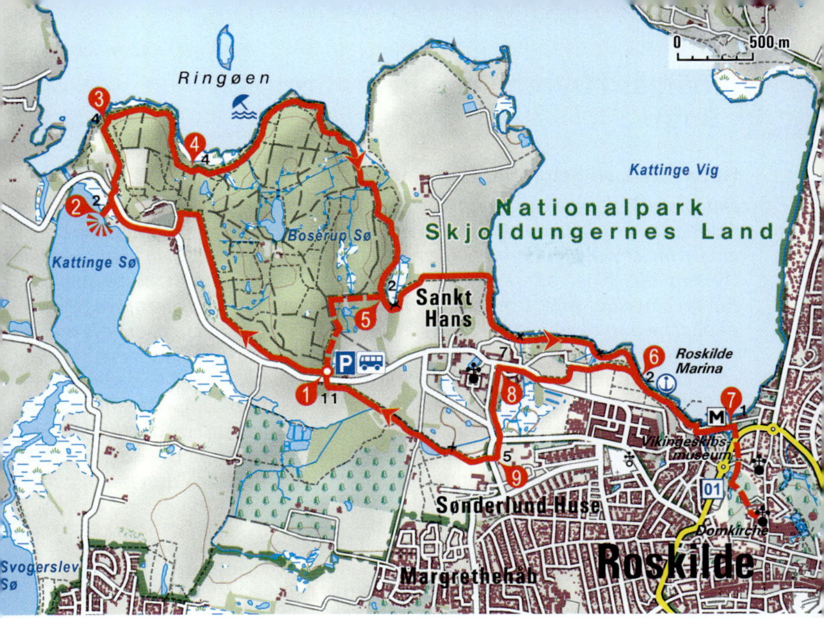

Nun heißt es: immer am Ufer entlang. Auf Höhe des ersten Stegs von **Roskildes Marina** laufen wir an einer **Abzweigung** 6 vorbei (die wir jetzt ignorieren, uns aber für später merken). Wir passieren den Roskilde Sejlclub und machen eine scharfe Rechtskurve mit. Auf Höhe des Havnekiosken wenden wir uns nach links und erreichen geradeaus über eine erste Brücke die Hafeninsel, werfen links schon mal einen Blick auf die Wikingerschiffswerft (Betreten nur mit Museums-Ticket) und haben hinter einer weiteren Brücke das **Vikingeskibsmuseum** 7 vor uns.

Dort kehren wir um, wandern zurück, am Sejlclub vorbei und finden vor dem letzten Steg der **Marina** die **Abzweigung** 6 eines kleinen Wegs halb links. Wo dieser auf einen Fahrweg stößt, weiter geradeaus und – wo dieser rechts abknickt – links auf einen Grasweg abbiegen. Hinter einer Rechtskurve mündet er auf die Straße **Bistrup Alle**, der wir bis auf Höhe einer **Bushaltestelle** folgen. Dort geht es nach links in die **Søndre Alle** 8. Wo diese auf den Boserup Vej mündet, geht es in bisheriger Richtung weiter und dann mit etwas Rechtstendenz bergauf. Nach wenigen Metern, hinter dem Ortsschild »Roskilde«, entdecken wir einen Fußpfad, **Sorte Sti** 9, rechts. Auf ihm geht es nun entlang. Wir überqueren ein Sträßchen geradeaus und lassen dann eine Abzweigung nach links unbeachtet. Wir erreichen mit etwas Aufwärtstendenz nach 600 m eine weitere Straße; dort links. Nach wenigen Metern sehen wir den **Parkplatz** 1 rechts vor uns.

↗ 110 m | ↘ 110 m | 10.0 km

33 Ryegård Dyrehave und Bramsnæs Bugt

2.45 h

Hutweiden, Hügelgräber und eine bewaldete Küste

Der erste Teil der Tour erkundet Ryegård Dyrehave. Dieser – auf einem Höhenrücken über der Bramsnæs Bugt gelegen – besteht im Osten aus einem Mischwald, in dem auch einige kleine Moore vorhanden sind, und im Westen aus einer alten Hutweide, die auch heute noch traditionell mit Kühen beweidet wird. Dort findet man ausgedehnte Magerrasen, Weißdorngebüsche und nicht zuletzt uralte, bizarr gewachsene Buchen, die oft mehrstämmig wachsend den Charakter des Gebiets prägen. Ein kleiner Abstecher bringt darüber hinaus drei prähistorische Hügelgräber – Saxehøjene – in Sicht- und Reichweite. Der zweite Teil der Tour führt hinunter zur Bramsnæs Vig und Bramsnæs Bugt, den südlichsten Ausläufern des Isefjorden. Dort geht es zunächst auf schmalen Pfaden und mit wechselnden Ausblicken auf die Bucht an Wiesen und Weiden und schließlich durch Laubwald am Ufer entlang.

Ausgangspunkt: Kfz: Parkmöglichkeit (nicht ausgeschildert) auf Höhe des Munkholmvej 355. Von Kirke Sonnerup auf der Rute 53 nach Norden fahren. Nach ca. 2,5 km bei einer Ampelkreuzung rechts in Richtung Rye abbiegen. Nach 900 m (auf Höhe eines roten Gebäudes rechts) links auf einen Waldweg abbiegen und halb rechts nach 50 m auf den Parkplatz fahren. ÖPNV: Busse 218, 219, 231, Haltestelle Langtvedkrydset. Von dort 300 m nach Süden und Start bei Wegpunkt 7.
Anforderungen: Wanderung auf Feld- und Forstwegen sowie schmalen Pfaden, die stellenweise etwas überwachsen sein können. Pfade entlang der Küste bei Nässe schmierig. Ein kurzer Streckenabschnitt ohne Wegspur.
Einkehr: In der Hochsaison »Ishuset« (Eisdiele) an der Munkholm-Brücke.
Varianten: 1) Nur westlicher Teil der Tour (Bramsnæs Bugt): ca. 7,5 km. 2) Nur östlicher Teil der Tour (Ryegård Dyrehave): ca. 4,7 km.
Hinweis: Im Ryegård Dyrehave weiden Mutterkühe mit Kälbern. Hunde sollten daher an dieser Tour nicht teilnehmen.
Karte: Roskilde & Nationalpark Skjoldungernes Land (Calazo-Verlag).

Die Rundhügelgräber Saxehøjene sind mit einem Abstecher zu erreichen.

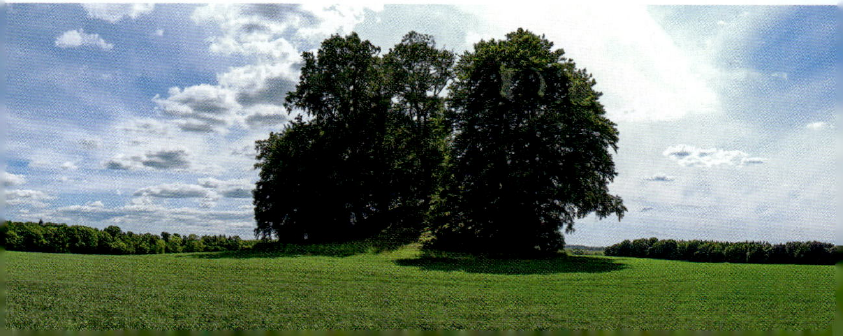

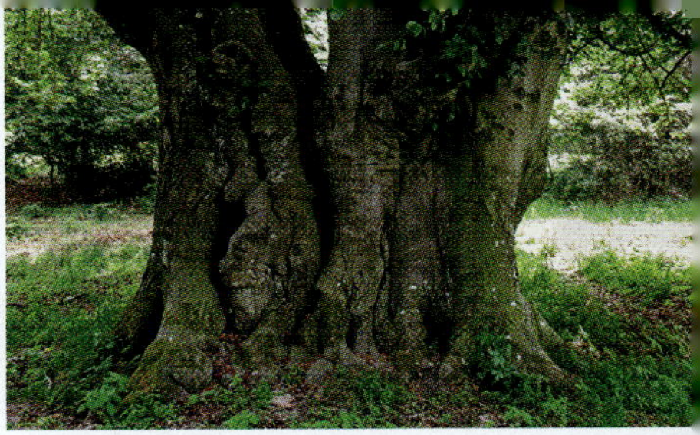

Uralte Weidbuche.

Wir nehmen vom **Parkplatz** 1 aus den beschrankten Forstweg in den Wald hinein. Nach 400 m kurvt der Hauptweg scharf nach rechts (alle links abgehenden Wege ignorieren) und steigt an einem kleinen Fachwerkhäuschen vorbei geringfügig an. Einmündungen kleinerer Forstwege lassen wir unbeachtet. Unser Weg mündet auf einen breiten, querenden Forstweg. Geradeaus vor uns entdecken wir jedoch ein schmales Pfädchen aufwärts und finden – jenseits des Waldrands und der Straße – die drei großen Hügelgräber **Saxehøjene** 2, von denen das straßennächste umrundet werden kann. Anschließend bringt uns derselbe Pfad wieder hinunter zu dem querenden Forstweg, den wir nun nach rechts (Nordosten) entlangwandern. Eine Abzweigung nach rechts beachten wir nicht, sondern machen den Linksbogen des Forstwegs mit. Auf einem **Hochpunkt** zweigt links ein **Forstweg** 3 ab. Hinter einer S-Kurve wählen wir bei einer Gabelung den untergeordneten, linken Weg. An einem Moor (links in einer Senke) vorbei gelangen wir zum Ende der Fahrspur, wo sich ein Waldpfad in bisheriger Richtung fortsetzt.

Er mündet hinter einem Törchen auf einen breiten Trampelpfad, auf den wir links abbiegen und damit **Ryegård Dyrehave** mit seinen uralten, mehrstämmigen Buchen und den blütenreichen Magerrasen betreten. Im Offenland halten wir uns auf einem Wiesenpfad halb links. Wo er auf eine **Fahrspur** 4 trifft, steuern wir rechts auf eine Buche mit umlaufender Ruhebank zu. An ihr vorbei geht es den Hang hinunter, wobei wir am Hangfuß rechts auf einen Feldweg abbiegen. Er endet nach wenigen Metern und wir zielen – mit einem leichten Linksknick – ein rotes Tor an, das wir ohne Weg über eine offene Weidefläche erreichen. Ein schmales Pfädchen bringt uns dahinter zu einer Hauszufahrt; auf ihr links. Wir überqueren die Hauptstraße und laufen den Feldweg auf der anderen Seite hinein.

Wo er auf halbem Hang rechts abknickt, wählen wir halb links einen schmalen Pfad hinein ins Gebüsch. Ihm folgen wir zunächst am Hangfuß entlang, dann die Böschung hinauf. Auf dem querenden **Feldweg** 5 machen wir zunächst einen Abstecher 200 m nach rechts, um einen Blick auf

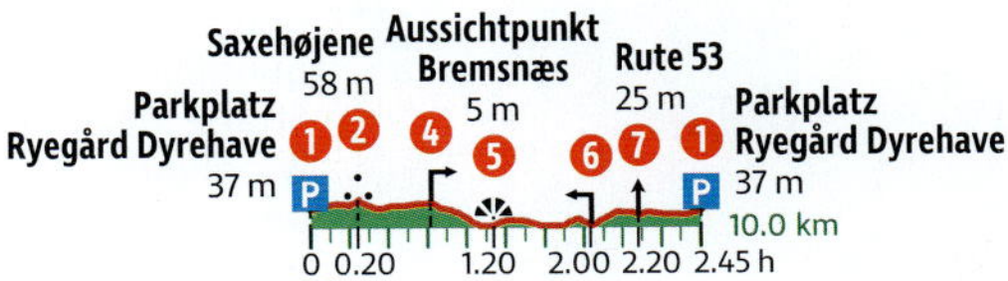

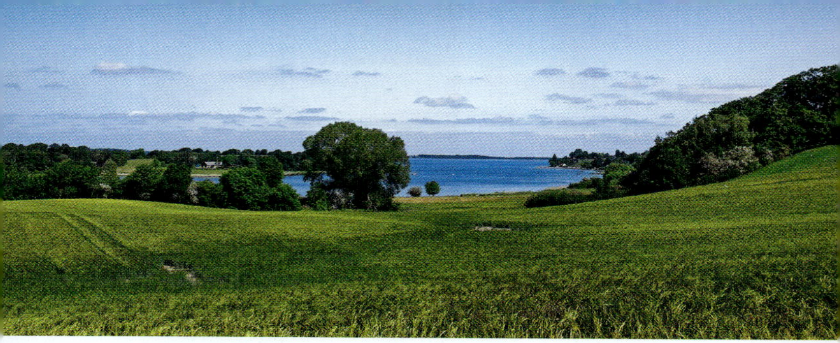

Der Ausblick über Bramsnæs Vig lässt nichts zu wünschen übrig.

Bramsnæs Vig (rechts) und **Bramsnæs Bugt** (links) zu werfen. Wieder am Ausgangspunkt, entscheiden wir uns für den Waldpfad rechts, der sich gleich darauf teilt. Wir nehmen die linke Möglichkeit an der Hangoberkante (bei trockenem Wetter geht auch die rechte Möglichkeit, näher am Ufer). Nach 1 km führen die Wege wieder zusammen und wir gelangen auf dem Hauptweg halb links zur Straße. Dort zunächst rechts, und dann links quer über einen **Parkplatz**. An seinem hinteren Rand finden wir neben einem Tor einen Zugang für Fußgänger. Wir gelangen noch einmal direkt ans Ufer, tauchen aber schon nach 100 m auf einem breiten Pfad links in den Wald hinein. Hinter einem kurzen Anstieg gabelt sich der Weg; dort rechts. Eine undeutliche Kreuzung von Waldwegen passieren wir geradeaus.

Nach einigen Hundert Metern senkt sich der Weg etwas ab und wir erreichen eine **Abzweigung** ❻. Auf diesen Pfad biegen wir links ab und auch bei der nächsten Gabelung halten wir uns links. Über eine Forstwegkreuzung geht es geradeaus hinweg. Der Forstweg mündet auf ein schmales Sträßchen; dort rechts. Nach wenigen Metern queren wir die **Hauptstraße** ❼ (Rute 53) und laufen den Feldweg auf der gegenüberliegenden Seite hinein. Hinter einer Linkskurve steigt der Weg, an einem Häuschen vorbei, geringfügig an. Nach weiteren 500 m biegen wir hinter einem weiteren Haus auf einen **Forstweg** ❽ links ab. Wir folgen dem Hauptweg und ignorieren Abzweigungen. Er mündet auf die Straße Munkholmvej, die wir queren. Halb rechts vor uns befindet sich nun der **Parkplatz** ❶.

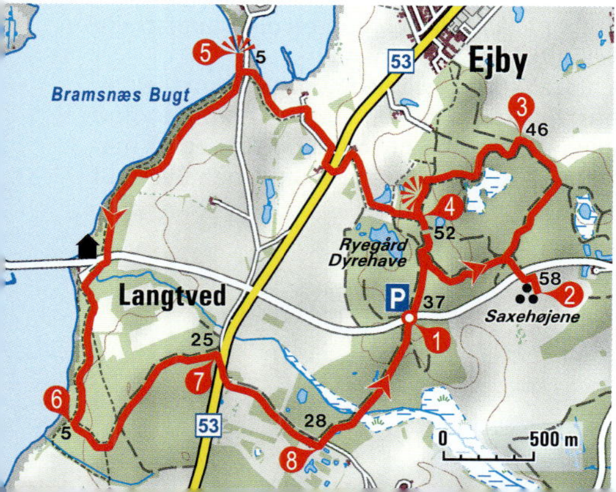

↗ 150 m | ↘ 150 m | 5.4 km

1.45 h

Rund um den Maglesø

34

Unterwegs in den »Seeländischen Alpen«

Rund um den heutigen Maglesø hat der Gletscher der letzten Eiszeit nach seinem Rückzug eine Toteislandschaft hinterlassen, die von den Dänen mit einem schelmischen Augenzwinkern auch als »Seeländische Alpen« bezeichnet wird. Auf alpine Verhältnisse muss man sich zwar nicht einstellen, jedoch auf kräftigere Hangneigungen als im dänischen Durchschnitt sowie den einen oder anderen steilen An- und Abstieg. Belohnt wird man mit dem Blick auf viele elegant gerundete Buckel, einem Hochpunkt mit Aussichtsgarantie sowie einem glitzernden See im Talgrund. Dabei geht es im Osten der Tour auf Forstwegen und Pfaden durch Wald und dicht am Maglesø entlang, im Westen hingegen auf schmalen, manchmal nur sehr schwach sichtbaren Wegspuren über Wiesen, Weiden und Magerrasen, die einen großen Blütenreichtum aufweisen. Dort erklimmt der Weg auch einen der höheren Hügel der Umgebung, von dem sich ein 360-Grad-Panoramablick bietet.

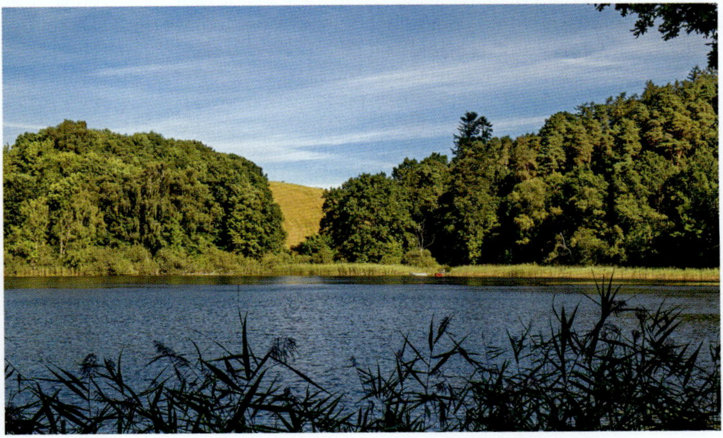

Der Maglesø ist wildromantisch eingebettet in eine waldige Umgebung.

Ausgangspunkt: Parkplatz am Maglesøvej. Im Weiler Igelsø von der Rute 57 nach Osten in Richtung Maglesø abbiegen. Dem kurvigen Sträßchen 1,5 km folgen und rechts auf einen gekiesten Parkplatz fahren.
Anforderungen: Mehrere steile An- und Abstiege, Wege v. a. im Westen der Runde nur schwach sichtbar und überwachsen. Mehrere Trittleitern, davon eine sehr steil.
Einkehr: Keine.
Karte: Keine aktuelle analoge topografische Karte im Handel verfügbar.

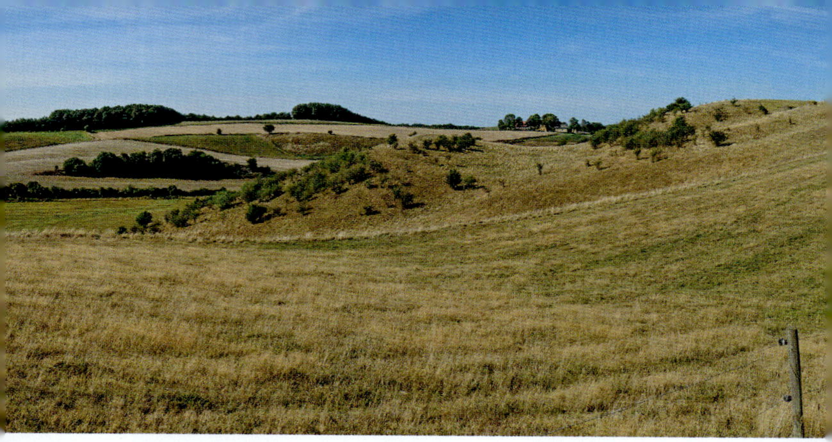

Die Dänen bezeichnen die rollenden Hügel als »Seeländische Alpen«.

Vom **Parkplatz** ❶ aus wandern wir zunächst auf dem Sträßchen, auf dem wir an Höhe verlieren, in Richtung Osten. Eine Sandgrube passieren wir geradeaus. 300 m dahinter, gegenüber einem Häuschen auf der linken Seite, biegen wir rechts auf einen **Feldweg** ❷ ab, der uns leicht ansteigend zum »Fiskehus« bringt und anschließend mit einer Linkskurve in den Wald eintaucht. Mit geringem Höhenverlust geht es auf dem Forstweg entlang bis zu einem großen **Wendeplatz** ❸; dort setzen wir unseren Weg rechts fort. Mit einem weiten Rechtsbogen nähert er sich dem Talgrund an. Bei einer Verzweigung behalten wir die bisherige Richtung bei und erreichen nach 150 m das Südostufer des **Maglesø**. Hier machen wir einen Abstecher nach rechts zu einem hübschen **Steg** ❹.

Wieder zurück, nehmen wir den Weg am Südufer des Maglesø entlang. An seinem südwestlichen Ufer nehmen wir nicht den breiten Plankensteg nach rechts, sondern treten geradeaus durch ein **Törchen** ❺ und setzen den Weg in Richtung Südwesten fort. Nach gut 200 m schwenkt der Hauptweg links aufwärts, was wir jedoch nicht mitmachen, sondern stattdessen rechts auf einen untergeordneten **Pfad** ❻ (mit Fußgängersymbol) abbiegen. Nach wenigen Schritten verlassen wir den Wald und wandern außen am Waldrand entlang, wobei ab hier der Pfad nur noch sehr schwach sichtbar ist. Vor einer quer verlaufenden Hecke biegen wir rechts (nach Nordwesten) ab. Diese Richtung behalten wir 500 m bei bis knapp vor einem kleinen **Tümpel** und einem querenden Zaun.

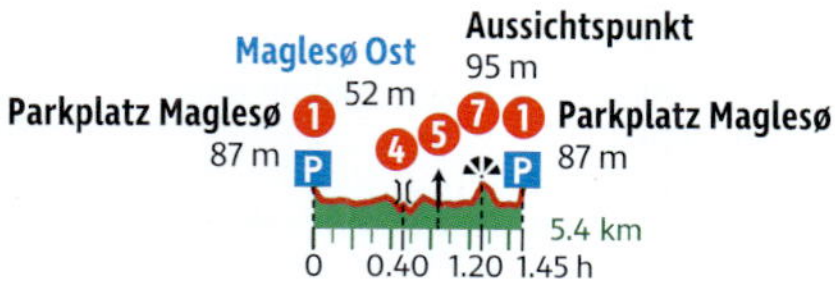

Hier wenden wir uns nach rechts und erklimmen zwischen zwei Zäunen, zwischen denen Platz für

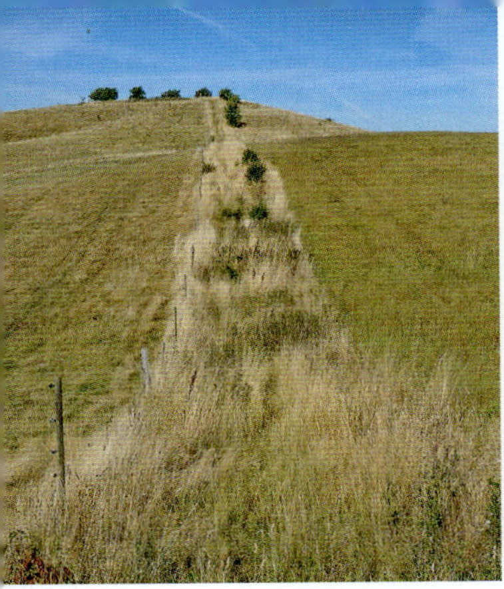

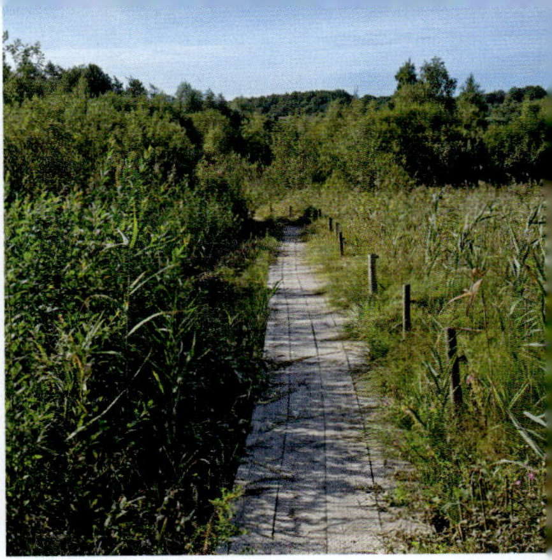

Plankenweg durchs Schilf.

unser Pfädchen ist, den Hang. Oben treten wir durch ein Törchen, gehen weiterhin geradeaus und schwenken am **höchsten Punkt** 7 im Bogen nach rechts. Der Weg neigt sich nun abwärts; wir orientieren uns dabei an einem Zaun rechter Hand. Wo der Zaun endet (hier findet sich erneut ein Fußgängersymbol), biegen wir oberhalb einer Geländekante links ab und übersteigen am Rand des Grundstücks eine steile **Trittleiter.** Gleich dahinter rechts.

Der Pfad bringt uns steil hinunter zum **Seeufer** 8, wo sich unser Weg links fortsetzt. Nach knapp 500 m entdecken wir eine Abzweigung, bei der wir uns für den Pfad links aufwärts entscheiden. Über Treppen gelangen wir wieder hinauf zum **Parkplatz** 1.

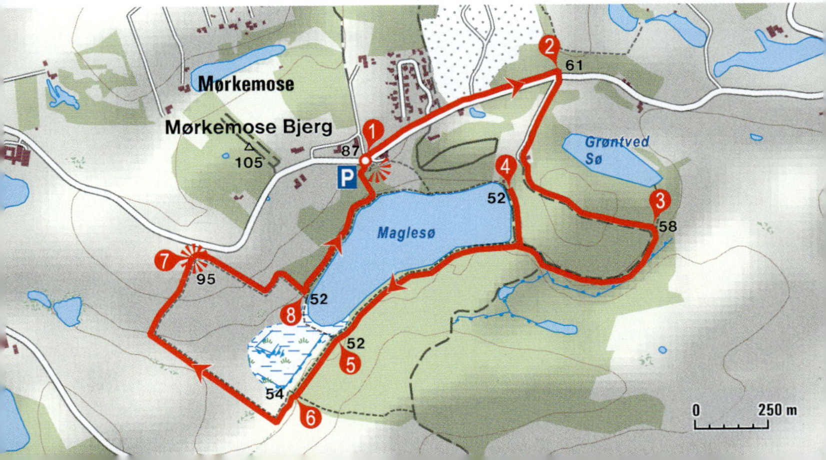

35 Zwischen Skarresø und Bromølle

3.30 h

Waldwanderung zu den historischen Wassermühlen am Åmose Å

Seit dem Mittelalter ist am Bach Åmose Å die Existenz von Wassermühlen belegt, denn hier finden sich sowohl ein ausreichendes Längsgefälle des Fließgewässers als auch Möglichkeiten, im Talgrund Mühlweiher anzulegen. Drei dieser Mühlen liegen am Weg, von denen zwei zugänglich sind: Beide haben eine Verwandlung zum Gasthof durchlaufen. Dabei gilt Bromølle Kro am südlichsten Zipfel der Tour als ältestes Gasthaus Dänemarks mit erstmaliger Erwähnung im Jahr 1198, Strids Mølle als eine der beliebtesten Ausflugsgaststätten im nordwestlichen Sjælland. Den Weg dahin muss man sich allerdings verdienen: Es geht durch welliges, überwiegend bewaldetes Gelände, das von Buchen- und Eichenwald, aber auch von Edellaubholzbeständen bedeckt ist. Ausblicke und Offenlandabschnitte sind rar, doch gibt es im Norden der Wanderung die Möglichkeit, von einem Aussichtspunkt aus den See Skarresø zu überblicken als auch im Osten vom Höhenrücken Langåsen aus einen Eindruck von der weiteren Umgebung zu gewinnen.

Ausgangspunkt: Kfz: Rastplatz Øllemose an der Rute 225. Von Jyderup aus auf der Rute 225 nach Süden fahren. Rastplatz nach 3,5 km links (östlich) der Straße. ÖNPV: Busse 490 und 582, Haltestelle Langåsen. Von dort aus 300 m auf der Rute 225 nach Norden zum Rastplatz Øllemose.

Anforderungen: Einfache, längere Wanderung überwiegend auf Forstwegen und Waldpfaden, jedoch auch einige Abschnitte auf Hartbelag.

Einkehr: Strids Mølle, Bromølle Kro.

Variante: Verzicht auf nordwestliche Schleife, d. h. von Wegpunkt 3 direkt zu Strids Mølle 6: ca. 11 km.

Karte: Keine aktuelle analoge topografische Karte im Handel verfügbar.

Eine Freifläche zwischen den Bäumen gibt den Blick auf den Skarresø frei.

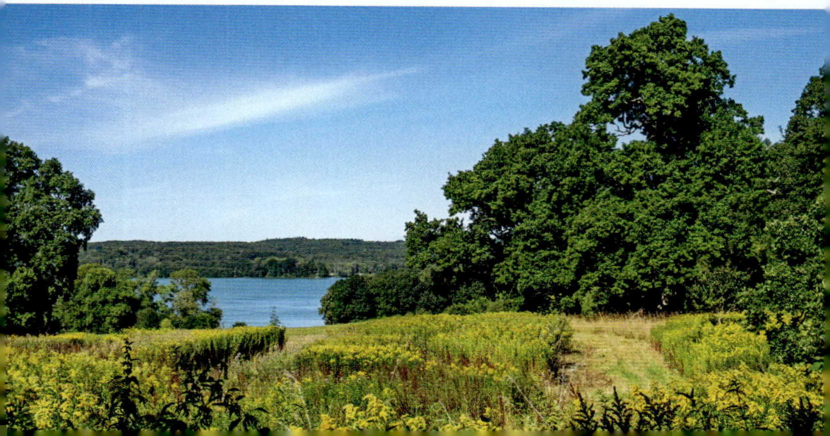

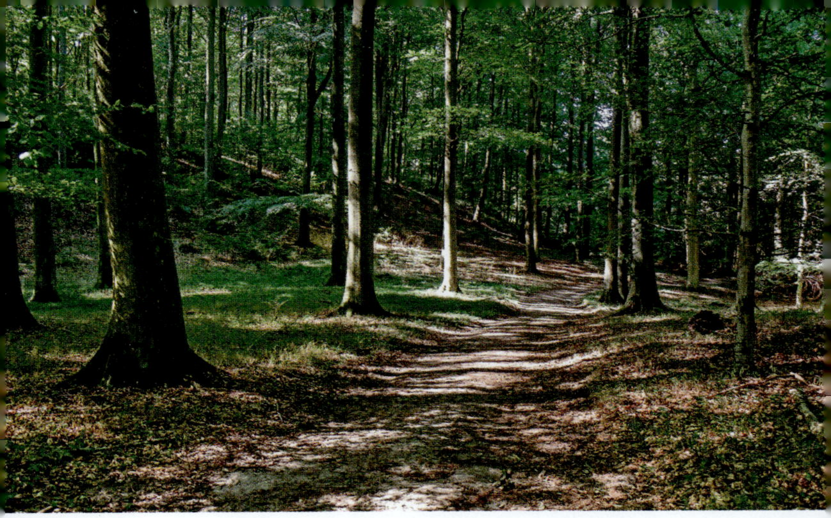

Weite Strecken der Tour verlaufen durch Laubwald.

Vom **Rastplatz Øllemose** ❶ aus laufen wir auf der Hauptstraße, **Rute 225**, ca. 200 m nach Norden, bevor wir halb links auf ein sehr schmales Sträßchen abbiegen. Hangaufwärts geht es in einen überwachsenen Feldweg über. Bei einer T-Kreuzung mit einer Staße rechts und nach 200 m links. Dieser Feld- bzw. Forstweg bringt uns mit etwas Auf und Ab zum kleinen Gehöft **Birkenæs** mit seinem hübschen Fachwerkhaus und Ausblick auf den See Skarresø. 100 m dahinter biegen wir links ab.
Nach 200 m heißt es aufpassen: Unser **Pfad** ❷ zweigt rechts ab (hier nicht an der gelben Markierung orientieren). Im weiteren Verlauf lassen wir kleinere Pfädchen nach rechts unbeachtet. Schließlich mündet er in einen etwas breiteren Weg, dem wir rechts abwärts folgen. Am Hangfuß wird daraus wieder ein breiter Forstweg, der zunächst eine weite Rechtskurve, danach eine Linkskurve mit Aufwärtstendenz beschreibt. Hinter einem scharfen Rechtsknick erwartet uns eine **Verzweigung** ❸, wo wir den rechten Weg einschlagen (gelber Pfeil). Auch bei der Verzweigung nach 300 m halten wir uns rechts auf einem Forstweg und überqueren einen kleinen Bach. Dahinter nimmt unser Weg einen schmalen Weg von links auf, den

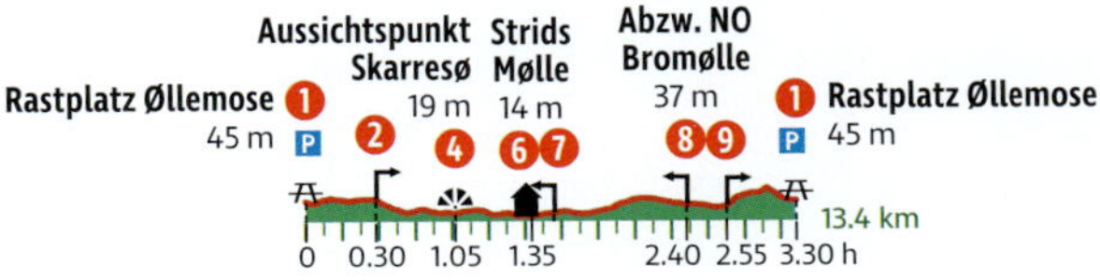

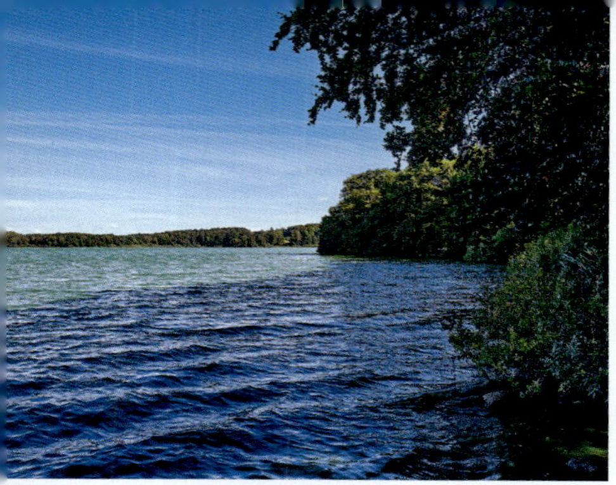

Am Ufer des Skarresø.

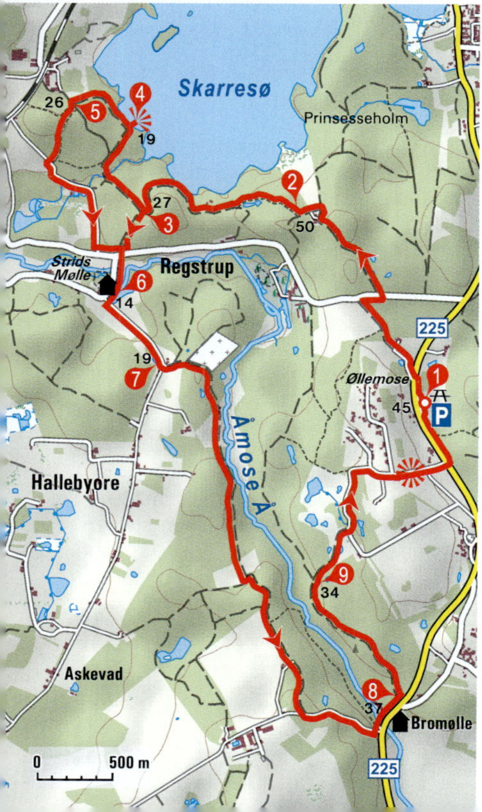

wir aber ignorieren. Bei der Verzweigung nur 100 m dahinter halten wir uns geradeaus. Hinter einer Linkskurve dürfen wir den Trampelpfad nach rechts nicht übersehen. Dieser bringt uns direkt zu einem **Aussichtspunkt** 4 am Ufer des **Skarresø**.

Anschließend setzen wir unsere Wanderung fort. Wenige Hundert Meter hinter einer Linkskurve heißt es aufpassen: Wir orientieren uns zunächst am gelben Pfeil des Wanderwegs halb links, laufen dann aber nicht (!) geradeaus über den querenden Forstweg hinweg, sondern biegen links auf ihn ab. Nach 50 m, beim **Stein** mit der Inschrift **»Min Vej«** 5 rechts. Zunächst noch etwas aufwärts, dann mit Höhenverlust erreichen wir ein kleines Sträßchen; dort links. An der historischen Kongens Mølle (Privatgrundstück) vorbei folgen wir dem Sträßchen bis zu einer T-Kreuzung; dort links und bei der nächsten Möglichkeit rechts. Gleich hinter der Brücke über den Bach **Åmose Å** entdecken wir rechts einen Fußpfad. Hinter einem Brückchen links. So kommen wir nach wenigen Schritten zu **Strids Mølle** 6.

An der Kreuzung hinter der Mühle links. Nach 600 m biegen wir links auf einen **Feldweg** 7 ab (»Ellehusvej«). Nach einem kurzen Anstieg machen wir im Wald die Rechtskurve des Wegs mit und gelangen

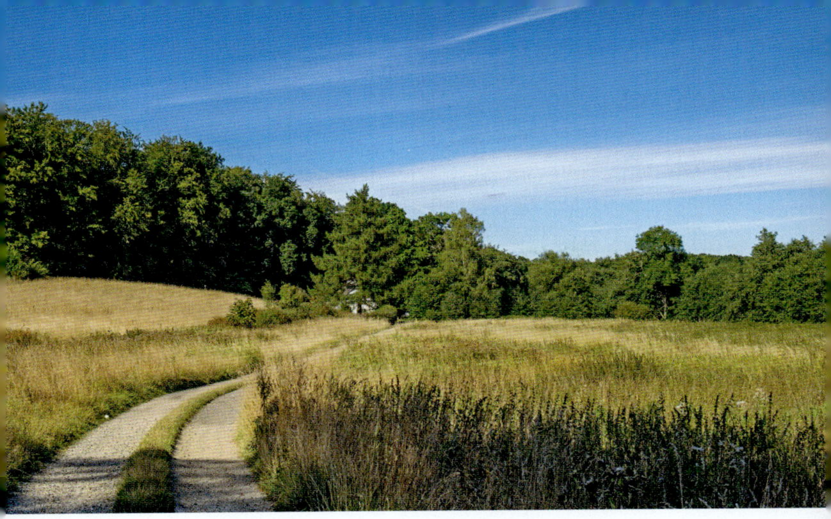

Im Tal des Åmose Å wechseln sich Laubwald und Offenland ab.

leicht abwärts ins Tal des **Åmose Å**. Kurz bewegen wir uns an einem Häuschen (rechts) vorbei noch durch Offenland, bevor uns wieder Wald umfängt. Mit etwas Aufwärtstendenz erreichen wir ein kleines Fachwerkhaus, vor dem wir links abbiegen. Dieser Forstweg mündet nach 1 km auf eine Hauptstraße, der wir links abwärts folgen. An der T-Kreuzung am Hangfuß ebenfalls links. Wir passieren den **Bromølle Kro**, bevor wir nach 200 m einen **Forstweg** 8 nach links nehmen (ziemlich genau gegenüber der Abzweigung nach Kajemose).

Nach 1 km gelangen wir an eine **Gabelung** 9: dort rechts. Mit Höhengewinn verlassen wir bald den Wald. Hinter einer Rechtskurve stoßen wir auf eine T-Kreuzung: dort links. Nach 500 m schwenkt der Feldweg nach rechts und mutiert zum schmalen Teersträßchen: Ihm folgen wir hangaufwärts und lassen Abzweigungen unbeachtet. Hinter der Hügelkuppe des **Langåsen** geht es abwärts zur Hauptstraße und dort links. Nach 300 m sehen wir den **Rastplatz Øllemose** 1 wieder rechts vor uns.

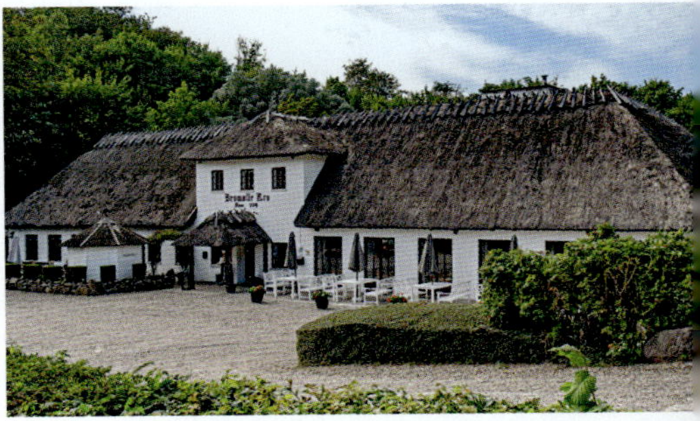

Bromølle Kro lädt zur Einkehr.

TOP

36 Røsnæs

↗ 120 m | ↘ 120 m | 6.7 km

2.00 h

Ein Wanderparadies im Westentaschenformat

Ziemlich abseits liegt der Leuchtturm Røsnæs Fyr am Ende einer Halbinsel, die weit in den Storebælt hinausragt und sich als Wanderparadies im Westentaschenformat entpuppt. Hügeliges Gelände im Verbund mit unterschiedlichen Küstenformen und hohem Strukturreichtum lassen die Wanderherzen höherschlagen. Das Offenland wird geprägt von blütenreichen Wiesen, Weiden und Magerrasen, in denen sich einige in Dänemark seltene und gefährdete Arten finden. Kleine Wäldchen aus Buchen oder Eichen sind ebenso vorhanden wie ausgedehnte Gebüsche aus Schlehe oder Weißdorn, wobei Letztere so hoch sind, dass man sich bequem darunter hindurchbewegen kann. Hinter jeder Kuppe, hinter jeder Kurve des Wegs warten neue Ausblicke und Entdeckungen! Røsnæs Fyr ist das gegebene Zwischenziel; der Leuchtturm kann während der Öffnungszeiten besichtigt werden und informiert mit einer kleinen Ausstellung über die Historie der Halbinsel v. a. während des Zweiten Weltkriegs.

Ausgangspunkt: Parkplatz am Røsnæs Vej. Von Kalundborg kommend durch den Ort Bjørnstrup hindurchfahren und nach gut 2,5 km – vor einem Waldrand – links auf den Parkplatz fahren.

Anforderungen: Wanderung auf Trampelpfaden und Graswegen, v. a. im ersten Drittel einige steile An- und Abstiege. Bei Nässe schmierig bis stellenweise matschig. Aufgrund der vielen kreuzenden Pfade etwas unübersichtlich.

Einkehr: Fyrens Café (nur Außenbewirtung; Achtung: keine Kartenzahlung möglich).

Varianten: 1) An mehreren Stellen ist es möglich, unten am Strand, statt auf dem Hochufer, zu wandern, wobei das Fortkommen dort auf den losen Kieseln erschwert ist. 2) Es existiert ein ca. 22 km langer Wanderweg rund um die Halbinsel Røsnæs. Start und Informationen im Naturum »Røsnæs rundt«, ausgeschildert an der Hauptstraße nordwestlich von Nostrup.

Hinweis: Im Bereich der Steilabbrüche müssen Kinder angemessen beaufsichtigt werden.

Karte: Keine aktuelle analoge topografische Karte im Handel verfügbar.

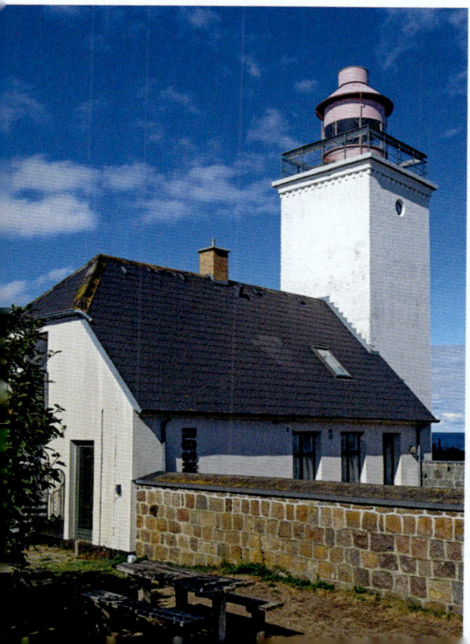

Leuchtturm Røsnæs Fyr.

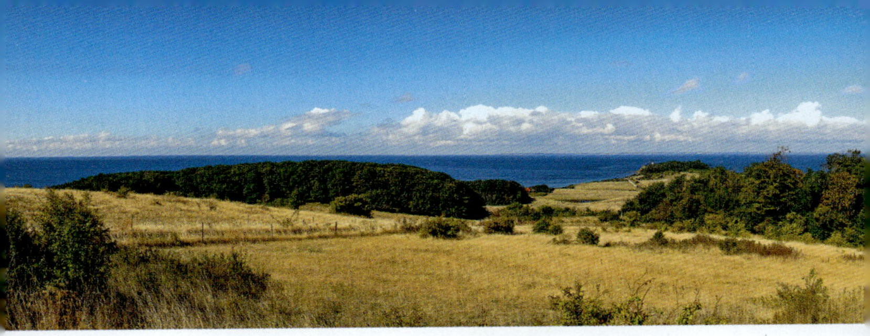

Von der Anhöhe Vagehøj bietet sich ein weites Panorama über die Halbinsel.

Wir verlassen den **Parkplatz 1** am straßenfernen Ende und biegen sogleich rechts ab. Nach 200 m schwenkt der Weg nach links und strebt dem höchsten Punkt unserer Tour zu, der **Vagehøj 2**, von wo aus sich ein fantastischer Blick über die Halbinsel bietet. Wir treten halb links durch ein Törchen und wandern auf einem Grasweg geradeaus den Hang hinunter und anschließend den Gegenhang hinauf. Kurz hinter dem höchsten Punkt treffen wir auf einen Querweg, dem wir links abwärts folgen. Am Hangfuß geht es halb rechts in eine kleine Mulde hinein, die wir nach wenigen Metern nach links verlassen. Wir queren den Wasserlauf der Quelle **Vindekilde** und vertrauen uns einem Pfädchen an, das in einem Weißdorn-Buschwald halb links den Hang erklimmt. Nach wenigen Metern biegen wir links auf einen querenden Pfad hangaufwärts ab und verlassen ihn nach 20 m nach rechts. Dieses Pfädchen bringt uns zu einer Hügelkuppe, an deren meerwärtiger Seite ein kleiner **Rastplatz 3** eingerichtet ist.

Von dort geht es über Stufen steil abwärts und bei der Verzweigung am halben Hang links. Unten rechts erreichen wir einen Kieselstrand, von dem der Pfad nach Kurzem landeinwärts schwenkt. In einem Linksbogen führt er durch ein kleines Tälchen aufwärts, passiert einen fast kreisrunden Tümpel (rechts von uns) und erreicht wieder die Küste (alle rechts abzweigenden Markierungen und Pfade ignorieren wir). Hinter einem Gebüsch folgen wir dem Grasweg zunächst abwärts über Offenland und anschließend durch ein schmales Waldstück aufwärts. Hinter dem Waldrand erwartet uns zunächst eine Kuppe und dann erneut eine Abwärtspassage,

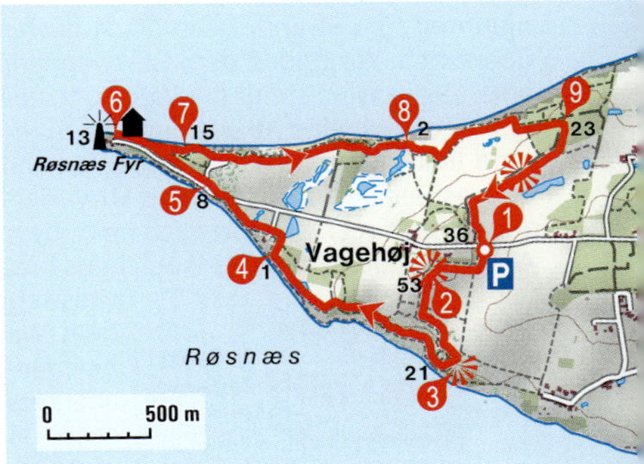

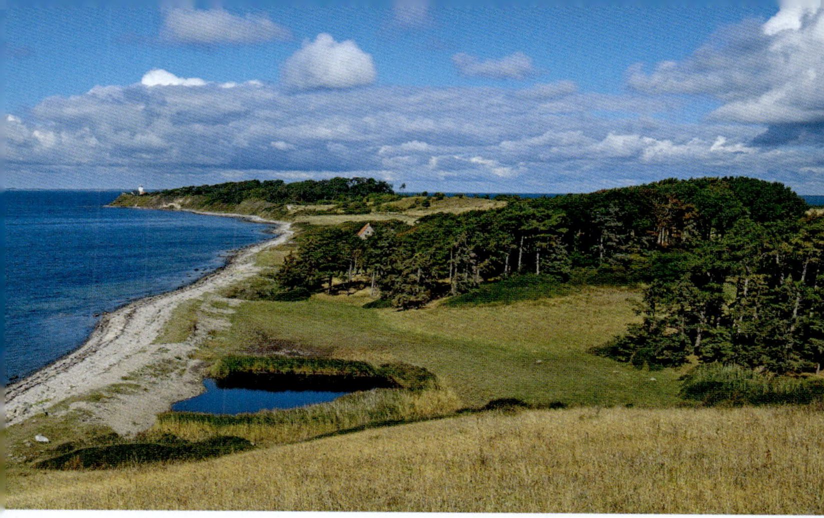

Hoher Strukturreichtum sorgt für ein abwechslungsreiches Wandererlebnis.

die uns an den Strand bringt. Hinter einem **Zaun** 4 knickt der Weg rechts ab, um ein Privatgrundstück zu umgehen. Dahinter schwenkt er nach links und nimmt die bisherige Richtung wieder auf. Er mündet auf einen Fahrweg, an dem wir uns nach links orientieren. Dessen Rechtsschwenk machen wir nicht mit, sondern laufen geradeaus auf einem **Feldweg** 5 weiter. Er bringt uns zum Leuchtturm **Røsnæs Fyr** 6.

Hier kehren wir um und wählen nach 100 m den Pfad halb links. Nach 250 m erneut links auf einen **Pfad** 7. Dieser verläuft an der Küste entlang und an einem Parkplatz vorbei. Auch durch das nächste Waldstück geht es geradeaus hindurch und bei einer Verzweigung dahinter halb links hinunter zum Strand. Nach 50 m dürfen wir das **Törchen** 8 rechts nicht übersehen. Wir folgen dem Grasweg landeinwärts und biegen nach 100 m links ab. Im Wald steigt der Weg kurz, aber kräftig an. Am oberen Waldrand ignorieren wir eine Abzweigung nach rechts, sondern begleiten den Waldrand links abwärts. Wieder im Offenland, bewältigen wir kleinräumig hügeliges Gelände. Anschließend kurvt der Pfad vor dem nächsten Waldstück zuerst nach rechts, dann nach links, bevor er darin eintaucht.

Am jenseitigen Rand des Wäldchens biegen wir bei einer **Kreuzung** 9 von Graswegen scharf rechts ab. Wir folgen dem Weg entlang eines Geländerückens, machen seinen Linksschwenk mit, erreichen etwas ansteigend wieder das Sträßchen und können gegenüber den **Parkplatz** 1 erkennen.

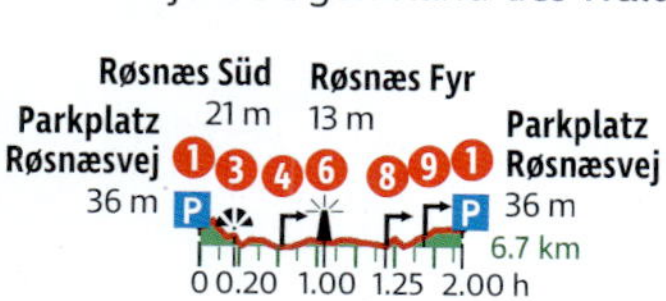

↗ 110 m | ↘ 110 m | 7.1 km

2.00 h

Nekselø 37

Eine Insel, auf der sich Fuchs und Hase gute Nacht sagen

Die Insel Nekselø ist knapp 4 km lang und misst an der breitesten Stelle etwa 1 km. Einer weitgehend flachen Ostküste steht im Westen eine Steilküste mit bis zu 30 m Höhe gegenüber, die – wie das Inselinnere – hügelig gegliedert ist. Die Nord- und Südspitze werden von flach ausstreichenden Vorländern gebildet. Nekselö hat insgesamt 25 ständige Einwohner, Straßen gibt es keine (nur Feldwege) und die ständig dort stationierten Autos haben keine Nummernschilder. Man könnte behaupten, dass sich auf Nekselö Fuchs und Hase gute Nacht sagen. Aus Sicht der Pflanzen- und Tierwelt ist diese Abgeschiedenheit jedoch kein Nachteil, denn trotz der überschaubaren Größe ist diese Insel ein Juwel in Sachen Vegetation und Flora, und auch die Fauna kommt nicht zu kurz. Besonders herausragend sind die sehr arten- und blütenreichen Magerrasen, die entlang der Westküste anzutreffen sind. Hier kommen in Dänemark seltene Arten wie Rosen-Malve, Acker-Wachtelweizen und Dunkles Sonnenröschen vor neben vielen weiteren Arten wie Sand-Strohblume und Feld-Beifuß. Auf den Wiesen im Norden und Süden sind zahlreiche Wiesenbrüter anzutreffen. Auch Brandseeschwalben brüten dort. In den zahlreichen Tümpeln findet die Rotbauchunke ideale Fortpflanzungsmöglichkeiten.

Ausgangspunkt: Anleger Nekselø Havn. Wird von Havnsø Havn aus von der Fähre M/F Nekseløfærgen angesteuert (Fahrplan und Buchung: sejeroe-ferry.teambooking.dk; Ticket kann auch an Bord erworben werden). Kostenlose Parkplätze am Hafen von Havnsø.
Anforderungen: Überwiegend einfache Wanderung auf Trampelpfaden (die nach Niederschlägen schmierig sein können), Gras- und Feldwegen; jedoch ein ausgesetzter Abschnitt und ein Abschnitt über grobes Geröll (Letzterer kann umgangen werden), wo man seine Schritte konzentriert wählen muss (bei Nässe unangenehm).
Einkehr: Keine.
Varianten: Die Tour kann in eine nördliche Runde (braune Markierung) und eine südliche Runde (grüne Markierung) aufgeteilt werden. 1) Nördliche Runde: ca. 4,3 km. 2) Südliche Runde: ca. 4,6 km.
Hinweise: 1) In der Vogelbrutzeit von 01.04.–15.07. dürfen die ausgewiesenen Wanderwege nicht verlassen werden. Auch das Pflücken von Blumen ist aufgrund der hier vorkommenden seltenen Pflanzenarten nicht zulässig. 2) Im Wartehäuschen am Kai befindet sich ein großformatiges Luftbild von Nekselø, das einen guten Überblick verschafft (Erläuterungen jedoch nur auf Dänisch).
Karte: Keine aktuelle analoge topografische Karte im Handel verfügbar.

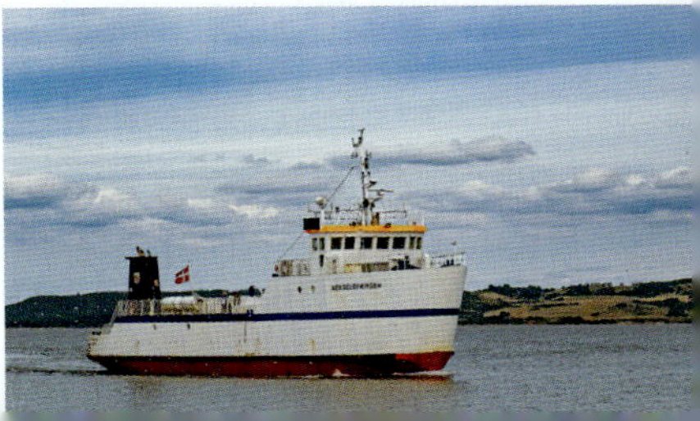

Die Nekselø-Fähre verkehrt zwischen der Insel und Havnsø.

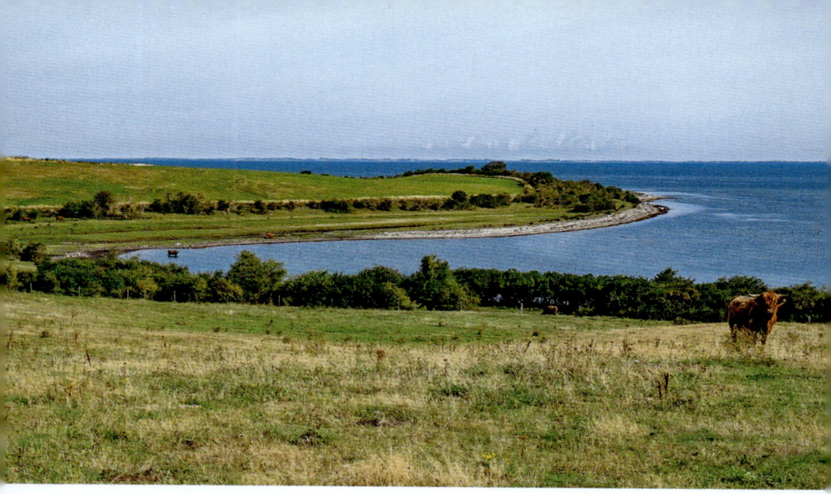

Der Nordwesten Nekseløs besitzt flache Küstenformen.

Landseits des **Kais** ❶ von **Nekselø Havn** biegen wir mit dem Feldweg und der braunen Markierung rechts ab. Mit einer Linkskurve schwingt sich der Weg den Hang hinauf und trifft auf einen **Querweg** ❷; dort rechts. Der Feldweg führt zunächst nach Nordwesten und gewinnt dann mit einer Rechtskurve etwas an Höhe. Bei der anschließenden **Gabelung** ❸ links. Wo der Feldweg links abknickt, wählen wir einen Grasweg geradeaus, der seinerseits nach 50 m nach links schwenkt. Hinter einem Törchen geht es noch kurz geradeaus weiter bis zu einer querenden Fahrspur unterhalb einer Böschung, der wir nach rechts folgen. Mit einer Linkskurve steigt der Weg etwas an und vollzieht hinter einem Seezeichen eine Rechts-Links-Kombination. Mit dem Zaun linker Hand steigen wir noch ein Stückchen nach Westen den Hang hinauf, bevor wir auf ein **Törchen** ❹ links treffen.

Wir durchqueren es und wandern nun auf einem schmalen Pfad entlang der Westküste nach Süden. Dabei geht es munter auf und ab und an einer kurzen Stelle recht ausgesetzt an der Oberkante der Steilküste entlang. Hinter einem Törchen betreten wir einen Bereich mit windzerzausten Kiefern und »Viehgangeln« an den Hängen der Steilküste. Im weiteren Verlauf durchqueren wir erneut einige Törchen.

Schließlich verlässt uns die braune Markierung nach links, während wir nun der **grünen Markierung** ❺ geradeaus weiter folgen. An eine kurze Strecke mit Abwärtstendenz schließt sich bald erneut ein hügeliges Auf und Ab an. Dann schwenkt der Weg nach links und

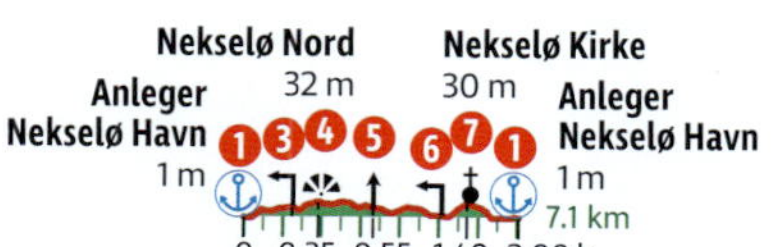

verliert an Höhe. Am Hangfuß biegen wir auf eine Traktorspur rechts ab und machen ihre Linkskurve mit. Nach 250 m führt eine weitere Linkskurve durch ein weiteres **Törchen** 6 auf einen Feldweg.

Auf ihm gelangen wir aufwärts, am Hof Øgård vorbei, zur **Nekselø Kirke** 7. Direkt vor der kleinen Kirche rechts. Der Grasweg bringt uns zu einem Waldrand, dem wir etwas abwärts folgen. Auf halber Höhe nicht verpassen: Der grün markierte **Pfad** 8 biegt links in den Wald hinein ab. Steil fällt der Pfad ab hinunter zur Küste, wo uns ein ruppiger Wegabschnitt über grobes Geröll erwartet. Nach wenigen Hundert Metern kommen wir wieder zum **Nekselø Havn** 1.

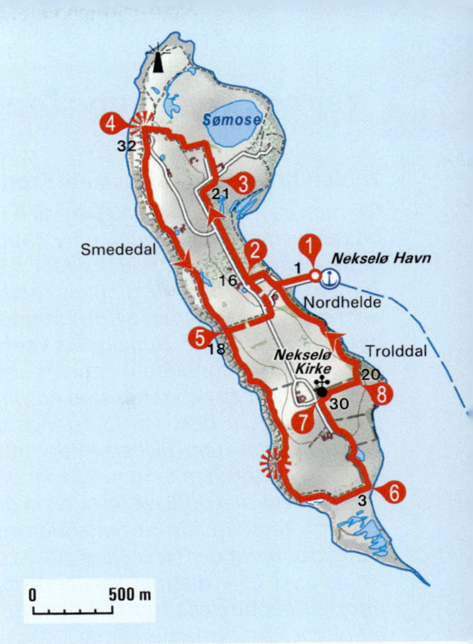

»Viehgangerl« sind typisch für die steilen Magerrasen im Westen der Insel.

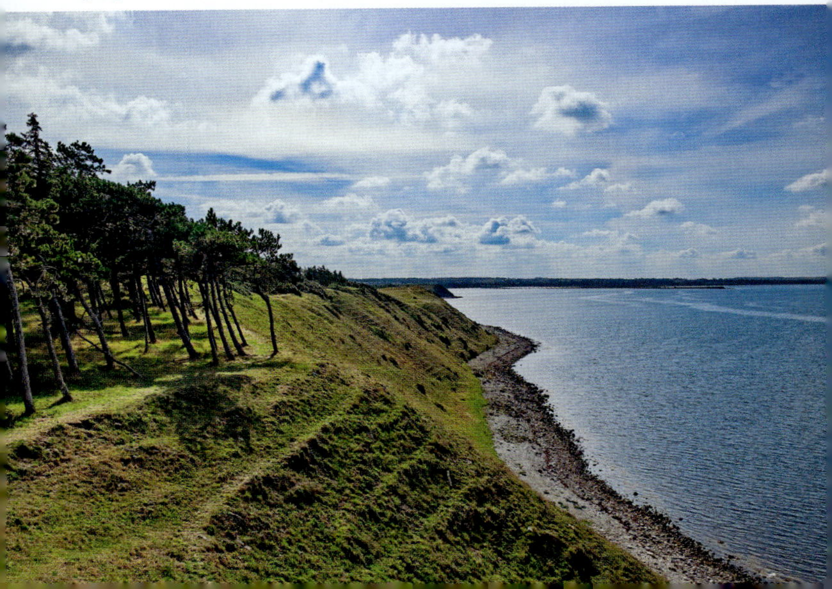

TOP

38 Vejrhøj, Vraget und Dragsholm Slot

↗ 170 m | ↘ 170 m | 10.3 km

3.00 h

Zu den Juwelen in Odsherrets Krone

Ob man den Ausblick genießen, sich über abwechslungsreiche Wälder und blütenreiche Wiesen freuen oder entlang einer Barriereküste und einer Lagune wandern möchte: Bei dieser Wanderung wird man fündig; und als Tüpfelchen auf dem »i« fungiert sogar ein veritables Schloss. Der Blick von dem durch die Eiszeiten geformten Höhenzug, insbesondere von der Kuppe des bronzezeitlichen Hügelgrabs Vejrhøj, wo sich ein weiter Blick nach Westen und Osten (an klaren Tagen sieht man sogar den Dom von Roskilde) bietet, gehört zu den schönsten Ausblicken in der Region Odsherret. Im Auf- und Abstieg zu bzw. von Sjællands dritthöchster Erhebung kommt man durch Buchen- und Eichenwälder, durchquert einen Erlenbruchwald und läuft an zahlreichen bunten Wiesen und Weiden vorbei. Reetgedeckte Häuser kuscheln sich äußerst fotogen in die windgeschützten Winkel dieses Geländerückens. Im Südwesten erlebt man mit Vraget eine Barriereküste mit Sandstrand auf der Meer- und einer Lagune auf der Landseite. Ein weiterer Höhepunkt ist – diesmal im übertragenen Sinn – Dragsholm Slot, dessen älteste Gebäudeteile um 1215 errichtet wurden und das daher als ältestes erhaltenes weltliches Gebäude Dänemarks gilt.

Ausgangspunkt: Kfz: Parkplatz in der Ortsmitte von Vindekilde. 3 km südwestlich von Fårevejle Kirkeby von der Rute 225 nach rechts in Richtung Vindekilde abbiegen. In der Dorfmitte Parkplatz auf der südöstlichen Straßenseite (mit »P«-Schild). Achtung: für Wohnmobile über 5,5 m Länge nicht geeignet, Ausweichmöglichkeit 1 km nordwestlich von Vindekilde auf dem Parkplatz am nördlichen Zugang zum Vraget bei Wegpunkt 5. ÖPNV: Bus 568, Haltestelle Vindekilde.

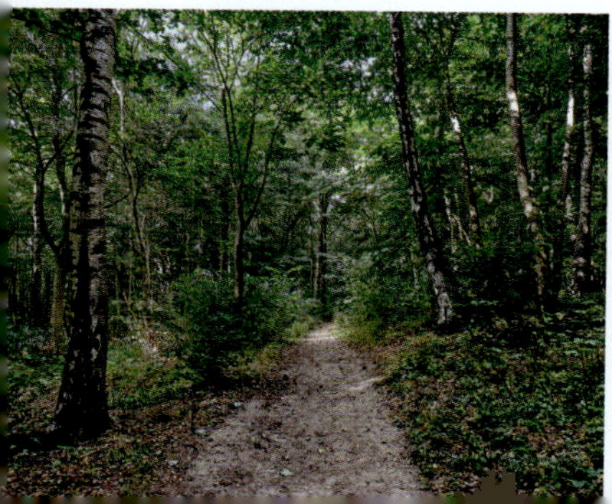

Anforderungen: Wanderung mit mäßigen Höhenunterschieden auf Pfaden und Graswegen, die bei Nässe abschnittsweise schmierig sein können. Ein kurzer steiler Abstieg. Zudem auf Feldwegen sowie kurzzeitig auf Straßen.
Einkehr: Madhus på Herskabsstalden im Dragsholm Slot (viel Ambiente, dementsprechende Preise).
Varianten: 1) Nur nördliche Runde (Vejrhøj): ca. 6 km. 2) Nur südliche Runde (Vraget und Dragsholm Slot): ca. 7 km.
Hinweis: Der Schlosspark ist öffentlich zugänglich, was sich v.a im Mai und Juni wegen der Rhododendronblüte lohnt. Eine Besichtigung des Schlosses ist hingegen nicht möglich, da es als Hotel genutzt wird.
Karte: Keine aktuelle analoge topografische Karte im Handel verfügbar.

Mischwald mit Buchen und Birken.

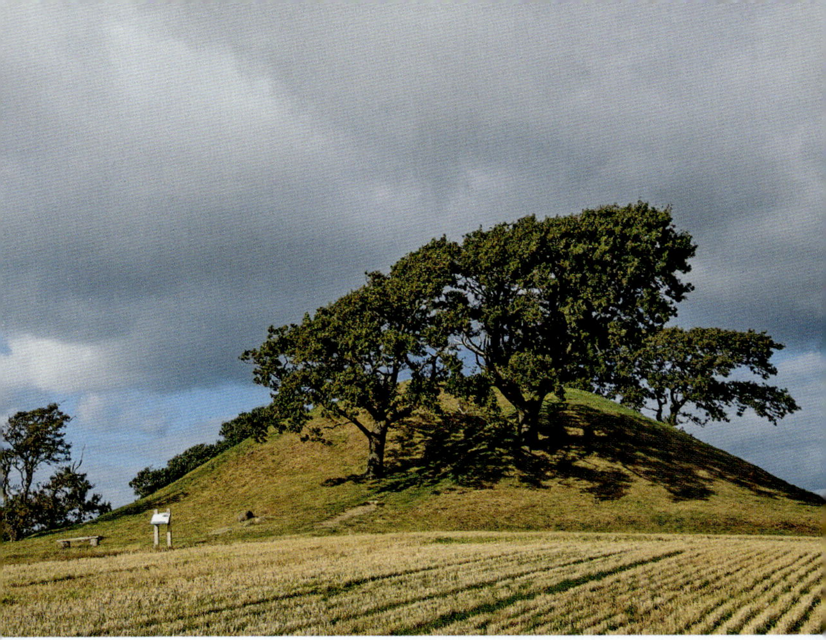

Das bronzezeitliche Hügelgrab liegt unübersehbar am höchsten Punkt.

Gegenüber dem **Parkplatz** ❶ nehmen wir das schmale Sträßchen aufwärts (Schild »Vejrhøjgård«) und passieren einen Weinberg (rechts von uns). Nach 300 m biegen wir an einem Waldrand links auf einen breiten **Waldpfad** ❷ ab, der durch Buchenwald ansteigt. Über eine Wegkreuzung geht es geradeaus hinweg. Auf der Höhe angekommen, verlassen wir den Wald und sehen ein Rundhügelgrab geradeaus in geringer Entfernung vor uns. Wir können das Hügelgrab **Vejrhøj** ❸ besteigen und darum herumlaufen. Schließlich wählen wir den Pfad, der nach links (Nordwesten) quer über den Acker führt. Gleich hinter dem Grundstück nehmen wir den Grasweg nach rechts. Auf ihm umrunden wir eine große Weide gegen den Uhrzeigersinn und lassen alle rechts abzweigenden Pfade unbeachtet. Auf einem schmalen Sträßchen angekommen, halten wir uns links. Ihm folgen wir mit geringer Steigung gut 500 m bis zu einem **Aussichtspunkt**. Dort biegen wir links auf einen Grasweg ab (gelber Pfeil). Hinter einem Rechtsknick heißt es aufpassen: Denn nach weiteren 20 m machen wir nun nicht den Linksknick des Hauptwegs mit,

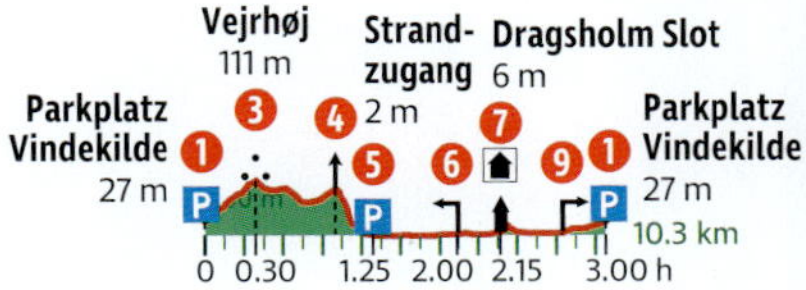

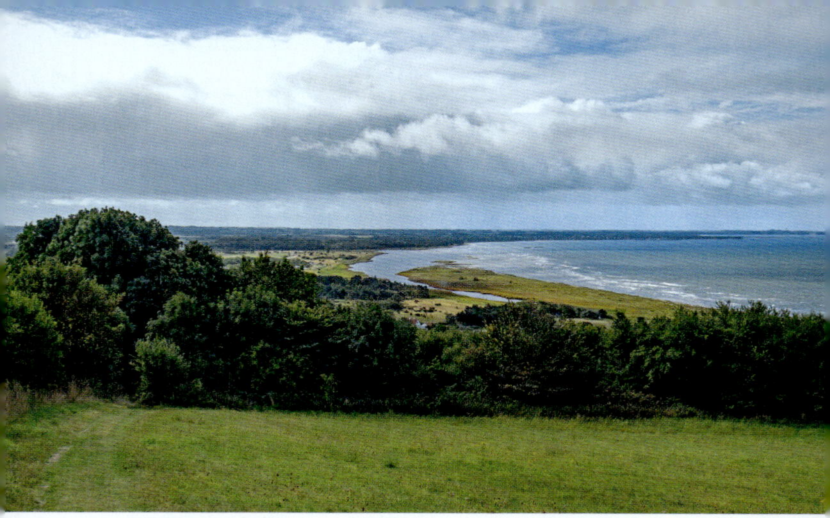

Die Sejerøbugt mit der Halbinsel Vraget und der dahinterliegenden Lagune.

sondern nehmen ein schmales **Pfädchen** ❹ geradeaus durch Gebüsch den Hang hinunter. Zunächst mit mäßiger, dann sogar stärkerer Neigung – immerhin gibt es hier sogar Serpentinen – erreichen wir durch Eichenwald den Hangfuß, durchqueren einen Erlenbruchwald auf Plankenstegen und gelangen an eine Teerstraße. Wir überqueren sie geradeaus und halten uns auf dem Parkplatz dahinter halb links.

Wir verlassen ihn meerseitig auf einem **sandigen Weg** ❺. Entweder wir biegen gleich hinter dem Zaun links ab und folgen dem dortigen Pfädchen (i.d.R. besser begehbar) oder wandern direkt am Strand entlang. Einen querenden Sandpfad (und einen ersten Steg über die Lagune) ignorieren wir. Erst fast am Ende der Landzunge, auf Höhe eines Campingplatzes, schwenken wir nach links, überqueren die Lagune

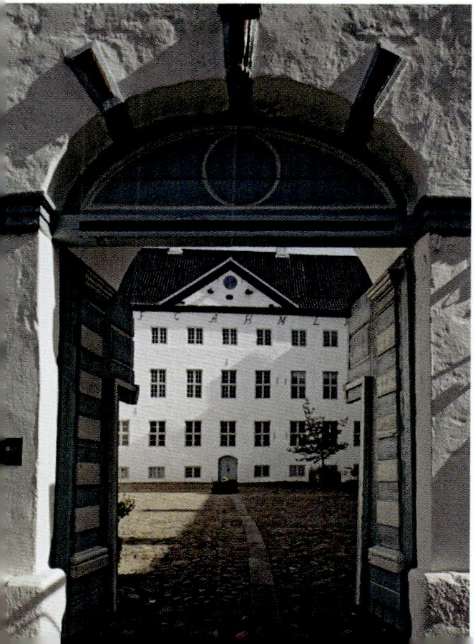

Blick durch den Haupteingang von Schloss Dragsholm.

auf einem **Steg** und gehen gleich dahinter rechts. Diese Richtung behalten wir bei. Auch dort, wo der Hauptweg nach links kurvt, bleiben wir geradeaus der Richtung parallel zum Ufer treu. Ein erstes Törchen nach etwa 350 m ignorieren wir. Erst nach weiteren 300 m biegen wir durch das zweite **Törchen** ❻ links ab und erreichen auf einem undeutlichen Graspfad die Hauptstraße.

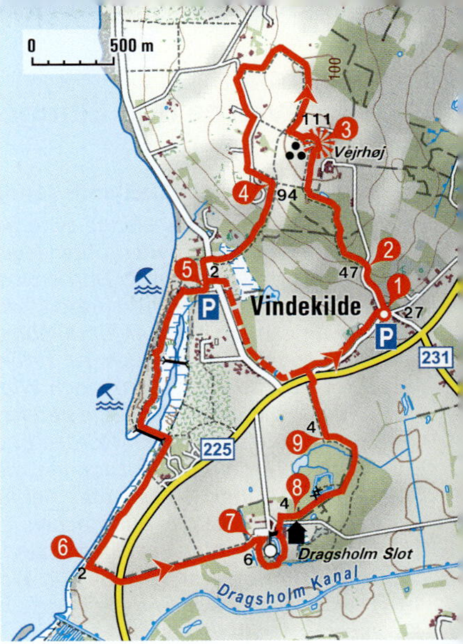

Genau gegenüber wandern wir die Traktorspur hinein und laufen direkt auf das Schloss Dragsholm zu. Wo der Feldweg links abknickt, halten wir uns geradeaus und gelangen durch einen **Torbogen** ❼ auf das Schlossgelände von **Dragsholm**. Auf dem querenden Hauptweg spazieren wir rechts zum Schloss hinauf und können es gegen den Uhrzeigersinn umrunden: Wir schlendern am Hauptportal geradeaus vorbei, erreichen den Ziergarten über eine Treppe und biegen dort links ab. Erneut links hinter dem Burggraben. Anschließend folgen wir der Zufahrt nach Norden und biegen hinter dem historischen Scheunengebäude rechts ab.

Hinter einer kurzen Allee gelangen wir an eine **Dreifachgabelung** ❽; wir nehmen die mittlere Möglichkeit (»Fußgänger«-Symbol). Diesem Forstweg bleiben wir treu bis zum nordöstlichen Waldrand, hinter dem wir uns nach links orientieren. Nach 200 m heißt es aufpassen: Der **Pfad** ❾ knickt rechts ab und führt zwischen Acker (links) und Hecke (rechts von uns) nach Norden und ist dabei stark überwachsen. Auf der Hauptstraße **Rute 225** erst kurz rechts und dann links in eine Seitenstraße nach **Vindekilde** abbiegen. Nach gut 500 m kommen wir wieder zurück zum **Parkplatz** ❶.

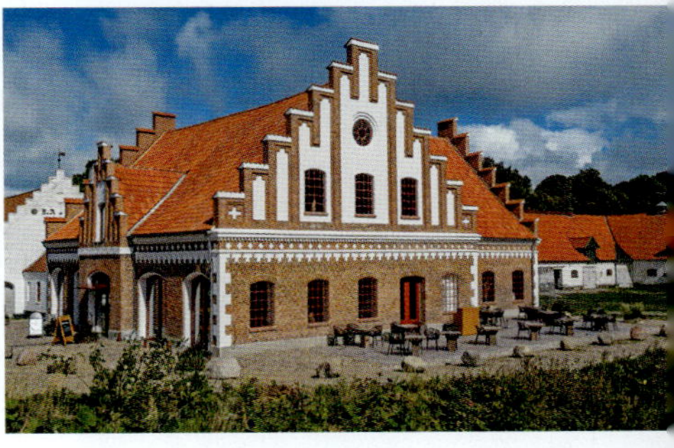

Ehemals Marstall von Schloss Dragsholm, heute Gaststätte.

↗ 40 m | ↘ 40 m | 12.3 km

39 Korevlerne und Ellinge Lyng

3.10 h

Wo die Westküste Sjællands sandigen Zuwachs bekommt

Die Sejerø-Bucht bei Ellinge Lyng gehört zu den spannendsten Küstenabschnitten Sjællands. Hier führen Meeresströmungen Sand heran und lagern ihn in Form sogenannter Barriereinseln ab, sodass die Küstenlinie sich allmählich nach Westen verlagert, was zu einem durchschnittlichen Landgewinn von 1 m pro Jahr führt. Manchmal kommt es durch außergewöhnliche Ereignisse aber auch zu sprunghaften Veränderungen: Anfang des 20. Jh. entstanden durch einen Wintersturm vier flache Inseln »auf einen Schlag«. Diese als Korevlerne bezeichneten Eilande wuchsen seither zusammen, verbanden sich im Norden und Süden mit dem Land und schufen in ihrem Rückraum flache Lagunen, die immer stärker verlanden. Im Sommer sind die Strände ein beliebtes Ziel für Badegäste – und es lohnt sich auch für Wandernde, die Badesachen einzupacken; im Frühling und Herbst hingegen teilt man sich Strand und Lagunen mit nur wenigen Besuchern, jedoch umso mehr Wasser- und Watvögeln, die sie und die umgebenden Feuchtgebiete während der Vogelzugzeit als Rastplatz ansteuern (Fernglas nicht vergessen!).

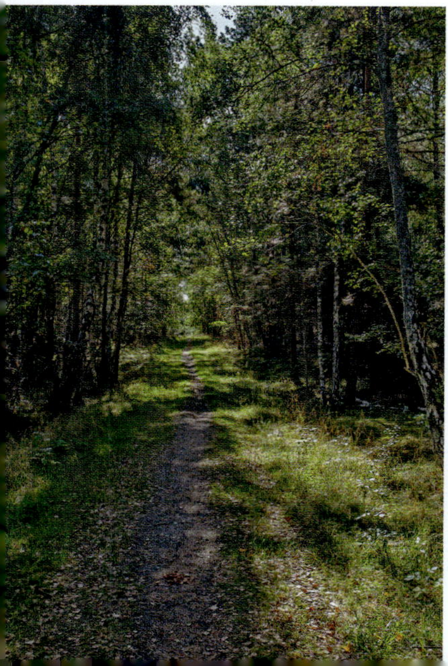

Ausgangspunkt: Kfz: Parkplatz am Ellinge Strandvej. In Ellinge Lyng nach Westen in den Ellinge Skovvej abbiegen. Wo er rechts abknickt, geradeaus auf einem schmalen Sträßchen (Ellinge Strandvej) weiterfahren. An seinem Ende befindet sich der Parkplatz. ÖPNV: Bus 565, Haltestelle Fuglebæksvej. Von dort aus 100 m nach Süden und Start bei Wegpunkt 7.
Anforderungen: Einfache Wanderung am Strand, auf Feldwegen und Graspfaden. Ein kurzer Abschnitt auf kaum sichtbarer, überwachsener Wegspur (Tendenz zu »rot«).
Einkehr: Haveje Gudmindrup (300 m nördlich des nördlichsten Wegpunkts).
Varianten: Aufgrund der vielen Wege lässt sich die Runde fast beliebig aufteilen. Vorschlag: 1) Nur nordwestliche Runde: ca. 5 km. 2) Nur südöstliche Runde: ca. 9 km.
Karte: Keine aktuelle analoge topografische Karte im Handel verfügbar.

Pfad durch den Wald von Ellinge.

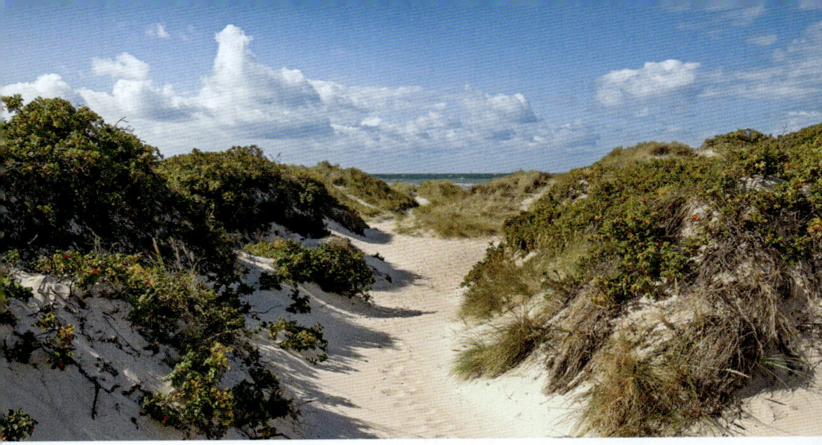

Die Dünen von Højby sind eine der Attraktionen der Wanderung.

Vom westlichen Ende des **Parkplatzes** ❶ aus laufen wir auf dem Steg über die Lagune und entdecken 20 m hinter dessen Ende rechts ein schmales Pfädchen entlang eines Zauns (alternativ: direkt am Strand entlang). Nach gut 2 km biegen wir beim **Schild »J222«** ❷ (bzw. dort, wo sich landseits einige höhere Dünen erheben) rechts ab und erreichen hinter den Dünen den Südrand eines Parkplatzes, von dem aus ein breiter Plankensteg nach Osten führt. Auf einem Querweg rechts. Nach gut 1 km überqueren wir einen Kreuzungspunkt angelegter Wege geradeaus.

250 m dahinter – der Weg beschreibt hier einen leichten Linksbogen – nehmen wir den links abzweigenden, schmalen **Pfad** ❸ durch das Schilf. Auf ihm gelangen wir auf den **Engvej**, dem wir geradeaus bis zu einer querenden Straße folgen. Wir überqueren sie geradeaus und entdecken auf der gegenüberliegenden Seite einen schmalen Trampelpfad in den Wald hinein, der uns nach 30 m auf einen kreuzenden Waldweg entlässt. An der **Waldkreuzung** ❹ nehmen wir – in bisheriger Laufrichtung gesehen – nicht den Pfad nach rechts, sondern denjenigen halb rechts (in Richtung Südosten). Auf ihm kommen wir zur Hauptstraße, Lyngvej, und biegen auf ihr (!) rechts ab. Nach 150 m wenden wir uns beim **Feldweg »Engmarken«** ❺ nach links und entscheiden uns für den ersten Feldweg rechts. Diese Richtung behalten wir bei bis zu einer T-Kreuzung.

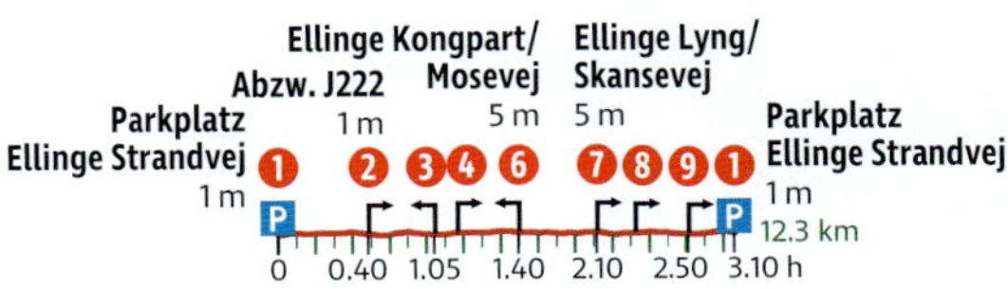

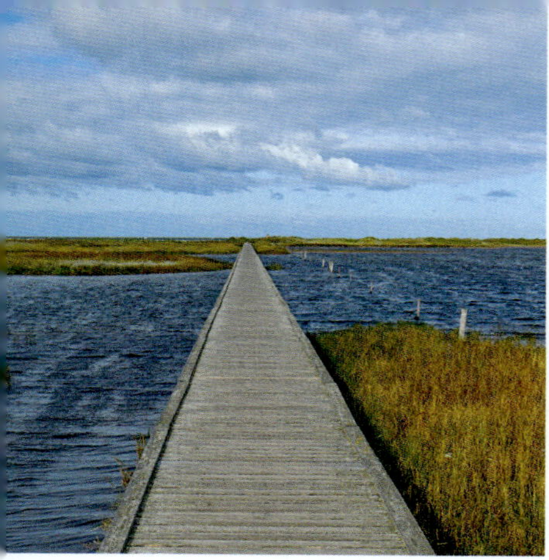

Zugang zu den Korevlerne.

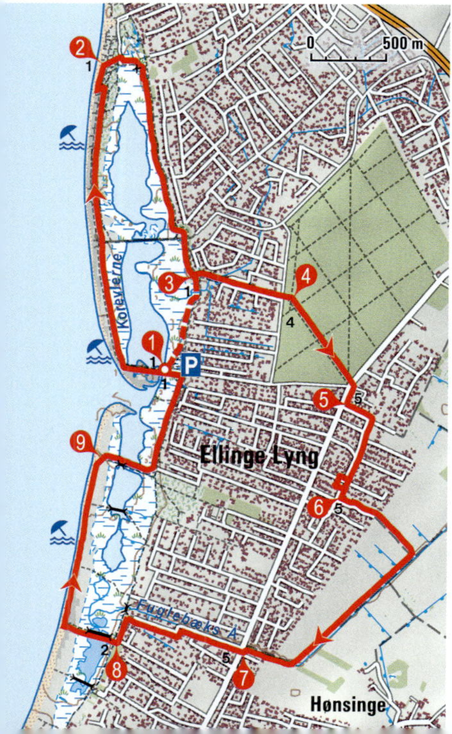

Dort gehen wir wenige Meter nach rechts und finden dann links einen schmalen Durchlass zwischen Hecken. Er mündet hinter einem Links-Rechts-Knick wieder auf einen Fahrweg. Bei der nächsten Kreuzung links auf den **Mosevej** 6. Auf diesem Weg verlassen wir das Ferienhausgebiet und gelangen ins Offenland, ins Feuchtgebiet **Engmose**. Bei einer T-Kreuzung mit einer Traktorspur rechts und an einem Graben entlang nach Südwesten. Wo sie undeutlich wird, verläuft ein schwach erkennbarer, überwachsener Pfad am Graben entlang weiter und knickt mit diesem schließlich rechts ab. Nach wenigen Hundert Metern erreichen wir die Hauptstraße. Dort links und nach wenigen Metern rechts in den **Skansevej** 7 abbiegen. Wir folgen ihm nach 400 m durch eine S-Kurve. Von seinem Ende aus führt ein Pfad weiter an die Küste. Auf einem kreuzenden Pfad westlich des Ferienhausgebiets geht es nach links und bei der nächsten Möglichkeit an der **Kreuzung** 8 mit dem Strandgårdsvej rechts.

Wir queren die Lagune auf einem Steg und gelangen an den Strand; dort rechts. Nach ca. 1 km, auf Höhe einiger niedriger **Dünen** 9, orientieren wir uns nach rechts und gelangen über einen weiteren Steg wieder nach Osten. Dort erwartet uns ein Querweg, wo wir uns links halten. Nach 800 m biegen wir auf der Zufahrtsstraße links ab und haben den **Parkplatz** 1 wieder vor uns.

↗ 60 m | ↘ 60 m | 9.5 km

2.30 h

Kattegat, Klintebjerget und Sonnerup Skov

40

An Odsherrets rauer Nordküste

Mit dem Meer und dem Strand auf der einen und dem Wald auf der anderen Seite geht es am Ufer des Kattegats entlang. Direkt an der Küste sorgt der stetige Wind dafür, dass Bäume und Büsche niedrig – oder im Wortsinn windschief – wachsen, während auf dem sandigen Untergrund Heidevegetation gedeiht. Ganz im Osten der Tour kann man die Gelegenheit nutzen, den Klintebjerget zu erklimmen, einen eiszeitlichen Moränenhügel. Seine steile, direkt zum Meer abfallende Nordflanke verdankt er dem Einfluss nacheiszeitlicher Erosion durch die Wellen, doch auch der Mensch hat seine Spuren hinterlassen: Die amphitheaterartige Ausformung in seinem Zentralbereich entstand durch Kies- und Lehmabbau, der hier bis ins frühe 20. Jh. hinein stattfand. Heute hat sich die Vegetation die Fläche zurückerobert, die durch ihren Blütenreichtum ins Auge fällt. Zurück geht es auf schmalen Wegen durch den Wald Sonnerup Skov und seine Laub- und Mischwaldbestände.

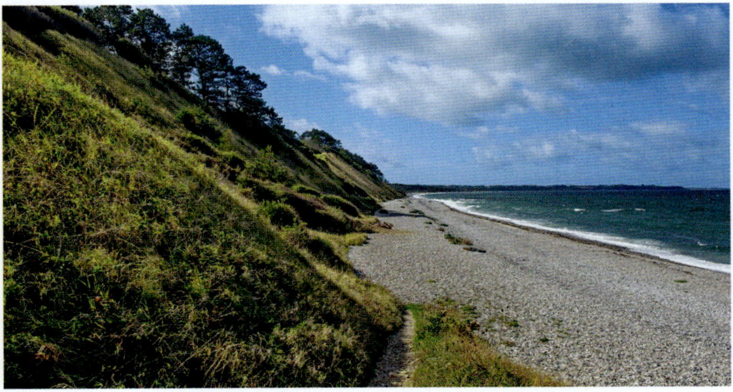

Im Norden fällt der Klintebjerget steil zum Meer ab.

Ausgangspunkt: Parkplatz am Sonnerup Vej. Von Lumsås auf dem Oddenvej in Richtung Osten fahren. 2 km hinter dem Ortsausgang links in Richtung »Sonnerup Skov« (Schild) abbiegen. Dem schmalen Sträßchen 500 m folgen. Parkplatz gleich links im Wald.
Anforderungen: Weit überwiegend einfacher Spaziergang auf Trampelpfaden und Waldwegen, im Bereich Klintebjerget jedoch kurze, aber steile An- und Abstiege, die bei Nässe schmierig sein können.
Einkehr: Keine.
Variante: Ohne Abstecher zum Klintebjerget: ca. 7,2 km (dann »blau«).
Karte: Keine aktuelle analoge topografische Karte im Handel verfügbar.

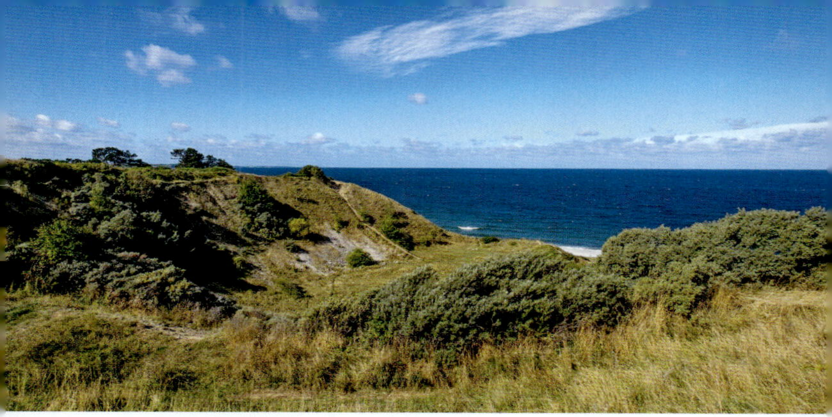

Vom höchsten Punkt des Klintebjerget hat man einen guten Überblick.

Vom **Parkplatz** ❶ aus starten wir in bisheriger Fahrtrichtung in Richtung Westen. Wir lassen ein Hausgrundstück rechts liegen und wandern auf einem Feldweg an einem Waldrand entlang. Nach gut 1 km bzw. 200 m vor dem östlichen Siedlungsrand von Sonnerup biegen wir auf einen **Waldparkplatz** ❷ rechts ab und folgen dem breiten Pfad in den Wald hinein. Über eine erste Kreuzung geht es geradeaus hinweg, bei der zweiten Kreuzung biegen wir links ab. Nach wenigen Hundert Metern erreichen wir die **Küste** ❸ an der **Hesselø Bugt** und orientieren uns oberhalb der niedrigen Abbruchkante nach rechts (alternativ: am Strand entlang; dort ist das Fortkommen jedoch deutlich mühsamer).

Auf den nächsten 2,5 km lautet die Wanderanweisung: geradeaus. In einem Bereich, in dem der Wald rechts zurücktritt, tasten wir uns kurz über grobes Geröll. Am gegenüberliegenden Waldrand passieren wir die **Abzweigung** ❹ eines breiten Wiesenpfades (und merken uns diese für den Rückweg) und setzen den Weg weitere 150 m geradeaus fort, bevor wir bei einer **Gabelung** ❺ die rechte Möglichkeit hangaufwärts wählen (Fußgängersymbol). Auf dem Hochpunkt mutiert der Pfad zum Feldweg, der wieder leicht an Höhe verliert. Wir halten uns geradeaus; Zufahrten zu den Wochenendhäuschen beachten wir nicht. Dann steigt der Weg kräftig an.

Hinter einer Rechtskurve (und hinter der Zufahrt zu Hausnummer 18) dürfen wir den unauffälligen **Fußpfad** nach links nicht verpassen (erneut Fußgängersymbol). Er bringt uns zu einer abrupten Hangkante, vor der wir rechts abbiegen und durch ein Oxelbeergebüsch einen kurzen Anstieg bewältigen. Dahinter öffnet sich das Halbrund des **Klintebjerget**.

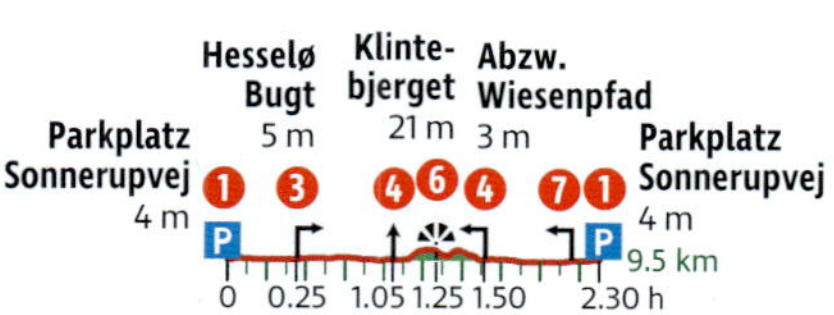

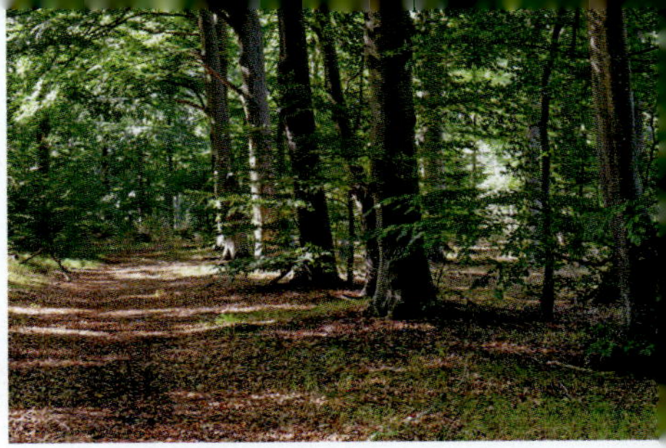

Schmaler Pfad durch Sollerup Skov.

Wir umrunden ihn entlang der Hangkante. Dieser bleiben wir auch dahinter treu und gelangen mit Abwärtstendenz an einem **Aussichtsbänkchen** 6 vorbei zu einer Abstiegsmöglichkeit, die mit einem Fußgängersymbol gekennzeichnet ist. Dort steigen wir in einem kleinen **Einschnitt** 7 links den Hang hinunter; auf der Straße links. Vorbei am »Steinmännchenstrand« entscheiden wir uns nun für den Weg meerseits des **Klintebjerget**. Der Strand besteht hier aus losen Kieseln, was das Vorwärtskommen etwas erschwert.
Wir erreichen wieder die schon bekannte **Weggabelung** 5 und wandern am Waldrand 150 m nach Westen. Hinter dem Waldrand wählen wir nicht den ersten schmalen Pfad, sondern an der **Verzweigung** 4 wenige Meter dahinter den breiten **Wiesenpfad** nach links. Auf ihm tauchen wir nach 300 m in den Wald ein. Über einen Parkplatz geht es in bisheriger Richtung hinweg und geradeaus in den Pfad zwischen zwei Häusern hinein. Ihm folgen wir auf dem nächsten Kilometer und lassen querende Pfade unbeachtet. Schließlich knickt der Pfad rechts ab und führt tiefer in den Wald hinein. Ein von rechts hinzustoßender Forstweg irritiert uns nicht.
Doch 250 m dahinter heißt es aufpassen: Wir biegen auf einen **kreuzenden Pfad** 8 links ab (rechts befindet sich ein Marker mit der Zahl »58«). Nach 100 m kurvt er allmählich nach rechts (abzweigende Pfade nach links interessieren uns nicht) und mündet schließlich auf einen breiten Querweg. Dort links und auf dem nach 200 m folgenden Querweg ebenfalls links. Der **Parkplatz** 1 befindet sich nur wenige Schritte rechter Hand vor uns.

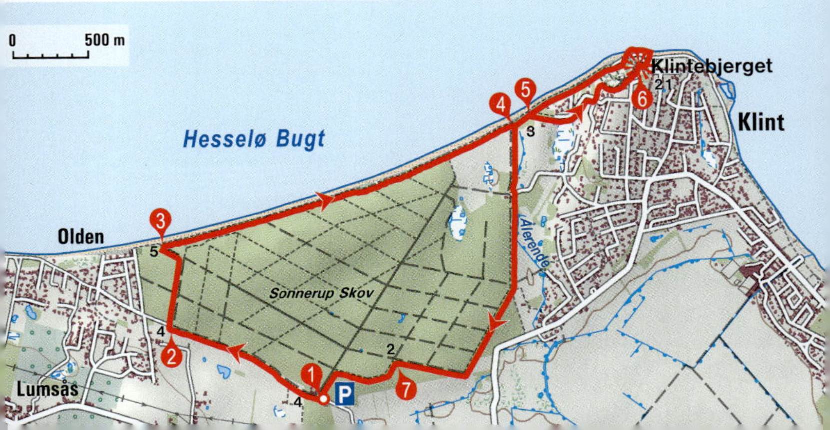

↗ 50 m | ↘ 50 m | 7.6 km

41 Hov Vig

1.45 h

Zu einem menschengemachten Paradies für Wasservögel

Diese einfache Wanderung führt zu Hov Vig, der Bucht von Hov, einem menschengemachten Paradies für Wasservögel. Eigentlich war Landgewinnung das erklärte Ziel, als man im Jahr 1870 den ersten Damm quer über die Bucht aufschüttete. Er war jedoch zu schwach und wurde mehrfach überflutet, sodass man diese Unternehmung aufgab. Dieser Fehlschlag war jedoch der Startschuss für die Bedeutung von Hov Vig als Vogelrefugium, das 1979 offiziell als Naturschutzgebiet ausgewiesen wurde. Besonders während der Frühlings-Zugzeit geht es hier (ornithologisch gesehen) zur Sache, doch gibt es das ganze Jahr über Gelegenheit für spannende Beobachtungen, die komfortabel von einem Aussichtssturm oder vom ehemaligen »Badhaus« aus erfolgen können. Das kleine Örtchen Nakke am nördlichsten Punkt der Tour besticht durch reetgedeckte und schmucke Häuser sowie durch die alte Schmiede, die als winziges, aber authentisches Museum hergerichtet wurde.

Das historische Badhuset wird heute als Infopavillon genutzt.

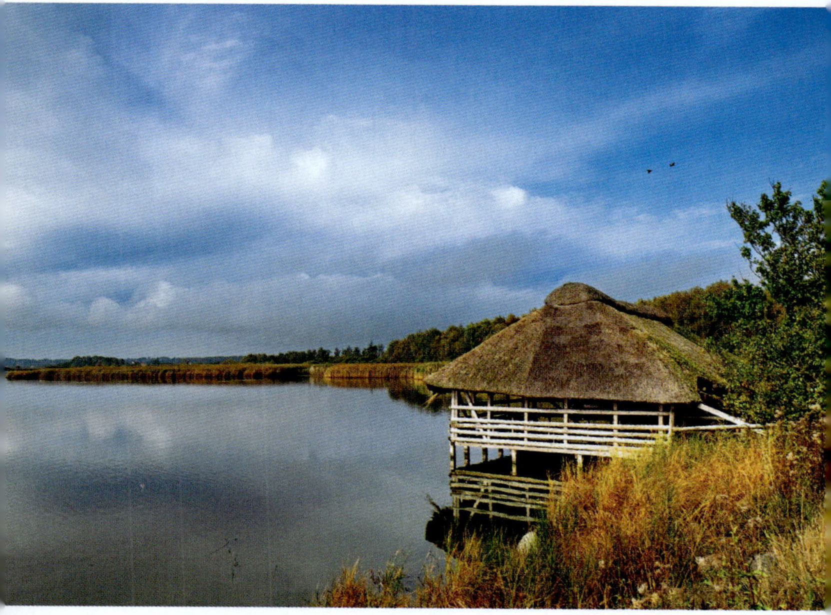

Ausgangspunkt: Kfz: Parkplatz am Nakke Vestvej, ca. 900 m südlich von Nakke. Von der Rute 225 in Rørvig in Richtung Nakke abbiegen. Im Örtchen Nakke rechts abbiegen und auf der nach links abknickenden Hauptstraße (Nakke Vestvej) die Siedlung verlassen. Nach 900 m, am Fuß einer kleinen Gefällstrecke, unmarkierten Feldweg nach links nehmen. Dieser führt nach 50 m zu einem Parkplatz. ÖPNV: Bus 562, Haltestelle Nakke (Bygaden). Dann Start bei Wegpunkt ❾.
Anforderungen: Einfache Wanderung auf Feldwegen und Pfaden, kurz auf der Straße.
Einkehr: Café und Restaurant Mårbjerggård in Nakke (nur Fr–Sa 12–18 Uhr).
Variante: Verkürzte Variante ohne Nordteil: von Wegpunkt ❺ auf der Straße zurück zu Wegpunkt ❶: ca. 5,5 km.
Karte: Keine aktuelle analoge topografische Karte im Handel verfügbar.

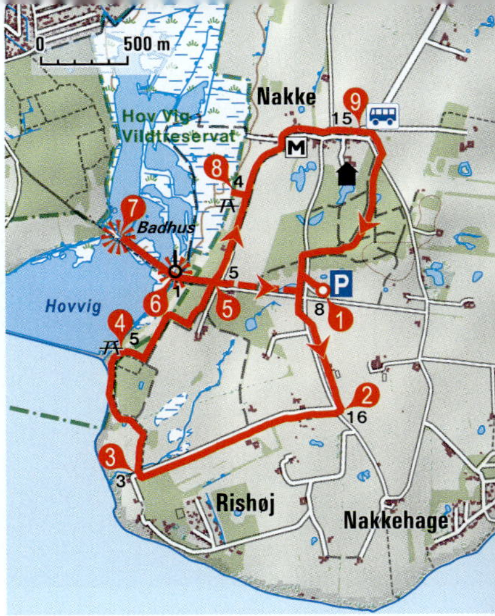

Vom **Parkplatz ❶** wenden wir uns zurück zum Sträßchen und dort nach links. Wir laufen geradeaus über die nahe Kreuzung hinweg und auf der Straße eine kleine Anhöhe hinauf. Einen Hof lassen wir links liegen und biegen rechts in den **Sletterhøjvej ❷** ein. Auf ihm geht es nach Westen. Nach dem letzten Haus auf der rechten Seite können wir einen parallel verlaufenden Grasweg rechter Hand nutzen. 50 m bevor der Weg links abknickt, dürfen wir unsere Abzweigung nicht übersehen: Wir entdecken rechts einen **Grasweg ❸**, der mit »gelber Pfeil« annonciert wird. Auf ihm geht es ein paar Schritte aufwärts, bevor wir seinen Linksbogen mitmachen und zwei kurz aufeinanderfolgende Gatter durchqueren.

Wenige Meter dahinter biegen wir durch ein drittes Gatter links auf einen Trampelpfad ab. Auf ihm streifen wir küstennah durch ein kleines Wacholdergebüsch und betreten anschließend geradeaus durch ein Törchen den **südlichen Rastplatz ❹**. Rechts hinten verlassen wir ihn, schlängeln uns auf dem schmalen Pfädchen durch ein Gehölz und erreichen hinter einem Gatter eine Fahrspur; dort links. Sie bringt uns – mehrfach die Richtung wechselnd

Kleines Schmiedemuseum.

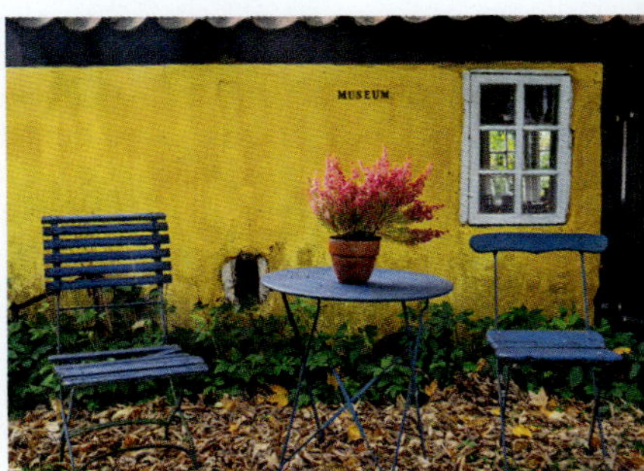

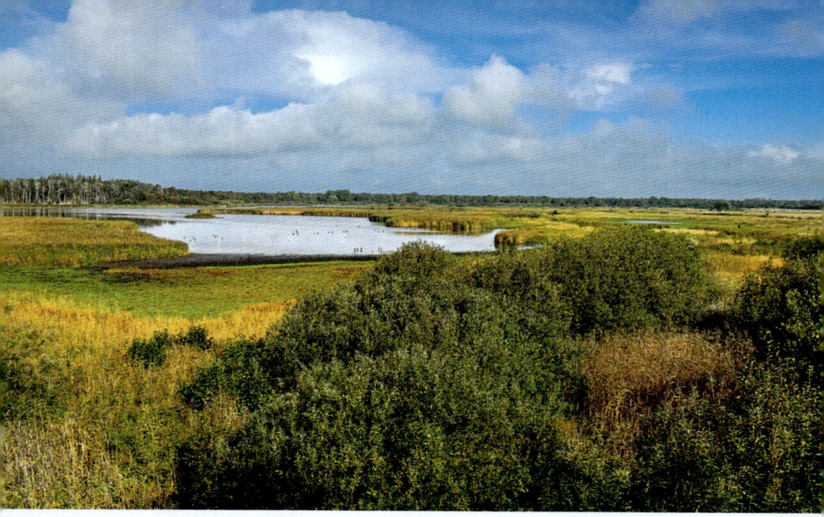

Vom Vogelbeobachtungsturm öffnet sich ein hervorragender Ausblick.

und eine Zufahrt von rechts aufnehmend – westlich an einem Bauernhof vorbei zu einer **Kreuzung** 5; dort links.

Bereits nach wenigen Hundert Metern bietet der **Aussichtsturm** 6 direkt rechts des Wegs einen willkommenen Überblick über **Hov Vig** und die Umgebung. Anschließend setzen wir unseren Weg fort bis zum sogenannten **Badhus** 7, von wo aus sowohl die innere als auch die äußere Bucht eingesehen werden können (dort außerdem Infomaterial). Wir kehren um, marschieren wieder am **Aussichtsturm** 6 vorbei und nehmen bei der **Kreuzung** 5 nun den linken Weg. Auf diesem Feldweg gelangen wir – nach einem kurzen Abstecher zum **nördlichen Rastplatz** 8 – ins hübsche Örtchen **Nakke**. Wo wir mit einer T-Kreuzung auf ein Teersträßchen treffen, orientieren wir uns nach rechts, aber erst, nachdem wir einen Blick in das Häuschen links – eine alte Schmiede – geworfen haben.

Unser Weg mündet auf die Hauptstraße, der wir geradeaus durch den Ort folgen. Hinter einem **Buswendeplatz** 9 biegen wir rechts auf den Nakke Østvej ab und entscheiden uns nach 100 m für einen Forstweg halb rechts in den Wald hinein. Von blauen Pfeilen und abzweigenden Wegen lassen wir uns nicht irritieren, sondern bleiben auf diesem Fahrweg, der hinter einem weiten Rechtsbogen auf den Nakke Vestvej mündet, auf dem wir – uns links wendend – wieder zum **Parkplatz** 1 zurückkehren, der sich links der Straße befindet.

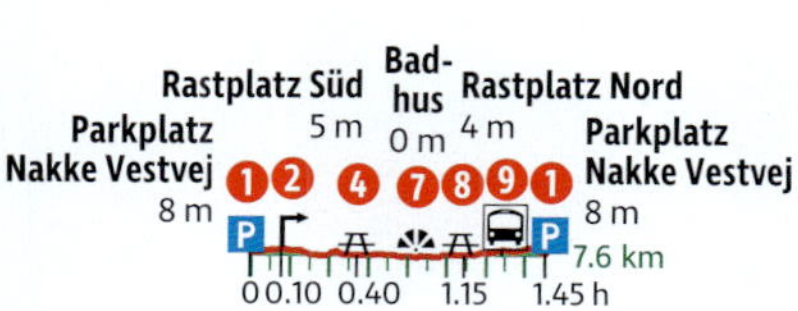

↗ 40 m | ↘ 40 m | 6.8 km

1.45 h

Melby Overdrev 42

Durch die letzte der großen Sandheiden

Melby Overdrev ist ein ehemaliges Flugsandfeld und heute die größte noch vorhandene Heidefläche Sjællands. Sie ist eine Erinnerung daran, dass die Bauern im Norden Sjællands noch in moderner Zeit mit Flugsanddünen zu kämpfen hatten, die in großem Ausmaß landwirtschaftliche Flächen vereinnahmten; eine Situation, die oft zur Aufgabe der Höfe führte und erst durch die Pflanzung von Kiefern und andere Maßnahmen in den Griff zu bekommen war. Während viele andere derartige Flächen heute durch Ferienhaussiedlungen überbaut sind, erwies es sich als glücklicher Umstand für die Erhaltung, dass Melby Overdrev bereits im 19. Jh. als Militärübungsplatz ausgewiesen wurde, was sich als kompatibel mit diesem Lebensraum erwies. Erst 2004 wurde die militärische Nutzung eingestellt. Heute sind Besenheide, Erika, Preiselbeere, Borstgras und Amethystschwingel und zahlreiche Flechten– zusammen mit verstreuten Kieferngruppen – die prägenden Elemente dieser Zwergstrauchheide, dazu kommen auch rare Arten wie die Wiesen-Kuhschelle. Seltene Insekten – darunter mehrere Ameisenlöwen-Arten – sind ebenso anzutreffen wie Schmetterlingsarten, die auf Sjælland nur noch hier vorkommen.

Ausgangspunkt: Kfz: Parkplatz am nordöstlichen Ortsrand von Asserbo. Von der zentralen Kreuzung in Asserbo auf dem Nyvej knapp 500 m nach Nordosten fahren und direkt links (nördlich) der Straße parken. ÖPNV: Bus 327, Haltestelle Nyvej. Von dort zunächst 100 m nach Südosten und dann links in den Nyvej einbiegen. Auf ihm 500 m bis zum Parkplatz laufen. Tour dann ca. 1,2 km länger.
Anforderungen: Einfache Wanderung auf Feldwegen, auf Pfaden und am Strand.
Einkehr: Keine.
Variante: Verkürzte Variante ohne Ostteil: von Wegpunkt 4 direkt zu 6: ca. 5 km.
Kombinationsmöglichkeit: Mit Tour 43; zusammen ca. 20 km.
Hinweis: Melby Overdrev wurde bis 2004 als militärischer Übungsplatz und Schießplatz genutzt. Bleiben Sie daher auf den Wegen und Pfaden und berühren Sie keine auf dem Boden liegenden Gegenstände.
Karte: Keine aktuelle analoge topografische Karte im Handel verfügbar.

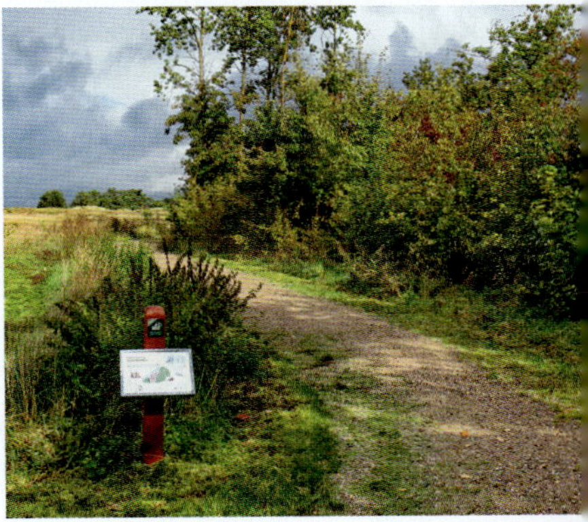

Feldweg am Beginn der Tour.

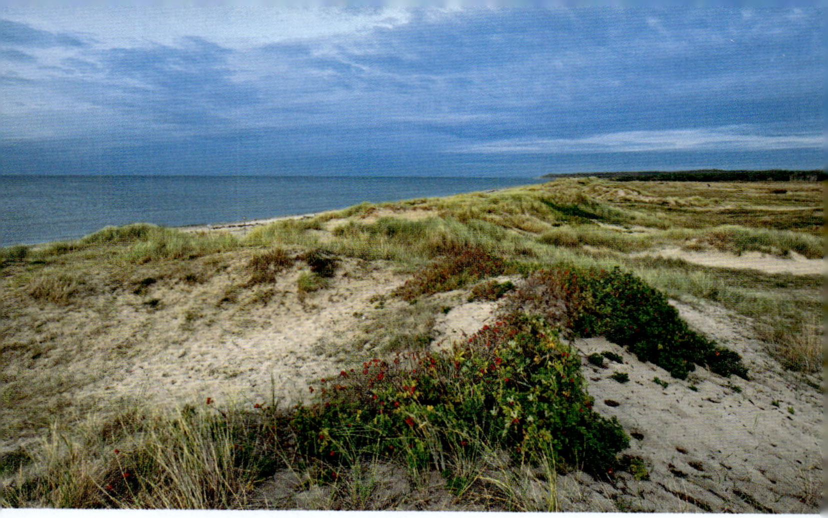

Ein schmaler Dünengürtel verbindet das Heidegebiet mit dem Strand.

Vom **Parkplatz** ❶ steuern wir einen kleinen Pavillon an, neben dem ein Feldweg in das Gelände hineinführt. Nach 200 m beschreibt er einen Rechtsbogen. Nachdem wir die Kurve vollständig durchwandert haben, zweigt links ein **Wiesenpfad** ❷ ab (links davon ein Warnschild, das vor dem Berühren von Munition warnt). Den nehmen wir. Wir kreuzen einen schmalen Weg und betreten unweit dahinter durch ein Törchen eine beweidete Fläche. Der schmale Trampelpfad schlängelt sich durch die Heidelandschaft von **Melby Overdrev** und quert eine schmale Hecke, wo wir den umzäunten Bereich wieder durch ein Törchen verlassen.

Knapp 200 m hinter dem Zaun biegen wir scharf rechts auf eine **Traktorspur** ❸ ab und halten auf einen Wald zu, vor dem wir links auf einen breiten Feldweg einschwenken. Einen breiten **Zufahrtsweg** ❹ nach 600 m überqueren wir geradeaus und folgen dem schmalen Feldweg durch eine Rechtskurve. Am Waldrand entlang geht es zunächst nach Nordosten, bevor der Hauptweg nach Nordwesten kurvt und am **Stængehus** vorbei zu den Dünen gelangt. Auf einem Querweg wenige Schritte nach rechts, bevor wir links einen **Sandweg** ❺ zum Strand nehmen.

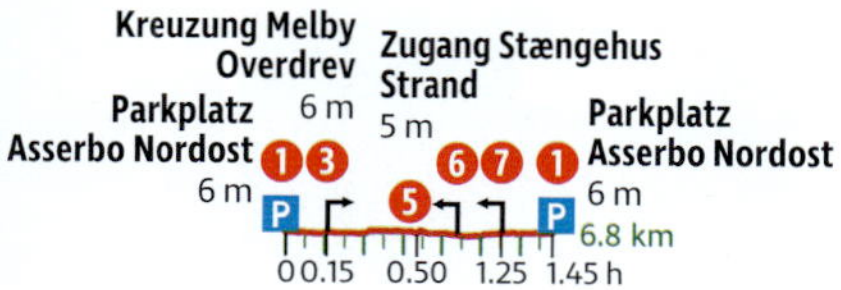

Am Strand ebenfalls links, sind wir knapp 1 km auf ihm unterwegs, bevor wir bei einer Schneise in den **Dünen** ❻ (ein Schild zeigt die Beschriftung »K157«) links abbiegen (wir können auch weiter am Strand entlangwandern, müs-

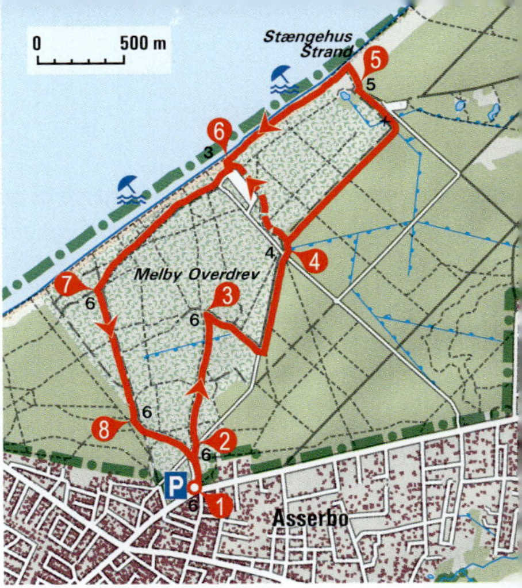

sen dann aber darauf achten, die Abzweigung nach Süden nicht zu verpassen). Vor dem Parkplatz biegen wir rechts ab. Wo der Zufahrtsweg links abknickt, orientieren wir uns geradeaus auf einem breiten Grasweg, der sich parallel zur Küste und im Abstand von etwa 50 m zu den Dünen durch das flache Gelände schlängelt. Wir lassen querende Trampelpfade unbeachtet und biegen erst auf einen kreuzenden **Feldweg** ⑦ links ab.

Wo dieser auf den Waldrand stößt, wählen wir an der dortigen **Kreuzung** ⑧ einen Weg links (es handelt sich um einen ausgewiesenen Radweg, d.h. wir weichen aus, wenn uns Radler begegnen), den wir nach knapp 150 m halb rechts auf einem sandigen Trampelpfad verlassen. Er bringt uns mit einem Rechtsbogen zu dem schon vom Herweg bekannten Feldweg, auf dem wir geradeaus zurück zum **Parkplatz** ① finden.

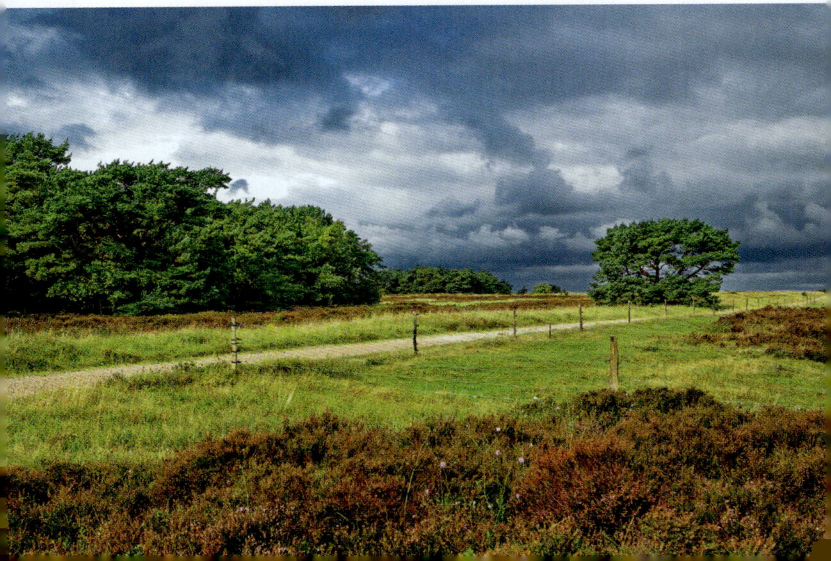

Melby Overdrev ist das letzte der großen Heidegebiete Nord-Sjællands.

↗ 110 m | ↘ 110 m | 13.0 km

43 Tisvilde Hegn

3.20 h

Kleine und große Geheimnisse in einem Wald im Norden Sjællands

Das Waldgebiet Tisvilde Hegn birgt zahlreiche Geheimnisse, von denen einige auf dieser Tour angesteuert werden. Ein erster attraktiver Zwischenhalt ist der Brandebjerg mit der Aussicht auf das Kattegat. Die nächste Station ist der »Trollwald« mit seinen bizarr gewachsenen Kiefern. Während es viele fantasievolle Geschichten darüber gibt, warum die Kiefern, von denen einige bereits 200 Jahre auf dem Buckel haben, so bizarr geformt sind, ist die Wirklichkeit etwas trivialer: Der Wald hatte im Jungstadium einen Befall mit Kiefernwurmlarven zu bewältigen, der zwar nicht zum Absterben der Bäume führte, jedoch die Festigkeit des Holzes beeinträchtigte. In Verbindung mit dem starken Wind und dem kargen Boden kam es dann zur Ausbildung dieser spektakulären Wuchsformen. Von dort geht es zur Ruine von Asserbo Slot. Diese Burganlage mit Wassergraben wurde im 12. Jh. gegründet und im 17. Jh. infolge des Vordringens von Wanderdünen verlassen. Dieses Schicksal hat sie mit der ehemaligen Siedlung Torup gemeinsam, die als Nächstes auf dem Programm steht, wobei dort nur noch Fundamente zu erkennen sind. Von dort schlängelt sich der Weg zum bronzezeitlichen Hügelgrab Harehøj, das auch einen tollen Ausblick auf die Küste bietet.

Ausgangspunkt: Parkplatz Tisvildeleje. Auf der Rute 237 (»Hovedgaden«) durch Tisvildeleje nach Westen bis zu einem großen Parkplatz am Strand fahren.
Anforderungen: Wanderung auf Waldpfaden und Forstwegen. Mehrere kurze, steile Ab- und Aufstiege über Treppen (kann umgangen werden). Aufgrund der vielen Wege und Pfade etwas unübersichtlich. Etwas Orientierungsvermögen ist erforderlich. Bei querenden MTB-Tracks auf Radler aufpassen.
Einkehr: Keine.
Varianten: 1) Umgehen der »Tusen Trapper«: Tour dann leicht (blau). 2) Nur nördlicher Teil: ca. 7,5 km. 3) Nur südlicher Teil (Parken am Parkplatz Stængehuset): ca. 8,2 km.
Kombinationsmöglichkeit: Mit Tour 42; zusammen ca. 20 km.
Karte: Keine aktuelle analoge topografische Karte im Handel verfügbar.

Der Strand von Tisvilde ist im Sommer stark frequentiert.

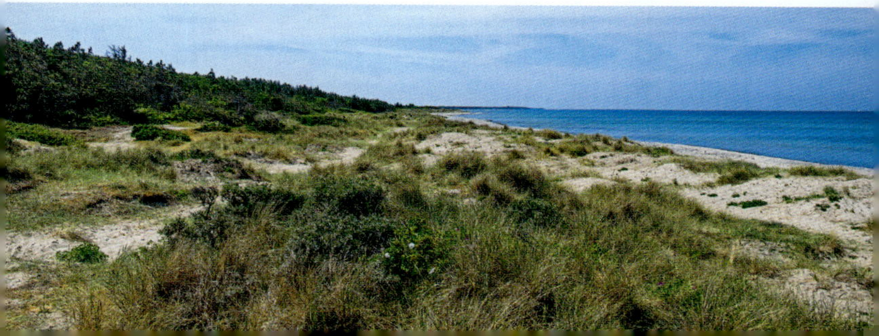

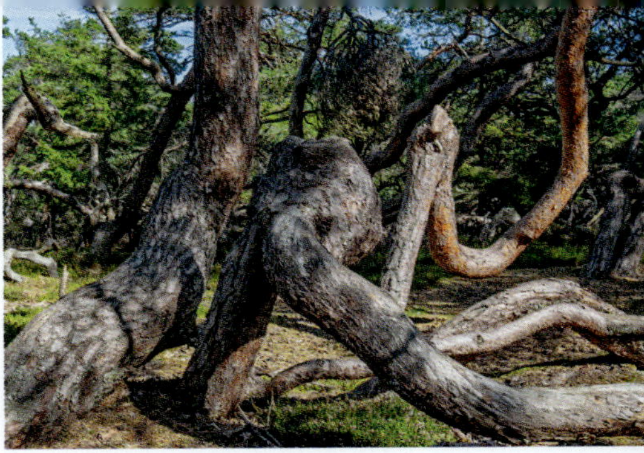

Verschlungene Bäume des Trollwalds.

Wir verlassen den **Parkplatz** 1 an seinem südwestlichen Ende und wandern unmittelbar vor dem Gehölzrand entlang nach Südwesten. Nach gut 1 km (12–15 Min.), knapp vor einem Gebüsch aus Zitterpappeln, das in unseren Weg hineinragt, biegen wir links auf eine **Fahrspur** 2 ab. Auf dem Hauptweg rechts und nach 50 m links. Nach 100 m zweigt ein Pfad rechts aufwärts ab. Ihm folgen wir und gelangen zu den »Tusen Trapper«, steigen in zwei tiefe Einschnitte ab und dahinter steil wieder hinauf. 200 m hinter dem zweiten Einschnitt nehmen wir – bei einem Bänkchen auf dem **Brandebjerg** 3 – die Treppe rechts abwärts. Am Hangfuß gehen wir auf dem Forstweg nach links.

Nach 250 m heißt es aufpassen: Hier führt ein breit ausgetretener Pfad rechts in den Wald. Auf ihm gelangen wir in den **Trollskov** 4, den »Trollwald« mit seinen skurrilen Kiefern. Dort schwenkt der Weg nach links. Wir verlassen den Trollwald bei einer Kreuzung, die wir geradeaus überqueren. Nun lautet die Wanderanweisung: geradeaus. Nur eine kleine Ausnahme machen wir nach 300 m, wo auf einem **Abstecher** 5 nach rechts erneut ein Bestand von »Trollkiefern« erkundet werden kann (vom Weg aus sichtbar). Zurück vom Abstecher marschieren wir 1,3 km geradeaus, bis sich unser Weg mit einem von links kommenden Forstweg vereint und halb rechts abknickt.

Nach wenigen Schritten haben wir den **Parkplatz Stængehuset** 6 links vor uns. Wenige Meter vor (!) dem Parkplatz biegen wir links auf einen schmalen, unscheinbaren Fußpfad ab (Richtung Ostsüdosten). Ihm vertrauen wir uns auf den nächsten gut 1,5 km an, wobei wir drei Forstwege und etliche MTB-Tracks queren. Unser Pfad geht schließlich in einen Teerweg über, den wir nach 50 m nach links auf einen **Pfad** 7 verlassen. Diesem folgen wir nur kurz, bevor wir rechts auf einen querenden, breiten Forstweg schwenken. Er bringt uns zu einer T-Kreuzung (mit einem Bauernhof rechts von uns), wo wir uns für den rechten Weg entscheiden. Nach 150 m sehen wir links eine Wasserfläche durch die Bäume schimmern und erreichen sie auf einem Trampelpfad. Nun stehen wir

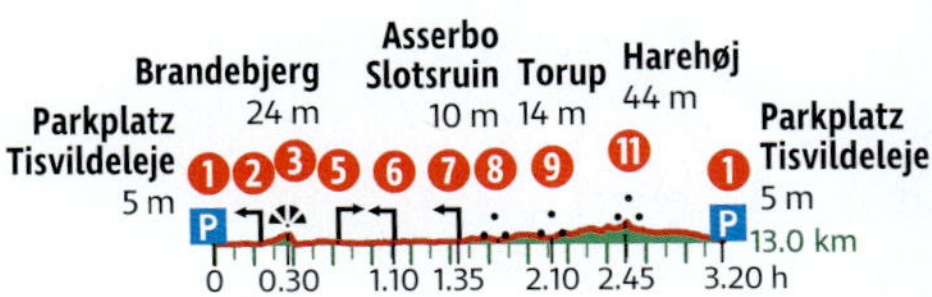

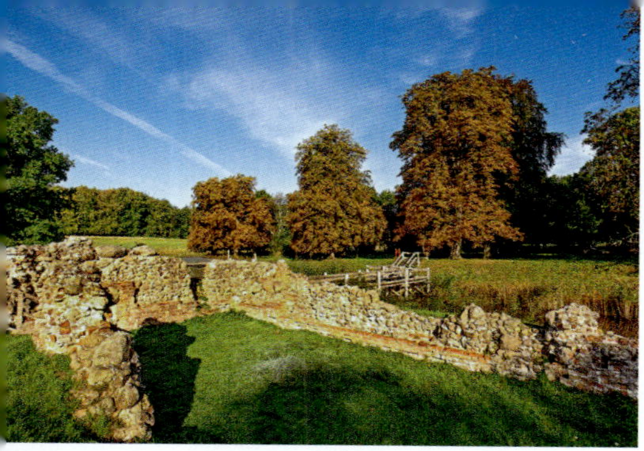

Fundamente der Schlossruine Asserbo.

vor der **Schlossruine Asserbo** ⑧ mit ihrem Wassergraben, deren Grundmauern wir erkunden können.

Wir kehren um und nehmen denselben Weg zurück bis unmittelbar vor dem Bauernhof und biegen dort am Waldrand rechts auf eine Fahrspur ab. Nach knapp 200 m zweigt unser Weg links in den Wald hinein ab. Wir lassen uns von querenden Wegen nicht irritieren, überqueren nach ca. 700 m einen breiten Forstweg geradeaus und gelangen auf dem Pfad zu einer Lichtung und zur ehemaligen Hofstelle **Torup** ⑨, von der nur noch Grundmauern erhalten sind.

Am südlichen Rand der Lichtung wählen wir den in Richtung Westen leicht ansteigenden Pfad. Auf einer breiten Schneise geht es nach links und auf dem querenden Forstweg nach rechts. Eine dreieckige Lichtung überqueren wir geradeaus und biegen 50 m dahinter, bei einer Gabelung, auf die

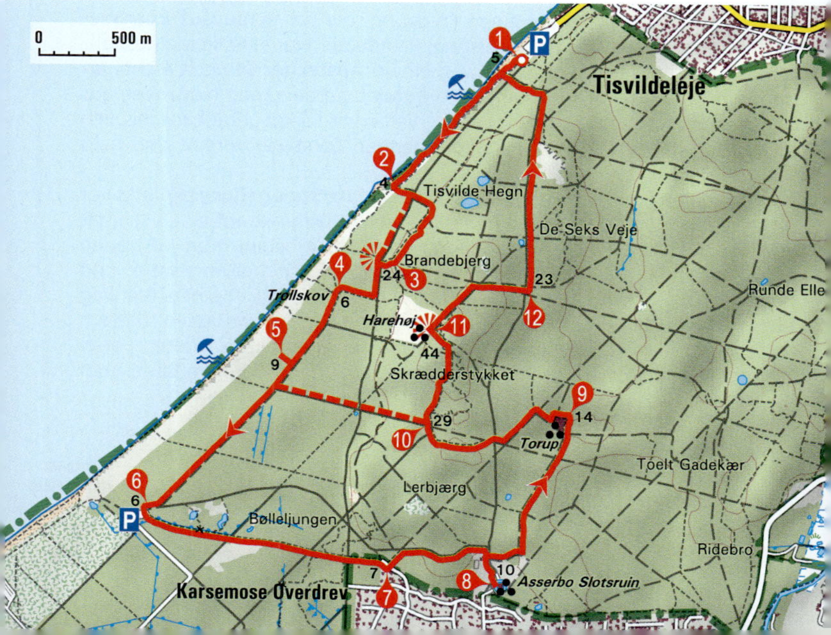

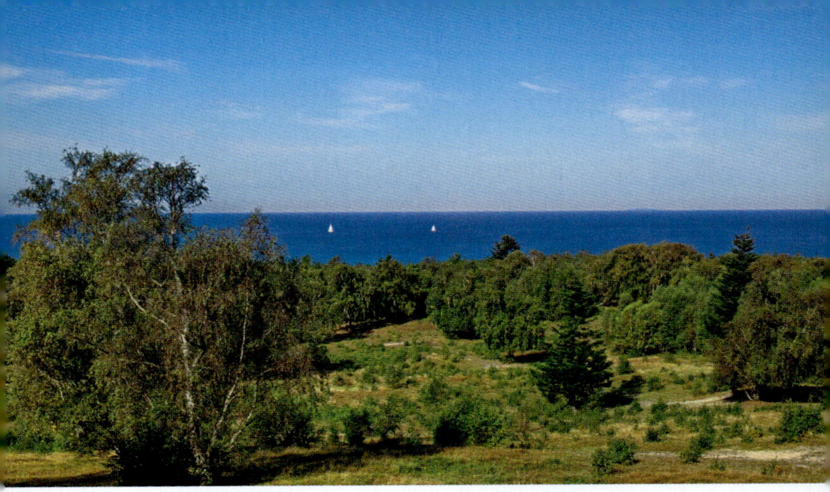

Der prähistorische Grabhügel Hårehøj ist einer der wenigen Aussichtspunkte.

linke Möglichkeit ab. Hinter einer Rechtskurve kommen wir zu einer **Wegkreuzung** ⑩ und laufen geradeaus auf einem schmalen Pfad über eine lückig mit Gehölzen bestandene Lichtung, das »Wacholdertälchen«, weiter nach Norden. Einen blauen Pfeil nach rechts nach 50 m ignorieren wir, sondern halten uns geradeaus, wo der Pfad nun etwas ansteigt. Hinter der Kuppe schwingt der Pfad nach links, quert eine Kreuzung von Waldpfaden geradeaus und mündet auf einen Waldweg, dem wir halb links folgen. Nach wenigen Schritten liegt **Harehøj** ⑪ links von uns, ein bronzezeitliches Hügelgrab, das wir des Ausblicks wegen besteigen.

Bei der direkt dahinterliegenden T-Kreuzung rechts. Nach knapp 500 m (und bevor der Weg deutlich ansteigt) treffen wir auf einen Querweg, dem wir nach rechts folgen und dabei etwas an Höhe verlieren. Bei der nächsten **Kreuzung** ⑫ links. Diese Richtung behalten wir nun bei, queren drei Kreuzungen und gelangen 300 m nach der dritten Kreuzung auf eine Lichtung mit Picknickbänken. Hier halten wir uns links, queren nach 100 m den Hauptweg geradeaus, biegen hinter dem Gehölzrand rechts ab und steuern direkt auf den **Parkplatz** ① zu.

Die ehemalige Hofstelle Torup.

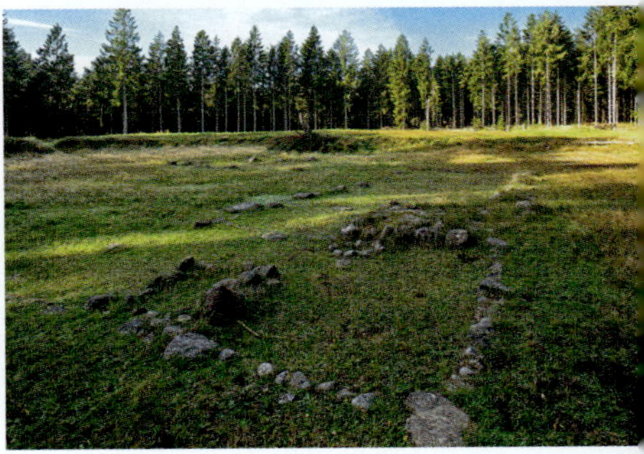

↗ 60 m | ↘ 60 m | 9.6 km

44 Hellebæk Kohave und Hammermølle

2.15 h

Idyllische Weide- und Waldlandschaft mit industrieller Vorgeschichte

In der welligen, durch die letzte Eiszeit geformten Grundmoränenlandschaft wechseln sich Laub- und Nadelwälder (Teglstrup Hegn) und Offenlandbereiche (Hellebæk Kohave) ab. Letztere werden traditionell als Weide für Rinder genutzt (Kohave = Kuhweide). In den zahlreichen Senken finden sich kleine Seen, Moore, Seggenriede und Sumpfwälder. Im späten 16. Jh. wurden die Seen, Moore und Wasserläufe miteinander verbunden und Mühlteiche angelegt, um ausreichend Wasser für den Betrieb einer Mühle zu liefern, die auf Geheiß von König Frederik II. errichtet wurde. So entstanden hier die königlichen Waffen- und Metallwerkstätten, Kupfer-, Gieß- und Walzwerke sowie ein Hammerwerk, das bis 1870 in Betrieb war. Die industrielle und kriegerische Vergangenheit ist einer idyllischen und friedlichen Gegenwart gewichen und die Hammermølle erlebt heutzutage einen zweiten Frühling als beliebtes Ausflugsziel.

Schmale Brücke am Kobberdammen.

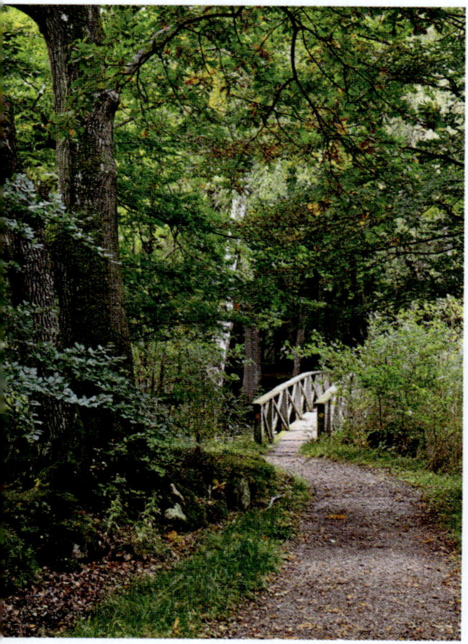

Ausgangspunkt: Kfz: Parkplatz an der Rute 213. Von Hellebæk kommend, auf der Rute 213 nach Südwesten fahren und 300 m nach der Abzweigung des Gørlundevej links auf den Parkplatz abbiegen. Achtung: Für Wohnmobile über 5,5 m Länge nicht geeignet, für sie gibt es bessere Parkmöglichkeiten an der Hammermølle. Tourenstart dann bei Wegpunkt 8. ÖPNV: Zug bis Hellebæk Station, von dort auf dem Stationsvej nach Nordwesten und dann links in die Bossemagergade abbiegen und bei der Hammermølle starten.
Anforderungen: Einfache Wanderung auf Forstwegen und Waldpfaden, Letztere stellenweise wurzelig und bei Nässe schmierig. Aufgrund der vielen kreuzenden Wege und Pfade etwas unübersichtlich.
Einkehr: Café Hammermølle.
Variante: 1) Ohne südöstlichen Tourteil: ca. 8 km. 2) Nur nördlicher Tourteil mit Abkürzung zwischen Wegpunkt 2 und 7: ca. 6,3 km.
Karte: Det nordlige København & Nationalpark Kongernes Nordsjælland (Calazo-Verlag).

Vom **Parkplatz** ❶ aus nehmen wir den Forstweg im rechten Winkel von der Hauptstraße in den Wald hinein. Hinter einem Damm zwischen zwei Seen wählen wir bei der Gabelung die rechte Möglichkeit. Im Wald geht es – mal mit mehr, mal mit weniger Kontakt zum Seeufer des **Bøgeholm Sø** – an Anes Hus vorbei (dort lohnt ein Abstecher nach rechts zu einem kleinen Steg), wobei der Weg gelegentlich mit »gelber Punkt« markiert ist. Sobald wir ins Offenland treten, biegen wir rechts auf einen Feldweg ab. Er bringt uns zu einer kleinen **Anhöhe**, wo wir uns auf einem breiten **Zufahrtsweg** ❷ (Hellebækvej) kurz nach links wenden und dann sofort wieder nach rechts abbiegen.

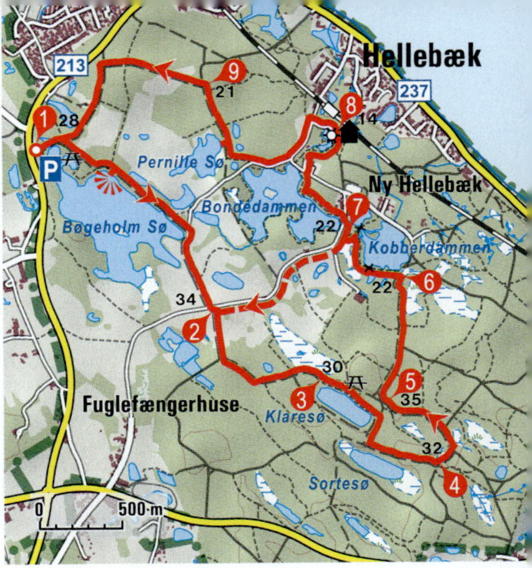

Wir betreten erneut einen Wald und nehmen bei der gleich anschließenden Verzweigung die linke Möglichkeit. Wir bewegen uns durch leicht welliges Gelände und achten hinter einem Viehgitter auf zwei Dinge: ein großes Moor links von uns (nur anschauen, nicht betreten) und unweit dahinter – nämlich hinter (!) einem künstlichen Graben – die Abzweigung eines kleinen **Pfads** ❸ nach rechts (hier verlassen wir die Markierung »gelber Punkt«). Der Pfad führt direkt am Nordostufer des **Klaresø** entlang. Auf der Südostseite des Sees treffen wir auf einen breiten Forstweg und folgen ihm nach rechts. Bei der nächsten T-Kreuzung links.

Rechts schimmert nun der **Sortesø** durch die Bäume, während wir unseren Weg unbeeindruckt von blau markierten MTB-Tracks fortsetzen. Bei der nächsten **T-Kreuzung** ❹ links, ebenso beim folgenden Querweg (beides sind breite Forstwege). Eine Abzweigung nach rechts lassen wir unbeachtet und kommen 400 m dahinter an eine große **Forstwegkreuzung** ❺, wo wir uns für den rechten Weg (ein Pilgerzeichen – die stilisierte Jakobsmuschel – nach 50 m zeigt uns, dass wir hier richtig sind) entscheiden.

Sonnenlicht spiegelt sich auf dem Pernille Sø.

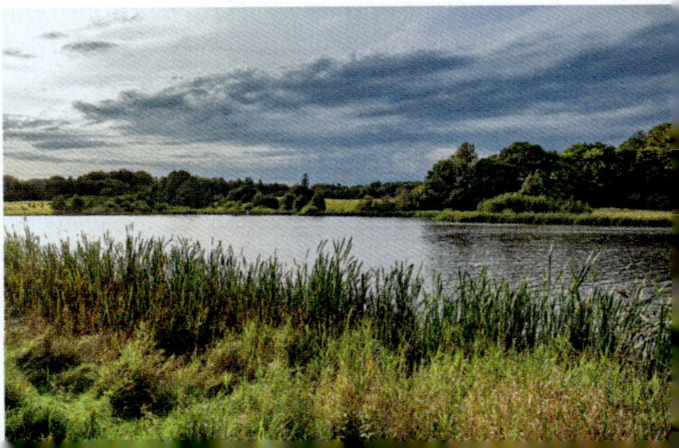

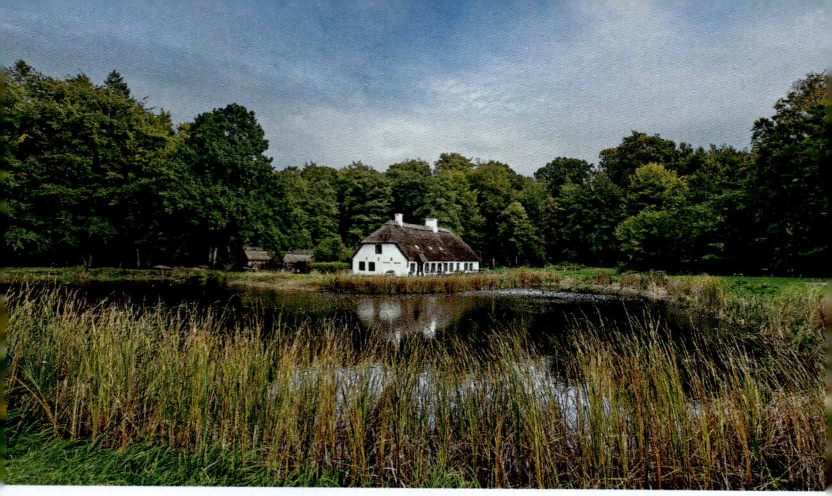

Die historische Hammermølle ist heute ein idyllisches Ausflugslokal.

Wir marschieren auf ihm entlang bis zum See **Kobberdammen** ❻, vor dem links ein Pfad (hier wieder »gelber Punkt«) abzweigt. Den nehmen wir. Wir überqueren einen Steg, bemerken links tolle Erlenbruchwälder und biegen wenige Meter vor (!) dem nächsten Steg links ab.
Das Sträßchen überqueren wir geradeaus und nehmen sofort dahinter den schmalen **Pfad** ❼ nach rechts, der im Linksbogen um den See **Bondedammen** herumführt. Der Pfad mündet auf eine Straße, wo wir uns nach rechts wenden und nach 30 m links eine Zufahrt hinunterlaufen. Kurz vor deren Ende geht es halb links in Richtung Talgrund und auf dem dortigen Trampelpfad nach rechts. Wir umgehen den oberen Mühlweiher rechts und sehen nun die **Hammermølle** ❽ vor uns. Wir bewundern die großen Mühlräder, flanieren an der Front des Hauses vorbei und halb um den unteren Mühlweiher herum, wo uns die Zufahrt geradewegs zur Straße Bossemagergade bringt; dort links.
Wo die Straße nach links kurvt, wählen wir den halb rechts abzweigenden Forstweg. Nach ca. 250 m begeben wir uns halb rechts auf einen Pfad, der auf einen breiten Forstweg mündet; dort rechts. Etwa 250 m hinter einem Häuschen (links von uns) entscheiden wir uns an einer **Gabelung** ❾ für den linken Weg, den wir über ein Viehgitter betreten. Bei der T-Kreuzung hinter dem nächsten Viehgitter links. Diesem Weg bleiben wir nun treu. Er bringt uns zurück zum Ausgangspunkt am **Parkplatz** ❶.

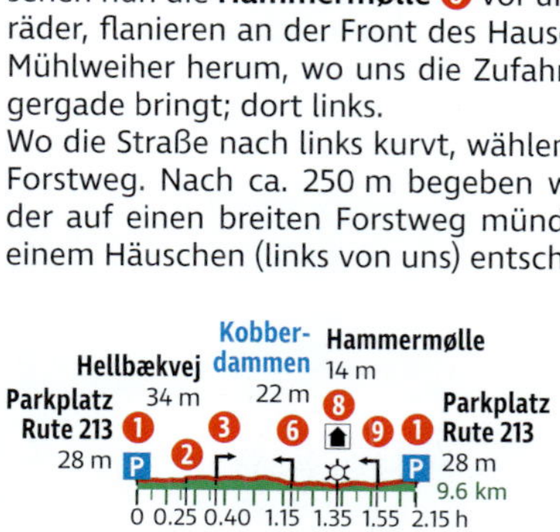

↗ 50 m | ↘ 50 m | 7.6 km

2.00 h

Esrum Sø, Mølle und Kloster

45

Durch Laubwälder und am Esrum Sø entlang zu einem historischen Kloster

Das Zisterzienzerkloster Esrum (früher auch Esrom – der gleichnamige Käse geht tatsächlich auf dieses Kloster zurück) wurde 1151 gegründet und war bis zur Reformation das bedeutendste und reichste Kloster Dänemarks. Von seinen Gebäuden, einschließlich einer der größten Kirchen Dänemarks, ist jedoch nur der Südflügel des Konventbaus sowie die Mühle erhalten. Von den übrigen Gebäuden existieren nur noch die Fundamente. Mühlenliebhaber, Klosterfans und alle, die historische Gebäudeensembles und ihr Ambiente schätzen, kommen dennoch auf ihre Kosten. Um dorthin zu gelangen, führt der Spazierweg zunächst aber durch schöne Laubwälder am nordöstlichen Rand des Gribskov – einem von Dänemarks größten Wäldern – und am West- und Nordufer des Esrum Sø entlang.

Ausgangspunkt: Kfz: Parkplatz an der Rute 205. Südlich von Esbønderup von der Rute 227 nach Osten auf die Rute 205 abbiegen und 1,7 km fahren. Parkplatz rechter Hand (südlich der Straße) im Wald. ÖPNV: Busse 362 und 390R, Haltestelle Esrum Skole. Von dort 100 m nach Süden und Tour bei Wegpunkt 8 starten.
Anforderungen: Einfache Wanderung auf Forstwegen und Waldpfaden, die bei Nässe etwas schmierig sein können.
Einkehr: Mølle Café in Esrum Mølle; Broder Rus Kælder (im Gewölbekeller des Klosters).
Variante: Kurze Runde mit Abkürzung zwischen Wegpunkt 1 und 4: ca. 4,5 km.
Hinweis: Der Eintritt für die Mühle gilt auch fürs Kloster und umgekehrt (Eintrittspreise, Öffnungszeiten und weitere Infos: esrum.dk).
Karte: Det nordlige København & Nationalpark Kongernes Nordsjælland (Calazo-Verlag).

Gleich am Beginn der Tour taucht man unter ein dichtes Blätterdach.

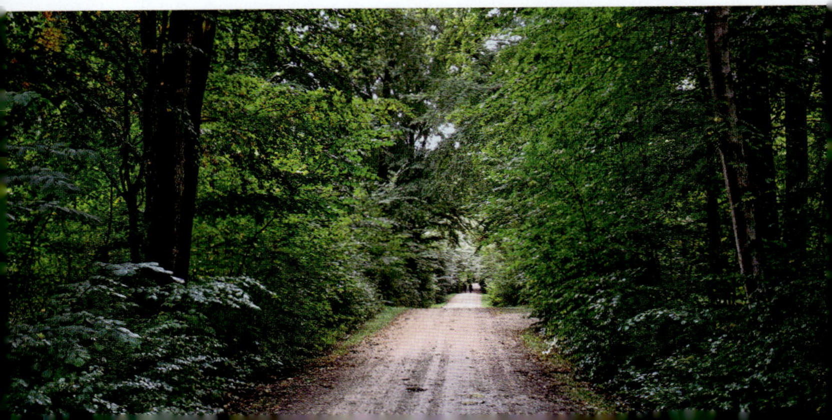

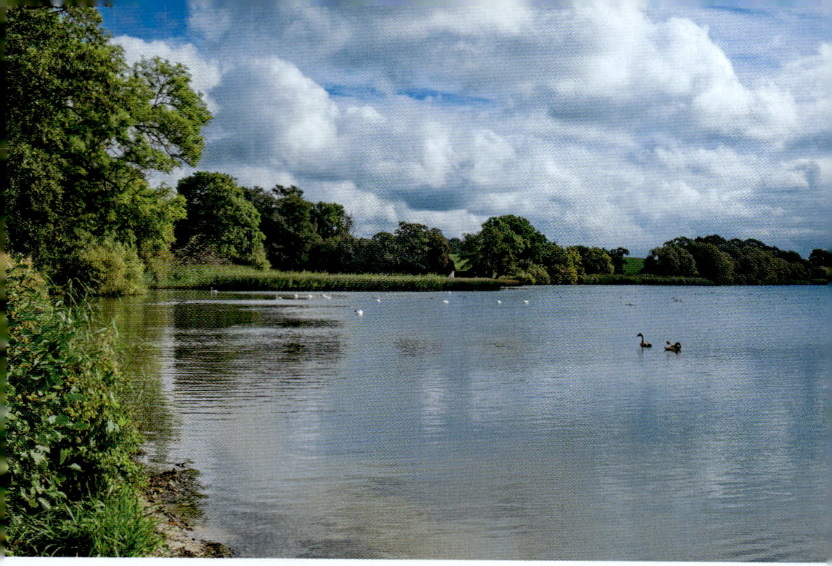

Der Weg führt in geringem Abstand am Esrum Sø entlang.

Vom **Parkplatz ❶** führt ein breiter Forstweg im rechten Winkel von der Hauptstraße in den Wald hinein. Doch schon nach 30 m nehmen wir die Abzweigung nach rechts. Dieser Forstweg beschreibt bald eine Linkskurve und verläuft dann fast schnurgerade in annähernd südlicher Richtung. Sowohl bei der ersten Kreuzung als auch bei der zweiten Kreuzung halten wir uns geradeaus. Etwa 600 m hinter der zweiten Kreuzung mündet von rechts ein schmaler Forstweg ein; nur wenige Meter davor (!) zweigt links ein schmales **Pfädchen ❷** ab (es handelt sich eigentlich um einen Reitweg; wenn uns Reiter entgegenkommen, machen wir daher den Weg frei. Wenn es nass ist, bleiben wir auf dem Hauptweg und biegen beim nächsten abzweigenden Forstweg links ab).

Hinter einer Rechtskurve verläuft es durch Buchenwald und hält sich dabei oberhalb eines Abhangs, an einer Stelle kurvt es sogar wieder nach rechts und den Hang etwas hinauf, bevor es zügig abwärtsführt. Wenige Hundert Meter dahinter treffen wir auf einen Querweg und gehen sowohl dort als auch nach 50 m auf dem **Søvej ❸** links. Auf diesem breiten Weg setzen wir die Tour nun in Richtung Norden parallel zum Ufer des **Esrum Sø** fort und lassen dabei zunächst das Munkevang-Haus links und alsbald den Blishøn-Shelter rechts liegen. Bei einer

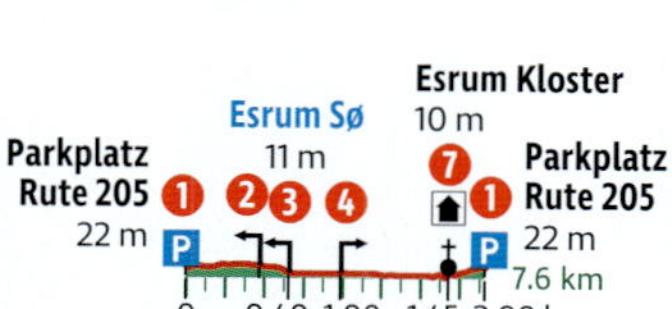

Gabelung ❹ entscheiden wir uns für den rechten Weg. Bald verlassen wir den Wald, ignorieren dort einen grünen Pfeil nach links, sondern überqueren geradeaus den Bach **Esrum Å**. An einem **Privatgrundstück** endet der Feldweg; unmittelbar davor zweigt unser **Pfad** ❺ links ab.

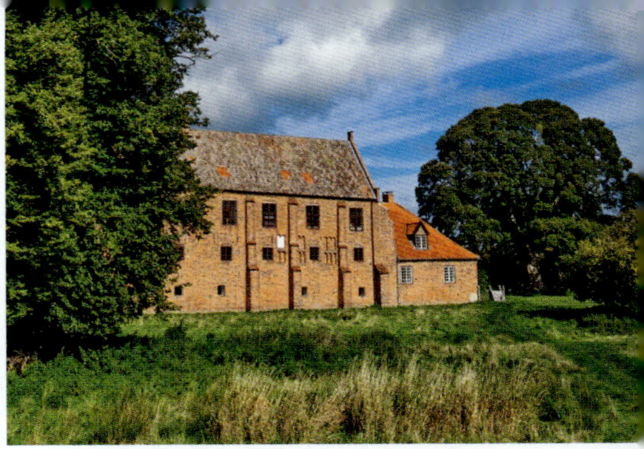

Hauptgebäude des historischen Klosters Esrum.

Nun begleitet der von Hecken gesäumte Trampelpfad den verlandeten **Esrum Kanal** (rechts von uns) nach Norden. Die stark befahrene Rute 205 unterqueren wir bequem mittels einer Unterführung. 600 m dahinter nehmen wir bei der ersten Möglichkeit den linken Weg (gelber Punkt), der unter Bäumen entlangführt. Vor (!) einem Törchen links. Kurz nachdem wir ins Freie treten, zeigt ein gelber Pfeil über eine Weide nach rechts, die wir jeweils durch ein Törchen betreten und verlassen. Rechter Hand sehen wir nun das Kloster Esrum, linker Hand die Wassermühle. Auf dem Querweg machen wir links zuerst einen Abstecher zur Wassermühle **Esrum Mølle** ❻. Anschließend kehren wir um und laufen auf dem Zufahrtsweg zum Klostergebäude und nehmen uns die Zeit, Innenhof, Gebäude (nur mit Führung) und Klostergarten von **Esrum Kloster** ❼ zu erkunden.

Auf demselben Weg zurück (rechter Hand sind die Grundrisse der ehemaligen Klostergebäude zu erkennen), aber nur bis zum Sträßchen Kildevangen, in das wir rechts abbiegen. An seinem Ende überqueren wir wieder den **Esrum Å** und tauchen in den Wald ein. Bei einer Gabelung nehmen wir die halb rechte Möglichkeit (links bringt uns ein Abstecher zur Daniels Kilde, der Danielsquelle, die als Heilquelle gilt). Bei nächster Gelegenheit biegen wir auf einen **breiten Weg** ❽ links ab, auf dem wir zurück zum **Parkplatz** ❶ gelangen – wobei wir vorher noch die stark befahrene Rute 205 queren müssen.

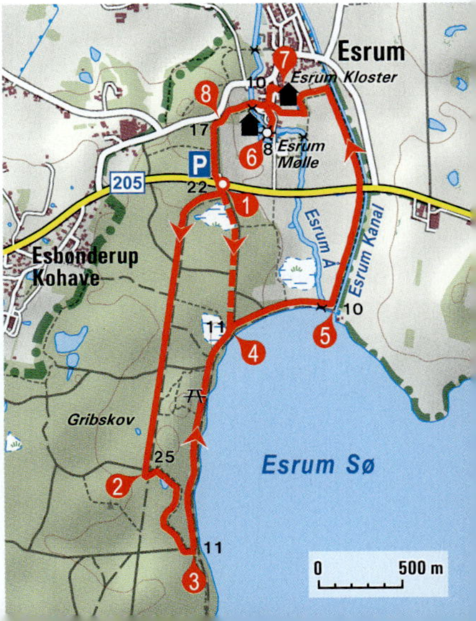

↗ 140 m | ↘ 140 m | 11.6 km

46 Gribskov

3.00 h

Unterwegs in einem von Dänemarks größten Wäldern

In Dänemark, wo nur knapp 13 % der Landesfläche bewaldet sind, gehört der Gribskov mit seinen 56 km² zu den größten zusammenhängenden Waldgebieten des Landes. Er bedeckt einen breiten Moränenrücken, der sich von Süden nach Norden erstreckt. In den niedrigeren Lagen im Westen, die im ersten Teil der Tour durchstreift werden, dominieren beeindruckende Buchen- und Eichenwälder, in denen sich auch der ein oder andere kleine See findet, darunter auch der für den Wald namengebende Gribsø. In den etwas höheren Lagen im Osten nehmen Misch- und Nadelwälder größere Flächen ein. Man trifft dort aber auch auf kleine Nieder- und Zwischenmoore, Birkenwälder und eine heideartige Landschaft, die von Pferden und Kühen beweidet wird. Eine kleine prähistorische Zugabe gibt es in Form des gut erhaltenen steinzeitlichen Grabhügels Mor Gribs Hule.

Ausgangspunkt: Kfz: Parkplatz am Helsingevej südöstlich von Tibberup. Vom südlichen Ortsausgang von Tibberup aus dem Helsingevej (Hauptstraße) nach Südosten folgen und nach gut 600 m links auf den Parkplatz fahren. ÖNPV: Zug 950R oder 960R oder Busse 362 oder 390R bis Haltestelle Kagerup. Dann Start bei Wegpunkt ⑩.
Anforderungen: Einfache Wanderung auf Forstwegen und Waldpfaden. Ein kurzer kräftiger Anstieg.
Einkehr: Keine.
Varianten: Lässt sich durch Verbindungswege in unterschiedlich lange Touren unterteilen: 1) Nur Südwest-Runde zwischen Wegpunkt ❶ und ❺. Zurück auf parallel zum Helsingevej führenden Waldwegen und entlang des Helsingevej: ca. 5,5 km. 2) Nur Nordost-Runde zwischen Wegpunkt ❺ und ❶, zurück auf parallel zum Helsingevej führenden Waldwegen und entlang des Helsingevej: ca. 9 km. 3) Streckenwanderung von Kagerup Station ⑩ zur Gribsø Station (dazu Gribsø-Ostuferpfad von Wegpunkt ❼ nach Nordwesten folgen): ca. 8 km. Zurück mit dem Zug.
Hinweise: 1) An Mückenmittel denken! 2) Im beweideten Gebiet zwischen Wegpunkt ❽ und ❾ sind Hunde verboten. Dieser Bereich kann aber umgangen werden.
Karte: Det nordlige København & Nationalpark Kongernes Nordsjælland (Calazo-Verlag).

Der Weiher Røde Dam wird von dichtem Wald eingefasst.

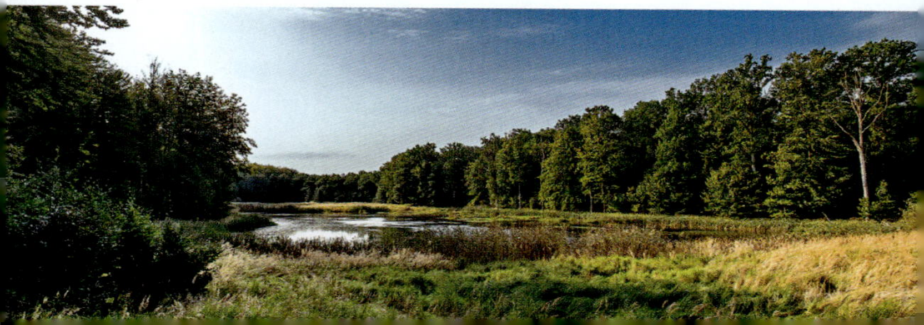

Vom **Parkplatz** ❶ aus gehen wir auf der Hauptstraße, dem Helsingevej, nach rechts (Westen) und biegen nach 100 m links auf einen Forstweg ab. Auf dem Hauptweg (Abzweigungen untergeordneter Wege ignorieren wir) passieren wir nach 1 km einen kleinen Bach, hinter dem der Weg einen weiten Linksbogen beschreibt. Wenige Hundert Meter dahinter zweigt links ein Forstweg (Kong Frederik IX Vej) ab, den wir aber bereits nach 20 m halb rechts auf einem **Trampelpfad** ❷ verlassen. Wo dieser auf einen breiten Forstweg mündet links. Auf diesem wandern wir in eine kleine Senke hinunter und nehmen hinter einem Teich einen Trampelpfad nach rechts. Vorbei an einem **Rastplatz** gelangen wir nach 200 m auf einen von Wällen gesäumten Weg, halten uns dort zunächst halb rechts (am Hangfuß entlang) und biegen nach wenigen Metern links aufwärts ab. Das Pfädchen bringt uns mit einiger Steigung und am Oberhang mit einer Linkskurve hinauf zum **Fruebjerg** ❸ (nur sehr eingeschränkte Aussicht).

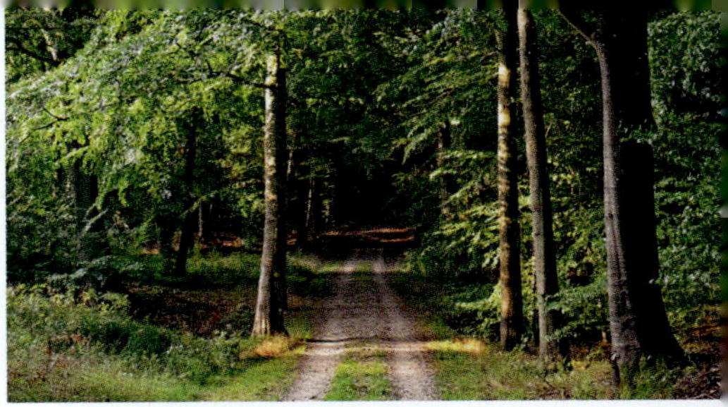

Forstweg durch alten Buchenwald.

Wir verlassen ihn in Richtung Südosten auf einem breiten Pfad (gelegentlich markiert mit »gelber Punkt«) hangabwärts. Bei einer T-Kreuzung rechts. Bei der nächsten Kreuzung unternehmen wir einen kurzen Abstecher nach rechts, um einen Blick auf den See **Røde Dam** ❹ zu werfen. Dort kehren wir um, gehen an der Einmündung des Ankunftswegs geradeaus vorbei und entscheiden uns 100 m dahinter bei einer Gabelung für die linke Möglichkeit (Madsvej). Diesem Weg folgen wir nun – ungeachtet

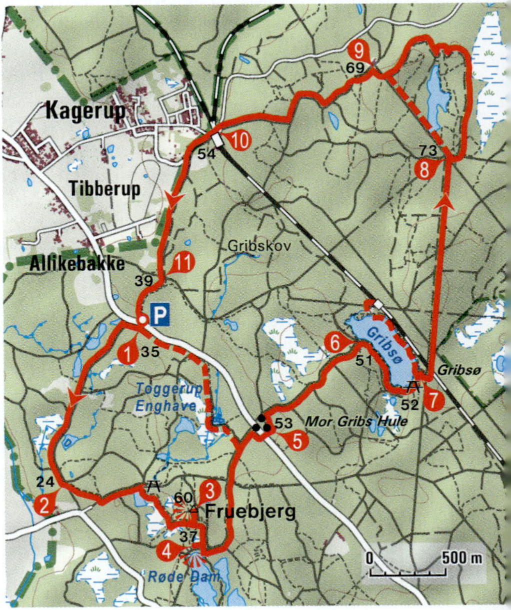

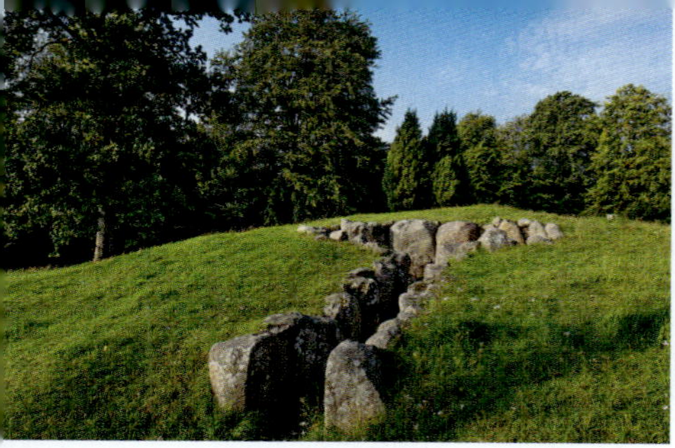

Hügelgrab Mor Gribs Hule.

einiger Einmündungen und Abzweigungen – geradeaus zur Hauptstraße. Dort wenden wir uns zunächst nach rechts und erkunden – auf der gegenüberliegenden Straßenseite – **Mor Gribs Hule** ❺, ein jungsteinzeitliches Hügelgrab.

Kurz geht es auf der Straße nach Norden, wo wir den nächsten Feldweg nach rechts nehmen. Wir lassen sowohl einen links abzweigenden Weg sowie einen rechts abgehenden Weg nach 200 m unbeachtet, sondern halten uns auf dem Hauptweg. Auch weitere abzweigende oder einmündende Wege interessieren uns nicht, bis wir zu einer T-Kreuzung breiter Forstwege gelangen. Wir gehen jedoch noch wenige Meter geradeaus und entdecken am **Gribsø** einen schmalen **Uferpfad** ❻, dem wir nach rechts zunächst entlang des Westufers, dann entlang des Südufers folgen, bis wir am Südostufer einen **Picknickplatz** ❼ erreichen. Auf einem Forstweg entfernen wir uns rechtwinklig vom Ufer, schwenken dann auf einen Querweg nach links und überqueren vorsichtig die Gleise (Achtung: reger Zugverkehr). Wir orientieren uns geradeaus, kreuzen einen Querweg und behalten diese Richtung auf den nächsten 1,2 km bei, wobei es zunächst den Hang hinauf, später durch welliges Gelände geht. Bei einer **Wegspinne** ❽ entscheiden wir uns für den zweiten Weg nach rechts (Søndre Skovportevej) und biegen nach nur 100 m links durch ein Törchen auf eine halboffene Weidelandschaft ab. Wir bleiben dem Hauptweg treu, der nach geraden Anfängen stärker durchs Gelände kurvt. Wir verlassen das Weidegelände hinter einem weiteren Tor, halten uns bei der T-Kreuzung dahinter rechts und vor dem **Fuglsang Hus** ❾ links. Nun vertrauen wir uns dem kurvigen Hauptweg an, ohne uns von untergeordneten Wegen irritieren zu lassen. Nach knapp 1 km zweigt der Stationsvej rechts ab. Den nehmen wir. Hinter einem Linksbogen überqueren wir am **Bahnhof Kagerup** ❿ die Schienen und marschieren geradeaus einen Forstweg (Bakkehusvej) hinein. Nach 200 m lassen wir mehrere Gebäude rechts liegen. Wir folgen weiter dem Forstweg über welliges Terrain, aber mit etwas Abwärtstendenz nach Süden. Wo er wieder ansteigt und mit einer T-Kreuzung auf einen Querweg trifft, sehen wir halb links versetzt vor uns einen schmalen **Pfad** ⓫ mit Loipensymbol, der die bisherige Richtung aufnimmt. Auf ihm geht es zurück zum **Parkplatz** ❶.

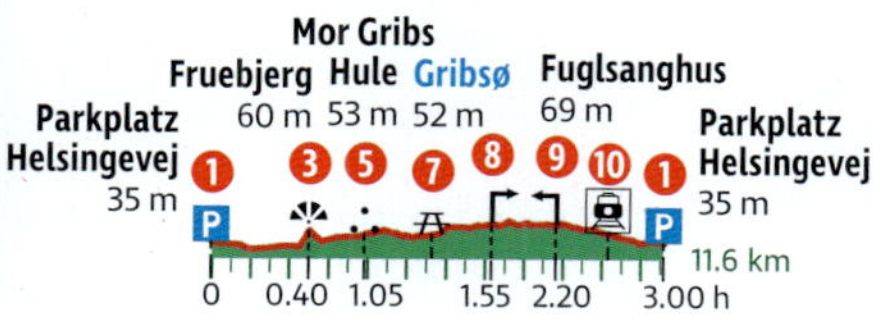

↗ 50 m | ↘ 50 m | 5.0 km

TOP

1.15 h

Frederiksborg Park und Barokhaven

47

Spaziergang in gestalteter Landschaft

Das neoklasssizistische Schloss Frederiksborg wird im Osten und Südosten vom Slotssø, dem Schlosssee, gerahmt, während sich nördlich ein großer Park anschließt, der als englischer Landschaftspark gestaltet ist. Spannend dabei ist, dass er nicht nur – wie in Englischen Gärten üblich – kleine Seen, gepflegte Rasenflächen und Sichtachsen besitzt, sondern recht wilde Ecken und auch Sumpfwälder umfasst, durch die sich die angelegten Wege anmutig schlängeln. Das Alleinstellungsmerkmal der Anlage ist jedoch der Barockgarten (»Barokhaven«), der in den 1720er-Jahren entstand und als eines der schönsten Beispiele barocker Gartenkunst in Skandinavien gilt. Er ist streng symmetrisch in hintereinander gestaffelten Terrassen angelegt und weist als Mittelachse eine Wassertreppe mit Kaskaden und Fontänen auf. Um sie herum gruppieren sich mehrere spiegelsymmetrisch angeordnete Boskette, in denen kleine Springbrunnen plätschern. Auf der untersten Ebene finden sich sogenannte Broderieparterres mit aufwendig aus Sommerblumen und Stauden gestalteten Mustern. Überall laden Bänke zum Verweilen ein.

Ausgangspunkt: Kfz: Parkplatz am Holmegaardsvej. Von Süden (Stadtmitte Hillerød) auf dem Holmegaardsvej kommend, hinter der Hausnummer 59 links in den Parkplatz einbiegen. ÖPNV: Zug 950R oder 960R bis Haltestelle Slotspavillonen. Von dort aus 100 m nach Südwesten. Bus 303 Haltestelle Slotsvænget, von dort 100 m nach Norden.
Anforderungen: Einfacher Spaziergang zum großen Teil auf angelegten, abschnittsweise auch befestigten Wegen. Ein kurzer Abschnitt auf einem unbefestigten Pfad.
Einkehr: Zahlreich in Hillerød.
Hinweis: Der Barockgarten (»Barokhaven«) ist zwischen 10 Uhr und Sonnenuntergang (jedoch nur bis spätestens 21 Uhr) geöffnet. Falls erforderlich, kann er auf der Nordwestseite umgangen werden, denn die übrigen Teile der Parkanlage sind ohne zeitliche Einschränkung zugänglich.
Karte: Det nordlige København & Nationalpark Kongernes Nordsjælland (Calazo-Verlag).

Anmutiger Weg durch den Sumpfwald.

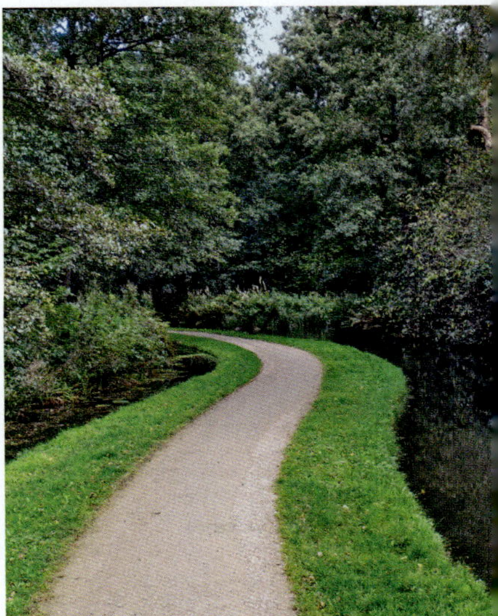

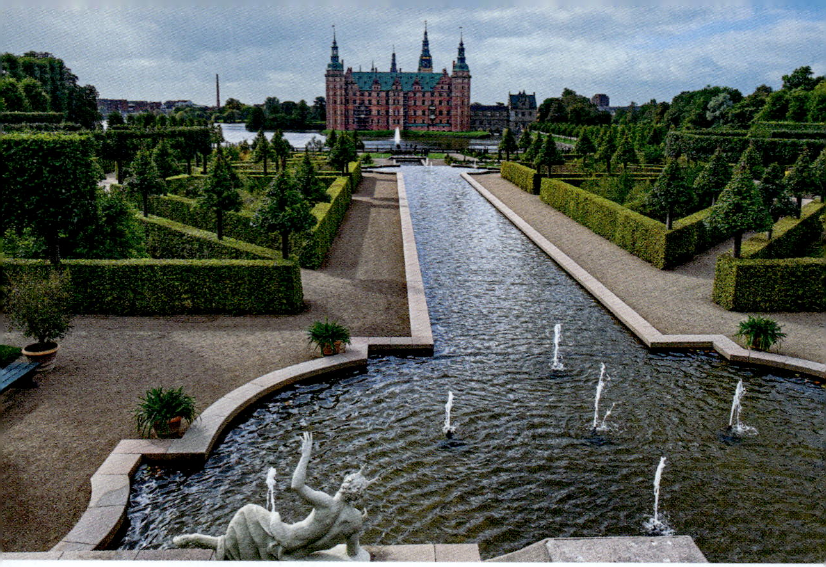

Der Barockgarten vor der Kulisse von Schloss Frederiksborg ist eine Augenweide.

Am südwestlichen Rand des **Parkplatzes** ❶ am Holmegaardsvej findet sich der Einstieg zu unserer Tour in Form eines Pfades, der durch einen schmalen Waldstreifen führt. Dahinter biegen wir auf den ersten Weg links ab. Wir halten uns am linken Rand der Schneise und passieren einen kleinen Teich (rechts von uns). Dahinter zielen wir halb rechts, gegenüber einem **Obelisken** ❷, den oberen Eingang zum **Barockgarten** an und betreten ihn durch ein Tor. Dahinter umgehen wir den Ovalsøen auf dessen linker Seite und erreichen anschließend über die Mittelachse die nächsttiefere Ebene.
Vor dem Beginn der zentralen Wasserachse müssen wir uns entscheiden und wählen die linke Seite. Wir spazieren an ihr entlang, bevor uns der Weg oberhalb einer steilen Terrassenböschung nach links leitet, wo wir über eine Rampe rechts abwärts zur nächsten Ebene gelangen. Hier finden wir rechts den Weg zurück zur zentralen Wasserachse, der wir links folgen, bis sich das Spiel wiederholt, um auf die nächsttiefere Ebene zu gelangen. Am Fuß der Rampe biegen wir rechts ab, um zwischen den Broderieparterres (Schmuckbepflanzungen) den südwestlichen Ausgang zu erreichen. Dort links und nach 50 m erneut links.

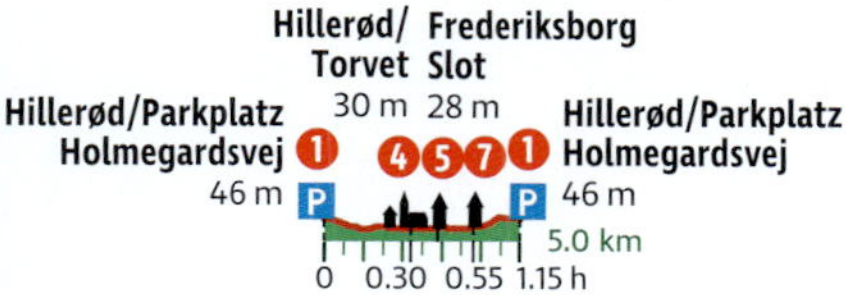

Wir schlendern am nördlichen Ufer des **Slotssøen** entlang und nehmen an der nächsten

Verzweigung ❸ den Weg nach rechts. Auf ihm kommen wir nach ca. 800 m zu **Hillerøds** zentralem Platz, **Torvet** ❹, der sich links von uns befindet. Danach setzen wir unseren Weg fort und flanieren am Südufer entlang zur Brücke zum **Schloss Frederiksborg** ❺; die nehmen wir. Wir betreten den Brunnenhof und entdecken am hinteren linken Platzrand einen Durchgang, hinter dem wir rechts gehen und nach wenigen Schritten ein weiteres Torhaus hinter uns lassen. Hinter der **Steinbrücke** ❻ über den **Wassergraben** links. Mit einem Steg betreten wir ein Sumpfwaldareal und biegen auf den nächsten Weg rechts ab. Wir bleiben auf dem Hauptweg und lassen sowohl Trampelpfade als auch abzweigende reguläre Wege unbeachtet. Schließlich erkennen wir vor uns das **Badstueslottet** ❼ und behalten bei der dortigen Kreuzung die bisherige Richtung bei. Im See links von uns sehen wir das Inselchen Louises Ø. Bei der nächsten Verzweigung rechts.

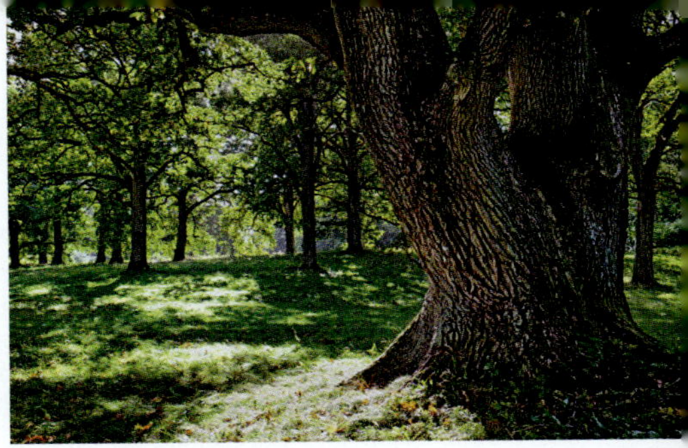

Alte Eichen im Schlosspark.

Nach 100 m, bevor der Weg zu einem Rechtsbogen ansetzt, zweigt ein **Weg** ❽ links aufwärts ab. Einen querenden Weg ignorieren wir, sondern setzen unsere Tour geradeaus auf einem Trampelpfad mit Aufwärtstendenz fort. Auf der Höhe erwartet uns eine **Lichtung**, an deren gegenüberliegender Seite wir rechts auf einen **Pfad** ❾ abbiegen, der durch einen Hain alter Eichen führt. Er bringt uns in einem Rechtsbogen hinunter zu einem angelegten Weg. Bei der nächsten Möglichkeit links. Wir erreichen eine Straßenkreuzung und marschieren die Straße gegenüber geradeaus hinein. Kurz nachdem sie in einen Grusweg übergeht, wählen wir bei einer Gabelung die linke Möglichkeit und langen nach wenigen Schritten wieder am **Parkplatz** ❶ an.

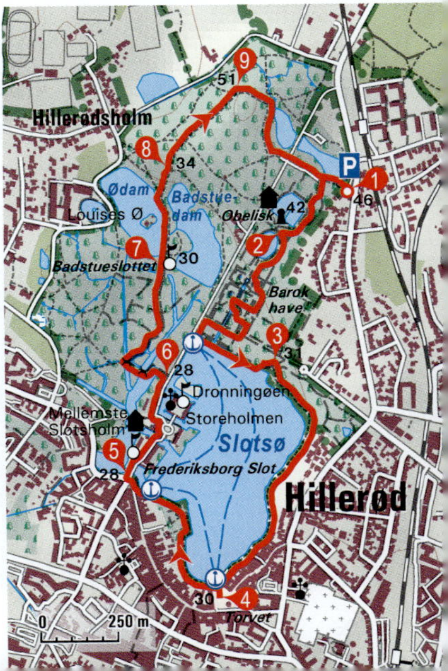

TOP

48

Bastrup Sø, Ganløse Eged und Buresø

↗80 m | ↘ 80 m | 10.4 km

2.45 h

Durch die hübscheste Toteislandschaft Nordost-Sjællands

Die beiden Seen Bastrup Sø und Buresø sind nur 20 km vom Zentrum der Hauptstadt Kopenhagen entfernt, bieten aber eine ländliche Idylle wie aus dem Bilderbuch. Eine eiszeitlich geprägte Landschaft – um genau zu sein, ein Tunneltal mit einer umgebenden Toteislandschaft – lädt zu ausgiebiger Erkundung ein. Prominent im Mittelpunkt stehen dabei die beiden größeren Seen, Bastrup Sø und Buresø, wobei auch die übrigen kleineren Seen, die umgebenden sanften Hügel und die hübschen Wiesentälchen nicht zu vernachlässigen sind. Für Abwechslung sorgen nicht nur die vielfältigen Ausblicke und die schmalen Wald- und Wiesenpfade durch die kleinräumige Landschaft, sondern auch zwei archäologische Sehenswürdigkeiten: Die mittelalterliche Ruine Bastruptårnet thront über dem Bastrup Sø, während der Rokkestenen ein bronzezeitliches Hügelgrab markiert.

Das Ufer von Bastrup Sø geizt nicht mit idyllischen Momenten.

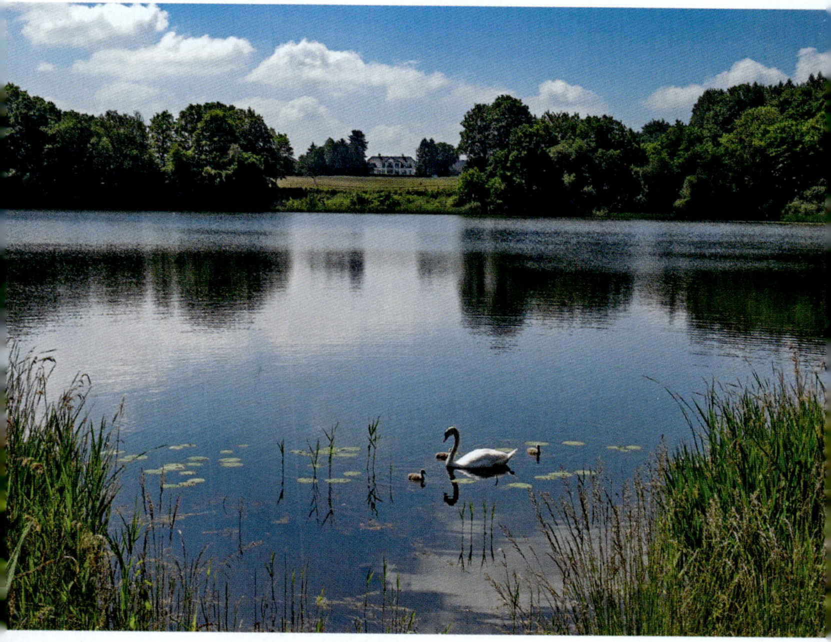

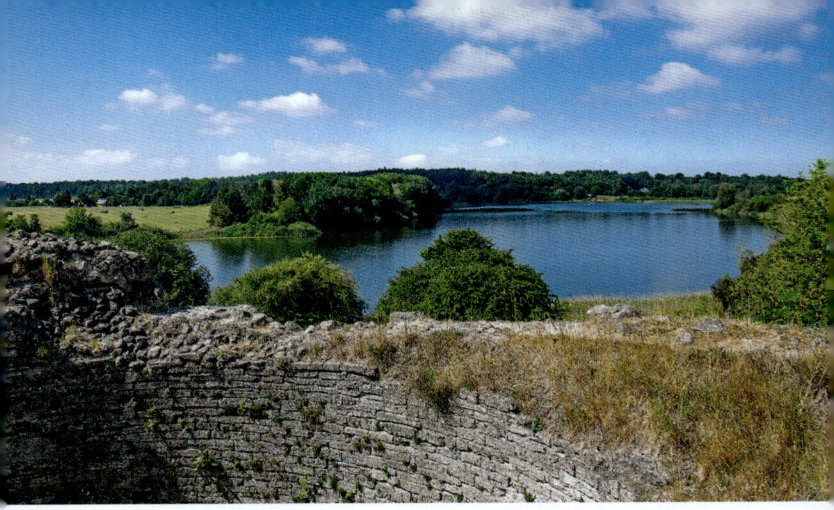

Vom mittelalterlichen Bastruptårnet erhält man einen guten Überblick.

Ausgangspunkt: Parkplatz an der Rute 233 auf Höhe Allerød. Südlich von Lynge der Rute 207 in Richtung Bastrup verlassen und der Rute 233 ca. 2,3 km folgen. Parkplatz am tiefsten Punkt, in einer Linkskurve rechts (westlich) der Straße.
Anforderungen: Rund um den Bastrup Sø einfach zu begehende Pfade und Feldwege, auf kurzem Abschnitt Straße. Im westlichen Teil abschnittsweise sehr schmale Pfade, wurzelig und bei Nässe schmierig; dort auch etwas Pfadfindergeist erforderlich.
Einkehr: Buresø Café.
Varianten: 1) Nur östlicher Tourteil (um den Bastrup Sø): 5,5 km, »blau«, einfach. 2) Nur westlicher Tourteil (Wald Ganløse Ege und Buresø): 6,5 km, »rot«, mittel.
Hinweis: Bademöglichkeit am Ostufer des Buresø (großer Badesteg).
Karte: Det nordlige København & Nationalpark Kongernes Nordsjælland (Calazo-Verlag).

Direkt gegenüber dem **Parkplatz** ❶, beim Schild »Allerød Kommune«, nehmen wir den Grusweg und gehen auf ihm nach links. Er führt alsbald unmittelbar am Nordufer des **Bastrup Sø** entlang. Wir wandern unterhalb eines Hauses vorbei und sehen wenige Meter dahinter links hangaufwärts die Überreste eines mittelalterlichen Verteidigungsbauwerks, **Bastruptårnet** ❷. Dorthin machen wir einen Abstecher, genießen den Ausblick und setzen anschließend den Weg nach Osten fort.
Wir gelangen auf einen mit Birken gesäumten Feldweg und gehen auf ihm nach rechts. Wir durchqueren eine Senke und schwenken wenige Meter dahinter mit dem Hauptweg nach rechts. An dem Bauernhof laufen wir links vorbei und finden gleich dahinter eine schmale Fahrspur, **Sjøvejen** ❸, nach rechts. Nun geht es wieder fast unmittelbar am Ufer entlang; bei einer Gabelung wählen wir die rechte Möglichkeit. Kleine Stege laden zu

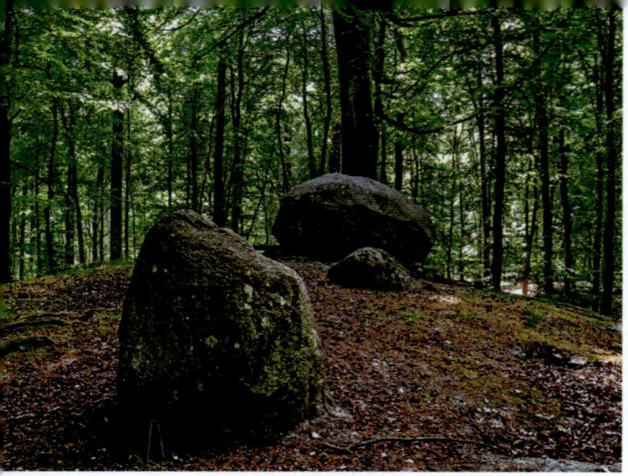

Hügelgrab mit dem Rokkestenen.

kurzen Abstechern ein, bevor der Weg rechtwinklig vom Ufer wegschwenkt und nach 200 m eine kleine Straße erreicht; dort rechts. Ihr folgen wir an zwei Bauernhöfen vorbei, wobei wir vor dem Zweiteren den Linksknick der Straße mitmachen.

Wo sie auf eine breitere Querstraße mündet, betreten wir geradeaus den Wald und nehmen nach wenigen Schritten bei einer Kreuzung von Waldpfaden die rechte Möglichkeit. Wir machen den Linksschwenk des Pfads mit, lassen eine Abzweigung rechts liegen und gewinnen minimal(st) an Höhe. Auf dem kleinen **Geländerücken** ❹ biegen wir links ab und folgen einem sehr schmalen Pfädchen, das sich durch den Wald schlängelt. Nach 300 m sehen wir eine Erhebung – ein Hügelgrab – vor uns, auf der sich der **Rokkestenen** ❺ befindet.

Dort rechts und bei der nächsten Kreuzung links. Wir überqueren einen kleinen Geländerücken und entdecken – am Unterhang und nur wenige Meter vor einem Shelter – einen Waldpfad nach rechts. Mit geringem Auf und Ab laufen wir am **Nellesø** entlang und erreichen nach 300 m einen Querweg; dort links. Nach wenigen Metern aufpassen: Wir nehmen bei einer **Mehrfachkreuzung** ❻ den zweiten Pfad nach rechts, auf dem wir zunächst etwas an Höhe verlieren. Auf dem wurzeligen Waldpfad passieren wir nach 600 m eine kleine Hütte (links von uns). 100 m dahinter dürfen wir die unauffällige **Abzweigung** ❼ unseres Pfads halb links nicht verpassen.

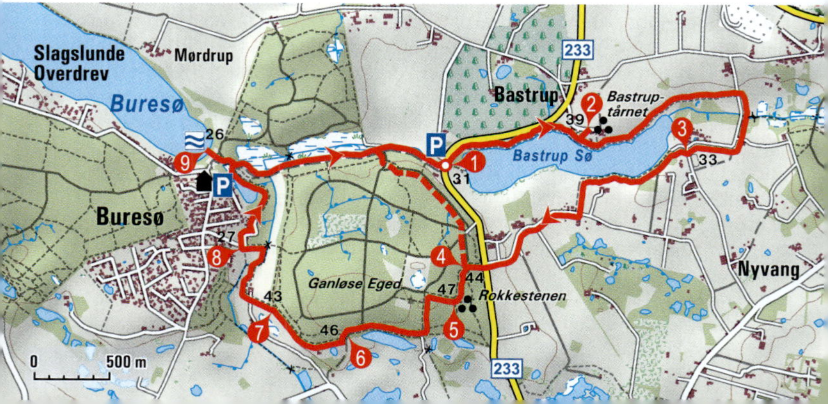

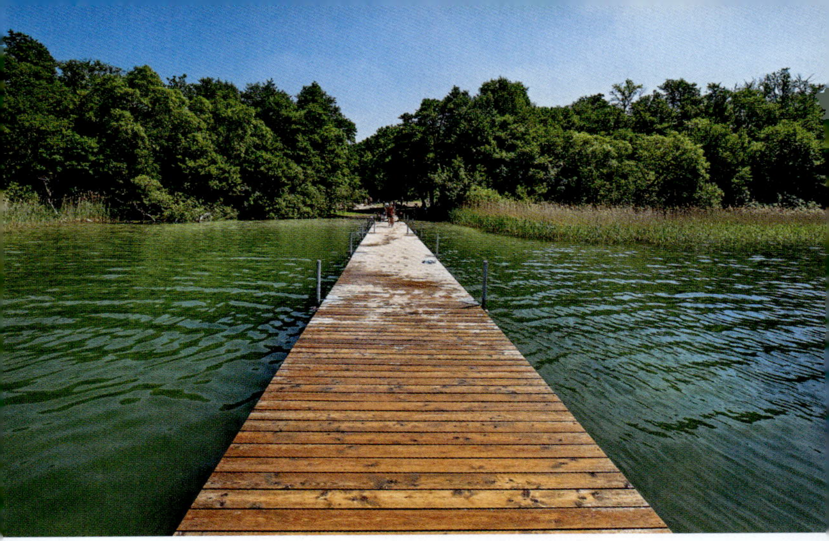

Der Badesteg am Buresø lädt zu einem Sprung ins feuchte Nass ein.

Zunächst geht es in den Talgrund hinunter und von dort wieder hinauf zu einem Hochpunkt, wo wir eine Hofzufahrt geradeaus überqueren. Kurz dahinter schwenkt der Weg nach rechts. Bei einer T-Kreuzung erneut rechts und in einem Bogen nach links. Wo der Pfad rechts aufwärts abknickt, entscheiden wir uns für das Pfädchen nach links, das uns durch ein kleines **Sumpfgebiet** leitet. Hinter einem kurzen steilen An- und Abstieg biegen wir auf einen **Feldweg** 8 rechts ab. Wir folgen seiner S-Kurve und setzen unseren Weg an seinem Ende auf einem breiten Pfad fort.
Einen von rechts dazustoßenden Pfad ignorieren wir und nehmen den nächsten Weg nach links. Bald sehen wir die Liegewiese und den **Badesteg** 9 am östlichen Ende des **Buresø** vor uns. Von hier aus kehren wir auf demselben Pfad zurück, ignorieren die erste Einmündung von links und wählen wenige Meter dahinter bei einer Gabelung die linke Möglichkeit und treten durch ein Törchen. Diesem Weg bleiben wir nun auf den nächsten 900 m treu, bis er auf die Hauptstraße mündet. Dort haben wir den **Parkplatz** 1 links vor uns.

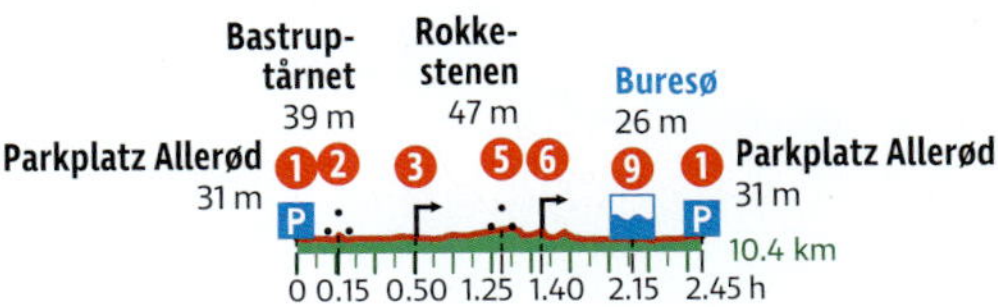

↗ 160 m | ↘ 160 m | 14.1 km

49 Jægersborg Hegn und Eremitageslottet

3.45 h

Vom Tummelplatz des Hochadels zum Naherholungsgebiet Kopenhagens

Im 17. und 18. Jh kamen an den europaischen Höfen – so auch am dänischen Königshof – Parforcejagden in Mode, eine Jagdform, bei der das Wild von Hunden gehetzt wird, die wiederum von Jägern zu Pferd begleitet werden. Für diese Art der Jagd waren große Flächen erforderlich, die in besonderer Weise gestaltet wurden. Vielfach wurden alte Wälder und Hutungen dafür genutzt, die dafür eingezäunt wurden, damit das Wild nicht entkommen konnte. Zudem wurden Reitschneisen angelegt und – wie im Fall von Jægersborg Hegn – mitunter auch kleine Jagdschlösser errichtet. Nirgendwo ist diese Nutzungsform so gut erhalten wie im Nordosten Sjællands, und so ist Jægersborg Hegn zusammen mit weiteren Parforcejagd-Landschaften mittlerweile als UNESCO-Welterbe geschützt. Heute tummelt sich zwar weiterhin Damwild im Gelände, aber statt der exklusiven Nutzung durch den Adel ist es ein beliebtes Freizeitrevier für die Einwohnerinnen und Einwohner Kopenhagens. Die vielen alten Eichen, die oft bizarre Wuchsformen aufweisen, sind nicht nur ein Augenschmaus, sondern auch Lebensraum für alt- und totholzbewohnende Arten, darunter den charakteristischen Hirschkäfer. Abgestorbene Eichen und Totholz werden daher nicht entfernt, sondern bleiben so liegen wie sie fallen, was durchaus gewöhnungsbedürftig ist.

Das Jagdschloss Eremitage ist der zentrale Bezugspunkt im Jægersborg Hegn.

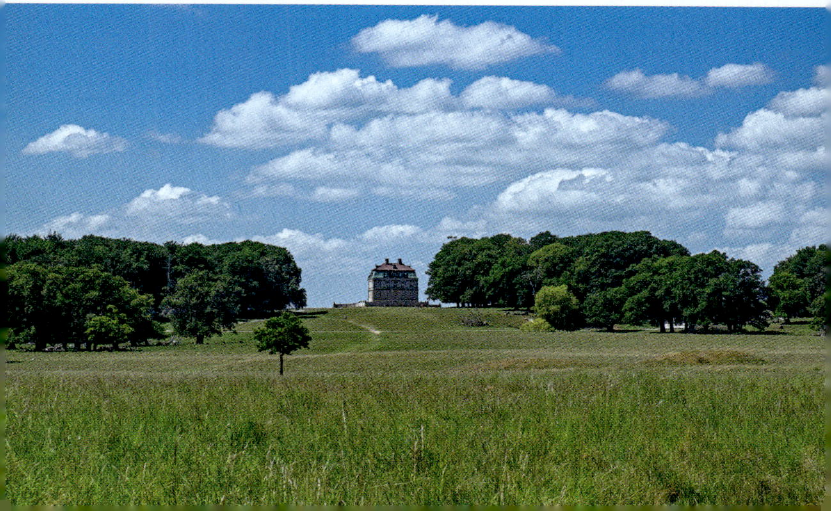

Ausgangspunkt: Kfz: Parkplatz gegenüber Hotel Fortunen. Vom östlichen Rand des Kopenhagener Stadtteils Fortunen auf dem Klampenborgvej nach Osten fahren und nach 400 m links in den Ermelundsvej abbiegen (Schild »Fortunen«). Bis zum Hotel Fortunen (rechter Hand) fahren, dort links und sofort erneut links auf den Parkplatz fahren. ÖNPV: Bus 388, Haltestelle Ermelundsvej (Klampenborgvej), von dort aus in den Ermelundsvej nach Nordosten abbiegen; nach 250 m ist der Ausgangspunkt am Parkplatz erreicht.
Anforderungen: Einfache Wanderung weit überwiegend auf Feldwegen und angelegten Fußwegen. Aufgrund der vielen kreuzenden Wege im Jægersborg Hegn mitunter etwas unübersichtlich.
Einkehr: Strandmøllekroen, Kilden i Skovet.
Varianten: 1) Nur südlicher Tourteil (südlicher Parkteil): Abkürzung zwischen Eremitageslottet ❸ und Wegpunkt ❼, von dort zurück wie beschrieben: ca. 9,5 km. 2) Nur nördlicher Tourteil (nördlicher Parkteil, Wald und Küste), Abkürzung zwischen Wegpunkt ❻ und ❸: ca. 6,5 km.
Karte: Det nordlige København & Nationalpark Kongernes Nordsjælland (Calazo-Verlag).

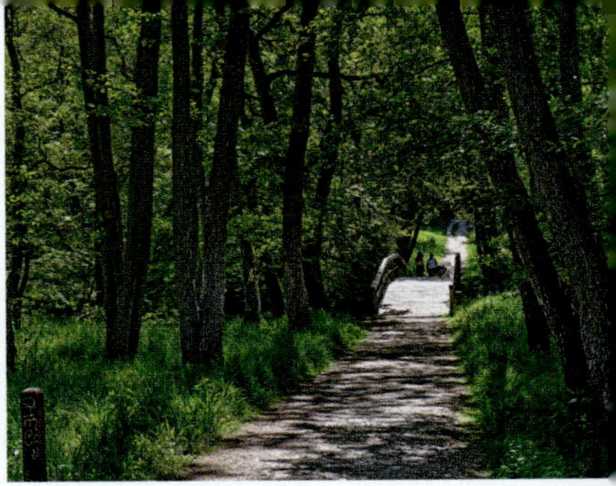

Erlenauwald am Mølleåen.

Vom **Parkplatz** ❶ begeben wir uns zum **Hotel Fortunen** und biegen davor links ab. Nun haben wir schon das Eingangstor zum **Jægersborg Hegn** vor uns. (Hinweis: Falls Tore geschlossen sind, gibt es einen Knopf, damit sie sich elektrisch öffnen.) Vor der alten Eiche gegenüber dem Eingang nehmen wir halb rechts den breiten Weg abwärts, verlassen ihn aber schon nach 50 m halb links. Zunächst geht es durch einen alten Buchenbestand, bevor wir auf einer Lichtung zwei Wege geradeaus kreuzen und anschließend abwärts ins Ulvedal gelangen. Ein Abstecher nach rechts bringt uns zur **Ulvedalsegen** ❷ genannten Eiche (rechts des Wegs), wohl eine der ältesten Eichen im Park.
Hier kehren wir um, lassen die Einmündung des Herkunftswegs links liegen und wandern etwas ansteigend an einem kleinen Weiher vorbei nach Nordnordwesten. Auf der Höhe angelangt, entscheiden wir uns für den ersten Weg rechts. Er bringt uns nach knapp 1,5 km zum **Eremitageslottet** ❸. Wir laufen links daran vorbei und wählen den Weg geradeaus (nach Norden). Mit etwas Abwärtstrend erreichen wir mit einem Linksbogen einen Waldrand, wo unser Weg sich mit einem von rechts kommenden Weg vereint. Nun geht es auf dem Hauptweg in den Wald hinein, wo wir bald Jægersborg Hegn durch ein Tor verlassen.

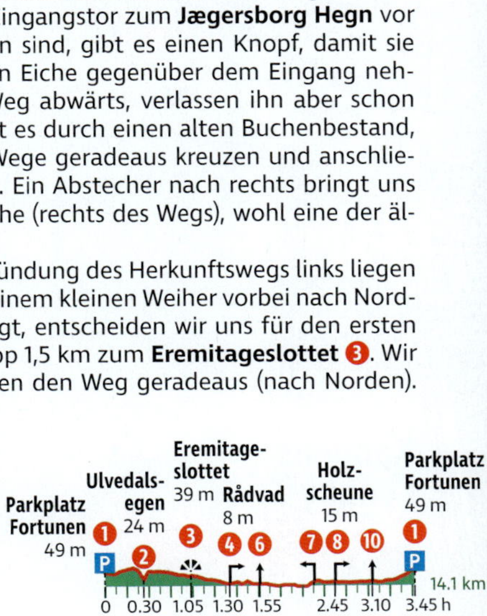

Als Nächstes kommen wir zur Siedlung **Rådvad**, Standort historischer Metallindustrie, heute idyllisch an einem Weiher gelegen. Wir machen die Rechtskurve der Straße mit und biegen hinter dem Mühlteich und dem ehemaligen **Industriegebäude** 4 rechts ab. Hinter einem Tor betreten wir erneut **Jægersborg Hegn** und spazieren am idyllischen **Mølleåen** entlang. Nach 500 m zweigt ein breiter **Pfad** 5 rechts ab. Wir überqueren das Flüsschen auf einer **Brücke** und nehmen 50 m dahinter den Pfad nach links. Wir folgen seinem Rechtsbogen, überqueren einen kreuzenden **Feldweg** 6 geradeaus und verlassen den Park durch ein Törchen. Nach Unterquerung der Eisenbahnlinie halten wir uns bei einer T-Kreuzung rechts und bei nächster Gelegenheit links. Beim **Strandmøllekroen** überqueren wir die Hauptstraße geradeaus. Unmittelbar am Ufer des Øresunds halten wir uns rechts. 100 m vor den ersten Häusern von Tårbek, bevor die Uferpromenade endet, ersteigen wir die Treppe rechts, überqueren die Straße und laufen gegenüber in den Parkplatz hinein.

Halb rechts unterqueren wir die Eisenbahnlinie mittels einer Unterführung und betreten erneut **Jægersborg Hegn**. Bei der gleich anschließenden Kreuzung bleiben wir halb links auf dem Hauptweg. Bei der nächs-

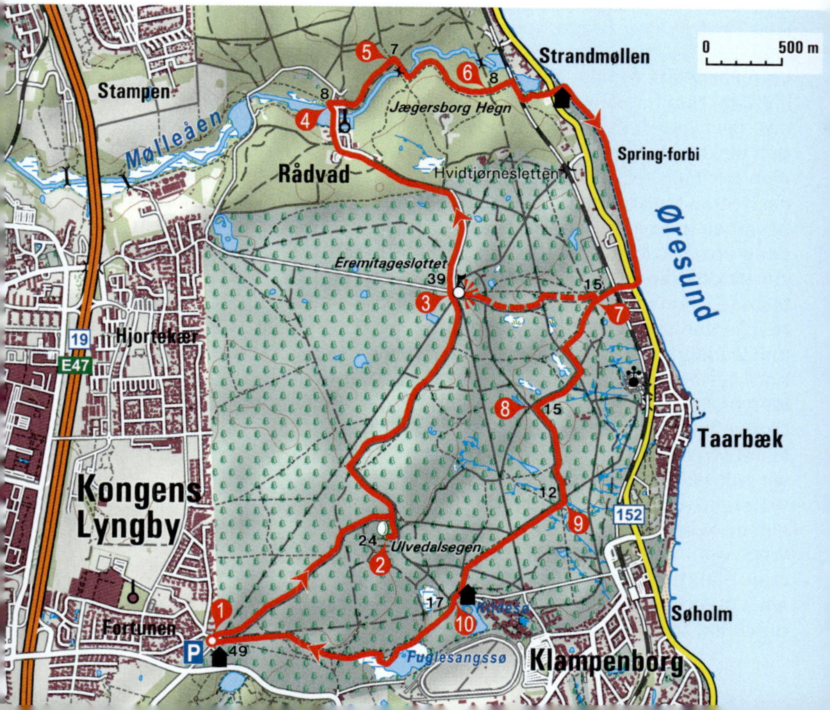

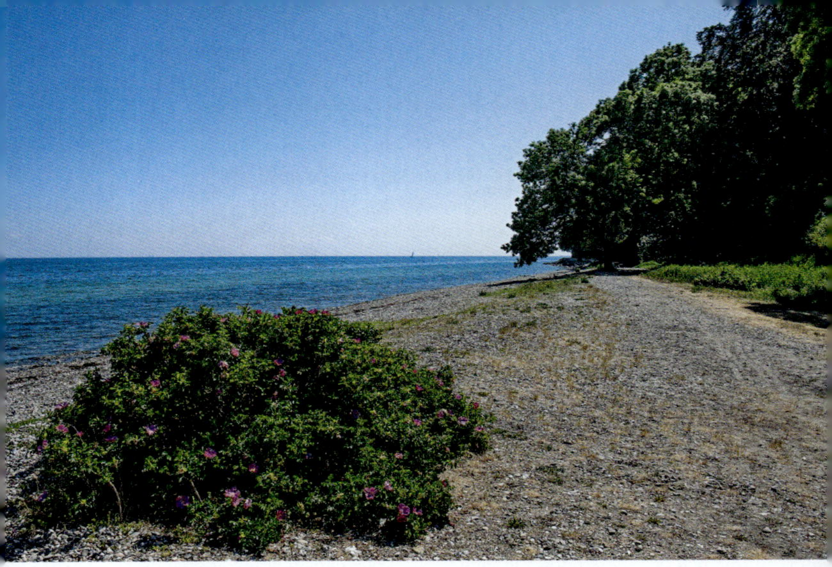

Der Wegabschnitt entlang der Küste führt am Øresund entlang.

ten **Kreuzung** 7 biegen wir halb (!) links auf einen undeutlicheren Weg ab (nicht den Reitweg nach links nehmen), durchqueren einen schmalen Gehölzgürtel und gewinnen etwas an Höhe. Am Hochpunkt schwenkt der Weg nach rechts und mündet auf einen breiten Querweg. Dort links und bei der nächsten Möglichkeit rechts. Nach 400 m, auf Höhe einer offenen **Scheune** 8, wählen wir den linken Weg. Wir marschieren an einem Erlenbruchwald vorbei, ignorieren eine erste Abzweigung nach rechts und entscheiden uns stattdessen – 100 m hinter einer Holzscheune linker Hand – an einer **Wegkreuzung** 9 für den nächsten Weg nach rechts. Bei einer T-artigen Kreuzung breiterer Wege nach ca. 400 m halten wir uns auf einem schmalen Waldpfad geradeaus.
Wo er auf einen breiteren Querweg mündet, links und dann geradeaus über die anschließende Kreuzung. Jetzt behalten wir die Richtung bei, unabhängig von den zahlreichen kreuzenden Querwegen und finden uns auf einem schräg **abwärtsführenden Weg** 10 wieder. Am Hangfuß ignorieren wir eine Abzweigung nach links und nehmen anschließend den schmaleren Weg direkt an einem Seeufer entlang. Dann aufpassen: Wir müssen scharf rechts und wenige Meter danach scharf links abbiegen. Mit etwas Aufwärtstendenz – und geradeaus über Abzweigungen hinweg – mündet unser Weg auf die breite Hauptachse. Ihr folgen wir nach links und erreichen geradeaus wieder den Eingangsbereich. Links verlassen wir den Park durch das Tor. Der **Parkplatz** 1 befindet sich schräg rechts vor uns.

↗ 60 m | ↘ 60 m | 8.5 km

50 Kalvebod Fælled und Pinseskoven

2.10 h

Allmendweide, Flachseen und Birkensumpfwald im Hauptstadtumfeld

Die Allmendweide Kalvebod Fælled und der Birkenwald Pinseskoven sind Bestandteil des Naturparks Amager und ein wichtiges Naherholungsgebiet für die nahe Großstadt Kopenhagen, das sich auf einer zur Landgewinnung eingedeichten Fläche befindet. Gleichzeitig wird hier sehr erfolgreich Naturschutz betrieben, was die über 300 Vogelarten beweisen, die hier im Lauf eines Jahres brüten, überwintern oder in der Zugzeit rasten. Die nässesten Bereiche dieses Sumpfgebiets befinden sich im Südwesten, wo ausgedehnte Flachseen als Vogelschutzgebiete ausgewiesen wurden, die nur randlich zugänglich sind. Nördlich davon befinden sich weitläufige, extensiv genutzte Allmendweiden auf wechselfeuchten Standorten, auf denen Kühe grasen. Im östlichsten Teil kann ein Birkensumpfwald auf angelegten Wegen erkundet werden.

Ausgangspunkt: Kfz: Parkplatz für Pkw am Ende des Frieslandsvej. In Viberup auf dem Kongelundsvej nach Süden fahren. Knapp 1 km hinter einem Kreisverkehr in den Frieslandsvej rechts abbiegen. Die schmale Straße 800 m entlangfahren bis kurz vor einem Zaun; dort rechts auf den Parkplatz. Wohnmobile finden einen geeigneten Parkplatz ebenfalls im Frieslandsvej, jedoch weiter östlich; sie biegen bereits nach 400 m rechts auf einen größeren Parkplatz ab. Tour dann knapp 1 km länger. ÖPNV: Bus 33, Haltestelle Frieslandsvej. Von dort nach Westen in den Frieslandsvej abbiegen und bis zu seinem Ende

Ein Teil der Allmende wird als Pferdeweide genutzt.

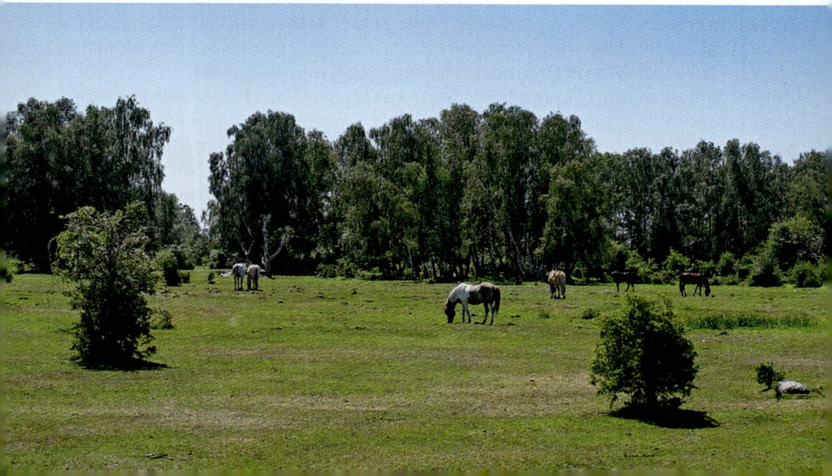

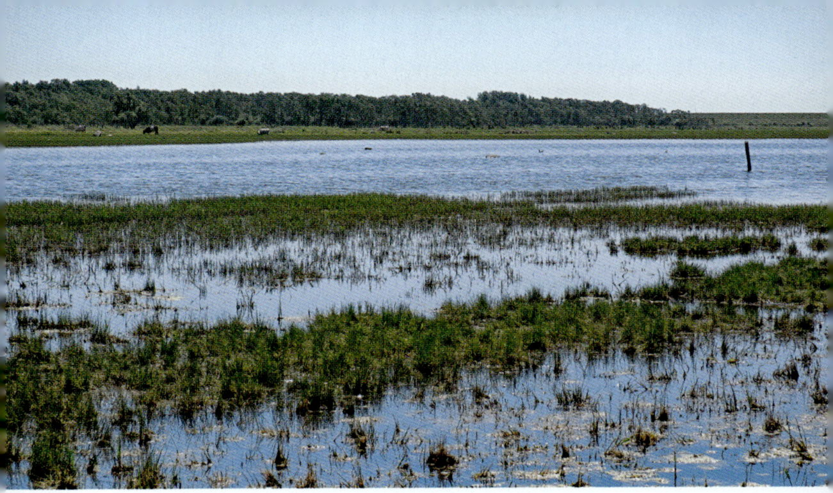

Die Flachseen sind als Naturschutzgebiet ausgewiesen.

laufen. Tour dann knapp 2 km länger.
Anforderungen: Einfache Wanderung auf angelegten Wegen oder breiten Waldpfaden, kurz auch auf befestigtem Untergrund.
Einkehr: Keine.
Variante: Abkürzung zwischen Wegpunkt 4 und 8, dann ca. 4,8 km.
Tipp: Unbedingt Dragør besuchen! Das nur 7 km östlich gelegene Örtchen hat einen historischen Kern, der an Schnuckeligkeit kaum zu überbieten ist.
Hinweis: Aufgrund der Bedeutung des Gebietes für Wiesenbrüter und Wasservögel sollten während der Brutzeit Hunde diese Tour nicht mitmachen.
Karte: Keine aktuelle analoge topografische Karte im Handel verfügbar.

Vom Parkplatz 1 geht es zurück auf den Frieslandsvej und auf ihm rechts. Wir durchqueren den Zaun durch ein Tor und überqueren die anschließende Kreuzung geradeaus in das Gelände hinein. Nach 250 m biegen wir rechts in den **Vibevej** 2 ab. Bei einer T-Kreuzung nehmen wir den **Pinseskovvej** 3 rechts. Er schlängelt sich durch den Birkenwald, nimmt einen Weg von links auf und bringt uns an eine **Mehrfachkreuzung** 4, wobei unser Weg halb links weiterführt (blaue Markierung). Bald überqueren wir eine größere Lichtung. Wieder im Wald, lassen wir uns nicht von Abzweigungen und Kreuzungen irritieren, sondern bleiben dem Weg in Generalrichtung Nordwest treu, auch wenn er kräftige Kurven macht.

Am Rand des Waldes erreichen wir ein **Teersträßchen** 5 und biegen links ab. Sowohl eine Abzweigung nach links als auch eine nach rechts lassen wir unbeachtet, halten uns

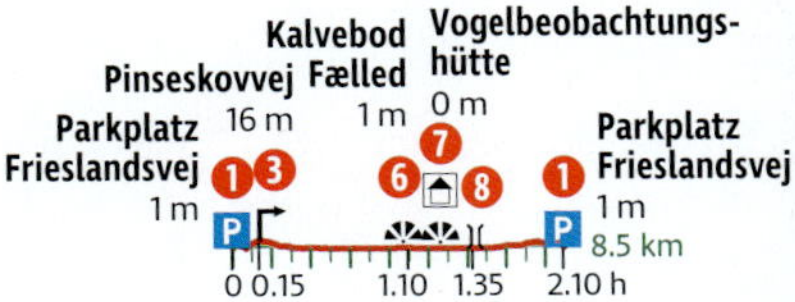

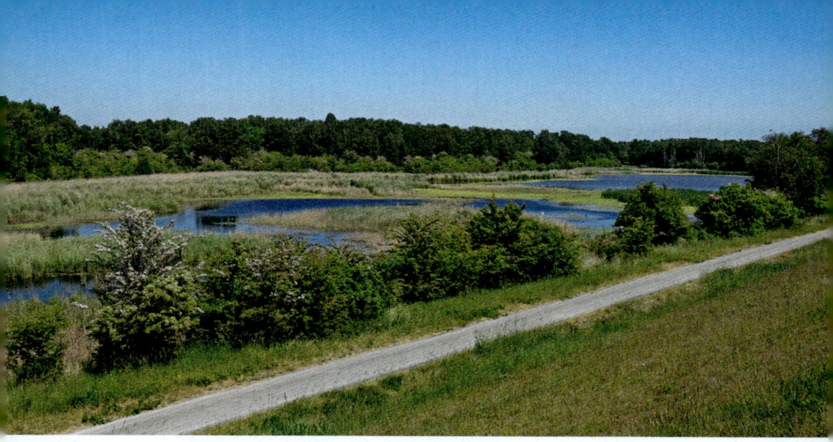

Vom Deich ergibt sich ein guter Blick auf die Stillgewässer.

vielmehr geradeaus über das Offenland und machen die Linkskurve des Wegs mit. Dahinter ergibt sich die Gelegenheit, die niedrige **Erhebung** 6 rechts zu ersteigen, die einen Ausblick über die Feuchtwiesen bietet. Erneut folgen wir dem Feldweg bis dorthin, wo er scharf links abknickt. Von hier aus machen wir auf einem schmalen Pfad geradeaus einen Abstecher zu einer **Vogelbeobachtungshütte** 7 direkt am Rand der Flachseen. Anschließend setzen wir die Runde auf dem Feldweg nach Osten fort und kommen bald wieder in bewaldetes Gelände. Über eine Kreuzung und über eine **Brücke** laufen wir geradeaus hinweg und nehmen direkt dahinter den **Pfad** 8 nach rechts. Auf dem schlängelnden Waldpfad kreuzen wir einen schmalen Querweg geradeaus und wenden uns dort, wo er auf einen Forstweg mündet, nach rechts. Auf dem Hauptweg anschließend links. Auf ihm spazieren wir nun nach Süden.

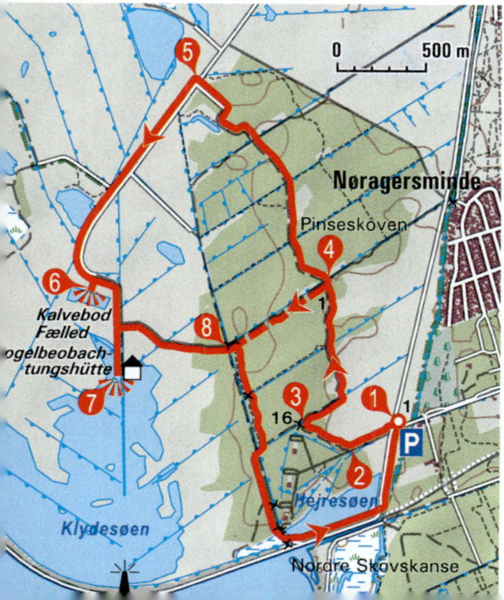

Beim Pumpwerk entern wir den Deich und gehen auf der Dammkrone links. Nach 500 m machen wir den Linksknick des Wegs mit und erreichen nach wenigen Hundert Metern den schon bekannten Kreuzungsbereich. Dort treten wir rechts durch das Tor im Zaun und kehren zum **Parkplatz** 1 zurück, der sich links von uns befindet.

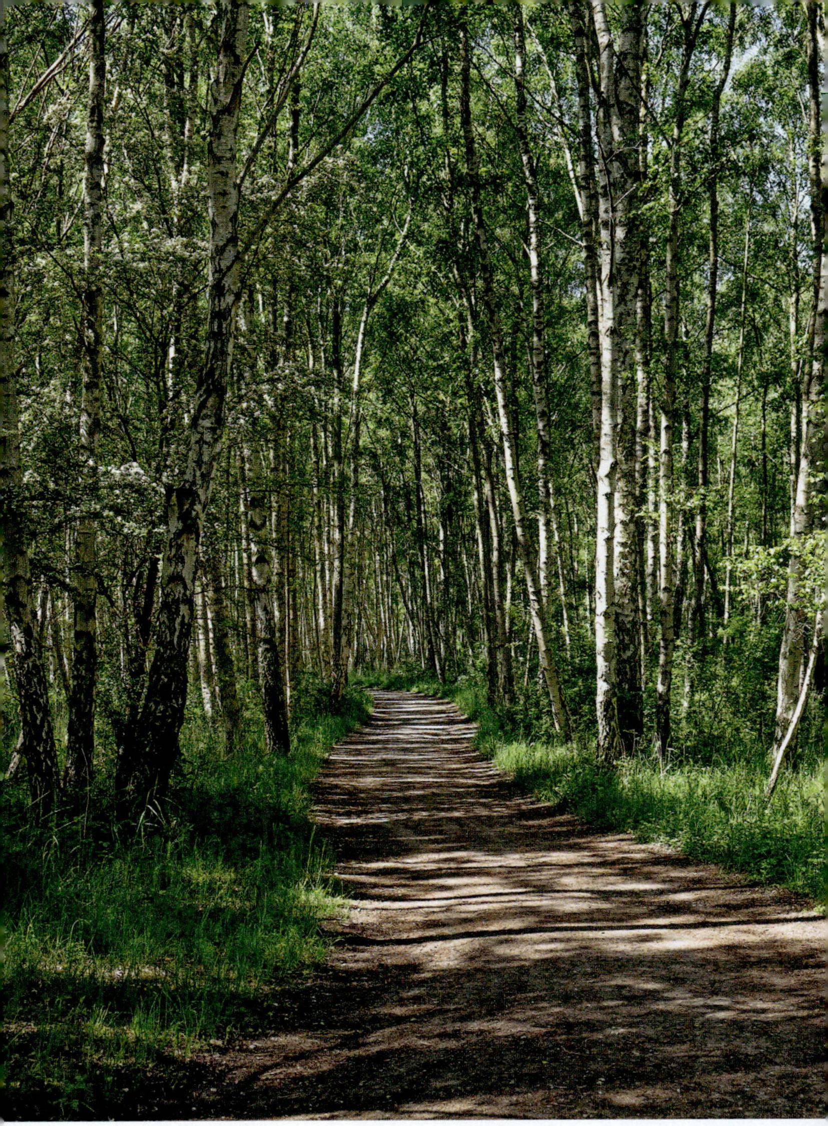

Der Pinseskoven ist ein Birken-Sumpfwald.

STICHWORTVERZEICHNIS

Umschlagbild: Blick über die Sejerø-Bugt vom Höhenzug Vejrhøj aus (Tour 38).

Bild im Innentitel: Hauptstraße von Ærøskøbing (Tour 12).

Die 232 Fotos stammen von der Autorin, ausgenommen Seite 25 und 37 (Maik Ferme), Seite 44 (Christian Gilcher), Seite 84 (Christine Ferme).

Kartografie:
50 Wanderkärtchen im Maßstab 1:50.000, 1:25.000 (Touren 4, 17, 18, 23, 29, 34, 47) und 1:75.0000 (Tour 11) sowie 1 Übersichtskärtchen im Maßstab 1:1.115.000
Geodaten © OpenStreetMap und Mitwirkende
Kartografisches Design: SHOCart (CZ), shocart.cz
1 Übersichtskärtchen im Maßstab 1:2.000.000
© Freytag & Berndt, Wien

Werk-Nr.: 4751

Die Ausarbeitung aller in diesem Führer beschriebenen Wanderungen erfolgte nach bestem Wissen und Gewissen der Autorin. Die Benützung dieses Wanderführers geschieht auf eigenes Risiko. Soweit gesetzlich zulässig, wird eine Haftung für etwaige Unfälle und Schäden jeder Art aus keinem Rechtsgrund übernommen.

1. Auflage 2024

ISBN 978-3-7633-4751-3

MIX
Papier | Fördert gute Waldnutzung
FSC® C147178
www.fsc.org

Wir freuen uns über jeden Korrekturhinweis zu diesem Wanderführer!
Bitte per E-Mail an: leserzuschrift@rother.de

ROTHER BERGVERLAG · Keltenring 17 · D-82041 Oberhaching
Tel. +49 89 608669-0 · rother.de